Berufsbildung, Arbeit und Innovation

Matthias Becker
Georg Spöttl
Thomas Vollmer
(Hg.)

Lehrerbildung in Gewerblich-Technischen Fachrichtungen

wbv

Bibliografische Information der Deutschen Bibliothek

Die Deutsche Bibliothek verzeichnet diese Publikation in der Deutschen Nationalbibliografie; detaillierte bibliografische Daten sind im Internet über <http://dnb.ddb.de> abrufbar.

Reihe Berufsbildung, Arbeit und Innovation
Band 37

Geschäftsführende Herausgeber
Klaus Jenewein, Magdeburg
Peter Röben, Heidelberg
Georg Spöttl, Bremen

Wissenschaftlicher Beirat
Rolf Arnold, Kaiserslautern
Arnulf Bojanowski, Hannover
Friedhelm Eicker, Rostock
Uwe Faßhauer, Schwäbisch-Gmünd
Martin Fischer, Karlsruhe
Marianne Friese, Gießen
Philipp Gonon, Zürich
Richard Huisinga, Siegen
Manuela Niethammer, Dresden
Jörg-Peter Pahl, Dresden
Günther Pätzold, Dortmund
Karin Rebmann, Oldenburg
Tade Tramm, Hamburg
Thomas Vollmer, Hamburg

Dieser Band entstand durch die finanzielle Unterstützung der Universitäten Bremen und Flensburg.
Satz: Matthias Becker

Die Verantwortung für den Inhalt dieser Veröffentlichung liegt beim Autor.

W. Bertelsmann Verlag GmbH & Co. KG, Bielefeld, 2012
Gesamtherstellung: W. Bertelsmann Verlag, Bielefeld
Umschlaggestaltung: FaktorZwo, Günter Pawlak, Bielefeld

ISBN 978-3-7639-5048-5
Bestell-Nr. 6004277

Dieses Buch ist auch als E-Book unter der ISBN 978-3-7639-5049-2 oder der Bestell-Nr. 6004277w erhältlich.

Inhalt

Vorwort

Matthias Becker, Georg Spöttl und Thomas Vollmer

Lehrerbildung für berufliche Schulen in gewerblich-technischen Fachrichtungen ist die Voraussetzung für einen qualitativ hochwertigen Unterricht. Nur sehr gut ausgebildete Lehrkräfte bringen die Voraussetzungen mit, die hohen Anforderungen an den Unterricht in gewerblich-technischen Berufsfeldern einzulösen. Hohe Ansprüche werden gestellt von in einem Beruf lernenden Schülern und Schülerinnen, von den Lehrkräften selbst, von Ausbilderinnen und Ausbildern; von Betrieben, vom Verordnungsgeber, aber auch von Eltern und einem großen Personenkreis, der gesellschaftliche Verantwortung trägt. Allein von den rund 1,3 Millionen bestehenden Ausbildungsverhältnissen im dualen System entfallen mit knapp 680.000 Auszubildenden über die Hälfte auf gewerblich-technische Berufe, für deren Ausbildung die Lehrkräfte an berufsbildenden Schulen Verantwortung tragen – dies untermauert die hohe gesellschaftliche Bedeutung. So deutlich die qualitativen Anforderungen an die Lehrerbildung auch von allen Beteiligten und Verantwortlichen benannt werden, so verschieden sind die Vorstellungen zur Konzeption von Studiengängen zur Ausbildung für ein Lehramt für die Sekundarstufe II (berufliche Fächer) oder für die beruflichen Schulen, wie es im Wortlaut der Kultusministerkonferenz heißt.

Angesichts der chronischen Unterversorgung der beruflichen Schulen mit Lehrkräften für die gewerblich-technischen Berufsfelder ist eine Analyse der Situation der Lehrerbildung in Deutschland und vor allem eine Diskussion über Konzepte der Lehrerbildung dringend erforderlich. In diesem Kontext initiierte die Arbeitsgemeinschaft *„Gewerblich-Technische-Wissenschaften und ihre Didaktiken" (gtw)* einen Diskussionsprozess zur „Lehrerbildung in den Gewerblich-Technischen Fachrichtungen" an der Universität Bremen. Die Beiträge in diesem Band dokumentieren die dort vorgetragenen Vorstellungen, Überlegungen und Positionen und stellen diese in einen Zusammenhang mit dem Stellenwert gewerblich-technischer Wissenschaften für die Professionalisierung und Nachwuchssicherung. Besonderes Augenmerk galt bei zahlreichen Beiträgen – explizit oder implizit - den Wirkungen des Bolognaprozesses, weil Studiengänge heute nicht mehr losgelöst davon betrachtet werden können.

Gewerblich-Technische Wissenschaften sehen sich mit der Aufgabenstellung konfrontiert, eine Forschung und Lehre zu betreiben, die das notwendige Wissen für die Unterstützung der Kompetenzentwicklung und der Gestaltung der

Bildungsprozesse in der Berufsbildung erschließt und dieses zugleich für (angehende) Lehrkräfte studierbar strukturiert und anbietet. Dabei zeigen sich mehrere Problemfelder, die als Themenschwerpunkte den vorliegenden Band gliedern:

1. *Konzeptionelle Ansätze für Lehramtsstudiengänge*
   Hier geht es vor allem darum, auf der Grundlage der Bologna-Eckpunkte die Gestaltung gewerblich-technischer Studiengänge zu klären und sicher zu stellen, dass hohe Qualität unter neuen Rahmenbedingungen erreicht wird. Eine weitergehende Frage ist auch, ob sich gewerblich-technische Studiengänge über die verschiedenen Standorte hinweg so gestalten lassen, dass es keine Hemmnisse gibt, wenn ein Standortwechsel stattfindet. Letztlich ist eine über Länder hinweg – ja zukünftig evtl. auch europaweit – vergleichbare Qualität der Studiengänge erforderlich, um gewerblich-technische Berufsbildung auf hohem Niveau zu gewährleisten.

2. *(Aus)Gestaltung gewerblich-technischer Fachrichtungen*
   Die Ausgestaltung gewerblich-technischer Fachrichtungen stellt eine große Herausforderung dar, weil einerseits die Gestaltung der Schnittstellen hin zu den Ingenieur- wie zu den Erziehungswissenschaften eine ständig zu klärende Frage ist und andererseits die wissenschaftliche Unterstützung durch die Berufswissenschaften nicht für alle Fachrichtungen gegeben ist. Gewerblich-technische Fachrichtungen sind längst nicht alle und erst recht nicht überall als wissenschaftliche Disziplinen erschlossen und institutionalisiert.

3. *Rekrutierung von Lehrkräften*
   Die Rekrutierungsfrage ist aktuell ein hoch sensibles Feld, weil einerseits an den Hochschulen nicht genügend Lehrkräfte ausgebildet werden und andererseits die Behörden und Schulen noch sehr weit von einer längerfristigen Personalplanung entfernt sind. Allein diese Situation erschwert es erheblich, die gewerblich-technischen Studiengänge auf ein stabiles Niveau zu führen. Insofern ist die Frage interessant, wie die Schulen mit der momentanen Situation fehlender Lehrkräfte umgehen und wie die zukünftigen Personalplanungen angelegt sind. Die weitergehende Frage ist dann, ob sich davon ausgehend Planungen erstellen lassen, die zu einer stabilen Situation der gewerblich-technischen Fachrichtungen an Universitäten beitragen können. So ist seit längerer Zeit ein permanent antizyklischer Kreislauf aus Unterversorgung mit Lehrkräften, Sondermaßnahmen zur Lehrkräfte-

gewinnung und Unterbesetzung mit Professuren und Lehrstühlen an den Hochschulen im Gange, der Quantität und Qualität der Lehrerbildung in den gewerblich-technischen Fachrichtungen gefährdet.

Wie die einzelnen Beiträge in diesem Buch zeigen, gibt es praktisch an allen 29 bundesdeutschen Standorten, an denen Lehrerbildung in gewerblich-technischen Fachrichtungen betrieben wird, ähnliche Herausforderungen in diesen drei Schwerpunkten, wobei die Konzeptionen, Ansichten und Entwicklungen[1] – von Stärken und Schwächen, Möglichkeiten und hemmenden Faktoren der einzelnen Standorte und Regionen beeinflusst – teils stark variieren. Daher sind Standards in der Lehrerbildung in den Berufswissenschaften für die beruflichen Fachrichtungen (analog zu den im Jahr 2004 von der KMK beschlossenen Standards in der Lehrerbildung in den Bildungswissenschaften für die allgemein bildenden Fächer) notwendig. Zur Entwicklung solcher Standards sind Leitbilder erforderlich, die aufzeigen, was Lehrkräfte an berufsbildenden Schulen können, wissen und tun (sollen) und welche Rahmenbedingungen hierfür bereit zu stellen sind. Das Spektrum reicht also von Kompetenzstandards bis hin zu Ausstattungsstandards. Zudem braucht es Visionen dazu, wie und in welche Richtung Lehrerbildung in gewerblich-technischen Fachrichtungen zu entwickeln ist und welche Aufgaben von Lehrerbildnern unterschiedlicher Disziplinen zu übernehmen sind. Alle Beiträge in diesem Band geben dafür Orientierung und erleichtern das Erarbeiten eigener Standpunkte.

---

1 Bei den Entwicklungen ist angesichts unterschiedlicher wissenschaftlicher Positionen und Verankerungen in der Hochschullandschaft zwischen Entwicklungsständen und Entwicklungsrichtungen zu differenzieren.

Konzeptionelle Ansätze für Lehramtsstudiengänge

Lehrerbildung für berufsbildende Schulen als herausfordernde Gestaltungsaufgabe

Günter Pätzold

1 Systemwechsel zur Bachelor-Master-Struktur und die Option zur Veränderung der Lehrerbildung

Die Diskussion um Struktur und Inhalte der Lehrerbildung lebt in gewissen Abständen immer wieder auf und lässt den Eindruck entstehen, als ob es sich um einen „Teufelskreis von Reform, Kritik, erneuter Reform und Kritik" (Prondzynski 2001, S. 98) handelt, zumal Reformen überwiegend auf der Basis plausibel erscheinender Argumente und weniger auf der Grundlage empirisch gesicherter Erkenntnisse vorgenommen werden. Unterschiedliche Interessen der Akteure aus verschiedenen Bereichen der Politik und Institutionen der Lehrerbildung, der Administration und der Berufsorganisationen werden an Reformüberlegungen zur Lehrerbildung herangetragen, was bei fehlendem Diskurs den Reformprozess nicht erleichtert. Seit geraumer Zeit werden nun erneut sowohl personale und curricular-inhaltliche als auch strukturell-organisatorische Aspekte diskutiert, vornehmlich induziert durch die von der Wissenschafts- und Bildungspolitik (Bolognaprozess) geforderte Einführung von Bachelor-Master-Studiengängen.

Dabei hätten die Ziele des Bolognaprozesses, die lediglich Empfehlungscharakter haben, nicht im Detail umgesetzt werden müssen. Noch Ende 1999 heißt es in der von der Kultusministerkonferenz (KMK) eingesetzten Kommission „Lehrerbildung", in der Fachleute aus Wissenschaft und Bildungsadministration Empfehlungen für die Verbesserung der Lehrerbildung in Deutschland entwickelt haben: „Die Herstellung einer Kompatibilität von gestufter Studien- und Abschlussstruktur mit den Anforderungen von Lehrerausbildung gestaltet sich schwierig, wenn man, wie die Kommission dies tut, für ein grundständiges, hinsichtlich seiner Studienelemente zeitlich parallel geführtes und inhaltlich aufeinander abgestimmtes Lehramtsstudium plädiert. Hinsichtlich dieser Umstellung der Studienstruktur insgesamt wie auch und besonders hinsichtlich der Frage der Kompatibilität zur Lehrerbildung ist – national wie international – noch vieles im Fluss. Aus diesem Grunde gibt die Kommission hierzu keine nähere Empfehlung ab. Die Länder sind aufgefordert, hierzu Modellversuche einzurichten, um Erfahrungen mit solchen Studienmodellen zu sammeln" (Terhart 2000, S. 95). Die KMK-Kommission schloss an die traditionelle Struktur der Lehrerbildung an und setzte auf die dieser Struktur immanenten Optimierungspotenziale. Demgegenüber schlug der Wissenschaftsrat bereits 2001 einen Strukturbruch vor. Mit der europaweiten Neustrukturierung und Vereinheitlichung der Studienverläufe und der Abschlüsse im Hochschulsystem plädierte er im Einklang mit der Hochschulrektorenkonferenz für ein Modell konsekutiv strukturierter Lehramtsstudiengänge. „Die unterschiedlichen Perspektiven beider Berichte erklären sich aus den Sichtweisen und Interessen unterschiedlicher Beteiligter ... Eine Verschränkung beider Perspektiven ist nicht gelungen. Im Wissenschaftsrat hatten die Lehrerbildner große Mühe, ihren Argumenten Gehör zu verschaffen. In der Kommission der KMK haben sich die für die Unterrichtsfächer zuständigen Fachwissenschaften weitgehend der Diskussion entzogen" (Lange 2005, S. 8).

Im März 2002 fasste die KMK, sich gegen die Empfehlungen der eigenen Beratungskommission von 1999 wendend, einen Beschluss mit dem Titel „Möglichkeiten der Einführung von Bachelor-/Master-Strukturen in der Lehrerausbildung sowie Strukturierung/Modularisierung der Studienangebote und Fragen der Durchlässigkeit". Dieser Systemwechsel bedeutete im Kern das Ende der bisher über Diplom- bzw. Staatsprüfungen organisierten Lehrerbildung in Deutschland. Charakteristisch für die konsekutive Studiengangstruktur ist in der Regel die sechssemestrige Bachelor-Phase und die darauf aufbauende Master-Phase, die mit den alten Diplom- und Staatsexamensabschlüssen weitgehend vergleichbar sind. Für die Akkreditierung von Bachelor-Master-Studiengängen hat die Kultusministerkonferenz 2003 Strukturvorgaben beschlossen, aber erst nach den Eckpunkten der KMK vom 2./3. Juni 2005 in Quedlinburg werden Bachelor-Master-Abschlüsse in der Lehrerbildung in allen Bundesländern anerkannt, wenn im Studium während der Bachelor- sowie der Masterphase mindestens zwei Fachwissenschaften sowie Bildungswissenschaften integriert sind und, auch um eine verbesserte Orientierung an den Erfordernissen des Lehrerberufs zu erreichen, schulpraktische Studien bereits im Bachelor-Studiengang angeboten werden. Damit war ein notwendiges Minimum an Vorgaben und Modalitäten der Anerkennung für die unterschiedlichen Ausbildungsgänge in den Hochschulen geregelt. Zwar wurden keine weitergehenden Reformvorgaben formuliert, dennoch hat damit die Umsetzung der Studienreform im Bereich der Lehrerbildung in den vergangenen sechs Jahren deutlich an Dynamik gewonnen und inzwischen ist „Bologna" in Deutschland angekommen.

Allerdings befinden sich derzeit noch zahlreiche Hochschulen in entsprechenden Umsetzungs- und Strukturierungsprozessen und die Ausprägung der Studienabschlüsse ist je nach Bundesland unterschiedlich mit der Folge, dass eine Vergleichbarkeit kaum gegeben ist und die Anerkennung der Abschlüsse zwischen den Bundesländern nach dem Studium und der zweiten Phase in Frage gestellt ist. Zudem hat das Baukastensystem der „Bologna-Studiengänge" die Komplexität der Lehramtsausbildung erhöht und die Durchschaubarkeit nicht verbessert. Gemeinsam geblieben ist der Lehrerbildung in allen Bundesländern, dass der Vorbereitungsdienst (Referendariat) beibehalten worden ist, auch wenn die Dauer zwischen 18 und (in den Ländern, in denen die Masterphase keine Praxisanteile enthält) 24 Monaten divergiert. Der Vorbereitungsdienst schließt mit dem traditionellen Staatsexamen ab.

In den Lehrerbildungsinstitutionen bieten die mit diesem Prozess angestoßenen Veränderungen zugleich eine Option, Stärken der bisherigen Lehrerbildung zu bewahren und auf zentrale Schwächen der Lehrerbildung konstruktive Antworten zu finden. Entsprechende Impulse sind nicht erst mit den konsekutiven Studienmodellen gesetzt. Ganz im Gegenteil: In den Jahren zuvor wurde in den einzelnen Bundesländern mit Blick auf Ergebnisse der Lehrerbildungsforschung ein Bündel von Reforminitiativen diskutiert und teilweise implementiert. Danach wurde es vor allem für die Grundlegung professioneller Kompetenzen als erforderlich angesehen, situierte Lehrangebote zur theoriegeleiteten Reflexion von Praxisproblemen zu nutzen, wobei bedacht wurde, dass lediglich eine Verlängerung berufspraktischer Anteile die Qualität der Ausbildung nicht maßgeblich verbessert.

Inzwischen sind an vielen Universitäten Elemente dieser grundständig-integrierten Lehrerbildung auch im Rahmen konsekutiver Modelle programmatisch aufgenommen und teilweise konzeptionell weiterentwickelt worden. Danach sind u. a. pädagogisch-didaktische Aspekte mit dem Studium der Fachwissenschaften zu vernetzen und schulpraktische Studien sowie forschende Lernprozesse zu verstärken (vgl. Pätzold 2006). Grundlegende berufliche Kompetenzen sollen durch systematische Verknüpfung von theoretischen Studien mit Praxiswissen und schulpraktischer Erfahrung so konkretisiert werden, dass die Studierenden befähigt werden, wissenschaftliche Inhalte auf Situationen und Prozesse schulischer Praxis zu beziehen, Differenzen zwischen wissenschaftlicher Erkenntnis und praktischem Handeln zu reflektieren, die Bedeutung von Theorien für pädagogische und didaktische Entscheidungen einzuschätzen, Erfahrungen aus der Perspektive der Lehrertätigkeit in der Schulpraxis zu gewinnen und daraus Fragen und Explorationsaufgaben zu entwickeln und Unterricht – unter Verwendung geeigneter Medien oder Informations- bzw. Kommunikationstechnologien in Kooperation mit Kolleginnen und Kollegen und Lehr- und Ausbildungskräften weiterer Lernorte – bei Beachtung von Alternativen exemplarisch zu planen, zu erproben und selbstkritisch zu beobachten und zu reflektieren. Zugleich sollte eine veränderte Lehrerbildung besser dafür rüsten, die mit dem Beruf verbundenen Belastungen und Krisen und die sich in diesem Rahmen immer wieder neu stellenden Anforderungen zu bewältigen.

Letztlich sollte es darauf ankommen, die Lehrerinnen und Lehrer derart kompetent zu machen, dass das Lernen der Auszubildenden auch durch Unterstützung bei Schwierigkeiten besser gelingt, als dies bisher der Fall war. Zudem kann kaum noch von einer Beliebigkeit in der universitären Lehrerausbildung gesprochen werden, und es wurde nicht außer Acht gelassen, dass angesichts gewandelter Anforderungsprofile die zunehmende Professionalisierung auf erziehungswissenschaftlicher und fachdidaktischer Seite nicht mit einer Entprofessionalisierung auf der fachwissenschaftlichen Seite zu erkaufen sei. In Expertiseforschungen zum guten, effektiven Lehrer spielt die souveräne Beherrschung der zu vermittelnden Lerninhalte eine wesentliche Rolle (vgl. Weinert/Helmke 1996).

Zur Einschätzung der Situation an den einzelnen Studienorten wird allerdings eher aus informierter Partikularkenntnis statt aus fundierten Gesamtdiagnosen heraus geurteilt. Insgesamt liegen noch zu wenig Kenntnisse darüber vor, wie die erziehungswissenschaftlichen, fachwissenschaftlichen und fachdidaktischen Studienanteile miteinander zu verknüpfen sind, wie forschungsbasiert die Verknüpfung sein soll, wie die Modelle einer Bachelor-Master-Struktur in der Lehrerbildung die einzelnen Teile des Studiums derart anordnen, miteinander verbinden und in der Universität auch „gelebt werden", so dass die zukünftigen Lehrer Reflexions- und Handlungskompetenzen erwerben können und mit den Antinomien des Alltags umgehen lernen. Dies immer mit dem Ziel, dass sie nach dem Studium, dem Referendariat und einer Berufseinmündungsphase bereit und fähig sind, ihr didaktisches Handeln zu analysieren, zu evaluieren und an Veränderungen mitzuwirken, dabei Verantwortung zu übernehmen und Bereitschaft zu zeigen zur Weiterentwicklung ihres professionellen Selbstverständnisses und der Qualität der beruflichen Bildung insgesamt.

Die Vorgaben und Ziele bildungswissenschaftlicher Kompetenzen sind inzwischen in Standards operationalisiert worden und finden weitgehenden Konsens. Kontrovers sind die Fragen, ob und wie sie in der Berufsbildungspraxis zu realisieren sind, wie also die berufswissenschaftliche und berufspraktische Ausbildung zu konzipieren sind, ohne dass die fachwissenschaftlichen und fachdidaktischen Aspekte in den Hintergrund treten. Lernprobleme haben ja auch etwas mit curricularen Konstruktionen der Lehrenden zu tun. Wenn diese nicht in der Lage sind, Aufgaben und Lernsequenzen so zu konstruieren, dass sie Lernen zielorientiert ermöglichen, tauchen Schwierigkeiten auf. Bei Lernproblemen kann also nicht nur die Pädagogische Psychologie, sondern auch die Fachwissenschaft und Fachdidaktik Lösungen anbieten. Auch darf die Realisierbarkeit von Zielen nicht zu einer puren Organisationsfrage verkommen.

Realisierbarkeit von Standards ist ohnehin ein wichtiges Kriterium zur Akzeptanz von Standards. In diesem Rahmen geht es zugleich darum, für die einzelnen Phasen der Lehrerbildung klare und realistische Ziele auch für deren Vernetzung zu formulieren. Dabei sind die Fragen entscheidend, wie sich eine Lehrerkompetenz aufbaut, die "auf wissenschaftlich fundiertem *Wissen*, auf situativ flexibel anwendbaren *Routinen* und auf einem besonderen *Berufsethos*, das handlungsleitende Wertmaßstäbe repräsentiert", beruht (Terhart 2000, S. 55; Hervorhebungen im Original) und wie den Studierenden die Vermittlung zwischen wissenschaftlichem und berufspraktischem Wissen gelingt. Forschendes Lernen ist eine Möglichkeit, den Transfer zwischen den unterschiedlichen Wissensformen zu begünstigen (vgl. u. a. Altrichter/Posch 1994). Damit verbunden sind Fragen, die in der Diskussion um eine Reform der Ausbildung von Lehrern an berufsbildenden Schulen seit langem im Zentrum stehen. Beispielsweise die Frage, in welcher Beziehung Lerninhalte, die in den berufsbildenden Schulen zu vermitteln sind, zu den gegenwärtig an den Universitäten angebotenen Studieninhalten stehen? Oder die Fragen nach den unterschiedlichen Wissensformen, welche dieser Wissensformen auf welche Art und Weise in der Lehrerbildung aufgebaut werden und was eine Wissensform zum Aufbau anderer beitragen kann. Bevor darauf näher Bezug genommen wird, sollen zunächst Merkmale der Lehrerarbeit erörtert werden.

2 Komplexität der Lehrerarbeit, pädagogische Professionalität und Selbstwirksamkeit

Professionelles pädagogisches Denken und Handeln erfordern eine umfassende Leitidee bzw. einen Orientierungsrahmen. Ohne Orientierung wäre pädagogische Interaktion beliebig. Kern der Berufstätigkeit eines Lehrers stellt das Unterrichten dar und damit die organisierte Interaktion von Lehr- und Lernvorgängen. Beruflichen Schulen kommen mit dem Erwerb von Zugangsberechtigungen und dem Ziel der Herausbildung einer umfassenden Handlungskompetenz auch die Aufgaben zu, Voraussetzungen für selbstständiges Weiterlernen (Lebenslanges Lernen) mit dem Ziel einer verantwortungsvollen gesellschaftlichen Teilhabe für alle Auszubildenden zu sichern. Dies bedeutet die Akzeptanz von Heterogenität sowie individuelle Förderung. Dabei ist mit dem didaktischen Handeln der Lehrenden kein direkter Weg zum erfolgreichen Lernen verbunden. Die aktive mentale Verarbeitung, welche sich in der handelnden Auseinandersetzung des Lernenden mit der jeweiligen Lernumgebung vollzieht, ist für sinnvolles und verständigungsorientiertes Lernen entscheidend.

Im Begriff Lehrerprofessionalität werden Wissen, Können und Handeln innerhalb eines bestimmten Rahmens adäquat aufeinander bezogen. Dabei sind mindestens zwei Aspekte zu unterscheiden. Für jede Lehrerarbeit ist einerseits kennzeichnend, dass Aufgaben zu bearbeiten sind, wozu der Lehrende ausreichendes Wissen besitzt und entsprechende Handlungsroutinen herausgebildet hat. Hierbei geht es um eine effektive, zielorientierte Bewältigung von Standardsituationen. Alltags- bzw. Routinearbeit ist durch Negation anderer Möglichkeiten zustande gekommen. Sie bietet Sicherheit, Erfolg, hat eine entlastende Funktion und reduziert das (Un-)Mögliche auf das konkret Machbare. Sie sorgt für Verständnis bei den Kolleginnen und Kollegen, die vor ähnlichen Aufgaben stehen. Routinearbeit ist aber andererseits mit der Gefahr verbunden, die notwendige Reflexivität des pädagogischen Wissens und Handelns zu unterlaufen. Insbesondere angesichts sich verändernder gesellschaftlicher Problemlagen und sich wandelnder Bedingungen des Aufwachsens von Jugendlichen sind Situationen im schulischen Bereich immer weniger ungewöhnlich, in denen die zur Verfügung stehende Wissensbasis und damit korrespondierende Handlungsoptionen nicht oder nicht mehr sofort zur erfolgreichen Situationsbewältigung geeignet sind (vgl. Plöger 2006, S. 255 f.). „Die Funktion eines erziehungswissenschaftlichen Universitätsstudiums für eine spätere pädagogische Berufstätigkeit ist es, die professionellen Standards, Beurteilungsschemata, Relevanzkriterien als nichtselbstverständliche beurteilen und diskutieren zu können, vereinfacht ausgedrückt: eine Folie herzustellen, auf der Professionswissen bewertet und weiter entwickelt werden kann" (Vogel 2002, S. 64).

Wird die Wissensbasis und werden die Handlungsmöglichkeiten nicht erweitert, ist für Lehrer damit oft ein „individueller Leidensweg" verbunden – bis hin zum Burnout. Insofern bedarf es bereits aus dieser Sichtweise auf Seiten der Lehrenden einer grundlegenden reflexiven Kompetenz. Reflexivität ist ein zentrales Merkmal des Lehrerhandelns, die die Unterrichtspraxis zum Gegenstand exploratorischen Handelns macht, Commitment sucht, Innovationen entwickelt, erprobt und evaluiert. Während sich „Commitment" auf das Ausmaß innerer Verpflichtung und des pädagogischen Engagements bezieht, beschreibt „Exploration" die aktive Erkundung des jeweiligen Lebens- und Arbeitsbereiches. Ein professionell handelnder Lehrer nimmt sein Wissen und Können bewusst wahr, betrachtet es im Horizont wissenschaftlicher Standards kritisch und nimmt mit professioneller kollegialer Unterstützung Korrekturen an seinem Handeln und seinen Einstellungen selbst vor. Er entwickelt sich so eigenständig weiter, nicht zuletzt unterstützt durch entsprechende Bildungsangebote, die auch seine Selbstwirksamkeit steigern. Als Überzeugung, schwierige Anforderungen des Berufslebens auch unter widrigen Umständen erfolgreich meistern zu können, nehmen Einschätzungen der Lehrenden hinsichtlich ihrer eigenen Selbstwirksamkeit einen entscheidenden Einfluss auf Schüler-Lehrer-Beziehungen und die Unterrichtsgestaltung (vgl. Schwarzer/Jerusalem 2002, S. 40).

Selbstwirksamkeit kennzeichnet die subjektive und kontextspezifische Überzeugung, Erwartung und Beurteilung, neue oder individuell herausfordernde Anforderungssituationen aufgrund eigener Kompetenzen bewältigen zu können (vgl. Bandura 1997, S. 3). Das Konstrukt ist besonders dann von Bedeutung, wenn Anforderungssituationen, im Gegensatz zu routinierten oder elementaren Aufgaben, ein explizites Vertrauen in die eigenen Fähigkeiten voraussetzen, um neue oder herausforderungsvolle Handlungen, die einer höheren kognitiven Operation, Anstrengung und Ausdauer bedürfen, aufzunehmen und angesichts auch widriger Umstände erfolgreich durchzuführen. Indem Selbstwirksamkeitseinschätzungen zielgerichtete Handlungs- bzw. Lernprozesse mental vorwegnehmen und dahingehend bewerten, ob diese aufgrund der eigenen Kompetenzen bewältigbar erscheinen, steuern Selbstwirksamkeitserwartungen zielbezogene motivationale, volitionale, kognitive, metakognitive, affektive und aktionale Prozesse. Darüber hinaus moderieren Selbstwirksamkeitserwartungen den Umgang mit Erfolgs- bzw. Misserfolgserlebnissen sowie die daraus resultierenden selbstbezogenen Reaktionen. „Wenig selbstwirksame Lehrer beispielsweise neigen dazu, einfache aber sichere Unterrichtsaktivitäten zu bevorzugen, da sie sich durch innovative oder komplexe Planungen leicht überfordert fühlen, sie kümmern sich kaum um lernschwache Schüler ... Lehrer mit hoher Selbstwirksamkeit gestalten einen insgesamt herausfordernden Unterricht, sie unterstützen Schüler bei der Erzielung von Lernfortschritten und haben mehr Geduld sowie Zuwendung für lernschwache Schüler, weil sie sich selbst mehr zutrauen, stärker motiviert sind und eine hohe Verantwortung für einen erfolgreichen und verständlichen Unterricht empfinden" (ebd. 2002, S. 40). Des Weiteren korrelieren positive Selbstwirksamkeitsgefühle von Lehrenden negativ mit Burnoutsymptomen (vgl. Schmitz/Schwarzer 2002, S. 207 f.). Individuelle Förderung steht im Unterricht zudem im engen Zusammenhang mit der Herausforderung, Selbstwirksamkeitserwartungen von Lernenden einzuschätzen, zu reflektieren und zu stärken. Selbstwirksamkeitserleben sollte in der Lehrerbildung theoretisch fundiert, unterrichtlich erprobt und im eigenen Handeln erfahrbar sein (vgl. Pätzold/Stein 2007).

Die Komplexität der Lehrerarbeit resultiert nicht nur aus der Vielfalt der Tätigkeiten, sondern auch aus der teilweisen Unvereinbarkeit der gestellten Anforderungen sowie aus der Unvorhersehbarkeit des beruflichen Alltagsgeschäftes. Lehrerhandeln bewegt sich häufig in den folgenden Spannungsfeldern: Die aus den verschiedenen Biographien herrührenden heterogenen Voraussetzungen und Interessen der Lernenden aufzunehmen, zugleich den Anforderungen der Lehrpläne und der Ausbildungsordnungen sowie den Betrieben mit ihren unterschiedlichen Anwendungskontexten zu genügen, eigene pädagogische Ansprüche zu realisieren, die sich mit denen der Kolleginnen und Kollegen nicht immer decken müssen und ihnen eventuell auch gegen Wünsche der Schüler Geltung zu verschaffen. Das reale Geschehen in jedem Unterricht ist hochkomplex. Die Interaktions- und Kommunikationsprozesse zwischen Lehrern und Schülern und den Schülern untereinander sind vielschichtig und nicht immer eindeutig zu entschlüsseln. Nicht selten entwickelt die Unterrichtspraxis eine Eigendynamik, die die Unvorhersehbarkeit des Geschehens erhöht und die Möglichkeit des Lehrenden verringert, die Situation zu steuern und die Lernerfolgsaussichten zu steigern.

Die beruflichen Anforderungen von Lehrern sind konfliktgeladen, spannungsreich und nicht losgelöst von Unbestimmtheit und Unsicherheit zu sehen. Weder ist die Berufsaufgabe normativ und operativ eindeutig vorgegeben, noch gibt es technische Regeln, die Erfolg garantieren. Es kommt im professionellen Handeln immer wieder zu Situationen, die die Eigenschaften haben, im Kern miteinander unvereinbaren, jedoch sinnvollen Anforderungen gleichzeitig gerecht werden zu müssen. Pädagogisches Wissen und Handeln ist durch eine paradoxe Relevanzstruktur gekennzeichnet. Professionalität kann als begründete Balance zwischen diesen Paradoxien interpretiert werden. Lehrende kommen beispielsweise nicht umhin, personen- und situationsspezifisch zu entscheiden und zu begründen, ob feste Lernmuster/Problemlösemuster mit klarer Ergebnisorientierung vorgegeben werden sollen oder ob diese von den Lernenden selbst in offenen und kreativen Lernkontexten erkundet werden können. Der umsichtige Umgang mit den damit verbundenen Schwierigkeiten und Dilemmata bzw. ihr behutsames Ausbalancieren und die Vermeidung einseitiger Lösungsalgorithmen ist wesentliches Merkmal professioneller pädagogischer Arbeit.

Der professionelle Charakter der beruflichen Tätigkeit des Lehrers ergibt sich daraus, dass sein Handeln nicht standardisierbar ist und keinem Algorithmus folgen kann. Die Besonderheiten der wechselnden Situationen im Unterricht und die Komplexität der Ansprüche dokumentieren die Notwendigkeit, dass die Ausübung des Lehrerberufes nur auf der Basis eines theoretischen Handlungs- und Reflexionswissens gelingen kann. Professionalität entsteht im Zusammenspiel unterschiedlicher Komponenten von Wissen und Können, das als berufsbiographischer Prozess zu organisieren ist. Ein Differenzbewusstsein für die Potenziale der einzelnen Phasen der Lehrerbildung als Voraussetzung von notwendiger Abstimmung und Kooperation ist erforderlich. Die Vermittlung konzeptionell-analytischer Kompetenzen ist Funktion der universitären Phase, die Vermittlung von reflexiv gesteuerter Handlungskompetenz ist Aufgabe der zweiten Phase (vgl. Ministerium für Innovation 2007).

3 Reflexivität und Relationierung von Wissensformen im Professionalisierungsprozess

Die Ausbildung von pädagogischer Professionalität steht im Zusammenhang von Wissenschaft und Praxis und der Konzeption einer spannungsreichen „Relationierung" der Wissensformen (Dewe 1997, S. 239). Wissenschaft bedarf differenzierter Transformationsprozesse, um in der andersartigen Rationalität schulpraktischen Handelns bzw. in den subjektiven Handlungstheorien von Lehrerinnen und Lehrern wirksam zu werden (vgl. Dann 1994). Neuweg (2007) spricht in diesem Zusammenhang von einer „Kontextualisierungskompetenz" und stellt sie in den Zusammenhang des pädagogischen Taktes und eines feinen Verständnisses der jeweiligen Situation. Der Struktur wissenschaftlichen Wissens und der Erkenntnisgewinnung liegt eine differente Logik bzw. eine unterschiedliche Rationalität zu praktischem Handlungswissen und praktischen Handlungsvollzügen zugrunde. Das wissenschaftliche Wissen eröffnet dem Handelnden u. a. die Möglichkeit, seine Praxis aus anderer Perspektive zu betrachten und über die Distanzierung Bewusstheit und Reflexivität über das eigene Handeln aufzubauen. „Die professionstheoretische Sicht macht deutlich, dass zwischen Theoriewissen in einem weiten Sinne, das durchaus auch Wissen und Können zur exemplarischen Theorieanwendung umfasst, einerseits und Professionalität andererseits eine Differenz besteht ... Diese Differenz lässt sich jedoch inhaltlich nicht exakt bestimmen, weil Professionalität als ein *mixtum compositum* aus einer ganzen Reihe zusätzlicher Elemente betrachtet werden muss, wie z. B. schnelle Situationsauffassung, routinierte Handlungsfähigkeit, kommunikative Flexibilität, ethische Grundüberzeugung, emotionale Selbstkontrolle u. a. m. ... Die optimale Zusammensetzung dieser Elemente und ihr Zusammenwirken ist uns jedoch nicht bekannt und wahrscheinlich ist sie sogar prinzipiell unbestimmbar ... Professionalität kann daher gar nicht zuverlässig diagnostiziert und ihr Erwerb erst recht nicht systematisch herbeigeführt und kontrolliert werden" (Beck 2006, S. 48; Hervorhebung im Original).

Hochschuldidaktisch ergeben sich angesichts dieser Einsichten in den Status der verschiedenen Wissensformen und des Zusammenhanges zur Professionalität unterschiedliche Aufgaben. Zunächst geht es darum, solche Lernarrangements zu schaffen, die den Aufbau reflexiven Wissens begünstigen und die die Relationierung der diskrepanten Wissensformen einüben helfen. In diesem Sinne ist es tragfähig, dass Lehramtsstudierende in den Universitäten zu einem wissenschaftlichen und reflexiven Erklärungs- und Begründungswissen auch Erfahrungen mit den didaktisch-methodischen Varianten und lernpsychologischen Konzepten machen können, die sie später in ihrer Berufspraxis anwenden sollen. Die verschiedenen Wissensformen, die den Studierenden im Studium und in den

Praktika begegnen, sollten reflexiv werden. „Statt die Teilhabe an der Wissenschaft und der pädagogischen Praxis rigide voneinander zu trennen, liegt es vielmehr nahe, vielfältige Lernwege zwischen diesen Kulturen zu öffnen. Für die Lehrerbildung stellt sich dabei die Bildungsaufgabe, den Eigensinn der Regeln und Selbstverständnisse in diesen Subkulturen mit ihren unterschiedlichen Wissensformen nicht in Frage zu stellen, sondern in Lehr- bzw. Lernprozessen ausdrücklich aufeinander zu beziehen ... Professionalisierung müßte ... in Lernarrangements erfolgen, in denen gelernt wird zu unterscheiden, was als ‚wahr' und was als ‚angemessen' gilt. Ein solches Unterscheidungsvermögen will gelernt sein. Der Weg dahin führt über die Reflexion der Relation zwischen beiden Wissensformen" (Wildt 1996, S. 100 f.). Für solche reflexiven Lernprozesse, für eine Verbindung theoretisch-systematischer und pragmatisch-kasuistischer Ausbildungsanteile, sind Lerngelegenheiten zu schaffen, in denen Praxiserfahrungen zur Sprache gebracht und auf wissenschaftliches Wissen beziehbar werden. Der Organisation und curricular-didaktischen Gestaltung von schulpraktischen Studien kommt in diesem Zusammenhang besondere Aufmerksamkeit zu (vgl. Weyland 2010).

All dies produziert einen besonderen Kommunikations- und Koordinationsbedarf zwischen den verschiedenen an der Lehrerbildung beteiligten Instanzen und Personen. Inneruniversitär müssten die Funktionen und Wissensanteile der Fachwissenschaften, Fachdidaktiken und gesellschaftswissenschaftlichen und pädagogischen Disziplinen bestimmt werden, nach außen hin wird die Zusammenarbeit mit den Schulen, Betrieben und Studienseminaren notwendig. Entsprechend wird dann auch empfohlen, eine bessere Einbindung der schulpraktischen Studien sowie forschendes Lernen zu ermöglichen und sie mit einer folgenreichen Evaluation zu verbinden. Nach dem Konzept des forschenden Lernens, „soll nicht nur mit Hilfe theoretischer oder biographischer Kategorien Praxis (hermeneutisch) verstanden und reflektiert werden, sondern diese Reflexion soll durch eigene Forschungsaktivitäten während der Praktika einen Bezug zu Methoden der empirischen Überprüfung von entwickelten oder zu Grunde liegenden Hypothesen erhalten" (Altrichter/Fichten 2005, S. 17).

In den letzten Jahren hat die Integration bzw. Verstärkung reflexiver und forschender Elemente während des Lehrstudiums insgesamt steigende Aufmerksamkeit erfahren, wenngleich unter dem Begriff „Forschung" zahlreiche Varianten eines komplexen wissenschaftlichen Handelns mit deutlichen Unterschieden hinsichtlich Methodologie und Arbeitsformen verstanden werden. Entsprechend werden in den Konzeptpapieren zum forschenden Lernen unterschiedliche Formen der Partizipation an Forschung angeführt, letztlich aber folgende Ergebnisse für Lehrerkompetenz erwartet. Es ist zunächst die Reflexionskompetenz als Grundbaustein professionellen Lehrerhandelns. „Pädagogisch professionelles

Handeln und Können bedarf ... der Reflexion der Routine und ... einer ‚Routine der Reflexion'" (Helsper/Kolbe 2002, S. 389). Die Fähigkeit, eigene Tätigkeiten zu beobachten, zu evaluieren und weiterzuentwickeln, wird als konstruktives Merkmal von Lehrerprofessionalität angesehen. Es ist aber auch die kritisch-reflexive Haltung gegenüber der Praxis und Ergebnissen wissenschaftlicher Erkenntnisgewinnung, die es herauszubilden gilt. Die Qualität von Forschungsergebnissen kann genauer beurteilt werden sowie Forschungsarbeiten können besser verstanden und eingeordnet werden (vgl. Altrichter/Fichten 2005).

4 Standards für die Lehrerbildung

2004 hat die KMK Standards für die Bildungswissenschaften beschlossen. Damit sind Erwartungen an das Ergebnis der Ausbildung formuliert, die zugleich beanspruchen, die Wirksamkeit von Lehrerbildung zu überprüfen. Zwar wird in den einführenden Bekenntnissen der KMK davon gesprochen, dass mit den Standards Zielklarheit, Realisierbarkeit und die Grundlage für eine systematische Überprüfung der Zielerreichung geschaffen ist und auch eine Beschränkung auf Kompetenzkerne stattfindet. Moniert wird jedoch, dass weder Präzision noch Beschränkung Leitkriterien der tatsächlichen Beschreibung sind (Böttcher 2008, S. 197). Es fällt sowohl die „Vagheit der Beschreibung" auf, als „auch dürften die Ansprüche überzogen sein. Schließlich suggerieren die Formulierungen fachlichen Konsens ... Die Dominanz pädagogischer Semantik und die moralische Allzuständigkeit der Lehrer hat insbesondere auch deshalb negative Folgen für die Profession, weil die Ebene der Organisation, also der Kontext für berufliches Handeln, weitgehend ausgespart bleibt. Überkomplexe Aufgaben werden auf die Lehrerprofession übertragen und nicht auf eine arbeitsteilig strukturierte Organisation Schule, die in notwendigem Ausmaß auch anderes Personal für die erweiterten Aufgaben benötigt. Die mit der facettenreichen Aufgabenexpansion entstehenden Lasten werden weiterhin auf die Schultern der einzelnen Lehrer gelegt. Eine Schule als ein arbeitsteilig organisiertes System mit unterschiedlichen Professionen ist nicht in Sicht. Dort aber könnten Lehrer das tun, was man von Ihnen realistisch erwarten kann: gut unterrichten" (ebd., S. 198 ff.).

Ebenfalls wird es nicht für möglich gehalten, den anspruchsvollen und komplexen Katalog von Kompetenzen während der Ausbildung zu entwickeln. Ohne Kompetenzmessverfahren kann es mit diesem Konzept der Outputsteuerung dazu kommen, dass die Beteiligten unter unerfüllbarem Erwartungsdruck geraten und die Prüfungen für Staatsexamina an Objektivität und Zuverlässigkeit verlieren. „Angesichts der fehlenden Diagnostizierbarkeit jeder einzelnen dieser Kompetenzen kann man leicht absehen, was das etwa für die Prüfungen in den ersten und zweiten Staatsexamina bedeutet, nichts anderes nämlich, als die Öffnung aller Schleusen für Willkür, Unzuverlässigkeit und Subjektivität (Beck 2006, S. 45). Insofern ist gefordert worden, realistische Vorgaben mit unterschiedlichen Niveaustufen zu formulieren, die mit Merkmalen aller Aspekte der Prozessqualität der Lehrerausbildung (throughput) damit auch den schulpraktischen Studien bzw. dem Praxissemester korrespondieren. Ansonsten wird es geradezu als paradox angesehen, „die Studierenden zum Kompetenzerwerb ausgerechnet an jene Praxis zu überantworten, die durch Qualitätsentwicklung allererst so gut gemacht werden soll, dass man in ihr und von ihr zuverlässig lernen kann" (ebd., S. 50).

Mit den Standards ist allerdings die Debatte um die Inhaltlichkeit und Professionalität der Lehrerarbeit erneut angestoßen worden. Zu wünschen wäre, wenn „sie stärker als bisher empiriebasiert und weniger normativ geführt" (Böttcher 2008, S. 200) würde. Zudem sollte eine „verantwortungsvolle Reformpolitik im Schulwesen es als zentrales Ziel betrachten, ihre eigene Arbeit zu evaluieren. Die Notwendigkeit evidenzbasierter Politikevaluation wird leider im politischen Milieu kaum wahrgenommen. An diese Bringschuld sollten diejenigen stärker erinnern, die glauben im Sinne der Lehrer zu sprechen, und die für sie Partei ergreifen. Das Ausbleiben der Politikevaluation wird nicht nur die Entwicklung einer erfolgreichen Reform erschweren, es wird auch dem Status der Lehrerschaft schaden" (ebd., S. 201).

Zentrale Referenzdisziplinen für die Lehrerbildung sind die Fachwissenschaften und Fachdidaktiken. Dazu hat die KMK 2008 „Ländergemeinsame inhaltliche Anforderungen für die Fachwissenschaften und Fachdidaktiken in der Lehrerinnen- und Lehrerbildung" beschlossen, allerdings bisher nur für den allgemeinbildenden Bereich. Sie gehen davon aus, dass zu einer soliden fachwissenschaftlichen Ausbildung sowohl die Beherrschung der wissenschaftlichen Grundstrukturen des jeweiligen Faches einschließlich der dazugehörigen Forschungsmethoden als auch vertiefte Kenntnisse in ausgewählten Bereichen gehören. Sie sollen inhaltlich auf Ausbildungsforschung bezogen sein und den Studierenden exemplarisch die Teilhabe an Forschungsprozessen ermöglichen, die es gestatten, den wissenschaftlichen Diskurs aufzunehmen, einzuordnen, zu bewerten und für den Unterricht zu erschließen.

In einer von Wissenschaft bestimmten Zeit darf die Lehrerprofession nicht hinter die Ergebnisse der wissenschaftlichen Diskurse zurückfallen. Nur dadurch ist gewährleistet, dass Lehrende auch nach Abschluss ihres Studiums die weiteren Entwicklungen ihres Fachgebietes verfolgen, nachvollziehen und für den Unterricht erschließen können. Die jeweiligen Fachwissenschaften müssen sich ihrer Prämissen auch für die Lehrerausbildung bewusst werden und sich selbst und ihre Folgen kritisch reflektieren. Neben Attitüden wie Kritikbereitschaft, methodischem Denken und Kontingenzbewusstsein ist die Fähigkeit wichtig, eine von der praktischen Handlungssituation distanzierte Sicht zu übernehmen.

Hier wird erneut deutlich, dass eine rigide pädagogische oder fachdidaktische Finalisierung der fachwissenschaftlichen Studien eine restringierte Sicht von Fachwissenschaft hervorbringen würde und verhindert, dass die nicht prognostizierbare Dynamik der fachwissenschaftlichen Entwicklung angemessen rezipiert und pädagogisch reflektiert werden kann. Transformationsleistungen dürfen nicht auf die Fachdidaktik abgeschoben werden. Besonders problematisch für die berufliche Bildung kann es sich auswirken, wenn das vermittelte wissenschaftliche Wissen linear didaktisch reduziert auf ein Schulfach bzw. Lernfeld abgebildet wird, so dass dieses als zweifelsfrei gesichert gedeutet wird und damit schnell in die Gefahr gerät, verabsolutiert und damit ontologisiert zu werden. Zu fordern ist aus dieser Perspektive vielmehr ein aktiv-forschendes Lehren und Lernen von wissenschaftlichen Fragestellungen, Methoden und Erkenntnissen, das dazu beitragen kann, das wirtschaftliche, technische und gesellschaftliche Bedingungsgefüge wissenschaftlicher Arbeit zu bedenken - auch um die Funktion der Wissenschaften für die Gesellschaft und die damit verbundenen charakteristischen Interessenkonstellationen begreifbar zu machen, damit „junge Menschen an der komplexen Gesellschaft in bewusster Weise partizipieren können und sowohl ein Fundament als auch ein Motiv fürs Weiterlernen entwickeln" (ebd., S. 200).

5 Theorie-Praxis-Vernetzung und Notwendigkeit der Intensivierung von Kooperationsaktivitäten

Mit der Bachelor-Master-Struktur ist nicht nur ein konstruktives Überdenken der universitären Studiengänge erforderlich, sondern auch eine Neujustierung von Studium, Referendariat, Berufseingangsphase und Lehrerfortbildung. Bisher ist weitgehend ungeklärt, welche Lernsituationen in den verschiedenen Institutionen bzw. Phasen der Lehrerbildung zur Aneignung des Wissens und Entwicklung des Könnens gegeben sein müssen, wo die Bedingungen erfüllt sind oder entwickelt werden können und wie Anschlussfähigkeit und Kooperation zwischen den verschiedenen Phasen der Lehrerbildung gesichert wird, um wirksame Lerngelegenheiten realisieren zu können und woran und wie festgestellt wird, wie wirksam die Lehrerbildung ist.

Spätestens mit dem KMK-Beschluss vom 12.5.1995 „Rahmenvereinbarung über die Ausbildung und Prüfung für ein Lehramt der Sekundarstufe II (berufliche Fächer) oder für die beruflichen Schulen" gibt es in der Lehrerbildung für berufliche

Schulen eine Empfehlung für die Zusammenarbeit von erster und zweiter Phase. „Die beiden Ausbildungsphasen sollen im Hinblick auf Erziehung und Unterricht eng aufeinander bezogen und auf das berufliche Schulwesen ausgerichtet werden." Allerdings spielen in den bisherigen Ausbildungskonzepten der an der Lehrerbildung beteiligten Institutionen Kooperationen kaum eine systematische Rolle. Fehlende Koordination und Kooperation zwischen den einzelnen Phasen der Lehrerbildung werden seit langem beklagt. Offenbar handelt es sich immer noch um „getrennte Welten", die sich – trotz der gemeinsamen Aufgabe der Lehrerbildung – kaum zur Kenntnis nehmen, so dass es aufgrund wechselseitiger Unkenntnis zu manchen unproduktiven Missverständnissen und disparaten Doppelungen kommt mit der Konsequenz, dass nicht für den konzentrierten Aufbau professioneller Kompetenzen gesorgt wird. „Es gibt kein gemeinsames Curriculum, das auf die drei Phasen der Lehrerbildung abgestimmt wäre" (Oelkers 2000, S. 134). Entsprechend klagen Studierende über unklare Zielsetzungen und mangelnde Zeitökonomie (ebd., S. 137). Nach Berichten aus den Universitäten ist die curriculare und organisatorische Gestaltung der praktischen Studienanteile der neuralgische Punkt der Lehrerbildung. Kaum ein Element der ersten Ausbildungsphase zieht größere Kritik auf sich als diese Studienanteile. Unübersehbar ist die Diskrepanz zwischen Erkenntnissen über die Notwendigkeit von schulpraktischen Studien und Kooperationen einerseits und praktisch erfolgreich durchgeführten Maßnahmen andererseits.

Bisher ist es nicht gelungen verbindliche curriculare Standards und darauf bezogene Erfolg versprechende Strukturen zu etablieren. Geregelte Kooperationen zwischen den mit Lehrerbildung betrauten Institutionen sind eher die Ausnahme. Die Kontakthäufigkeit ist insgesamt gering, wenn Kontakte existieren, dann haben sie in erster Linie informellen Charakter. "Kontinuierliche, auf die konkrete Verbesserung der beiden Ausbildungsphasen ausgerichtete und administrativ organisierte Kontakte finden wesentlich seltener statt" (Bendig 1999, S. 30). Das Zustandekommen von Kontakten zwischen Universität und Studienseminar ist primär auf die Eigeninitiative der einzelnen Akteure in der Lehrerbildung zurückzuführen. Institutionelle Rahmenbedingungen für Kooperationen wurden bisher nicht geschaffen. "Die vorhandenen Kooperationen und Kontakte sind zusätzliche Arbeitsleistungen, wobei die Grenze zwischen privaten Interessen und institutionellem Nutzen fließend ist" (ebd., 31).

Das Verhältnis "Universität und Studienseminar" besitzt eine institutions- und organisationspolitische Beziehung, es spielt aber auch "im Verhältnis zwischen Universität und Studienseminar die Frage nach der subjektiven Aneignung von wissenschaftlichen Theorien durch Lehramtsstudierende an der Universität auf der einen Seite und die Frage nach der subjektiven Transformation und Anwendung dieser Theorien durch die Referendare im Vorbereitungsdienst auf der anderen

Seite" (Czycholl 2000, S. 253) eine Rolle. Erst in jüngster Zeit wird die Beziehung zwischen der Erzeugung und kognitiven Rekonstruktion einer unterrichtlichen Theorie in einer universitären Lehrveranstaltung und ihrer situativen Transformation und Anwendung in der unterrichtlichen Praxis als eine Herausforderung gesehen. Zwar ist weiterhin davon auszugehen, dass die stärker berufspraktisch orientierte Ausbildungsphase aufgrund seiner zweiseitigen Kontextualisierung eine Brücken- und Gelenkfunktion besitzt, denn sie soll den Übergang von der Ausbildung an der Universität zur eigenverantwortlichen Unterrichtspraxis gewährleisten. In dieser Phase gilt es, eine theoriegeleitete Reflexion und professionelle Problembearbeitung im Studienseminar mit Erfahrungen am Lernort Schule derart zu verknüpfen, das kasuistisches Lernen möglich wird (Lempert 2000, S. 580).

Die Aufgabe der Vorbereitung auf selbstständigen Unterricht soll nun bereits das mit der Umsetzung des Bolognaprozesses in einigen Bundesländern eingeführte Praxissemester im Masterstudium übernehmen. Vielfach wird es, obwohl es als Bestandteil der ersten Phase verortet ist und also in der Verantwortung der Universität liegt, als Kompensation für einen verkürzten Vorbereitungsdienst gesehen. In Nordrhein-Westfalen soll es in Kooperation mit den Zentren für schulpraktische Lehrerausbildung und den Schulen durchgeführt werden. Dies ist im Lehrerausbildungsgesetz festgelegt. Insofern wird das Funktionieren dieser Kooperation als zentrale Gelingensbedingung für eine kohärente Lehrerbildung angesehen. Dabei sollen konzeptionell-analytische und reflexiv-praktische Kompetenzen aufeinander bezogen werden. „Es geht somit um eine kritisch-konstruktive Auseinandersetzung mit Theorieansätzen, Praxisphänomenen und der eigenen Lehrerpersönlichkeit und einer reflektierten Einführung in das Unterrichten ... Unter der Voraussetzung, dass unmittelbar mit Aufnahme des Vorbereitungsdienstes selbstständig unterrichtet werden soll, ist die Ausrichtung der anzustrebenden Kompetenzen hinsichtlich des Unterrichtens und Erziehens, der Einführung in die Leistungsbeobachtung und –beurteilung sowie insgesamt zur Entwicklung eines professionellen Selbstkonzeptes ein besonderes Erfordernis" (Kommission Praxissemester 2009, S. 6 f.). Dies dürfte leichter fallen, wenn das Lernen der Studierenden systematisch und planmäßig erfolgt und dabei auf Kenntnisse und Fähigkeiten zurückgegriffen werden kann, die zuvor systematisch vermittelt worden sind (vgl. Lempert 2000). Davon hängt es ab, wie sie Schule wahrnehmen und die schulpraktischen Anforderungen zu bewältigen suchen. Theoretische Reflexionen müssten daran systematisch anknüpfen.

Zu fragen ist, ob professionelle Handlungskompetenz bereits im Praxissemester erreicht werden kann. Zwar lässt sich eine professionalisierende Wirkung schulpraktischer Studien theoretisch und konzeptionell begründen, aber über die Wirkung besitzen wir zu wenig empirisch gesicherte Daten. Wichtig für die Theorie-Praxis-Vernetzung ist der Diskurs aller an der Betreuung Beteiligten sowie eine einschlägige Ausbildung für alle am Praxissemester Beteiligten. Ohne Theoriebildung, wie in den Praktika gelernt werden soll, ohne Klärung der Frage, anhand welcher Kriterien ein erfolgreiches Praktikum gemessen und wie Kooperationen professionalisiert werden können (Hascher 2011) sowie ohne einer kontinuierlichen personenorientierten Betreuung auch in Form des Beobachtens und intelligenten Imitierens von „Könnern" (Neuweg 2011, S. 20), die eine kritische Reflexion vorhandener Selbstüberschätzungen und eingeschliffener Muster, Einstellungen, Überzeugungen und Werthaltungen oder einer nur gering ausgeprägten Selbstwirksamkeit ermöglicht, sind innovative Impulse für den Aufbau von Könnerschaft bzw. einer umfassenden Professionalität kaum zu erwarten. Zugleich bedarf ein in seiner Zielorientierung und Ausgestaltung durchaus überzeugendes Konzept zu seiner Umsetzung der erforderlichen Ressourcen.

Mit der Bachelor-Master-Struktur nimmt dann auch das Referendariat in Nordrhein-Westfalen ein verändertes Verständnis der Lehrerbildung auf. So wird es neben den Fachseminaren bspw. unter dem Stichwort „Personenorientierte Beratung mit Coaching-Elementen" überfachliche und benotungsfreie Ausbildungs- bzw. Beratungselemente geben und es soll ein verbindliches in sieben Kompetenzen und sechs ausbildungsrelevanten Handlungsfeldern aufgeteiltes Kerncurriculum implementiert werden. Die Handlungsfelder rücken den Umgang mit Heterogenität als zentrales Anliegen deutlich in den Vordergrund. Für diese curricular-didaktischen Veränderungen soll es für die Qualifizierung der überfachlichen Ausbilder Schulungen geben.

6 Programmatische Absichten und ihre Realisierung

Welche Qualität die Lehrerbildungsprozesse haben werden, hängt entscheidend davon ab, wie in der konkreten Praxis in den Institutionen der Lehrerbildung die mit den Reforminitiativen verbundenen Chancen genutzt werden, wie Koppelungen zwischen der sogenannten Formal- und Aktivitätsstruktur (vgl. Krücken 2005) der jeweiligen Einrichtung gelingen, d.h. auch davon, inwieweit die innovativen Impulse in den Institutionen realisiert werden können. Aus der Organisationsforschung ist bekannt, dass die Formalstruktur in erster Linie die Konformität mit den Umwelterwartungen widerspiegelt. Sie sichert der Organisation den Erhalt von legitimatorischen und materiellen Ressourcen. Insofern könnte eine Orientierung allein an den Strukturentwicklungsforderungen sogar zur Unverträglichkeit mit den Standards grundständiger Lehrerbildung führen. Daran ändert auch nicht, dass konsekutive Studiengänge sich durch sogenannte Akkreditierungsagenturen akkreditieren lassen müssen, wobei zur Sicherung der staatlichen Verantwortung für die inhaltlichen Anforderungen der Lehrerbildung ein Vertreter der für das Schulwesen zuständigen Obersten Landesbehörde im Akkreditierungsverfahren mitwirkt. Die Akkreditierung des jeweiligen Studienganges bedarf seiner Zustimmung.

Für den Bereich der Erziehungswissenschaft/Berufspädagogik könnte deutlich werden, dass „in der Regel von einer personellen bzw. kapazitären Unterausstattung auszugehen ist" (Baumgart/Wittpoth 2007, S. 113). Das Interesse allein für programmatische Aspekte reicht nicht; Infrastrukturprobleme sind in der Akkreditierungspraxis gleichsam systematisch zu bedenken. Das Plädoyer für eine „Akzentverschiebung von der bislang dominierenden Diskussion programmatischer Absichten zu quantitativer Überprüfung struktureller Voraussetzung von Studiengängen impliziert die Konsequenzen, die gegenwärtig kaum abzuschätzen sind. Eine empirisch belastbare Erhebung der strukturellen Voraussetzung neuer Studiengänge würde vermutlich in zahlreichen kultur- und sozialwissenschaftlichen Fachbereichen, insbesondere aber im Bereich der Erziehungswissenschaft und der Lehrerbildung, zu desillusionierenden Ergebnissen hinsichtlich der kapazitären Voraussetzungen neuer Studienprogramme führen – und vielleicht zu Überlegungen, in denen nicht das Wünschbare, sondern das Machbare im Vordergrund stünde" (ebd., S. 112). Auch wird es für das Akkreditierungsverfahren, welches „als Beratungs- und Diskussionsprozess mit dem Ziel der Qualitätsverbesserung und nicht als Kontroll- und Sanktionsform gedacht ist" (Sloane 2010, S. 2), kontraproduktiv, wenn Vertreter des Kultusministeriums eigentlich nur die „[formale] Einhaltung der KMK-Vereinbarung und nicht etwa die inhaltlichen Fragen des Aufbaus eines Studiengangs im Blick haben ... [und] so sitzt der Vertreter der Kultusbürokratie auf einem weißen wiehernden Schimmel und schwingt das Schwert der Regelerfüllung" (ebd, 4).

Die vor allem mit dem Bolognaprozess, aber auch mit den Reformprojekten in den Ländern initiierten Veränderungen finden Top-down statt. Ersteres muss noch in Bottom-up-Entwicklungen in den einzelnen Ländern und dann, wie auch die Länderprojekte, dezentral in den Hochschulen umgesetzt werden. Solche Prozesse stoßen in der Regel auf Widerstände, vornehmlich dann, wenn viele Anspruchsgruppen mit teilweise konfligierenden Interessen und Zielen in den Implementationsprozess zu involvieren sind. Im Einzelfall kommt es auf die innovative Ausrichtung der jeweiligen Hochschule bzw. Universität an, welchen Stellenwert sie der Lehre und der Lehrerbildung insgesamt zumisst und wie intensiv die Hochschulleitung bzw. Fakultätsleitung die Entwicklung und Umsetzung von Reformstrategien unterstützt.

Zwar liefern Organisationstheorien keine fertigen Antworten für konkrete Praxisprobleme und mit Gestaltungsempfehlungen für konkrete Situationen halten sie sich ohnehin zurück. Sie können aber Erklärungen anbieten, warum sich Reformen nur relativ schwer durchsetzen. Universitäten sind (idealtypisch) als lose Kopplung wissenschaftlicher Disziplinen zu definierende Einrichtungen zu verstehen. Sie werden als Expertenorganisationen besonderer Art bezeichnet, „utopisch in der Zielsetzung, behäbig im Wandel" (Pellert 1999, S. 317), die durch den Widerspruch zwischen dem Fachsystem, der Disziplin und dem sozialen System der Organisation charakterisiert sind. „Der Experte identifiziert sich weniger mit der Organisation, in der er arbeitet, sondern stärker mit seiner Profession, der er angehört ... Die mangelnde Identifikation mit der Organisation und deren Zielen führt auch dazu, dass es wenig Engagement für die Interessen des Gesamten gibt" (Pellert 2000, S. 43). Aber genau das Engagement für das Gesamte ist für eine auf Kooperation notwendigerweise angewiesene Lehrerbildung konstitutiv. Lehrerbildung darf nicht über persönliche Präferenzen der Dozenten gesteuert werden. Insofern ist eine essentielle Voraussetzung für die Erhöhung der Reformfähigkeit und -bereitschaft von Universitäten, dass sie lernt, sich selbst als Organisation zu begreifen und ein anderes Verhältnis zum Thema Organisation zu erwerben und sich somit „von einer Organisation des Lernens zu einer lernenden Organisation weiterentwickelt" (Pellert 2000, S. 40).

Vor diesem Hintergrund ist entscheidend, wie die nach außen gerichtete Formalstruktur mit der internen Aktivitätsstruktur, dem tatsächlichen Organisationshandeln, gekoppelt ist. So kann man durch bloße Umetikettierung – also durch Umwandlung der Formalstruktur – Wandlungserwartungen abwehren, Entwicklungen blockieren und auf der Ebene der Aktivitätsstruktur bzw. der Organisations- und Curriculumentwicklung weiterhin „business as usual" praktizieren. Dies ist eine nicht zu vernachlässigende Gefahr, denn bei knappen Kapazitäten und fehlenden Ressourcen schlagen die Unsicherheiten darüber, welcher Art das pädagogische Wissen ist, das dem Lehrerkönnen zugrunde liegt oder zugrunde liegen soll, auf die Diskussion um die institutionelle, strukturelle und curriculare Ausgestaltung der Lehrerbildung und ihre Phasierung nur allzu leicht durch, nicht zuletzt, um Interessen zu schützen und auch Entwicklungen zu blockieren. Die Vorstellung beispielsweise, Theoriewissen würde mittels direktem Transfer in praktisches Können überführt bzw. kompetentes Lehrerhandeln sei als bloßer Plan- und Wissensanwendungsvorgang aufzufassen, geht zwar an der Realität vorbei, sie gehört jedoch zu den langlebigen zahllosen Ideologien bzw. tief sitzenden Überzeugungen im Feld der Lehrerbildung. Hier ist gegenzuhalten: Lehrerbildung ist und bleibt auf das Wechselspiel von Einlassung auf Erfahrung, Reflexion der Erfahrung, Aneignung wissenschaftlichen Wissens und Rückübersetzung in neues Handeln und Erfahren angewiesen und damit auch auf eine Professionalisierung der Zusammenarbeit zwischen Universitäten/Hochschulen und Zentren für schulpraktische Ausbildung sowie Schulen. Auf dieser Folie können die an der Ausbildung von Lehrerinnen und Lehrern beteiligten Akteure sowohl der verschiedenen Fachbereiche im System der Universität als auch der berufspraktischen Ausbildung der Lehrerbildung auf der Grundlage von an realistischen professionellen Standards orientierten Leitideen miteinander über ihre Aufgaben bei der Ausbildung kommunizieren, dabei konkrete Ziele der Ausbildung mutig klären, vereinbaren und Maßnahmen verbindlich verfolgen.

Angesichts der Vielzahl der beeinflussenden Faktoren der Lehrerbildung und den vielen blinden Flecken allein zu den Kriterien des Lernens in den einzelnen Phasen der Lehrerbildung ist davon auszugehen, dass es nur „graduierbare Lösungen" gibt, „mehr oder weniger schlechte ... Alles was wir tun in dem Bereich, in dem wir operieren, hat deshalb den schönen Status von Reformmut. Und Reformmut heißt bekanntlich, dass wir bereit sind, Zustände mit bekannten Nachteilen gegen Zustände mit unbekannten Nachteilen auszutauschen; denn genau das wagen wir. Aber es ist auch notwendig, weil die bekannten Nachteile zu groß sind. Dennoch bleibt es ein Risiko, ein Lernprozess mit ungewissem Ausgang, weil wir die Nachteile, die wir uns einhandeln, noch nicht kennen; denn die Welt, die wir verändern, indem wir etwas institutionalisieren, ist viel zu komplex, um vollständig kontrollieren zu können, welche Folgen wir anrichten" (Tenorth 2003, S. 55 f.).

Dabei gilt es sich bewusst zu halten, dass es bei der Reform der Lehrerbildung in erster Linie um curricular-didaktische Aspekte zu gehen hat, um die Klärung der Fragen nach der Legitimation und Aneignung des Wissens und Könnens von Lehrerinnen und Lehrern, das diese für ihr pädagogisches Handeln benötigen. Dabei darf nicht so getan werden, als ob „wissenschaftliches Wissen und praktisch gezeigte Kompetenz ... in irgendeiner Weise automatisch miteinander verknüpft" sind (Terhart 2002, S. 17). Die Anerkennung der Differenz von Theorie und Praxis ist bei den komplexen auf die Schulrealität bezogenen Herausforderungen besonders gefordert.

Literatur

Altrichter, H.; Posch, P. (1994): Lehrer erforschen ihren Unterricht. Bad Heilbrunn: Klinkhardt.

Altrichter, H.; Fichten, W. (2005): Lehrerbildung und praxisnahe Forschung. Konzepte – Erfahrungen – Effekte. In: Bastian, J.; Keuffer, J.; Lehberger, R. (Hrsg.): Lehrerbildung in der Entwicklung. Das Bachelor-Master-System: Modelle – Kritische Hinweise – Erfahrungen. Weinheim und Basel: Beltz, S. 94–105.

Allemann-Ghionda, Ch.; Terhart, E. (Hrsg.) (2006): Kompetenzen und Kompetenzentwicklung von Lehrerinnen und Lehrern: Ausbildung und Beruf. Zeitschrift für Pädagogik. 51. Beiheft. Weinheim und Basel: Beltz.

Bastian, J.; Combe, A.; Hellmer, J.; Hellrung, M.; Merziger, P. (2006): Forschungswerkstatt Schulentwicklung. Das Hamburger Modell. In: Obolenski, A.; Meyer, H. (Hrsg.): Forschendes Lernen. Theorie und Praxis einer professionellen LehrerInnenausbildung. 2. aktualisierte Aufl., Oldenburg: Klinkhardt, S. 153–166.

Baumgart, Fr.; Wittpoth, J. (2007): Akkreditierung als hölzernes Schwert? Anmerkungen zu ungelösten Problemen. In: Erziehungswissenschaft. Mitteilungen der Deutschen Gesellschaft für Erziehungswissenschaft (DgfE) 18, S. 108–115.

Beck, K. (2006): Standards – ein Mittel zur Qualitätsentwicklung in der Lehrerbildung? In: Wirtschaft und Erziehung, 58 Jg., H. 2, S. 44–54.

Bendig, B. (1999): Kooperation zwischen Universität und Studienseminar in der Berufsschullehrerausbildung. Ergebnisse einer empirischen Untersuchung. In: Berufsbildung, Heft 58, S. 29–32.

Bildungskommission NRW (1995): Zukunft der Bildung. Schule der Zukunft. Denkschrift der Kommission "Zukunft der Bildung – Schule der Zukunft" beim Ministerpräsidenten des Landes Nordrhein-Westfalen. Neuwied u.a.

Böttcher, W. (2008): Standards. Konsequenzen der Output-Steuerung für die Lehrerprofessionalität. In: Helsper, W.; Busse, S.; Hummrich, M.; Kramer, R.-T. (Hrsg.): Pädagogische Professionalität in Organisationen. Neue Verhältnisbestimmungen am Beispiel der Schule. Wiesbaden: VS, S. 187–203.

Buchmann, U.; Kell, A. (2001): Konzepte zur Berufsschullehrerbildung. Bonn: BmbF.

Czycholl, R. (2000b): Lehrerbildung für berufliche Schulen auf dem Wege in das 21. Jahrhundert – Quo vadis? In: Czycholl, R. (Hrsg.): Berufsbildung, Berufsbildungspolitik und Berufsbildungsforschung auf dem Wege in das dritte Jahrtausend. Oldenburg: BIS Verlag, S. 235–258.

Dann, H. –D. (1994): Pädagogisches Verstehen: Subjektive Theorien und erfolgreiches Handeln von Lehrkräften. In: Reusser, K.; Reusser-Weyeneth, M. (Hrsg.): Verstehen. Psychologischer Prozeß und didaktische Aufgabe. Bern u. a.: Huber, S. 163–182.

Eckerle, G.-A. (1997): Welche Beratung und Fortbildung braucht die selbständigere Schule? Überblick über Antworttendenzen und Umriß einer eigenen Antwort. In: Grimm, A. (Hrsg.): „Betrieb Schule" – „Haus des Lernens". Perspektiven und Probleme der Schulentwicklung. Loccum: Evangelische Akademie Loccum, S. 250-264.

Hascher, T. (2011): Vom „Mythos Praktikum" ... und der Gefahr verpasster Lerngelegenheiten. In: Journal für Lehrerinnen- und Lehrerbildung, 11. Jg., H. 3, S. 8–16.

Helsper, W. (2002): Wissen, Können, Nicht-Wissen-Können: Wissensformen des Lehrens und Konsequenzen für die Lehrerbildung. In: Zentrum für Schulforschung und

Fragen der Lehrerbildung Halle (Hrsg.): Die Lehrerbildung der Zukunft – eine Streitschrift. Opladen: Leske + Budrich, S. 67–86.

Herzog, W. (1995): Reflexive Praktika in der Lehrerinnen- und Lehrerausbildung. In: Beiträge zur Lehrerbildung, H. 13, S.253–273.

Horstkemper, M.; Beck, E. (2001): Forschen lernen. In: journal für lehrerinnen- und lehrerbildung, 1. Jg., H. 3, S. 4–6.

Kommission Praxissemester (2009): Rahmenkonzeption zur strukturellen und inhaltlichen Ausgestaltung des Praxissemesters im Masterstudiengang. o. O.

Lempert, W. (2000): Bedingungen lebenslangen Lernens im Beruf. In: Zeitschrift für Berufs- und Wirtschaftspädagogik, H. 96, S. 575–592.

Ministerium für Innovation, Wissenschaft, Forschung und Technologie des Landes Nordrhein-Westfalen (2007): Ausbildung von Lehrerinnen und Lehrern des Landes Nordrhein-Westfalen. Empfehlungen der Expertenkommission zur Ersten Phase (Vorsitz Baumert). Düsseldorf. Online: http://www.innovation.nrw.de/downloads/Broschuere.pdf (20.02.2012)

Ministerium für Schule und Weiterbildung des Landes Nordrhein-Westfalen (Hrsg.) (1997a): Lehrerausbildung. Ausbildung im Dialog zwischen Schule und Seminar. Seminarrahmenkonzept für die Sekundarstufe II. Frechen.

Neuweg, G. H. (2011): Praxis als Theorieanwendung? Eine Kritik am „Professionsgenerierungs-Ansatz". In: Journal für Lehrerinnen- und Lehrerbildung, 11. Jg., H. 3, S. 17–25.

Neuweg, G. H. (2007): Wie grau ist alle Theorie, wie grün des Lebens goldner Baum? LehrerInnenbildung im Spannungsfeld von Theorie und Praxis. In: bwp@ Online, Ausgabe 12.

Obolenski, A.; Meyer, H. (Hrsg.) (2006): Forschendes Lernen. Theorie und Praxis einer professionellen LehrerInnenausbildung. 2. aktualisierte Aufl., Oldenburg: Klinkhardt.

Oelkers, J. (2000): Probleme der Lehrerbildung: Welche Innovationen sind möglich? In: Cloer, E.; Klika, D.; Kunert, H. (Hrsg.): Welche Lehrer braucht das Land? Notwendige und mögliche Reformen der Lehrerbildung. Weinheim und München: Juventa, S. 126–141.

Pätzold, G. (2006): Universitäre Lehrerbildung – forschungsbasiert und berufspraxisbezogen. In: Die berufsbildende Schule, 58. Jg., H. 5, S. 111–117.

Pätzold, G.; Stein, B. (2007): Das Konstrukt der Selbstwirksamkeit in seiner Bedeutung für selbstgesteuerte Lernprozesse. In: bwp@ Online, Ausgabe 13.

Pellert, A. (1999): Die Universität als Organisation. Die Kunst, Experten zu managen. Wien, Köln, Graz: Verlag Böhlau Wien.

Pellert, A. (2000): Expertenorganisationen reformieren. In: Hanft, A. (Hrsg.): Hochschulen managen? Zur Reformierbarkeit der Hochschulen nach Managementprinzipien. Neuwied: Luchterhand, S. 39–55.

Plöger, W. (2006): Was ist Kompetenz? – Ein theoretischer Rahmen mit Blick auf die beruflichen Fähigkeiten von Lehrerinnen und Lehrern. In: Pädagogische Rundschau, 60. Jg., H. 3, S. 255–270.

Prondzynski, A. von (2001): Evaluation der Lehrerausbildung in den USA: Geschichte, Methoden, Befunde. In: Keiner, E. (Hrsg.): Evaluation (in) der Erziehungswissenschaft. Weinheim, Basel: Beltz, S. 91–140.

Radtke, F.-O.; Webers, H. E. (1998): Schulpraktische Studien und Zentren für Lehramtsausbildung. Eine Lösung sucht ihr Problem. In: Die Deutsche Schule, 90 Jg., H. 2, S. 199–216.

Schmitz, G. S.; Schwarzer, R. (2002): Individuelle und kollektive Selbstwirksamkeitserwartungen von Lehrern. In: Jerusalem, M.; Hopf, D. (Hrsg.): Selbstwirksamkeit und Motivationsprozesse in Bildungsinstitutionen. Zeitschrift für Pädagogik, Beiheft 44. Weinheim: Beltz, S. 192–214.

Schwarzer, R.; Jerusalem, M. (2002): Das Konzept der Selbstwirksamkeit. In: Jerusalem, M.; Hopf, D. (Hrsg.): Selbstwirksamkeit und Motivationsprozesse in Bildungsinstitutionen. Zeitschrift für Pädagogik, 44. Beiheft. Weinheim: Beltz 2002, S. 28–53.

Sloane, P. F. E. (2010): Avanti dilettanti: die Reform der Lehrerbildung. Zur Einführung des Masters of Education (M. Ed.) und der vielleicht vergeblichen Hoffnung auf Professionalität. In: Zeitschrift für Berufs- und Wirtschaftspädagogik, 106 Jg., H. 1, S. 1–10.

Tenorth, H.-E. (2003): Reform der Lehrerbildung als Element der universitären Studienreform. In: Grimm, A. (Hrsg.): Die Zukunft der Lehrerbildung. Loccumer Protokolle 11/03. Loccum: Evangelische Akademie Loccum, S. 51–61.

Terhart, E. (1999): Strukturprobleme der Lehrerinnen- und Lehrerbildung: Konfligierende Modernisierungen. In: Seminar, H. 3/1999, S. 6–14.

Terhart. E. (Hrsg.) (2000): Perspektiven der Lehrerbildung in Deutschland. Abschlussbericht der von der Kultusministerkonferenz eingesetzten Kommission. Weinheim und Basel: Beltz.

Terhart, E. (2002): Was müssen Lehrer wissen und können? Einleitende Bemerkungen zur Tagung. In: Zentrum für Schulforschung und Fragen der Lehrerbildung Halle (Hrsg.): Die Lehrerbildung der Zukunft – eine Streitschrift. Opladen: Leske + Budrich, S. 17–23.

Treml, A. (1987): Einführung in die Allgemeine Pädagogik. Stuttgart u.a.: Kohlhammer.

Weinert, F. E.; Helmke, A. (1996): Der gute Lehrer: Person, Funktion oder Fiktion. In: Zeitschrift für Pädagogik. 34. Beiheft. Weinheim und Basel: Beltz, S. 223–233.

Vogel, P. (2002): Die Grenzen der Berufsorientierung im Lehramtsstudium. In: Zentrum für Schulforschung und Fragen der Lehrerbildung Halle (Hrsg.): Die Lehrerbildung der Zukunft – eine Streitschrift. Opladen: Leske + Budrich, S. 61–66.

Weyland, U. (2010): Zur Intentionalität schulpraktischer Studien im Kontext universitärer Lehrerausbildung. Paderborn: Eusl.

Wildt, J. (1996): Reflexive Lernprozesse. In: Hänsel, D.; Huber, L. (Hrsg.): Lehrerbildung neu denken und gestalten. Weinheim, Basel: Beltz, S. 91–107.

Ziegler, B. (2004): Professionalisierung im Studium – Anspruch und Wirklichkeit. Aachen: Shaker.

Wissenschaftsbezüge und Standards für ein gewerblich-technisches Lehrerbildungsstudium

Georg Spöttl, Matthias Becker

1 Einleitung

Mit der Einführung gestufter Studiengänge für die Lehrerbildung im Zuge des Bolognaprozesses wurden schon immer diskutierte Fragestellungen zur Ausrichtung der Ausbildung von Lehrkräften für den gewerblich-technischen Bereich neu aufgeworfen (vgl. Spöttl 2004). Die Fragen nach dem rechten Ort, nach der Zuordnung zu Disziplinen und den Wissenschaftsbezügen wurden jedenfalls vor dem Hintergrund verschiedener „Megatrends" (ebd.) und neuer Steuerungsinstrumente und Qualitätsansprüche im Hochschulsystem anders als zuvor bearbeitet und beantwortet. Der Umstellungsprozess von Diplom- und Staatsexamens-Studiengängen hin zu Bachelor- und Masterstudiengängen ist längst nicht abgeschlossen, da werden die Hochschulen auch schon von den alten Fragestellungen wieder eingefangen, während die seit Bologna neuen noch nicht gelöst sind und die absehbar anstehenden noch nicht bearbeitet werden können. Eine Überlagerung von Prozessen, die an den Hochschulen Tätige zu bewältigen haben und die wenigstens eine gemeinsame und einheitliche Zielsetzung verlangen, die da lauten könnte: „Zur Absicherung einer qualitativ hochwertigen Berufsbildung in den gewerblich-technischen Berufsfeldern sind in ausreichender Zahl geeignete Lehrkräfte für berufsbildende Schulen ausgebildet." So könnte eine konsensfähige Minimalanforderung an die Lehrerbildung formuliert sein. Der Teufel steckt hier aber im Detail und es ist notwendig, Prädikate wie „qualitativ hochwertig", „in ausreichender Zahl" und „geeignet" zu operationalisieren. In diesem Kontext sind Standards anzusiedeln, die allerdings nur dann überhaupt erarbeitet werden können, wenn der zu standardisierende Gegenstand und Prozess eindeutig definierbar ist – was zunächst jedoch in Frage zu stellen ist. Auf einem abstrakten Beschreibungsniveau sind dies: die Qualifikation von Lehrern und Lehrerinnen für berufsbildende Schulen als Gegenstand sowie die Lehrerbildung als Prozess. Mit diesem Beitrag wollen wir eine Analyse der beschriebenen Problematik betreiben und Ansätze für die Entwicklung von Standards aufzeigen, an denen sich gewerblich-technisch ausgerichtete Studiengänge orientieren können.

2 Der Ansatz: Bildungsqualität durch Standards absichern

Im Bereich der Steuerung von Bildung hat es in den letzten Jahren einen Paradigmenwechsel von einer Inputsteuerung (z. B. durch Ausbildungsordnungen) hin zu einer Output- und Outcomesteuerung gegeben – zunächst zumindest hinsichtlich der Orientierung, wenn auch weniger bereits in der Wirkung im Berufsbildungssystem. Im Blickwinkel der Betrachtung steht immer mehr das Ergebnis der Qualifizierung, also was „produziert" werden soll. Grundlage bildet vielfach das sogenannte „Klieme"-Gutachten (Klieme/Avenarius/Blum et. al. 2003), mit dem ein Konzept für nationale Bildungsstandards entwickelt wurde. Während die Bildungsstandards im allgemeinbildenden Schulwesen bereits umgesetzt werden, stellt sich im Hinblick auf das Berufsbildungssystem und die Lehrerbildung für berufliche Schulen die Frage, wie Bildungsstandards und damit korrespondierend Qualitätsstandards zu definieren oder zu entwickeln sind. Dies ist nicht einfach zu beantworten, denn es ist zu klären, worauf sie sich beziehen sollen, worüber sie Auskunft geben sollen, wem sie nutzen sollen und wie sie anzuwenden sind. Weitere Fragen sind, ob es um Standards geht, die sich auf wissenschaftliche Disziplinen beziehen wie z. B. die Erziehungswissenschaften, die Berufs- und Wirtschaftspädagogik, die Ingenieurwissenschaften, die Berufswissenschaften, die beruflichen Fachrichtungen, die Arbeitswissenschaften u. a. Daneben stellt sich natürlich die Frage nach dem Mehrwert von Standards im Kontext von Bachelor- und Masterstudiengängen im Vergleich zu den auslaufenden Staatsexamensstudiengängen. Da die Bezugsebenen in der Berufsbildung wesentlich vielschichtiger und komplexer sind als in der Allgemeinbildung sind Standards kaum durch fächerbezogene Mindestanforderungen für Lerner auf der einen Seite und entsprechend korrespondierenden fächerbezogenen Standards für Lehrkräfte auf der anderen Seite beschreibbar. Schon im allgemein bildenden Bereich ist es schwierig, die vielfältigen Ansprüche an das Lernen, die Lerner, den Unterricht bis hin zur Lehrerbildung in der ersten, zweiten und dritten Phase überhaupt stimmig zu charakterisieren. In der Berufsbildung ist die Bestimmung der Bezüge ungleich schwieriger, sind dort doch Schulformen von der Berufsvorbereitung bis zum beruflichen Gymnasium zu betrachten und bieten doch vor allem für die Berufsschule und die Berufsausbildung im dualen System „Fächer" kaum geeignete Orientierungen. Und so bleibt die Frage: Was kann überhaupt sinnvoll mit Standards erreicht werden und worauf genau wären sie anzuwenden?

Die Auseinandersetzung mit der Outcomeorientierung in der Berufsbildung steht in einem engen Zusammenhang mit der Einführung nationaler Bildungsstandards vom Primarbereich bis zum mittleren Schulabschluss. Letzteres wird in der Literatur übrigens übereinstimmend auf die Pisa-Studie zurückgeführt (vgl. Meyer 2006, S. 50), also auf den internationalen Vergleich der Leistungsfähigkeit der Bildungssysteme. Entsprechende Ansätze im berufsbildenden Bereich befinden sich ungeachtet der Entwicklungen auf politischer Ebene noch in einem frühen Diskussionsstadium, bei dem viele der oben angesprochenen Punkte noch weitestgehend ungeklärt sind (vgl. Baethge u. a. 2006; Becker 2011; BIBB 2009).

3 Standards – Diskussionsstand

Die Diskussion um Standards ist so vielfältig, dass hier einige der Diskussionsstränge aufgegriffen werden sollen, um mehr Klarheit über Gegenstand und Prozess dieser Qualitätsdebatte zu erzeugen. Losgelöst von der Lehrerbildung bedeutet ein Standard zunächst eine minimale, mittlere oder maximale Anforderung an ein einzulösendes Kriterium, welches man an ein Objekt oder einen Prozess anlegt. Hier ist ein Kriterium ein unterscheidbares Merkmal bzw. eine unterscheidbare Eigenschaft des Objektes oder des Prozesses. Standards für die Lehrerbildung im berufsbildenden Bereich haben ein grundlegendes Ziel: Mit ihnen soll eine klare und überprüfbare Orientierung dazu gegeben werden, welche Bildungsziele Lehrer/-innen bei ihren Schüler/-innen erreichen sollen und welche Kompetenzen Lehrer/-innen hierfür benötigen. Damit ist unweigerlich eine doppelte Bezugnahme – nämlich hinsichtlich der Bildungsziele und der Ziele der Lehrerbildung – verbunden, die zu berücksichtigen ist. Standards sind in den aktuellen Debatten überprüfbare Mindestanforderungen an ein Kriterium (als unterscheidbares Merkmal). Es ist also darzulegen, wann die genannten Ziele als erreicht zu gelten haben und wann nicht. Die Anwendung solcher Qualitätsdebatten auf Bildungsfragen ist grundlegend kritisch, weil die Zielerreichung nicht ausschließlich über Bildungsstandards abzusichern ist, sondern „zusätzlich um Prozessstandards (Anforderungen an Lern- und Lehrprozesse, die zu den Bildungsstandards führen sollen), um Institutionenstandards (Anforderungen an lehrerbildende Institutionen) oder um Systemstandards (Regularien zur Gesamtsteuerung des Lehrerbildungssystems)" (Tulodziecki/Grafe, S. 34) erweitert werden muss.

In der Literatur geht es in erster Linie um Bildungsstandards, die Kompetenzen in einem Fach oder Lernfeld beschreiben. Um die Kompetenzen zu erreichen, müssen die Ziele eindeutig definiert und Ressourcen verfügbar sein. Klieme, Avenarius, Blum u. a. (2003) haben eine elaborierte Systematik nationaler Bildungsstandards entworfen, welche

- Bildungsziele,

- Kompetenzverständnis,

- Kompetenzmodelle und das

- überprüfen von Kompetenzen

umfasst. Die Autoren verstehen unter Bildungsstandards die formulierten Anforderungen an das Lehren und Lernen in der Schule. Sie benennen Ziele für die pädagogische Arbeit, ausgedrückt als erwünschte Lernergebnisse der Schüler. Damit konkretisieren Standards den Bildungsauftrag, den Schulen zu erfüllen haben. Sie legen fest, welche Kompetenzen Schüler bis zu einer bestimmten Jahrgangsstufe erworben haben sollen. Damit wird ausgedrückt, dass Bildungsstandards als Kompetenzen zu verstehen sind. Diese werden so konkret beschrieben, dass sie in Aufgabenstellungen umgesetzt und prinzipiell mit Hilfe von Testverfahren erfasst werden können. Die Standards dienen als zentrales Gelenkstück zur Sicherung und Steigerung von Qualität schulischer Arbeit. Schule und Unterricht können sich an Standards orientieren, LehrerInnen geben sie ein Referenzsystem für ihr professionelles Handeln. Mit Bezug auf die Standards kann man die Einlösung der Anforderungen überprüfen und feststellen, inwieweit das Bildungssystem seinen Auftrag erfüllt hat.

Bildungsstandards konkretisieren die Ziele in Form von Kompetenzanforderungen. Sie legen fest, über welche Kompetenzen ein Lerner verfügen muss, wenn wichtige Ziele der Schule als erreicht gelten sollen. Systematisch geordnet werden diese Anforderungen in Kompetenzstufenmodellen, die Aspekte, Abstufungen und Entwicklungsverläufe von Kompetenzen darstellen. Mit dem Begriff „Kompetenzen" ist ausgedrückt, dass die Standards – anders als Lehrpläne und Rahmenrichtlinien – nicht auf Listen von Lehrstoffen und Lerninhalten zurückgreifen, um zu konkretisieren. Es geht vielmehr darum, grundlegende Dimensionen der Lernentwicklung in einem Gegenstandsbereich zu identifizieren. Gegenstandsbereiche oder Domänen sind in der beruflichen Bildung nicht Fächer, sondern Handlungsfelder, in denen berufliches Handeln stattfindet. Es sind daher Aussagen zentral, die das Handeln in den betreffenden Gegenstandsbereichen auf dem durch Ausbildungsordnungen beschriebenen Niveau betreffen.

Kompetenzen spiegeln die grundlegenden Handlungsanforderungen wider, denen die Schüler in der Domäne ausgesetzt sind. Bildungsstandards als Ergebnisse von Lernprozessen werden konkretisiert in Aufgabenstellungen und schließlich Verfahren, mit denen das Kompetenzniveau, das die Schüler tatsächlich erreicht haben, empirisch zuverlässig erfasst werden kann. Alle drei Komponenten – Bildungsziele, Kompetenzmodelle und Aufgabenstellungen bzw. Testverfahren – werden benötigt, um Bildungsstandards für die Qualitätsentwicklung und –sicherung an Schulen und auch insgesamt in der beruflichen Bildung zu definieren, zu etablieren und zu nutzen (vgl. Fischer/Becker/Spöttl 2011).

Standards in diesem Sinne stehen immer im Zusammenhang mit Ansätzen der Kompetenzmessung. Danach beschreiben Standards spezifische Fähigkeiten und Fertigkeiten, die sich kontextspezifisch und funktional auf Situationen und Anforderungen in bestimmten Domänen beziehen (Klieme/Leutner 2006, S. 4). Sie sollen eine hinreichende begriffliche Abgrenzung von anderen, inhaltlich nahen Standards aufweisen sowie hinreichend eng zueinander definiert sein, um daraus konkrete Messmethoden empirisch ableiten zu können. Hartig weist dabei auf die primären Ziele der Bildungseinrichtungen hin, wie sie etwa in Curricula definiert sind und verweist auf die Nützlichkeit der Definition von Kompetenz als prinzipiell erlernbare kognitive Leistungsdisposition im Zusammenhang von Messbarkeit (vgl. Hartig 2008). Curricula und auf kognitive Leistungsdispositionen verengte Bildungsziele können jedoch allenfalls einen von mehreren Orientierungsrahmen bilden, da sie ansonsten Ansprüche an berufliche Kompetenz nicht abzubilden vermögen.

Im Konzept von Klieme et. al. (vgl. 2003, S. 71 ff.) wird deutlich, dass kognitive Dimensionen sowohl bei der Kompetenzdefinition als auch der Operationalisierung dominieren. Kritische Stimmen in der Berufsbildung stellen dazu fest, dass Standards in der Berufsbildung über das Konzept der nationalen Bildungsstandards hinausgehen müssen (vgl. Meyer 2006, 49ff.). Dilger und Sloane (2005, S. 27) zeigen am Beispiel von sieben Dilemmata auf, wo Schwierigkeiten der Übertragung des Konzepts der „nationalen Bildungsstandards" in den Kontext der beruflichen Bildung liegen:

- Dilemma 1: Die Auslagerung der Lernperspektive aus der Steuerung,

- Dilemma 2: Die Auslagerung der Legitimationsfrage und der Fachdidaktik,

- Dilemma 3: Divergente Annahmen über und die Ausgestaltung von Kompetenzmodellen,

- Dilemma 4: Domänen zwischen Fachlichkeit und Beruflichkeit,

- Dilemma 5: Die Skalierungsfrage,

- Dilemma 6: Das empirische Konzept,

- Dilemma 7: Situationsbezug resp. Aufgabenorientierung.

Besonders die Frage nach der beruflichen oder fachlichen Domäne und deren spezifischen Aufgabenanforderungen bedürfen für die Berufsbildung einer besonderen Klärung. Ansatzpunkte dafür bieten Arbeitsprozesse, weil in ihnen alle bildungsrelevanten Dimensionen enthalten sind.

4 Standards in der Berufsbildung – ein Konkretisierungsversuch

Sowohl in den nationalen Bildungsstandards als auch im Berufsbildungsgesetz werden übergeordnete Bildungsziele benannt. Diese generalisierten Ziele werden in der Allgemeinbildung durch Lehrpläne sowie Bildungsstandards in bestimmten Fächern (Domänen) und in der Berufsausbildung durch Ausbildungsordnungen und Rahmenlehrpläne, den Ordnungsmitteln, konkretisiert. Wenngleich speziell die Ausbildungsordnungen in der beruflichen Bildung „aufgrund der bundesweit geltenden zu vermittelnden Mindestqualifikationen sowie deren Nachweis nach bundeseinheitlichen Prüfungsanforderungen [...] als Qualitätsstandards" (Pahl 2005, S. 27) verstanden werden können, entsprechen sie allerdings nicht den von Klieme, Avenarius, Blum und anderen (2003) eingeforderten Kriterien. Die Festlegung von Inhalten in der Berufsbildung erfolgt auf einer ganzheitlichen Ebene (Integration von Kenntnissen, Fertigkeiten und Fähigkeiten). Die Unterrichts- und Ausbildungsinhalte sind primär auf die Vermittlung spezifischer Fähigkeiten und für spezifische Kontexte ausgerichtet. Für berufliche Domänen zeigt sich dabei die Schwierigkeit, dass sich diese nur unzureichend über definierte Lernziele, curriculare Zugänge und die Erfassung einzelner Kompetenzfacetten beschreiben lassen (vgl. Franke 2005, S. 171; Hartig/Jude 2007, S. 22 ff.). Dies birgt die Gefahr, an den primären Zielen von (Aus-)Bildungsmaßnahmen vorbeizumessen, wenn die Standards nicht an den prozessbezogenen Aufgaben eines Berufes bzw. einer Domäne ausgerichtet sind.

Der wesentliche Grund für diese anders gelagerten Sachverhalte ist, dass in der beruflichen Aus- und Weiterbildung das Handeln in komplexen Lern- und Arbeitssituationen im Fokus steht. Fähigkeiten zu selbstorganisiertem Handeln sind bei der Ausübung eines Berufes dominant und sie lassen sich nicht vom Ort der Berufsausübung trennen und in simulierte Kontexte transferieren. Deshalb ist das Kompetenzverständnis in der Berufsbildung weiter gefasst als in allgemeinbildenden Schulen. Neben fachlichen Kompetenzen geht es immer auch um soziale, kommunikative, methodische und motivationale Herausforderungen als Grundlage für eigenverantwortliches und selbstständiges Handeln. Zudem ist das Handeln und damit die Kompetenz in den betrieblichen Kontexten verankert und daher nur im Zusammenhang mit den beruflichen Aufgabenstellungen sowie den damit in Verbindung stehenden Arbeitsprozessen und nicht nur als Disposition beschreibbar und erfassbar.

Bereits sehr früh wurden in der Berufsbildung Ansätze verfolgt, die „berufliches Handeln" als „eine Beschreibung von Arbeitsaufgaben, die im Rahmen des jeweiligen Berufes durchgeführt werden müssen, sowie den Nachweis der entsprechenden Kenntnisse, Fertigkeiten und Fähigkeiten" (ETF 1998, S. 4[1]) definierten. Standards stehen daher nicht ausschließlich mit Kompetenzen in Verbindung, sondern sind auf den Zusammenhang zwischen diesen und den Aufgaben im Rahmen des Berufes angewiesen. Als Mindestanforderungen sind sie an verschiedenen Merkmalen der Berufsbildungsstrukturen festzumachen. Standards beschreiben also Qualitäten. In Berufsbildungssystemen beziehen sie sich auf

• Berufsbildungs-, Ausbildungs- oder Aufgabenprofile;

• Prüfungsanforderungen;

• Eingangsvoraussetzungen;

• Curricula (Inhalte, Struktur, Ausbildungsdauer);

• Methoden und Lernziele und das

• Qualifikationsniveau der Ausbilder.

Sollen sich Standards allein auf Curricula beziehen und auf Kompetenzen, die am Ende einer bestimmten Lerndauer ausgebildet sein können, dann kann der Amerikanerin Diane Ravitch gefolgt werden, die bereits vor fünfzehn Jahren drei Dimensionen vorschlug:

• Content Standards: Festlegung der Inhalte;

• Performance Standards: Festlegen des Leistungsniveaus;

• Ressourcen, die Lernen bestimmen: Opportunity-to-learn standards (vgl. Ravitch 1995, S. 12 f.).

In einem erweiterten Verständnis dieser Dimensionen kommt zum Ausdruck, dass es um Inhalte geht, also darum, was gelernt werden soll (Input), welches Ergebnis erwartet werden soll (Output) und was getan werden muss, um dieses zu erreichen (Prozess). Es sind demnach nicht nur Ergebnisstandards, sondern auch Input-, Prozess- und letztlich auch Wirkungsstandards (Outcome) zu betrachten. Ravitch betont den sehr engen Zusammenhang zwischen den drei Dimensionen und die Tatsache, dass dieses keinen Ersatz für Curricula darstellt. „Standards setzen nicht fest was während des Lernprozesses 'passieren' sollte. Nichtsdestotrotz haben sie bindenden Charakter, wenn es um das Erreichen von Qualitätsansprüchen geht" (Becker/Spöttl/Blings 2007, S. 23).

---

1   Im Original: Vocational education and training standards describe the work tasks to be carried out within the framework of a specific occupational activity as well as the related knowledge, skills and abilities.

Standards – und das ist hervorzuheben – ersetzen weder Curricula noch didaktische Ansätze und Zugänge. Sie sind als Orientierung für weitere Ziele zu verstehen, die in Curricula und Dokumenten, mit denen Anforderungen an deren Umsetzung und Wirkung definiert sind, genauer zu beschreiben. Davon hängt es dann ab, welche Rolle sie für das professionelle Lehrerhandeln, für die Bewertung von Lernergebnissen, für ein Bildungsmonitoring oder für die Leistungsbewertung spielen sollen.

Ein Konzept von Standards, das den Anforderungen der Berufsbildung gerecht werden soll, muss auf die Herausforderungen in der Berufsbildung ausgerichtet werden. Meyer (2006), von einer analytischen Betrachtung kommend, spricht von vier Ebenen bzw. Dimensionen:

a) Bildungstheoretische Dimensionen;

b) Didaktisch-curriculare Dimensionen;

c) Institutionelle Perspektive (Lernorte) und

d) Systemperspektive.

Diese analytischen Kategorien eignen sich zwar weniger für die Entwicklung eines Konzepts von Standards, verweisen jedoch auf die vielfältigen Implikationen, die betrachtet werden müssen.

Ein Konzept von Standards in der Lehrerbildung hat einerseits die Dimensionen von Ravitch zu berücksichtigen, andererseits sind Standards und erwartete Qualität miteinander in Verbindung zu bringen. Dafür sind Erweiterungen erforderlich, indem Qualitätsmerkmale auf der Grundlage von Indikatoren formuliert werden. Als ausgewählte Qualitätsbereiche in der Lehrerbildung kommen in Frage (vgl. Becker/Spöttl/Blings 2007, S. 19ff.):

• die Ausbilder- und Lehrerrolle;

• die Lernprozesse;

• die Ausbildungs- und Unterrichtsmethoden;

• die Ausbildungs- und Unterrichtsinhalte;

• die Gestaltung der Lernorte und der Rahmenbedingungen für Ausbildung im Betrieb und das Unterrichten in der Schule;

• die Reflexion von Ausbildung und Unterricht.

Diese Qualitätsbereiche umfassen die Dimensionen von Ravitch (1995) und berücksichtigen zudem explizit die Rolle von Lehrkräften und Ausbildern, die Lernprozesse und deren Gestaltung sowie methodische Fragen. Jeder Qualitätsbereich wird genauer umschrieben, damit Lehrkräfte eine Vorstellung über die übergreifenden Absichten bekommen. „Standards sollen für die Berufsausbildung Handlungsbezüge ausweisen, was nicht nur deren kognitive Dimension bedingt, sondern auch auf Umsetzung ausgerichtete Prozessbezüge beinhaltet. Das gilt für alle Qualitätsbereiche und deren Standards" (Spöttl/Blings/Becker 2007, S. 25). Operationalisierungen bieten Leitsätze zu jedem Qualitätsbereich und überprüfbare Aussagen zum Lehrerhandeln als Standards („gestaltungsorientierte Standards"). So lautet etwa der Leitsatz zur Ausbilder- und Lehrerrolle: „Die Ausbilder/Lehrkräfte sind Wegbereiter einer guten Ausbildung" und Indikatoren für die Überprüfung betreffen Handlungsbezüge zu einem „ganzheitlichen Zugang", zur Ausrichtung des Lehrens auf didaktischen Leitlinien, zur Reflexion verschiedener Niveaus und zum Coaching (ebd., S. 27 ff.).

Hervorzuheben ist, dass solche Qualitätsbereiche immer auch normativ bestimmt sind, zum Beispiel durch KMK-Beschlüsse, Rahmenvereinbarungen, Strukturvorgaben und die Handreichung für die Erstellung von Rahmenlehrplänen und die dort formulierten Maßstäbe für das Lernen. Dadurch werden bestimmte Lehrerrollen priorisiert (Handlungsorientierung und Ausrichtung auf berufliche Handlungskompetenz) und Inhalte verbindlich, die auf berufliche Handlungen ausgerichtet sind. Im Zentrum steht die Anforderung zur Befähigung zur „Erfüllung der Aufgaben im Beruf sowie zur Mitgestaltung der Arbeitswelt und der Gesellschaft in sozialer und ökologischer Verantwortung" (KMK 2011, S. 10).

Klärungen zur Bedeutung von Bildungsstandards für die Lehrerbildung für berufliche Schulen sind in einem umfassenderen Sinne herbei zu führen, um den Besonderheiten des Berufsbildungssystems gerecht zu werden. Standards für die Lehrerbildung lassen sich zwar an den angeführten Qualitätsbereichen ausrichten, sind jedoch auf den Gesamtprozess der Ausbildung zu beziehen. Dieser umfasst Inputstandards, Prozessstandards, Outputstandards und Outcomestandards (vgl. Dilger/Sloane 2005).

5 Standards für die Berufsschullehrerausbildung

Die Hochschulrektorenkonferenz geht davon aus, dass eine neue Qualität in der Lehrerbildung in den Hochschulen erst möglich wird, wenn durch neue Lehr- und Lernformen, Curricula und Kompetenzorientierung die in den Bildungsstandards definierten Kompetenzen auch erreicht werden (vgl. HRK 2006, S. 11 f.). Für die Lehrerbildung für berufliche Schulen bietet sich eine Struktur von Standards nach dem nachstehenden Modell (Abbildung 1) in Anlehnung an Dilger und Sloane (2005, S. 5) an, weil dieses nicht allein auf Ergebnisse zielt sondern auch die Prozesse sowie die Inputebene mit bedenkt.

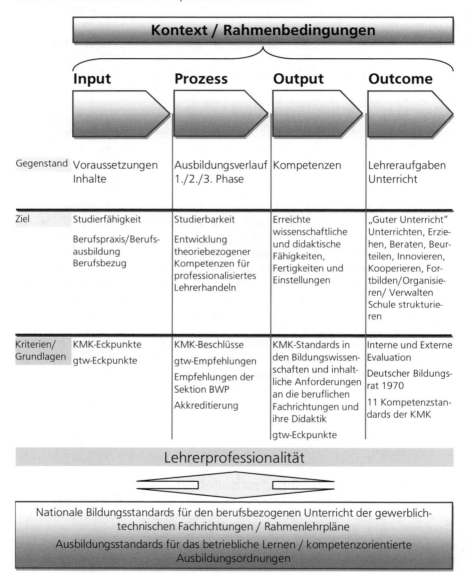

	Input	Prozess	Output	Outcome
Gegenstand	Voraussetzungen Inhalte	Ausbildungsverlauf 1./2./3. Phase	Kompetenzen	Lehreraufgaben Unterricht
Ziel	Studierfähigkeit Berufspraxis/Berufs-ausbildung Berufsbezug	Studierbarkeit Entwicklung theoriebezogener Kompetenzen für professionalisiertes Lehrerhandeln	Erreichte wissenschaftliche und didaktische Fähigkeiten, Fertigkeiten und Einstellungen	„Guter Unterricht" Unterrichten, Erziehen, Beraten, Beurteilen, Innovieren, Kooperieren, Fortbilden/Organisieren/ Verwalten Schule strukturieren
Kriterien/ Grundlagen	KMK-Eckpunkte gtw-Eckpunkte	KMK-Beschlüsse gtw-Empfehlungen Empfehlungen der Sektion BWP Akkreditierung	KMK-Standards in den Bildungswissenschaften und inhaltliche Anforderungen an die beruflichen Fachrichtungen und ihre Didaktik gtw-Eckpunkte	Interne und Externe Evaluation Deutscher Bildungsrat 1970 11 Kompetenzstandards der KMK

Lehrerprofessionalität

Nationale Bildungsstandards für den berufsbezogenen Unterricht der gewerblich-technischen Fachrichtungen / Rahmenlehrpläne

Ausbildungsstandards für das betriebliche Lernen / kompetenzorientierte Ausbildungsordnungen

Abb. 1:   Standardisierungsschema zur Beschreibung von Standards für die Lehrerbildung in gewerblich-technischen Fachrichtungen

Nach Auffassung der Autoren dieses Artikels ist es selbstverständlich, dass ein kompetenzorientiertes Lehramtsstudium nicht allein durch Ergebnisorientierung gesteuert werden kann. Vor allem dann, wenn - wie es die HRK fordert - „die Studierenden auf unterschiedlichen Wegen zum Studienabschluss zu führen" (ebd. S. 12) sind, sollen Standards für den gesamten Rahmen des Studienverlaufes gelten, um die angestrebte Qualität zu sichern. Als Konkretisierung der Standards sind Curricula und Formulierungen zu notwendigen Inhalten unabdingbar.

In Anlehnung an Abbildung 1 werden nachstehend für die genannten Phasen Standards bzw. zumindest Standardisierungsgrundlagen benannt, die eine Orientierung vermitteln sollen.

5.1 Input-Standards für Fachrichtungen und Berufspädagogik

Zu den Input-Standards zählt die Ausstattung der Fachrichtungen, wobei aufgrund der Unterschiede von Hochschule zu Hochschule hinsichtlich der technischen Ausstattung in Abhängigkeit vom genauen Design der Studiengangsprofile hier nur auf die personellen Standards und die Eckpunkte der Studiengänge auf der Grundlage der gtw-Empfehlungen für einzelne Fachrichtungen eingegangen wird. Grundlage dafür ist eine Kapazität von 30 Studienplätzen jährlich.

Berufliche Fachrichtung und Berufspädagogik – Stellenausstattung

Aufgabe der Fachrichtung und Berufspädagogik ist der Aufbau von Kompetenzen für die Auseinandersetzung mit aktuellen Entwicklungen in Technik, Arbeit und Gesellschaft. Im Einzelnen geht es um

- grundlegendes Struktur-, Theorie- und Methodenwissen;

- mathematisch-naturwissenschaftliche, arbeitswissenschaftliche, ökonomische und ökologische Querschnittsinhalte der beruflichen Fachrichtungen;

- strukturelles Querschnittswissen;

- Querschnittsinhalte der beruflichen Fachrichtung und ihrer Didaktik;

- schwerpunktbezogenes Wissen;

- Technik und berufliche Arbeit in Schwerpunkten der beruflichen Fachrichtung;

- vertiefende Bearbeitung beruflicher Aufgabenstellungen (Arbeitsprozesswissen) und Übertragung in die Berufsbildungspraxis;

- fachwissenschaftliche und berufsdidaktische Vertiefung;

- Forschungszugänge und Forschungsmethoden;

- Berufe, Beruflichkeit und die gesellschaftliche Dimension von Arbeit, Technik und Berufsbildung aus historischer und aktueller Soicht.

Als Personalausstattung wird benannt (vgl.Gerds/Heidegger/Rauner 1998):

Berufliche Fachrichtung

- 1 W3 pro Berufliche Fachrichtung und deren Didaktik (Arbeiten und Lernen in Industrie und Handwerk).

- 1 W2 pro Berufliche Fachrichtung und deren Didaktik (Technik und Arbeit in Industrie und Handwerk).

- 1 W1 wiss. Assistent / Juniorprofessur (Qualifikationsstelle).

- 0,5 A 13/A 14 Abordnungsstelle für Berufsschullehrkraft.

- 1 TVL VIII Laboringenieur/-in.

Berufspädagogik

- 1 W3 Berufspädagogik
  Schwerpunkt: Berufsbildungssystem, Berufsbildungstheorie, Internationaler Vergleich.

- 1 W2 Berufspädagogik / Berufliche Didaktik
  Schwerpunkt: Gestaltung von Bildungs- und Lernprozessen.

- 1 W1 wiss. Assistent / Juniorprofessur (Qualifikationsstelle).

- 0,5 A 13/A 14 Abordnungsstelle für Berufsschullehrkräfte.

5.2 Berufliche Fachrichtung und Berufspädagogik – Eckpunkte

Die gtw fordert bei der Einrichtung konsekutiver Studiengänge für das Lehramt an berufsbildenden Schulen die Einlösung folgender qualitätsbezogener Merkmale:

1. Die Bachelor-/Masterstudiengänge dienen der Profilbildung der Gewerblich-Technischen Wissenschaften in Lehre und Forschung und werden international konkurrenzfähig ausgestaltet.

2. Für eine berufliche Tätigkeit als Lehrerin oder Lehrer ist grundsätzlich ein Masterabschluss erforderlich[2]. Damit wird als Zugang zum Vorbereitungsdienst für das Lehramt an berufsbildenden Schulen – sowie zur entsprechenden Laufbahn – ein Abschluss auf Masterniveau vorausgesetzt. Dieser Masterabschluss soll mindestens den Standards der universitären Studiengänge mit dem Abschluss Erstes Staatsexamen bzw. Diplom-Berufspädagogin/-Berufspädagoge entsprechen. Ziel ist, dass die dabei erworbenen Abschlüsse dazu befähigen sollen, in allen Bundesländern zum jeweiligen Vorbereitungsdienst zugelassen zu werden.

3. Generell soll weiterhin die Ausbildung der Berufspädagogen oder Berufspädagoginnen grundständig erfolgen, d. h., Regelstudiengang ist der konsekutive Bachelor-/Masterstudiengang mit integrierten fach- bzw. berufswissenschaftlichen, didaktischen und berufspädagogischen Studienanteilen, der sich an beruflichen Bildungsprozessen orientiert. Für den Zugang der Seiteneinsteiger zum Masterstudiengang werden die erforderlichen Qualifikationen durch Zulassungsvoraussetzungen oder durch Auflagen gesichert.

4. Mit Bachelor-/Masterstudiengängen soll eine *größere Polyvalenz* möglich werden, d. h., mit den im Studium erworbenen Qualifikationen sollen unterschiedliche Studien- und Berufsziele erreichbar sein:

   • Das Bachelorstudium soll den Studierenden ermöglichen, sich beruflich relevante wissenschaftliche Erklärungszusammenhänge zum Verhältnis von Technik, Arbeit und Kompetenzentwicklung anzueignen, auf deren Grundlage sie die Komplexität beruflicher Fachlichkeit (berufliche Arbeitsprozesse und Anforderungen im Kontext aktueller Technikanwendungen) erfassen können. Der Abschluss des Bachelorstudiums soll berufsqualifizierend sein für gewerblich-technische Beschäftigungsfelder mit berufspädagogischen, kommunikativ geprägten und/oder auf die Personalentwicklung bezogenen Anwendungsfeldern.

   • Ferner ist anzustreben, dass der Abschluss des Bachelorstudienganges optional auch die Aufnahme eines fachwissenschaftlich akzentuierten Masterstudiengangs ermöglicht.

---

2   vgl. Eckpunkte für die gegenseitige Anerkennung von Bachelor- und Masterabschlüssen in Studiengängen, mit denen die Bildungsvoraussetzungen für ein Lehramt vermittelt werden (Beschluss der Kultusministerkonferenz vom 02.06.2005).

- Das Masterstudium soll folgende Schwerpunktsetzungen ermöglichen: Schulische Berufsbildung/Lehramt an berufsbildenden Schulen, betriebliche Aus- und Weiterbildung/berufliche Erwachsenenbildung/Personalentwicklung, internationale Zusammenarbeit in der Berufsbildung und berufliche Rehabilitation/berufliche Förderung Benachteiligter.

5. Die Masterstudiengänge orientieren sich in ihren Schwerpunkten an Praxisfeldern von Lehrenden an beruflichen Schulen und von Berufspädagogen in der außerschulischen Aus- und Weiterbildung. Mit dem Abschluss des Masterstudiums müssen wissenschaftlichen Qualifikationen in zwei Fachdisziplinen – einer beruflichen Fachrichtung und einem Unterrichtsfach (Erst- u. Zweitfach) – sowie in Berufspädagogik erreicht sein.[3] Inhaltlich orientiert sich der Masterstudiengang damit konsequent an den Tätigkeitsfeldern von Lehrenden an berufsbildenden Schulen bzw. Berufspädagogen in der außerschulischen Aus- und Weiterbildung.

6. Mit der Einführung von Bachelor-/Masterstudiengängen soll die Verschränkung der Berufsbildungstheorie mit der Berufsbildungspraxis verbessert werden. Daher sind auch in Übereinstimmung mit den Anforderungen der KMK Praxisstudien als Bestandteil des Bachelor- und des Masterstudiums durchzuführen. Sie sind mit vorbereitenden, begleitenden und auswertenden Lehrangeboten zu verknüpfen. Inhaltlich sind die Praxisstudien auf einschlägige Tätigkeitsfelder zu beziehen:

  - Im Bachelorstudium sollen berufliche Arbeits- und Lernorte im Zentrum stehen, um den Studierenden zu ermöglichen, sich wissenschaftlich reflektiert mit den Zusammenhängen von Technik, Arbeit und Kompetenzentwicklung in der Arbeits- und Berufsbildungspraxis auseinander zu setzen.

  - Im Masterstudium sollen die berufsbildungspraktischen Studien vertieft werden und für berufsbildende Lehrämter Lernorte der schulischen Berufsbildung einschließen. Diese Praxisstudien sollen auf den Erwerb berufsfeldbezogener, erziehungswissenschaftlicher und fachdidaktischer Kompetenzen ausgerichtet sein.

---

3 Statt eines Unterrichtsfaches kann auch eine zweite berufliche Fachrichtung oder Sonderpädagogik studiert werden.

7. Entsprechend internationaler Anforderungen werden für den Masterabschluss unter Einbeziehung des vorangegangenen Studiums bis zu einem berufsqualifizierenden Abschluss Studien- und Prüfungsleistungen im Umfang von 300 CP benötigt.[4] Die bis zum Bachelorabschluss geforderten Studien- und Prüfungsleistungen sollen 180 CP betragen.

8. Praxisanteile des Studiums (z. B. schulpraktische Studien) können auf die zweite Phase (Vorbereitungsdienst) angerechnet werden. Es ist sicherzustellen, dass diese Studienteile wissenschaftsbasiert und forschungsorientiert ausgerichtet sind.

9. Der Masterstudiengang soll mit dem akademischen Grad „Master of Science" oder „Master of Education" abschließen. Der Bachelorstudiengang schließt mit dem Hochschulgrad "Bachelor of Science" oder „Bachelor of Education" ab.[5]

5.3 Prozess-Standards und Empfehlungen zur Sicherstellung theoriebezogener Kompetenzentwicklung

Der Prozess der Lehrerbildung findet traditionell in drei Phasen statt: Studium, Vorbereitungsdienst und Lehrerfortbildung. Dabei sind die jeweiligen Phasen durchzogen mit unterschiedlichen Anteilen der Beschäftigung mit der Ausbildungs- und Unterrichtspraxis, mit den Berufen und beruflichen Zielen der Schüler/-innen, mit den dafür zu vermittelnden beruflichen Inhalten, mit dazu passenden wissenschaftlichen Herangehensweisen sowie mit einer auf alle genannten Felder zu beziehende Didaktik und Methodik. Prozess-Standards haben zum Ziel, Maßstäbe für diesen Ausbildungsverlauf in einer Weise aufzubauen, die Studierbarkeit und die Entwicklung der notwendigen theoriebezogenen Kompetenzen für professionalisiertes Lehrerhandeln sicherstellen. Der Ausbildungsverlauf kann über die drei Phasen hinweg zudem miteinander verschränkt sein und mittels eines Kerncurriculums gar auch eine gemeinsame curriculare Basis haben. In der folgenden Betrachtung sollen zunächst Ausgestaltungsfragen der zweiten und dritten Phase der Lehrerbildung überwiegend ausgeblendet werden, um die Übersichtlichkeit zu erhöhen.

---

4 Grundlage für Bachelor- und Masterstudiengänge ist eine modulare Studienorganisation. Die Studiengänge werden mit einem ECTS-Punktesystem versehen. Ein ECTS-Punkt entspricht einem studienbezogenen Zeitaufwand (workload) von etwa 30 Stunden. Pro Semester müssen 30 ECTS (CP) erbracht werden können.

5 Vgl. Ländergemeinsame Strukturvorgaben gemäß § 9, Abs. 2, HRG für die Akkreditierung von Bachelor- und Masterstudiengängen (Beschluss der KMK vom 10.10.2003 i.d.F. vom 7.2.2008, S. 15).

Bislang sind Versuche, aus diesem Anforderungsprofil heraus gemeinsame Standards zu formulieren, an den jeweiligen disziplinären Sichtweisen auf den Ausbildungsverlauf gescheitert. Bildungswissenschaften und Fachwissenschaften haben es bislang nicht vermocht, sich von den jeweiligen disziplinären Ansprüchen zu lösen und die Kompetenzentwicklung der Lehrkräfte in den Mittelpunkt zu stellen. Das Basiscurriculum der Sektion Berufs- und Wirtschaftspädagogik in der Deutschen Gesellschaft für Erziehungswissenschaft (BWP; vgl. BWP 2002, 2004) konzentriert seine Standardisierungsüberlegungen auf erziehungswissenschaftliche Perspektiven, etwa durch die „Empfehlungen für ein Kerncurriculum Erziehungswissenschaft" (vgl. DGFE 2008). Fachwissenschaften definieren höchst eng definierte und fachdisziplinäre Ziele, selten überhaupt Kompetenzentwicklungsziele und wenn doch, dann nicht solche für den Lehrerberuf bzw. für Berufspädagogen im gewerblich-technischen Bereich (vgl. den Beitrag von Becker in diesem Band). Spätestens an der Stelle, an der es um die Definition einer Rahmenstruktur geht, wenn also inhaltliche und zeitliche Festlegungen für den Ausbildungsverlauf getroffen werden sollen, wird deutlich, dass die jeweiligen Standardisierungsvorstellungen geradezu in Grabenkriegen enden müssen, wenn sie eng disziplinär ausgerichtet sind, ohne die Kompetenzentwicklung von Berufsbildungspersonal insgesamt als Orientierung zu nutzen. Sie enden oftmals im Streit über Quantitäten für die jeweiligen Wissenschaften und über die Aufteilung unterschiedlicher Inhalte auf die einzelnen Ausbildungsphasen (vgl. die Ausführungen von Tramm in diesem Band zum Produktions- und Entwicklungsmodell). Es wird ebenfalls in Frage gestellt, ob die Kompetenzentwicklung und das zugehörige Professionswissen überhaupt Gegenstand eines Kerncurriculums sein kann, oder ob ‚das' Wissenschaftswissen alleiniger Bezugspunkt jedenfalls der ersten Phase der Lehrerbildung sein soll (vgl. Beck 2002).

Immer wenn aus einer rein disziplinären Perspektive heraus Strukturüberlegungen unabdingbar sind, die jeweils auch andere Disziplinen betreffen, wird die Notwendigkeit der disziplinübergreifenden Abstimmung der Studieninhalte deutlich. Insofern hilft der Beschluss der KMK zur Ausbildung und Prüfung für ein Lehramt der Sekundarstufe II (berufliche Fächer) (KMK 2007) hier nicht, die Verantwortung für den Prozess auf die Fachwissenschaften einerseits und die Bildungswissenschaften andererseits zu verteilen und es den Hochschulen zu überlassen, aus den zugewiesenen Studienumfängen ein in sich stimmiges Hochschulcurriculum zu konzipieren (vgl. Abbildung 2).

Die Arbeitsgemeinschaft „Gewerblich-technische Wissenschaften und ihre Didaktiken" (gtw) empfielt daher ein integratives Modell, welches rechnerisch mit der KMK-Rahmenvereinbarung im Einklang steht, jedoch die gewerblich-technischen Fachrichtungen einschließlich einer zugehörigen beruflichen Didaktik denkt und der Berufspädagogik die Aufgabe zuweist, die grundlegenden erziehungswissenschaftlichen Fragen aus einer berufsbezogenen Perspektive zu bearbeiten (vgl. gtw-Eckpunkte 2010 und Abbildung 3).

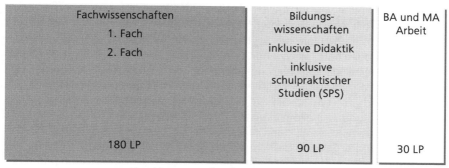

Fachwissenschaften	Bildungs-wissenschaften	BA und MA Arbeit
1. Fach		
2. Fach	inklusive Didaktik	
	inklusive schulpraktischer Studien (SPS)	
180 LP	90 LP	30 LP

Abweichungen um jeweils 10 LP sind zulässig

Abb. 2:   *Aufteilung der Studieninhalte und Bandbreitenregelung der KMK-Rahmenvereinbarung (KMK 2007)*

Die Empfehlung der Sektion BWP ist dagegen hinsichtlich einer länderübergreifenden Anerkennung problematisch, denn diese löst die Anforderungen des Quedlingburger Beschlusses nicht ein (vgl. KMK 2005; integratives Studium zweier Fachwissenschaften und von Bildungswissenschaften in der Bachelorphase und der Masterphase) und lässt für eine (berufs)wissenschaftliche und berufsdidaktische Vertiefung im Masterstudium keinen Spielraum (vgl. Tabelle 1).

Berufliche Fachrichtung (150 CP / 140–160 CP)	Berufs-pädagogik	BA und MA Arbeit
Fachwissenschaften 2. Fach (75 CP / 65–90 CP)		
inklusive Fachdidaktik (ca. 47 CP; integriertes Konzept)		
inklusive berufsbildungspraktischer Studien (BBPS) und schulpraktischer Studien (SPS) (ca. 12 CP)		
225 CP	45 CP	30 CP

Abb. 3:   *Rechnerische Verteilung der Studieninhalte auf die berufliche Fachrichtung, ein zweites Unterrichtsfach, die Berufspädagogik und Abschlussarbeiten nach Überlegungen der gtw*

Tabelle 1: Vergleich möglicher Studienumfänge aus der Sicht der KMK-Rahmenvereinbarung aus unterschiedlichen Blickwinkeln

Mögliche Umfänge entsprechend KMK Ausdifferenzierung		gtw-Empfehlung (2010)	KMK-Beschluss 2007 (Rahmenvereinbarung Lehramtstyp 5)	BWP (2004)
Fachwissenschaften Berufliche Fachrichtung	112 CP	102 CP (BA) / 10 CP (MA)	180CP (170-190)	85 CP (BA) / 15 CP (MA)
Fachwissenschaften Unterrichtsfach (BWP: auch Wahlpflichtbereich)	59 CP	21 CP (BA) / 38 CP (MA)		38-45 CP (BA) / 21-28 CP (MA)
Berufspädagogik (BP)	45 CP	20 CP (BA) / 25 CP (MA)		15-23 CP (BA) / 46-54 CP (MA) einschl. FD
Berufsbildungspraktische Studien (BBPS) / Schulpraktische Studien (SPS)	12 CP	3 CP BBPS (BA) / 3 CP BBPS (MA) / 3 CP SPS (BA) / 3 CP SPS (MA)	90 CP (80-100)	20 CP (Betriebliches Praktikum BA)
Fachdidaktik Berufliche Fachrichtung	32 CP	15 CP (BA) / 17 CP (MA)		0 CP (BA) / siehe BP (MA)
Fachdidaktik Unterrichtsfach	10 CP	10-15 CP		0 CP (BA) / siehe BP (MA)
BA-Arbeit	10 CP	10 CP	30 CP (20-40)	15 CP
MA-Arbeit	20 CP	15-20 CP		30 CP
Berufspraxis (fachpraktische Tätigkeit) als Zulassungsvoraussetzung für den Masterabschluss		12 Monate (60 CP) (zusätzlich)	12 Monate (60 CP) (zusätzlich)	2 Monate betriebliches Praktikum (zusätzlich)

An den Hochschulen dominiert schon heute bei den gewerblich-technisch ausgerichteten Studiengängen ein Quereinsteiger-Modell, bei dem die Studierenden aus einer ersten Studienphase keinerlei bildungswissenschaftliche und didaktische Kompetenzen mitbringen. Diese Studierenden haben aber in der Regel vor allem auch keine ausreichenden fachwissenschaftlichen, auf Berufe bezogenen Kompetenzen vorzuweisen. Umso wichtiger ist ein ausreichender Umfang an Berufspraxis als Studienvoraussetzung bzw. Voraussetzung zum Abschluss des Masterstudiums und ein integrativ angelegtes Studium der beruflichen Fachrichtung.

Die hier angerissene Problematik der Verteilung von Studieninhalten auf Ausbildungsphasen verweist auf die Notwendigkeit, zuerst die Kompetenzentwicklungsziele zu definieren und dann die Inhalte für das Studium abzuleiten; im Anschluss daran wäre erst die Frage wirklich beantwortbar, welche Disziplin dazu welchen Beitrag leisten kann.

Prozess-Standards im Sinne „opportunity to learn standards" müssen schließlich nicht nur organisatorisch durch eine geeignete Aufteilung disziplinärer Studieninhalte, sondern vor allem inhaltlich adäquate Möglichkeiten zum Lernen für angehende Lehrkräfte sicher stellen. Dies ist derzeit immer noch als Desiderat bei der Gestaltung der Lehrerbildung zu werten (vgl. Tramm/Kremer 2007, S. 4 f.). Auf die gewerblich-technischen Wissenschaften bezogen sind solche Möglichkeiten durch Auseinandersetzungen mit den Wechselbeziehungen zwischen (Berufs)arbeit, Technik und Berufsbildung zu schaffen. Aus diesem Grund halten wir für ein gewerblich-technisches Lehrerbildungsstudium folgende Kompetenzbereiche für grundlegend, in denen solche Lernmöglichkeiten gegeben sind und die eine kontinuierliche Kompetenzentwicklung unterstützen:

1. Die Analyse und Gestaltung beruflicher Arbeit in einem gewerblich-technischen Berufsfeld (Bachelor) und darauf aufbauend die Analyse, Gestaltung und Evaluation beruflicher Qualifizierungsprozesse (Master);

2. Die Analyse und Gestaltung der in den gewerblich-technischen Berufsfeldern verwendeten Technik als Gegenstand von Arbeits- und Lernprozessen;

3. Die Analyse, Gestaltung und Evaluation von Beruf, Beruflicher Bildung und Arbeit im gewerblich-technischen Berufsfeld einschließlich der Genese der Berufe.

Diese Bereiche sind für jede gewerblich-technische Fachrichtung auszugestalten und benötigen dafür Querschnittsinhalte (vgl. gtw 2010, S. 19 ff.), um grundlegende mathematische, naturwissenschaftliche, arbeitswissenschaftliche, ökonomische und ökologische Wissensquellen zu erschließen und theoriegeleitet zu reflektieren. Sie sollten inhaltlich mit Studienelementen der Berufspädagogik vernetzt sein und Raum für das Erlernen der Gestaltung beruflicher Lernprozesse geben. Diese Elemente von Prozess-Standards weisen die Fachwissenschaften in der beruflichen Fachrichtung als eigenständige Berufswissenschaften aus. Sie bereiten auf die Arbeit als Berufspädagoge und Lehrkraft an berufsbildenden Schulen in einem ganzheitlichen Sinn vor, indem nicht nur das „Unterrichten" im engeren Sinne sowie eine von Aufgabenstellungen von Berufspädagogen in der Praxis relativ weit entfernte „allgemeine Bildungswissenschaft", sondern die gesamte Bandbreite der Lehrtätigkeit zum Gegenstand des Lernens wird. Der gewählte Fokus berücksichtigt insbesondere, dass Lehrkräfte heute stärker hinsichtlich der Entwicklung schulinterner Curricula und didaktischer Jahrespläne zur Umsetzung von Lernfeldern, der Analyse gewerblich-technischer Arbeitsprozesse zur Erschließung bildungsrelevanter Inhalte als didaktische Analyse (vgl. Petersen 2005) bis hin zur Mitwirkung in (Rahmen)lehrplanausschüssen gefordert sind.

5.4 Kompetenzstandards: Was Lehrer/-innen für gewerblich-technische Fachrichtungen können müssen

An Lehrer/-innen an beruflichen Schulen sind aufgrund der Komplexität des Berufsbildungssystems vielfältige Kompetenzanforderungen zu stellen (vgl. Tabelle 2). Diese lassen sich über ein Berufsbild beschreiben (vgl. den Beitrag von Hartmann in diesem Band), durch Gestaltungsaufgaben charakterisieren (vgl. den Beitrag von Pätzold in diesem Band) und über Studiengänge und Unterrichtspraxis erproben und durch theoretisch fundierte Modelle für die Kompetenzentwicklung hin zur Lehrerprofessionalität (vgl. die Beiträge von Tramm sowie Jenewein und Pfützner) sowie geeignete inhaltliche Bezüge (vgl. die Beiträge von Spöttl, Vollmer und Becker) präzisieren. Wir wollen die in den genannten Beiträgen entfalteten Überlegungen nicht erneut diskutieren, sondern den Blick speziell auf die Lehreraufgaben lenken. Auf einem allgemeinen Beschreibungsniveau werden die Kompetenzen für Lehrkräfte durch die von der KMK benannten 11 Kompetenzstandards definiert; jedoch basieren diese grundsätzlich auf viel zu eingeschränkten Vorstellungen über Lehreraufgaben im Berufsbildungssystem und diesbezügliche Anforderungen an die Fachdidaktik und die Lehrerbildung insgesamt. So heißt es im Abschlussbericht der KMK zu den Standards in der Lehrerbildung etwa zu den Fachdidaktiken: „Ausgangs- und Zielpunkt der fachdidaktischen Lehre und Forschung wie der praktischen unterrichtlichen Aufgaben ist das Schulfach als Handlungsrahmen" (KMK-AG o. J., S. 12). Das „Schulfach" ist weder für die Fachwissenschaft noch für eine Fachdidaktik in der Berufsbildung ein geeigneter Orientierungsrahmen, mehr noch, ja es kann in der Berufsschule mit der dortigen Strukturierung nach Lernfeldern nicht einmal definiert werden (vgl. den Beitrag von Vollmer in diesem Band). Es ist daher angebracht, Lehreraufgaben vor allem auch empirisch zu erfassen, wobei die Entwicklungen in den berufsbildenden Schulen insgesamt mit zu betrachten sind (vgl. Becker/Spöttl/Dreher 2006; Becker/Spöttl 2007). Im Zusammenhang mit der Entwicklung der berufsbildenden Schulen hin zu mehr Eigenständigkeit sind neue oder zumindest nun als systematische Herausforderung erscheinende Aufgabenstellungen für Lehrkräfte entstanden, auf die diese vorbereitet werden müssen. Solche sind in Tabelle 2 aufgeführt und wurden im Rahmen des Modellversuchs UbS (Umstrukturierung der berufsbildenden Schulen) empirisch erhoben. Diese lassen sich kaum noch den klassischen Aufgabenfeldern Unterrichtsentwicklung (UE), Organisationsentwicklung (OE) und Personalentwicklung (PE) zuordnen und stehen stets im Zusammenhang mit der Herausforderung, berufsbezogenen Unterricht durchzuführen und zu gestalten. Aufgabenstellungen für Lehrkräfte sind in eine veränderte Lernkultur eingebunden (vgl. Spöttl/Becker/Dreher 2003; Becker/ Dreher/Spöttl 2004). Aus diesem Grund unterscheiden wir nur die beiden Aufgabenfelder „Unterrichten" und „Schule strukturieren", die Lehrkräfte unter Erfüllung der von der KMK (2000) benannten – allerdings auf die gewerblich-technischen Disziplinen zu beziehenden – Funktionen, beherrschen müssen. Das Modalverb „müssen" verweist auf die Anforderung an die Lehrkräfte; dass es bei diesen komplexen Aufgaben kaum möglich ist, klar im Sinne von Standards die Einlösung solcher Herausforderungen als Faktum zu bewerten. Hier ist es eher sinnvoll, Entwicklungen und auf Gestaltung ausgerichtete Qualitätsbereiche (vgl. Abschnitt 4) zu betrachten.

Disziplinbezogen sind die Herausforderungen nur zu beherrschen und die übergreifenden Lehrerfunktionen nur zu erfüllen, wenn sie auf die beruflichen Aufgabenstellungen der Schüler/-innen bezogen werden können. Die erforderliche Kompetenzentwicklung der Lehrkräfte ist weder mit rein bildungswissenschaftlichen noch rein fachwissenschaftlichen Bezügen und auch nicht im Sinne einer Addition beider Wissenschaftsbereiche leistbar. Vielmehr sind „Arbeit, Technik und Bildung in einer ganzheitlichen Perspektive zum Gegenstand der wissenschaftlichen Lehre einer beruflichen Fachrichtung [zu machen, so dass] diese systematisch für die Gestaltung sowohl berufsbezogener Bildungsprozesse als auch qualifizierender Arbeitsprozesse befähigen" (z. B. gtw 2010, S. 5 f.) kann.

Tabelle 2: Herausforderungen für Lehrkräfte in berufsbildenden Schulen

Die (neuen) Herausforderungen für Lehrkräfte	Was müssen Lehrkräfte können?
	Sie müssen ...
Teamentwicklung	• Strukturen für die Teambildung etablieren • Teams formen
Wissensmanagement	• eine Kommunikationskultur schaffen • transparente Informationsflüsse etablieren • Materialien gemeinsam entwickeln, archivieren und nutzen

Die (neuen) Herausforderungen für Lehrkräfte	Was müssen Lehrkräfte können?
	Sie müssen ...
Beteiligungskultur	• Vermeidungsstrategien für intransparente Entscheidungsprozesse entwickeln („Abbau von Erbhöfen") • Betroffene an Entscheidungsprozessen beteiligen • Beteiligungen systematisieren
Kooperation mit dem Umfeld	• Kooperationsfelder identifizieren • systematische Kooperationsbeziehungen aufbauen • vertrauensbildende Maßnahmen für die Zusammenarbeit mit Partnern unterschiedlicher Profile etablieren
Herausbilden eines Dienstleistungscharakters	• Schule als Dienstleistungsorganisation profilieren
Lernortgestaltung	• Lernorte für die Umsetzung neuer curricularer Ansätze (um)gestalten
Verantwortungs- und Zuständigkeitsverlagerung	• sich an der Gestaltung neuer Organisationsstrukturen beteiligen • Verantwortung für die Qualität von Unterricht übernehmen
Realisieren einer Lernkultur für neue Lernkonzepte	• ein neues Selbstverständnis entwickeln • offene Lernräume schaffen • objektive Kriterien für einen „guten" Unterricht aufstellen und die Entwicklung dorthin gemeinsam anstreben
Qualitätsmanagement von Unterricht	• das Schulleitbild, das eigene pädagogische Leitbild, anerkannte Elemente eines übergeordneten Leitbildes und diesbezügliche Standards in Einklang bringen und Maßnahmen für die „Gestaltung" von Unterrichtsqualität entwickeln und umsetzen
Weiterbildung	• Weiterbildungsangebote konzipieren und (auch) nach betriebswirtschaftlichen Gesichtspunkten managen
Eigenständigkeit der Schule	• Lösungen entwickeln, um Aufgaben der Schule mit Budgets erfüllen zu können • sich bei der Entwicklung von Schulstrukturen beteiligen
Projektmanagement	• Projekte initiieren und managen

6 Outcome-Standards – Wirkungen professionalisierten Lehrerhandelns

Im Modellversuch „Umstrukturierung der berufsbildenden Schulen" (UbS) wurden 172 Lehrkräfte in Schleswig-Holstein zu Aufgaben und Herausforderungen in den beiden Aufgabenfeldern „Unterrichten" und „Schule strukturieren" befragt (vgl. Tabelle 3). Auf einer Skala von 0 (trifft nicht zu) bis 3 (trifft voll zu) bewerteten diese die Situation in den beruflichen Schulen (vgl. Becker/Spöttl/Dreher 2004). Die im Längsschnitt über mehrere Jahre erfolgte Erhebung, die parallel zur Umsetzung des „RBZ-Prozesses" (vgl. http://rbz.lernnetz.de) in Schleswig-Holstein, aber auch in Hamburg und Niedersachsen (mit jeweils spezifischen Ergebnissen) stattfand, offenbart die Ausbaufähigkeit in Hinblick auf die Wirkungen von Reformprozessen, aber auch hinsichtlich der Wirkungen professionalisierten Lehrerhandelns. Die in Abbildung 4 abgebildeten Innovationsprofile mit den Innovationsmerkmalen sind indirekte Indikatoren für Wirkungen professionalisierten Lehrerhandelns. Unmittelbare Kausalzusammenhänge zwischen Lehrerkompetenzen und erzielten Leistungen der Schüler/-innen im Sinne der Einlösung von Bildungsstandards wären ohnehin angesichts der vielfältigen Einflussfaktoren nicht belastbar. Zudem ist bei der Einlösung von Berufsbildungsstandards die Rolle der betrieblichen Ausbilder, der nicht wissenschaftlich ausgebildeten Fachlehrer und der Ausbilder im Handwerk in den überbetrieblichen Bildungszentren mit einzubeziehen.

Tabelle 3:   Innovationsmerkmale für die Bereiche „Unterrichten" und „Schule strukturieren"

Innovationen für den berufsschulischen Unterricht
Ganzheitlichkeit Eine enge Verzahnung zwischen Theorie und Praxis in komplexen Lernsituationen findet statt.
Teamarbeit Lehrkräfte arbeiten gemeinsam an der Unterrichtsentwicklung für eine Lernergruppe.
Lernerfolg Lehrkräfte beurteilen den Lernerfolg von Unterricht in offenen, gestaltbaren Handlungssituationen.
Binnendifferenzierung Lernergruppen werden bei Bedarf binnendifferenziert unterrichtet.
Arbeits-/Geschäftsprozessorientierung Arbeits- bzw. Geschäftsprozesse werden zum Unterrichtsgegenstand gemacht.

Innovationen für den berufsschulischen Unterricht

Vernetzung
Lehrkräfte bauen Vernetzungen zwischen schulischen und außerschulischen Lernorten auf.

Integrierter Fachraum
Lehrkräfte sind in der Lage, in integrierten Fachräumen so zu unterrichten, dass Theorie und Praxis eng verzahnt werden.

Selbststeuerung
Lehrkräfte gestalten Lehr-Lern-Arrangements so, dass Lerner für ihren Lernprozess Verantwortung übernehmen.

Moderatorenrolle
Lehrende agieren als Berater und Mitgestalter von Lernprozessen.

Innovationswille
Lehrkräfte initiieren Prozesse zur ständigen Verbesserung und Weiterentwicklung von berufsschulischem Unterricht.

Motivation
Lehrkräfte motivieren die Lerner zur Eigenaktivität.

Innovationen für die Strukturierung von Schule

Veränderung von Rahmenbedingungen
Schulische Rahmenbedingungen können durch Lehrkräfte verändert werden.

Wissensmanagement / schulintern
Die Strukturen für einen schulinternen Informationsaustausch zur Unterstützung der Lehrkräfte sind geschaffen.

Wissensmanagement / landesweit
Die Strukturen für einen landesweiten Informationsaustausch zur Unterstützung der Lehrkräfte sind geschaffen.

Beteiligungskultur
Lehrkräfte sind an den Entwicklungsschritten der Schule beteiligt.

Teamentwicklung
Teamstrukturen sind eingeführt.

Weiterbildung
Lehrkräfte entwickeln auf die Bedürfnisse der Region abgestimmte Fort-/ Weiterbildungsangebote.

Vernetzung
Kooperationsbeziehungen mit den Partnern im schulischen Umfeld sind aufgebaut.

Innovationen für die Strukturierung von Schule

Personalwirtschaft
Die Schule kann für ihre Aufgaben geeignetes Personal selbstständig rekrutieren.

Lehrerfort-/weiterbildung
Lehrkräfte fordern auf ihre Anforderungen angepasste Fort- und Weiterbildungsangebote systematisch ein.

Budgetverwaltung
Das Gesamtbudget der Schule wird eigenverantwortlich verwaltet.

Dienstleistungsorientierung
Schulische Entscheidungsstrukturen werden dienstleistungsorientiert weiterentwickelt.

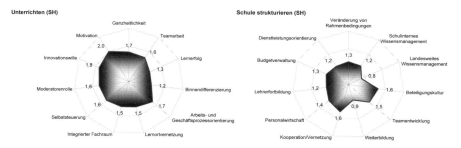

Abb. 4: Innovationsprofile als Indikatoren für Wirkungen professionalisierten Lehrerhandelns (Becker/Spöttl/Dreher 2004, S. 6, S. 8)

Die im Zuge der Erhöhung von Verantwortung der berufsbildenden Schulen verschiedentlich bemühte Kennzahlensteuerung im Rahmen von EFQM – etwa in Niedersachsen mit den Kennzahlen nach Tabelle 4 (vgl. NKM 2011; Tabelle 4) – liefert ebenfalls zwar Zahlenwerk, erlaubt aber auch keinen Rückschluss auf die Wirkung professionellen Lehrerhandelns. So wird es auch zukünftig schwierig bleiben, Outcome-Qualitäten erstens zu messen und zweitens dann auch noch den Einfluss der Lehrerbildung zweifelsfrei auszumachen, zumal wir in Hinblick auf die Frage, was „guter Unterricht" ist, ebenfalls wenig Standardisierbares identifizieren können, was dann auch messbar wäre.

Tabelle 4: *Wirkungs-Indikatoren in Form von Kennzahlen (vgl. NKM 2011)*

Ziel/ Kriterium	Kennzahl/ Indikator	Messinstrument	Zielwert
Hohe Abschluss-quote	Abschlussquote, differenziert nach Bildungsgängen und Geschlecht	Statistik	z. B. x % über dem Landesdurchschnitt
Hohe Übernah-mequote in die Berufs- und Ar-beitswelt oder nachfolgende höherwertige Bil-dungsgänge	Übernahmequote differenziert nach Bildungsgängen	Befragungen/ Ver-gleichsunter-suchungen Statistik	z. B. x % gegenüber dem Landesdurch-schnitt, einem Refe-renzgebiet bzw. der Region
Optimierter Res-sourceneinsatz	Ressourcen pro erfolgreichem bzw. übernom-menen Schüler sächlicher Auslas-tungsgrad	Kosten-Leistungs-rechnung	z. B. Euro pro Schü-ler/-in und Bil-dungsgang
Regelausbildungs-dauer	Ausbildungsdauer zu Regelaus-bildungsdauer, differenziert nach Bildungsgängen	Statistiken	x % unter dem Lan-desdurch-schnittswert, diffe-renziert nach Bildungsgängen

7 Ausblick

Im Interesse einer hohen Qualität der Lehrerbildung und der Ergebnisse und Wirkungen der Arbeit von Lehrkräften sollten zukünftig Standards auf Bundes-ebene entwickelt werden, die die jeweilige Bedeutung disziplinärer Ansprüche berücksichtigen und gleichzeitig in einer interdisziplinären Perspektive die Kom-petenzentwicklung von Lehrkräften in der Berufsbildung in das Zentrum stellen. Jeweilige Wechselwirkungen mit Bildungsstandards sind angesichts der vielfälti-gen Einflussfaktoren (von denen die Lehrerbildung nur eine unter vielen ist) vor-sichtig und wohlüberlegt mit einzubeziehen. Keinesfalls können die in der All-gemeinbildung aufgestellten Bildungsstandards angesichts der stark differieren-den Aufgabenfelder der Lehrkräfte für die Berufsbildung übernommen werden.

Literatur

Baethge, M.; Achtenhagen, F.; Arends, L.; Babic, E.; Baethge-Kinsky, V.; Weber, S. (2006): Berufsbildungs-PISA – Machbarkeitsstudie. Stuttgart: Steiner.

Beck, K. (2002): Plädoyer für ein Kern-Curriculum zur Ausbildung von Lehrerinnen und Lehrern an berufsbildenden Schulen. In: Zeitschrift für Berufs- und Wirtschaftspädagogik, 98 Jg., Heft 1, S. 124–130.

Becker, M. (2011): Der Elchtest für die Qualitäten von Items zur Erfassung beruflicher Kompetenz. Jenseits der Testtheorie und diesseits der Realitätsdimensionen. In: Fischer, M.; Becker, M.; Spöttl, G. (Hrsg.): Kompetenzdiagnostik in der beruflichen Bildung - Probleme und Perspektiven. Frankfurt a. M. u. a.: Peter Lang, S. 75-92.

Becker, M.; Dreher, R.; Spöttl, G. (Hrsg.) (2004): Lehrerbildung und Schulentwicklung in neuer Balance. Bremen: Donat.

Becker, M.; Spöttl, G. (2007): Berufsbildende Schulen als eigenständig agierende lernende Organisationen. In: Münk, D.; van Buer, J.; Breuer, K.; Deißinger, Th. (Hrsg.): Hundert Jahre kaufmännische Ausbildung in Berlin. Opladen u. Farmington Hills: Budrich, S. 57–71.

Becker, M.; Spöttl, G.; Blings, J. (2007): Arbeiten mit gestaltungsorientierten Qualitätsindikatoren und Standards für die Qualitätsentwicklung – Leitfaden. In: Nationale Agentur Bildung für Europa beim Bundesinstitut für Berufsbildung (Hrsg.): QualiVET – Qualitätsentwicklungsrahmen (QER). Bremen:, Impuls Reihe, Band 31, S. 17-24.

Becker, M.; Spöttl, G.; Dreher, R. (2004): Innovationsprofile Schleswig-Holstein. Evaluationsbericht über die Einschätzung der Innovationen im Rahmen des BLK – Modellversuch UBS: Maßnahmen in der Lehrerbildung bei der Umstrukturierung der berufsbildenden Schulen. Flensburg.

Becker, M.; Spöttl, G.; Dreher, R. (2006): Berufsbildende Schulen als eigenständig agierende lernende Organisationen. Bonn: BLK, Materialien zur Bildungsplanung und zur Forschungsförderung, Heft 135.

BIBB (2009): Empfehlung der Gruppen der Beauftragten der Arbeitgeber, der Arbeitnehmer und der Länder im Hauptausschuss des Bundesinstituts für Berufsbildung (BIBB) zum Stand der Arbeiten zu einer internationalen Vergleichsstudie in der Berufsbildung („Large-Scale-Assessment"). Bundesanzeiger Nr. 104/2009 vom 17. Juli 2009. Zeitschrift „Berufsbildung in Wissenschaft und Praxis", Nr. 4/2009.

BWP (2002): Sektion Berufs- und Wirtschaftspädagogik der Deutschen Gesellschaft für Erziehungswissenschaft: Basiscurriculum für das universitäre Studienfach Berufs- und Wirtschaftspädagogik.

BWP (2004): Sektion Berufs- und Wirtschaftspädagogik der Deutschen Gesellschaft für Erziehungswissenschaft. Stellungnahme zur Einrichtung gestufter Studiengangsmodelle als Ersatz für die existierenden berufs- und wirtschaftspädagogischen Diplom- und Studiengänge für das Lehramt an berufsbildenden Schulen. (Beschluss der Mitgliederversammlung in Zürich am 22. März 2004).

Deutscher Bildungsrat (1970): Strukturplan für das Bildungswesen. Stuttgart: Klett Verlag.

Dilger, B.; Sloane, P.F.E. (2005): The Competence Clash – Dilemmata bei der Übertragung des 'Konzepts der nationalen Bildungsstandards' auf die berufliche Bildung. In: Berufs- und Wirtschaftspädagogik Online (bwp@) Nr. 8.

DGFE (2008): Kerncurriculum Erziehungswissenschaft. Empfehlungen der Deutschen Gesellschaft für Erziehungswissenschaft (DGfE). Sonderband. Opladen & Farmington Hills: Budrich.

ETF (1998): Development of Standards in Vocational Education and Training. Volume 1. Luxembourg: Office for Official Publications of the European Communities.

Fischer, M.; Becker, M.; Spöttl, G. (Hrsg.) (2011): Kompetenzdiagnostik in der beruflichen Bildung - Probleme und Perspektiven. Frankfurt a. M. u. a.: Peter Lang.

Franke, G. (2005): Facetten der Kompetenzentwicklung. Bonn: W. Bertelsmann.

Gerds, P.; Heidegger, G.; Rauner, F. (1998): Berufsbilder von Auszubildenden und Bedarfe in den Fachrichtungen der Berufsschullehrerinnen und –lehrer zu Beginn des nächsten Jahrtausends in Norddeutschland. Gutachten. Bremen: ITB-Universität Bremen.

gtw (2010): Empfehlungen zur Ausgestaltung von Studienordnungen für Bachelor- und Masterstudiengänge gewerblich-technischer Fachrichtungen. z. B. Berufliche Fachrichtung Metalltechnik. Arbeitsgemeinschaft gewerblich-technische Wissenschaften und ihre Didaktiken (Hrsg.). Online abrufbar unter http://www.ag-gtw.uni-bremen.de/wp-content/plugins/download-monitor/download.php?id=40 (Stand: 10.02.2012)

gtw-Eckpunkte (2010): Eckpunkte zur Einrichtung gestufter Studiengänge für das Lehramt an berufsbildenden Schulen in gewerblich-technischen Fachrichtungen (in der Fassung vom 29.01.2010). Arbeitsgemeinschaft gewerblich-technische Wissenschaften und ihre Didaktiken (Hrsg.). Online abrufbar unter http://www.ag-gtw.uni-bremen.de/wp-content/plugins/download-monitor/download.php?id=38 (Stand: 10.02.2012)

Hartig, J. (2008): Kompetenzen als Ergebnisse von Bildungsprozessen. In: N. Jude; J. Hartig; E. Klieme (Hg.): Kompetenzerfassung in pädagogischen Handlungsfeldern. Theorien, Konzepte und Methoden. Bonn, Berlin: BMBF, S. 15–25.

Hartig, J.; Jude, N. (2007): Empirische Erfassung von Kompetenzen und psychometrische Kompetenzmodelle. In: J. Hartig; E. Klieme (Hg.): Möglichkeiten und Voraussetzungen technologiebasierter Kompetenzdiagnostik. Expertise im Auftrag des Bundesministeriums für Bildung und Forschung. Bonn, Berlin: BMBF, S. 17–36.

HRK (2006): Entschließung des 206. Plenums am 21.2.2006: Empfehlung zur Zukunft der Lehrerbildung in den Hochschulen. Hochschulrektorenkonferenz: Bonn.

Klieme, E.; Leutner, D. (2006): Kompetenzmodelle zur Erfassung individueller Lernergebnisse und zur Bilanzierung von Bildungsprozessen. Überarbeitete Fassung des Antrags an die DFG auf Einrichtung eines Schwerpunktprogramms. Online verfügbar:
http://www.kompetenzdiagnostik.de/images/Dokumente/antrag_spp_kompete nzdiagnostik_ueberarbeitet.pdf [Stand: 14.01.2009].

Klieme, E.; Avenarius, H.; Blum, W.; Döbrich, P.; Gruber, H.; Prenzel, M.; Reiss, K.; Riquarts, K.; Rost, J.; Tenorth, H.-E.; Vollmer, H. J. (2003): Zur Entwicklung nationaler Bildungsstandards. Expertise. Online verfügbar als Bildungsforschung, Band 1. Bonn, Berlin: BMBF (Hrsg.) (2007)
http://www.bmbf.de/pub/zur_entwicklung_nationaler_bildungsstandards.pdf (Stand: 20.02.2012).

KMK (2000): Perspektiven der Lehrerbildung in Deutschland. Abschlussbericht der von der Kultusministerkonferenz eingesetzten Kommission. Weinheim, Basel: Beltz.

KMK (2005): Eckpunkte für die gegenseitige Anerkennung von Bachelor- und Masterabschlüssen in Studiengängen, mit denen die Bildungsvoraussetzungen für ein Lehramt vermittelt werden. (Beschluss der Kultusministerkonferenz vom 02.06.2005; „Quedlingburger Beschluss").

KMK (2007): Rahmenvereinbarung über die Ausbildung und Prüfung für ein Lehramt der Sekundarstufe II (berufliche Fächer) oder für die beruflichen Schulen (Lehramtstyp 5). (Beschluss der Kultusministerkonferenz vom 12.05.1995 i.d.F. vom 20.09.2007).

KMK (2011): Handreichung für die Erarbeitung von Rahmenlehrplänen der Kultusministerkonferenz für den berufsbezogenen Unterricht in der Berufsschule und ihre Abstimmung mit Ausbildungsordnungen des Bundes für anerkannte Ausbildungsberufe. Berlin.

KMK-AG (o. J.): Standards für die Lehrerbildung. Bericht der Arbeitsgruppe. Bonn: KMK (Hrsg.).

Meyer, R. (2006): Bildungsstandards im Berufsbildungssystem- Ihre Relevanz für das berufliche Lernen zwischen Anspruch und Wirklichkeit. In: Zeitschrift für Berufs- und Wirtschaftspädagogik. 102. Band, Heft 1, S. 49-63.

NKM – Niedersächsisches Kultusministerium (Hrsg.) (2011): Handbuch Schulisches Controlling. Hannover. Online unter:
http://www.proreko.de/uploads/media/HB_TAG_Controlling-010311_freigegeben.pdf (Stand: 10.02.2012).

Pahl, V. (2005): Wie kann der Weg zu Bildungsstandards in der beruflichen Bildung aussehen? Veronika Pahl (BMBF) im Interview mit Hermann Hansis (VLW). In: Verband der Lehrerinnen und Lehrer an Wirtschaftsschulen, Landesverband NW e. V.

(VLW) (Hrsg.): Bildungsstandards für die berufliche Bildung II – Handlungserfordernisse - Dokumentation der 2. Tagung vom 17. Januar 2005 in Duisburg. Düsseldorf, S. 36-42.

Petersen, A. W. (2005): Geschäfts- und Arbeitsprozesse als Grundlage beruflicher Ausbildungs- und Lernprozesse. In: lernen & lehren. Wolfenbüttel, 20. Jg., H. 80, S. 163-174.

Ravitch, D. (1995): National Standards in American Education: A Citizen's Guide. Washington, DC: Brookings Institution.

Spöttl, G. (2004): Berufs(feld)wissenschaft in der Lehrerbildung im Lichte von BA- und MA-Modellen. In: Herkner, V.; Vermehr, B. (Hrsg.): Berufsfeldwissenschaft – Berufsfelddidaktik – Lehrerbildung. Beiträge zur Didaktik gewerblich-technischer Berufsbildung. Bremen: Donat Verlag, S. 211-221.

Spöttl, G.; Becker, M.; Dreher, R. (2003): Kompetenzorientierte Lernkultur als Leitidee für die Lehrerbildung. In: UbS-Modellversuch (Hrsg.): Maßnahmen in der Lehrerbildung bei der Umstrukturierung der berufsbildenden Schulen (UbS) - Strukturen zur Verzahnung der 2. und 3. Phase.

Spöttl, G.; Blings, J.; Becker, M. (2007): Gestaltungsorientierte Indikatoren und Standards für die Berufliche Bildung im Berufsfeld Metall. In: Nationale Agentur Bildung für Europa beim Bundesinstitut für Berufsbildung (Hrsg.): QualiVET – Qualitätsentwicklungsrahmen (QER). Bremen: Impuls Reihe, Band 31, S. 25-44.

Tramm, T.; Kremer, H.-H. (2007): Qualifizierung von Berufs- und Wirtschaftspädagogen zwischen Professionalisierung und Polyvalenz. Editorial zur Ausgabe 12. bwp@online, Nr. 12. http://www.bwpat.de/ausgabe12/editorial_bwpat12.pdf (Stand: 20.02.2012).

Tulodziecki, G.; Grafe, S. (2006): Stellenwert und Kritik von Standards für die Lehrerbildung aus internationaler Sicht. Vergleiche und Einschätzungen zur Situation. Journal für LehrerInnenbildung 6 (2006) 1, S. 34-44.

Entwicklung der Gewerblich-Technischen Wissenschaften im Zeitraum von 1998 bis 2009

Thomas Hägele, Joseph Pangalos

1 Einleitung

Die Arbeitsgemeinschaft Gewerblich-Technische Wissenschaften und ihre Didaktiken (gtw) ist seit ihrer Gründung stets mit Fragen ihrer wissenschaftlichen Legitimation und Positionsbestimmung im Bereich der Berufsbildungsforschung (vgl. Rauner 2006) konfrontiert worden. Diese Fragen beziehen sich auf den Gegenstandsbereich der Beruflichen Fachrichtungen, den Anschluss an benachbarte Wissenschaftsgebiete, ihre spezifischen Forschungsmethoden sowie die Verwendung der Forschungsergebnisse. Die historische Entwicklung, die von ihren Vertretern 1998 umfangreich dargestellt worden ist (vgl. Martin/Pangalos/Rauner 2000) und die bundesweite institutionelle Verortung der Aus- und Weiterbildung von Lehrkräften in den gewerblich-technischen Fachrichtungen an den Hochschulen heben die besondere wissenschaftliche Position und Situation der gtw innerhalb der Berufsbildungsforschung ebenfalls hervor.

In diesem Beitrag werden die Entwicklung der gtw – ausgehend vom Entwicklungsstand 1998[1] – bis zum Jahre 2009[2] dargestellt und Ansätze zur Legitimation und Positionsbestimmung aufgezeigt. Die Darstellung erfolgt exemplarisch an ausgewählten Forschungsleistungen unter Berücksichtigung zentraler Forschungsgegenstände, Forschungsmethoden und Begründungszusammenhänge der Beruflichen Fachrichtungen. Dazu werden ihre Gegenstandsfelder strukturiert und richtungsweisende Beiträge genannt. Diese zeigen die Breite und Tiefe der Forschungsaktivitäten auf und markieren Schnittmengen ihrer interdisziplinären Forschung. Die spezifische gewerblich-technische Gemeinsamkeit der Beiträge wird in Kapitel 5 entfaltet. Im Zentrum stehen Arbeits- und Geschäftsprozessanalysen, in denen das personale Handeln und berufliche Arbeitsbeziehungen betrachtet werden. Die Betrachtung wiederum erfolgt unter Berücksichtigung der den Arbeits- bzw. Geschäftsprozessen innewohnenden Strukturen, die durch die Wechselwirkungen von Arbeit, Technik und Bildung geprägt sind. Die Spezi-

---

[1] siehe Kapitel 2

[2] siehe Kapitel 3 und 4

fika der gewerblich-technischen Forschungsaktivitäten lassen sich aus ihren Intentionen und Legitimationsmustern entnehmen, die eine Untergliederung analog zur Strukturierung der Gegenstandsfelder aufweisen.

Die Darstellung widerlegt den flüchtigen Eindruck, welcher die Gewerblich-Technischen Wissenschaften als ein Teilgebiet der Berufsbildungsforschung erscheinen lässt, das ebenso gut von der Berufspädagogik, Arbeitswissenschaft oder den Ingenieurwissenschaften abgedeckt werden könnte (vgl. Tenberg 2006, S. 29). Sie verdeutlicht den spezifisch gewerblich-technischen Zugang einer interdisziplinären Perspektive zu ihren Forschungsgegenständen. Dieser ist gekennzeichnet durch die Analyse und Verbindung konzeptioneller, inhaltlicher und legitimierender Aspekte der Wechselwirkung von Arbeit, Technik und Bildung in Bezug auf die Umsetzung in Lehr-Lernprozessen unter Berücksichtigung der Leitidee der Emanzipation sowie Arbeits- und Technikgestaltung auf einer subjektnahen Ebene. Dies ist weit mehr als eine additive Aneinanderreihung von Forschungsergebnissen unterschiedlicher Professionen.

Abschließend wird im Blick auf die zukünftige Entwicklung eine kritische Betrachtung der gtw gewagt, weil die derzeitige Ausrichtung unter „berufswissenschaftlichem Titel" viele offene Fragen erzeugt, welche weder innerhalb der gtw noch außerhalb hinreichend geklärt sind. Die Wendung der Gewerblich-Technischen Wissenschaften hin zu der häufig synonym verwendeten Bezeichnung „Berufswissenschaft" weist auf eine allmähliche Entfernung von den originären Gegenstandsbereichen der Beruflichen Fachrichtungen, die die „Schnittmenge" zwischen berufswissenschaftlichen und berufspädagogischen Forschungsgegenständen und -methoden eher weiter zusammenführt als Unterschiede verdeutlicht. In diesem Sinne fordert der Artikel die Vertreter der gtw dazu auf, intern wie extern, den wissenschaftlichen Diskurs zu suchen.

2 Der Entwicklungsstand der gtw 1998

Auf der HGTB-Tagung 1998 mit dem Rahmenthema „Berufliches Arbeitsprozesswissen" war es den Gewerblich-Technischen Wissenschaften gelungen, ihren Entwicklungsstand hinreichend präzise zwischen den korrespondierenden und angrenzenden Disziplinen einerseits und der Verwendung ihrer Forschungsergebnisse in der beruflichen Praxis der Facharbeiter, Lehrer und Ausbilder in Betrieb und Schule andererseits zu definieren (vgl. Martin/Pangalos/Rauner 1998, S. 13-30).

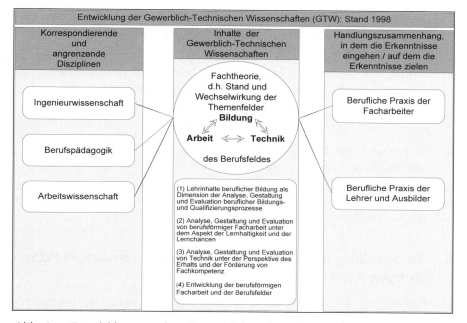

Abb. 1: *Entwicklungen der Gewerblich-Technischen Wissenschaften: Stand 1998*

Demnach befanden sich die Inhalte der Gewerblich-Technischen Wissenschaften 1998 in einem Spannungsfeld, das auf der Seite der wissenschaftlichen, erkenntnisgewinnenden und strukturierenden Seite stets interdisziplinär angelegt war und eine spezielle „berufswissenschaftliche" Perspektive beinhaltet. Das zentrale Merkmal dieser Perspektive ist das einer Integrationswissenschaft, die verschiedene wissenschaftliche Sichtweisen, Verfahren, Methoden und Ergebnisse unter besonderer Berücksichtigung eines speziellen Verwendungszusammenhangs zu neuen Forschungsergebnissen zusammenfasst (integriert). Eine besondere Bedeutung erfährt hier die Fachtheorie des Berufsfeldes, die den Stand und die Wechselwirkung der Themenfelder von Arbeit, Technik und Bildung in der berufswissenschaftlichen Forschung berücksichtigt (vgl. Gronwald/Martin 1982, Bannwitz/Rauner 1993 und Pahl/Rauner 1998).

Damals wurden vier zentrale Gegenstandsfelder, die als Kernbereiche der Gewerblich-Technischen Wissenschaften bezeichnet werden können, definiert:

67

1. Lehrinhalte beruflicher Bildung als Dimension der Analyse, Gestaltung und Evaluation beruflicher Bildungs- und Qualifizierungsprozesse;

2. Analyse, Gestaltung und Evaluation von berufsförmiger Facharbeit unter dem Aspekt der Lernhaltigkeit und der Lernchancen;

3. Analyse, Gestaltung und Evaluation von Technik unter der Perspektive des Erhalts und der Förderung von Fachkompetenz;

4. Entwicklung der berufsförmigen Facharbeit und der Berufsfelder (Martin/Pangalos/Rauner 1998, S. 23–25).

Diese Gegenstandsfelder waren innerhalb der gtw weitgehend Konsens und markierten eine Überschaubarkeit der berufswissenschaftlichen Forschung innerhalb der Berufsbildungsforschung.

3 Entwicklung und Strukturierung der Gegenstandsfelder der gtw 1999–2009

Die Entwicklung der Gewerblich-Technischen Wissenschaften in den Jahren 1999 bis 2009 ist von mehreren Faktoren begleitet worden. So hat die Fülle von Forschungsarbeiten und -projekten, Promotionen und Habilitationen erheblich zugenommen. Diese Ausdifferenzierung der Forschungsarbeiten in den Gegenstandsfeldern ergibt Überschneidungen mit angrenzenden Disziplinen (wie z. B. Berufspädagogik oder Arbeitswissenschaft) (vgl. Rauner 2002a und 2002b). Nicht zuletzt stellt sich dadurch die Frage, welchen spezifischen Beitrag die Gewerblich-Technischen Wissenschaften in der Forschungslandschaft der Berufsbildungsforschung neben weiteren Forschungsdisziplinen wie der Berufssoziologie, der Berufspädagogik oder der Arbeitswissenschaft (z. B. in Bereichen der Berufsforschung, Curriculum- oder Qualifikationsforschung) leistet.

Um die Summe der interdisziplinären Entwicklung abzubilden, müssen die vier Gegenstandsfelder von 1998 angepasst und erweitert werden. Die folgende Abbildung ist ein Versuch, die heutigen Gegenstandsfelder darzustellen. Dabei werden die wissenschaftstheoretischen und methodologischen Entwicklungen nicht berücksichtigt.

Neu in der Beschreibung der Gegenstandsfelder ist die Einführung von Strukturebenen auf einer konzeptionellen, institutionellen und subjektnahen Ebene. Sie ermöglichen es, die Schwerpunkte der Erkenntnis der jeweiligen Forschungsarbeiten hervorzuheben. Ebenfalls lassen sie Gestaltungsperspektiven für unterschiedliche Bereiche/Ebenen erkennen. Diese betonen die Verwendungszusammenhänge der Ergebnisse.

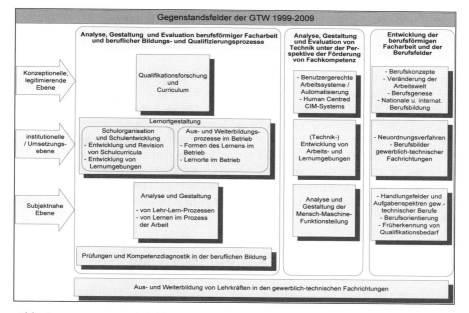

Abb. 2:   *Gegenstandsfelder der Gewerblich-Technischen Wissenschaften 1999-2009*

Die Untersuchung zeigt 12 Bereiche, wobei der Bereich „Prüfungen und Kompetenzdiagnostik in der beruflichen Bildung" noch nicht hinreichend klar für die Gewerblich-Technischen Wissenschaften umrissen ist und somit keiner Strukturebene eindeutig zugeordnet werden kann (vgl. Becker 2004b, Rauner/Haasler et. al. 2009a und 2009b, Fischer/Becker/Spöttl 2011).

Der 12. Bereich „Aus- und Weiterbildung von Lehrkräften in den gewerblich-technischen Fachrichtungen" nimmt ebenfalls eine besondere Stellung ein, da dieser quasi die institutionelle Verankerung der Beruflichen Fachrichtungen an den Hochschulen sichert und das zentrale Anwendungsfeld der Forschung markiert (vgl. Gerds 2001).

Die Entwicklung hat zunächst eine Reduzierung der Gegenstandsfelder bewirkt. Die ehemaligen Gegenstandsfelder 1 (Lehrinhalte beruflicher Bildung als Dimension der Analyse, Gestaltung und Evaluation beruflicher Bildungs- und Qualifizierungsprozesse) und 2 (Analyse, Gestaltung und Evaluation von berufsförmiger Facharbeit unter dem Aspekt der Lernhaltigkeit und der Lernchancen) sind zu dem Gegenstandsfeld „Analyse, Gestaltung und Evaluation berufsförmiger Facharbeit und beruflicher Bildungs- und Qualifizierungsprozesse" verschmolzen. Grund dieser Veränderung ist eine nicht notwendige Trennung beider Gegenstandsbereiche, die nur auf der institutionellen Ebene vorliegt.

Im Folgenden werden die Gegenstandsfelder im Einzelnen erläutert und Beispiele aus der Fülle der gewerblich-technischen Forschungstätigkeit gegeben. Dabei kann aufgrund der Vielzahl der vorliegenden Arbeiten weder ein Anspruch auf Vollständigkeit noch eine Gewichtung der Arbeiten vorgenommen werden[3]. Ebenfalls ist die Darstellung nicht als strenge Einteilung verschiedenartiger Forschungstätigkeiten und -projekte zu verstehen. Bei genaueren Betrachtung wird der Leser feststellen, dass eine eindeutige Zuordnung von Forschungsergebnissen oder -arbeiten nicht oder nur schwer möglich ist. Das Strukturraster ist für die vielfältigen Forschungsaktivitäten als idealtypische Einteilung zu interpretieren.

4 Gegenstandsbereiche der gtw 1999–2009

Das Gegenstandsfeld der Analyse, Gestaltung und Evaluation berufsförmiger Facharbeit und beruflicher Bildungs- und Qualifizierungsprozesse umfasst die folgenden fünf Gegenstandsbereiche.

4.1 Qualifikationsforschung und Curriculumentwicklung

Die Qualifikationsforschung und Curriculumentwicklung enthält einen konzeptionellen Schwerpunkt. Dieser drückt den Unterschied zwischen dem spezifisch berufswissenschaftlichen Verständnis gegenüber einem Qualifikationsbegriff in anderen Disziplinen, wie z. B. der Industriesoziologie, Berufssoziologie oder Arbeitswissenschaft, aus. Der berufswissenschaftliche Qualifikationsbegriff ist auf die Gestaltung der Arbeitsprozesse und deren Inhalte ausgerichtet und erfordert die Untersuchung komplizierter fachlicher Inhaltsfragen. Eine berufswissenschaftliche Curriculumentwicklung berücksichtigt den entwicklungslogischen

---

3 Weil die Verfasser weder eine Aufzählung noch eine Rangliste von Forschungstätigkeiten und -ergebnissen anstreben, können nur wenige Arbeiten bedacht werden. Eine vollständige Abbildung bzw. Auflistung der gewerblich-technischen Forschungsaktivitäten und -ergebnisse ließe sich im Rahmen des Beitrags nicht realisieren. Dazu bedarf es nach Meinung der Verfasser erheblicher Anstrengung, die nur mit Beteiligung der betreffenden Forscher gemeinsam geleistet werden könnte. Das Literaturverzeichnis mag dem interessierten Leser weiterführende Lektüre aufzeigen.

Aufbau beruflicher Erfahrungen und Wissensstrukturen und knüpft an den Herausforderungen der Arbeitsprozesse an.

Als einige ausgewählte Forschungsarbeiten sind zu diesem Bereich zu nennen:

- Erforschung des Arbeitsprozesswissens (Pahl/Rauner/Spöttl 2000, Fischer 2000 und 2005, Fischer/Rauner 2002),

- Qualifikationsforschung und Curriculumentwicklung (Rauner/Pätzold 2006),

- Studien zur Arbeitsprozessanalyse (Spöttl 2000, Becker 2002, Spöttl/ Becker 2005, Hägele 2006),

- Anknüpfungspunkte für eine Konkretisierung der arbeitsprozessbezogenen Curriculumentwicklung (Spöttl 2008).

4.2 Schulorganisation und Schulentwicklung

Die Schulorganisation und Schulentwicklung ist in den letzten Jahren ein zunehmendes Feld der Gewerblich-Technischen Wissenschaften geworden. Dabei werden curriculare, organisatorische, technische und pädagogisch-didaktische Anforderungen, Bedingungen und Zielsetzungen überwiegend auf der institutionellen Ebene thematisiert. Die spezifisch gewerblich-technische Ausprägung besteht in der domänenspezifischen inhaltlichen Entwicklung von Lernfeldern, Lernsituationen, Unterrichtsformen und technischen Lernumgebungen in Bezug auf berufliche Aufgabenstellungen.

Exemplarisch lassen sich hier folgende Arbeiten nennen:

- Entwicklung und Revision von Schulcurricula (Berben 2008),

- Kompetenzwerkstatt Elektrotechnik (Knutzen/Howe 2007),

- Innovation und Soziale Integration – Berufliche Bildung für Jugendliche und Erwachsene in der Bauwirtschaft, im ausstattenden und gestaltenden Handwerk. Fachtagung im Fachbereich Bau-Holz-Farbe (Baabe-Meijer/Meyser/Struve 2006),

- Qualität entwickeln – Kompetenzen fördern. Fachtagung im Fachbereich Bau-Holz-Farbe (Baabe-Meijer/Kuhlmeier/Meyser 2008),

- Entwicklung von technischen Lernumgebungen für universitäre Lehrveranstaltungen (Howe/Pangalos 2007),

- Annäherung an eine Theorie des Lernortes Berufsschule (Pahl 2004),
- Qualitätsentwicklung in beruflichen Schulen (Becker/Dreher/Spöttl 2006).

4.3 Aus- und Weiterbildungsprozesse im Betrieb

Dieser Bereich erfasst die Arbeits- und Lernprozesse im Betrieb. Auf der institutionellen Ebene erscheint der Lernort Betrieb eher als vernachlässigter Bereich. Zwei Aspekte können hier benannt werden, die sich in mehreren Forschungsarbeiten niederschlagen: Zum einen werden Formen des Lernens in gewerblichtechnischen Betrieben untersucht. Andererseits wird der Betrieb als zentraler Lernort erschlossen und Möglichkeiten aufgezeigt, wie Aus- und Weiterbildungsprozesse im Betrieb realisiert werden können.

Als Beispiel lassen sich folgende Arbeiten nennen:

- Computergestütztes erfahrungsgeleitetes Lernen in der Chemiearbeit (Storz/Röben/Siebeck 1998),
- Lernfabrik (Lütjens 1999),
- CAD-Einsatz in der Holztechnik (Ludolph 2001),
- Organisationales Lernen und Gestalten in kleineren und mittleren Unternehmen der Chemiewirtschaft (Storz/Eichhorn 2001),
- Lernen am Arbeitsplatz (Becker/Spöttl 2001; Becker/Spöttl/Stolte 2001),
- Lerninseln/teilautonome Gruppen (Dehnborstel 2006),
- WAP (Bauer/Koring/Röben/Schnitger 2007),
- WPO-Trainer (Knutzen 2007),
- EON (Elsholz/Pangalos 2010).

4.4 Analyse und Gestaltung von Lehr- und Lernprozessen

Die Analyse und Gestaltung von Lehr- und Lernprozessen setzt auf der subjektnahen Ebene an. Sie thematisiert die nahe am Facharbeiter befindlichen Lern- und Arbeitsprozesse an fachlich geprägten Aufgabenstellungen, d. h. im Kontext beruflicher Handlungszusammenhänge. Das Verhältnis von Lehren und Lernen, sowie von Arbeiten und Lernen sind zentrale Forschungsgegenstände dieses Bereichs. Dabei wird die Person des handelnden Facharbeiters stets als aktiv gestaltendes Subjekt gedacht, das Arbeiten nicht nur ausführt sondern maßgebend mitbestimmt. Ebenso wird die Systematik des Lernens im Prozess der Arbeit untersucht. Zu den Forschungsarbeiten der gewerblich-technischen Wissenschaften lassen sich hier zählen:

- Entwicklung von Lern- und Arbeitsaufgaben (Böhle 2004, Knutzen/ Howe 2008),

- Modellversuch GAP (Rauner/Bremer/Haasler/Heise/Huschka/Kolhey/ Kleiner/Reinhold 2003),

- Informelles Lernen (Blings 2009),

- Pädagogisch-didaktische Konzepte gewerblich-technischer Bildung (Pahl 2004 und Pahl/Ruppel 2008).

4.5 Prüfungen und Kompetenzdiagnostik in der beruflichen Bildung

Das Thema Kompetenzdiagnostik in der beruflichen Bildung ist relativ neu und zurzeit noch sehr offen. Ein relativ großer Anteil von Veröffentlichungen und Vorträgen der gtw belegt die Aktualität des Gegenstandsbereiches. Dieser Bereich ist nicht eindeutig einer Strukturebene zuzuordnen, weil er sowohl konzeptionelle, institutionelle als auch subjektnahe Aspekte beinhalten kann. Mit der weiteren Entwicklung dieses Gegenstandsbereiches wird sich zeigen, ob die Kompetenzdiagnostik ein eigenständiges Forschungsgebiet bleibt oder in den vorhandenen Gegenstandsbereichen aufgeht. Relevante Arbeiten sind:

- Prüfungen und Beurteilungen in der beruflichen Bildung (Walter 1996),

- Messen beruflicher Kompetenzen (Rauner/Haasler u. a. 2009a und 2009b),

- Arbeitsprozessbezogene Kompetenzmessung (Spöttl/Musekamp 2009; Becker/Fischer/Spöttl 2010).

Mit den folgenden drei Gegenstandsbereichen wird das Gegenstandsfeld der „Analyse, Gestaltung und Evaluation von Technik unter der Perspektive der Förderung von Fachkompetenz" skizziert.

4.6 Analyse und Gestaltung der Mensch-Maschine-Funktionsteilung

Der Gegenstandsbereich Analyse und Gestaltung der Mensch-Maschine-Funktionsteilung hat die größten Bezüge zu korrespondierenden Ingenieurwissenschaften und zur Arbeitswissenschaft. Die in komplexen Mensch-Maschine-Systemen anfallenden Funktionen betreffen:

- Kommunikationsformen,

- Situationserfassung und -bewertung,

- Informierende, beratende, kommandierende und intervenierende Assistenzfunktionen,

- Planung, Lenkung und Stabilisierung von Prozessen bzw. Systemen,

- Systemmanagement.

Sie sind allesamt auf der subjektnahen Ebene zu lokalisieren.

In diesem Zusammenhang sind folgende Arbeiten zu nennen:

- Rechnergestützte Facharbeit in der Metalltechnik (Hoppe/Pahl 1994 und Fischer 1997),

- Rechnergestützte Facharbeit in der Elektrotechnik (Fischer 1997),

- Diagnosearbeit im Kfz-Handwerk (Becker 2002, 2003 2004a und 2004b),

- Internet der Dinge und Facharbeit (Windelband 2009).

4.7 (Technik-)Entwicklung von Arbeits- und Lernumgebungen

Die Entwicklung von Arbeits- und Lernumgebungen unter Berücksichtigung der Förderung von Fachkompetenz nimmt in den Gewerblich-Technischen Wissenschaften einen breiten Raum ein und lässt sich durch zahlreiche Arbeiten aufzeigen. Im Focus steht dabei die Verankerung bzw. Einbindung der Forschungsergebnisse in den Kontext der beruflichen Aus- und Weiterbildung unter besonderer Berücksichtigung der technischen Ausprägung vor dem Hintergrund beruflicher Aufgabenstellungen. Exemplarisch lassen sich hier folgende Arbeiten/Projekte nennen:

- Partizipatorische Formen der organisatorischen Entwicklung (Niethammer 1995, Schlausch 2002 und 2009),

- Entwicklung der Lehr- und Lernmaterialien für das Elektrohandwerk (Knutzen/Howe 2008 – 2011),

- Laserzentrum Nord in Hamburg (Emmelmann 2009):
  Das Laserzentrum ist ein Forschungsinstitut, das nicht nur theoretisch arbeitet, sondern seine Forschungsinhalte an den Bedürfnissen vor allem der mittelständischen Wirtschaft ausrichtet und gleichzeitig die Aus- und Weiterbildung der in den Anwenderfirmen Beschäftigten übernimmt,

- Virtuelle Realität in der Instandhaltung (Jenewein et. al 2009),

- Organisationales Lernen in virtuellen Arbeitssystemen (GFA 2007).

4.8 Benutzergerechte Arbeitssysteme

Der Gegenstandsbereich der benutzergerechten Arbeitssysteme ist sehr stark ingenieurwissenschaftlich geprägt. Er beinhaltet konstruktionstechnische Entwicklungen und die damit verbundenen Arbeitsprozesse unter Berücksichtigung der erforderlichen Fachkompetenzen. Forschungsschwerpunkt dieses Gegenstandsbereiches ist die Entwicklung technischer Lösungen im Spannungsfeld des technisch Möglichen und sozial Wünschbarem mit der Intention einer verantwortungsbewussten Selbst- und Mitbestimmung des Facharbeiters in beruflichen Arbeitsprozessen.

Beispielhaft lassen sich folgende Forschungsarbeiten nennen:

- Human Centred CIM-Systems (Corbett/Rasmussen/Rauner 1991, Schlausch 2005),

- Passivhaustechnologie (Holle 2004 und 2008),

- Mensch-Maschine-Schnittstelle (Eicker/Petersen 2001),

- Diagnosearbeit im Kfz-Handwerk als Mensch-Maschine-Problem (Becker 2003),

- Lasertechnologie in der Produktion (Emmelmann 2008),

- Internet der Dinge (Windelband 2009, Hribernik/Windelband u. a. 2010).

Das letzte Gegenstandsfeld der „Entwicklung der berufsförmigen Facharbeit und der Berufsfelder" wird offensichtlich nicht ausschließlich von den Gewerblich-Technischen Wissenschaften abgedeckt, sondern auch durch die Institute der

Berufsforschung und Arbeitsmarktforschung sowie der Berufspädagogik beansprucht. Seine spezifisch gewerblich-technische Ausprägung erhält dieses Gegenstandsfeld mit seinen drei Gegenstandsbereichen durch die postulierte Wechselwirkung von Arbeit, Technik und Bildung in einem berufswissenschaftlichen Forschungsdesign (vgl. Becker/Spöttl 2008, S. 74) und einer inhaltlichen Konkretisierung der Entwicklung von Berufen.

4.9 Berufskonzepte, Berufsgenese, nationale und internationale Berufsbildung

Die Entwicklung von Berufskonzepten und die Untersuchung der Berufsgenese sind konzeptionelle Forschungsaufgaben, denen sich die Gewerblich-Technischen Wissenschaften in den letzten Jahren gestellt haben. Dies ist insbesondere vor dem Hintergrund des beruflichen und gesellschaftlichen Wandels und der zunehmenden Internationalisierung der beruflichen Bildung eine zunehmende Herausforderung des deutschen Berufsbildungssystems auch in gewerblich-technischen Bereichen. Hier lassen sich folgende Arbeiten nennen:

- Arbeiten zur Berufsgenese (Howe 2001, Petersen/Wehmeyer 2002),

- Konzept der Kernberufe und zur Berufsschneidung (Blings/Spöttl 2003, Rauner 2005, Hess/Spöttl 2008; Spöttl/Blings 2011),

- Forschung zur nationalen und internationalen Berufsbildung gewerblich-technischer Berufe (Rauner/Spöttl 1995, Spöttl 2004, Petersen 2005),

- Europäischer Qualifikationsrahmen in gewerblich-technischen Berufen (Grollmann/Spöttl/Rauner 2006),

- Konzepte der Übergänge Schule-Ausbildung-Beruf (Kampmeier/ Niemeyer/Petersen/Schreier/Stannius 2006),

- Untersuchungen zum Zusammenhang von Zunkunftstechnologien und deren Auswirkungen auf Facharbeit (Windelband 2009),

- Informatisierung der Arbeit (Spöttl/Pangalos/Knutzen/Howe 2005),

- Zukunft der Berufsbildung (Fenzl u. a. 2009),

- Berufsbildung im europäischen Verbund – Erfahrungen aus der Chemiebranche (Hübel/Storz 2010).

4.10 Neuordnungsverfahren, Berufsbilder gewerblich-technischer Fachrichtungen

Auf der institutionellen Ebene lässt sich eine breite Beteiligung der gtw an Neuordnungsverfahren und der Entwicklung neuer Berufsbilder in den gewerblich-technischen Fachrichtungen aufzählen. Nicht nur in der wissenschaftlichen Analyse und konzeptionellen Entwicklung waren die Vertreter der gtw tätig, sondern auch in zahlreichen Gremien der KMK, des BiBB und der Sozialpartner, um mit beratender Stimme ihren Sachverstand in die Neuordnung von Berufen einzubringen. Auf eine Aufzählung soll an dieser Stelle verzichtet werden. Exemplarisch seien genannt:

- Evaluation der industriellen Elektroberufe (Drescher u. a. 1995),

- Neuordnung der Kfz-Berufe (Becker/Spöttl 2006),

- Evaluation der IT-Berufe (Petersen/Wehmeyer 2002),

- Kernberufe (Rauner 2005, Spöttl/Blings 2011).

4.11 Handlungsfelder und Aufgabenspektren gewerblich-technischer Berufe, Berufsorientierung

Die Entwicklung der berufsförmigen Facharbeit und der Berufsfelder auf der subjektnahen Ebene zielt auf die Analyse und Gestaltung von Handlungsfeldern und Aufgabenspektren in gewerblich-technischen Berufen. Zentrum dieses Gegenstandsbereiches ist die Untersuchung von Arbeitsprozessen eines Berufes und/oder die Früherkennung von Qualifikationsbedarfen ausgewählter Berufe auf der Facharbeiterebene. Alle diese Arbeiten enthalten auch konzeptionelle Gesichtspunkte. Sie könnten ebenfalls unter 4.1 genannt werden.

Hierzu lassen sich folgende Arbeiten zählen:

- Analyse der Handlungsfelder der chemischen Berufe und Berufe der Biotechnologie (Storz/Fries/Klöden 1997, Alex/Storz 2005, Eichhorn 2007),

- Analyse der Handlungsfelder des Elektroinstallateurs (Hägele 2002),

- Früherkennung von Qualifikationsbedarf (Windelband/Spöttl 2003, Windelband 2006, Spöttl/Windelband 2006),

- Arbeit und Ausbildung von IT-Fachkräften (Wehmeyer 2007).

4.12 Aus- und Weiterbildung von Lehrkräften in den gewerblich-technischen Fachrichtungen

Die Aus- und Weiterbildung von Lehrkräften in den gewerblich-technischen Fachrichtungen hat ihren Niederschlag in den Rahmenstudienordnungen und Empfehlungen der gtw erhalten (vgl. gtw 2004, 2010). Damit wurden Aufbau und Strukturen eines Studiums formuliert, die als Richtschnur für die Konzeption der Bachelor- und Master-Strukturen dienen sollten. Kernbereiche des Studiums gewerblich-technischer Fachrichtungen für das Lehramt an beruflichen Schulen sollen sein:

1. Mathematisch-naturwissenschaftliche Querschnittsinhalte der gewerblich-technischen Wissenschaften,

2. Arbeitswissenschaftliche, ökonomische und ökologische Querschnittsinhalte der gewerblich-technischen Wissenschaften,

3. Fachwissenschaftliche und Fachdidaktische Querschnittsinhalte der beruflichen Fachrichtung,

4. Technik und berufliche Arbeit in den Schwerpunkten der beruflichen Fachrichtung,

5. Fachwissenschaftliche und Fachdidaktische Vertiefung in ausgewählten Schwerpunkten der beruflichen Fachrichtung (vgl. gtw 2004, 2010).

Leider ist diese Chance bei dem Übergang von den Staatsexamensstudiengängen zu den BA/MA-Strukturen nicht genutzt worden. Die derzeitige Entwicklung der Hochschulstandorte für die Gewerblich-Technischen Wissenschaften zeigt ein höchst unterschiedliches Bild hinsichtlich Studienstrukturen, Ressourcenausstattung und personeller Besetzung (vgl. die Beiträge von Becker und Riehle in diesem Band). Dieses existenziell wichtige Aufgabengebiet bedarf einer weiterhin kontinuierlichen Zusammenarbeit der Hochschulstandorte in Forschung und Lehre.

Abschließend zur Darstellung der Gegenstandsfelder der gtw soll auf das „Handbuch der Berufsbildungsforschung" von Felix Rauner hingewiesen werden (vgl. Rauner 2006). Es ist eines der zu Recht am häufigsten genannten Werke der berufswissenschaftlichen Literatur, das viele Aspekte der hier dargestellten Gegenstandsfelder in einer etwas anderen Ordnung (und darüber hinaus weitere Aspekte) enthält. Gleichzeitig zeigt das Handbuch den immer größeren Anspruch/ Aktionsrahmen der Gewerblich-Technischen Wissenschaften und die Schnittstellen mit anderen Disziplinen.

5 Interdisziplinarität und zentraler Forschungsschwerpunkt der Gewerblich-Technischen Wissenschaften

Eine vollständige Analyse der Weiterentwicklung der Gewerblich-Technischen Wissenschaften erfordert nicht nur eine Darlegung der Gegenstandsfelder und -bereiche, seiner Strukturen und Impulse gebender Akteure. Um die Beruflichen Fachrichtungen in ihrer gesamten wissenschaftlichen Wirksamkeit zu erfassen, müssten ebenfalls die

- Forschungsmethoden (<u>Wie</u> werden Forschungsergebnisse erzielt?),

- Begründungszusammenhänge (<u>Warum</u> erforschen die Beruflichen Fachrichtungen das, was sie erforschen? Legitimation, Intention und Ziele der Beruflichen Fachrichtungen),

- Verwendungszusammenhänge (<u>Wozu</u> werden die Forschungsergebnisse verwendet? Abnehmer, Nutzer der Ergebnisse)

untersucht werden. Das ist an dieser Stelle nicht möglich.

Stattdessen ergibt sich die Möglichkeit, einen zentralen Forschungsschwerpunkt der Gewerblich-Technischen Wissenschaften zu skizzieren und dabei die überraschend hohe Übereinstimmung der Forschungsfragen und Ergebnisse der unterschiedlichen Projekte, Arbeiten und Fachrichtungen der Gewerblich-Technischen Wissenschaften zu zeigen.

Als zentraler Forschungsschwerpunkt der vielfältigen Forschungsarbeiten der Entwicklung der gtw lässt sich die Arbeitsprozess- und Geschäftsprozessanalyse identifizieren. Sie durchzieht wie ein roter Faden die Forschungsaktivitäten und -ergebnisse und prägt in höchstem Maße die interdisziplinären Fragestellungen, wissenschaftlichen Konzepte, Begründungszusammenhänge und Methoden der Beruflichen Fachrichtungen.

Im Folgenden sollen die Strukturen, Betrachtungsebenen und Begründungszusammenhänge der Arbeits- und Geschäftsprozessanalysen herausgestellt werden. Dabei zeigt sich insbesondere die Interdisziplinarität des wissenschaftlichen Vorgehens im Zuge der Analysen.

5.1 Strukturen von Arbeits- und Geschäftsprozessen

Arbeits- und Geschäftsprozessbeschreibungen sind Modellierungen. Sie haben als Modelle folgende Merkmale: Abbildungs-, Verkürzungs- und pragmatisches

Merkmal (vgl. Stachowiak 1973). Arbeitsprozess- und Geschäftsprozessanalysen werden von Vertretern der Gewerblich-technischen Wissenschaften modelliert, d. h. in ihren wesentlichen Abläufen in der domänenspezifischen „Sprache" beschrieben und analysiert, um das Wissen und die Kompetenzen der Akteure berufsförmig organisierter Facharbeit im Zusammenhang mit der Arbeitsumgebung und den Werkzeugen zu ergründen, festzuhalten und für die Aus- und Weiterbildung nutzbar zu machen. Dabei wird die Berufsförmigkeit der Arbeit vorausgesetzt bzw. gefördert.

Geschäftsprozesse treten in Unternehmen in unterschiedlichsten Zusammenhängen auf. Es lassen sich Produkt- und Leistungsbereitstellungsprozesse, Rentabilitäts- und Liquiditätsprozesse, Marktkommunikationsprozesse und Kundennutzen-Optimierungsprozesse identifizieren, denen allen gemeinsam eine von der Unternehmenspolitik festgelegte Zielsetzung und Zielverfolgung ist (vgl. Reetz 1999). Sie bilden Managementaktivitäten zur Gestaltung, Optimierung, Analyse und Evaluation der Wertschöpfungsketten des Unternehmens ab (vgl. Gaitanides u. a. 1994, S. 5). Sie sind somit stets zielorientiert und unterliegen einem zeitlich-logischen Ablauf, der im Sinne typischer Spezialisierungsschemata und des strategischen Managements eine jeweils spezifische Struktur der Arbeitsprozesse herausbildet (vgl. Tramm 2002, S. 17 ff.).

Ein Arbeitsprozess ist eine spezielle Reihenfolge von Aufgaben bzw. Aktivitäten der Mitarbeiter, an deren Ende eine Leistung oder ein Produkt für einen bestimmten Kunden oder Märkte entstanden ist. Er hat einen Beginn und ein Ende, klar definierte In- und Outputwerte und läuft – je nach betrieblicher Arbeitsteilung – durch mehrere Unternehmensbereiche (vgl. Davenport 1998). Arbeitsprozesse werden als vollständige Arbeitsprozesse modelliert, im Sinne der Zielsetzung, Planung, Durchführung und Bewertung der eigenen Arbeit im Kontext betrieblicher Abläufe. Die so konstruierten idealtypischen Arbeitsprozesse werden so gestaltet, dass sie ihrerseits

- den Akteuren Gestaltungsmöglichkeiten für ihre Arbeit und der jeweiligen Technik eröffnen und

- somit auch Abstimmungsprozesse zwischen dem technisch und wirtschaftlich Machbaren und sozial Wünschbaren ermöglichen (vgl. Hägele 2002).

Konkrete Merkmale derartiger Arbeitsprozesse sind:

- Ganzheitlichkeit,

- Anforderungsvielfalt,

Arbeits- und Geschäftsprozesse

- Strukturen des Gegenstandsbereiches -

Modellierung der zielsetzenden Geschäftsprozesse

Unternehmenspolitik: Zielsetzung und Zielverfolgung

Geschäftsprozesse sind Managementaktivitäten zur Gestaltung (und Optimierung), Analyse und Evaluation der Wertschöpfungsketten des Unternehmens.
„Organisatorische Grundregeln, strategische Zielsetzungen, Anforderungsprofile vorhandener Mitarbeiter und personalpolitische Gesichtspunkte bilden den Entscheidungsraum" (Gaitanides u.a. S. 5):

Schaffen von Strukturen in Sinne typischer Spezialisierungsschemata (Aufbaustruktur des Handlungssystems) und strategisches Management,

Schaffen von Rollen im Sinne von Aufgabenzuordnungen an Arbeitspersonen und deren Kooperationsschemata im Rahmen der Projektorganisation und operatives Management.

Bestimmt den **logisch/zeitlichen Ablauf** der (Arbeits-) Aktivitäten und der benötigten Werkzeuge, je nach Zweck in unterschiedlicher Granularität.
Eine genauere Analyse des zeitlich logischen Ablaufs auf der inhaltlichen und prozessualen Ebene lässt eine Unterscheidung von Objekt, Informations- und Energiefluss zu (vgl. Schlick 2010). Sie verdeutlichen die Transformation von physischen Arbeitsobjekten und Stoffen sowie Informationen und deren Darstellung oder die Aufrechterhaltung kontinuierlicher Energiewandlung in konkreten Arbeitshandlungen.

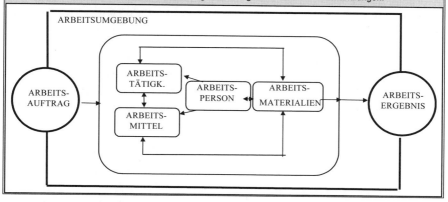

Abb. 3:   Arbeits- und Geschäftsprozesse (vgl. Pangalos/Knutzen 2000, S. 110)

- Möglichkeiten der sozialen Interaktion,
- Autonomie durch Aufgaben mit Dispositions- und Entscheidungsmöglichkeiten,
- Lern- und Entwicklungsmöglichkeiten,
- Zeitelastizität und stressfreie Regulierbarkeit,
- Sinnhaftigkeit (vgl. Rauner 2002c, S. 27 f.).

Arbeitsprozesse besitzen einen eigenen zeitlich-logischen Ablauf der (Arbeits-) Aktivitäten und der benötigten Werkzeuge, die je nach Zweck in unterschiedlicher Granularität bestimmt sind.

Gewerblich-technische Wissenschaften erforschen Arbeits- und Geschäftsprozesse mit diesen innewohnenden zeitlich-logischen Abläufen und berücksichtigen sie als Strukturelemente der zu analysierenden und zu gestaltenden Arbeit. Forschungsergebnisse entstehen stets im Kontext beruflicher Handlungszusammenhänge unter Einsatz domänenspezifischer Forschungsmethoden bzw. – instrumente.

5.2 Betrachtungsebenen und gemeinsame Merkmale der Beschreibung

Gewerblich-technisch ausgerichtete Arbeits- und Geschäftsprozessanalysen können aus sehr unterschiedlichen Betrachtungswinkeln durchgeführt werden. Die Systematisierung der unterschiedlichen Fragestellungen, Methoden, Verwendungszusammenhänge und Konzepte soll an dieser Stelle mit Hilfe des Sieben-Ebenen-Modells nach Schlick (vgl. Schlick 2010, S. 30-32, vgl. Abb. 4) erfolgen. Es ordnet die Betrachtungsebenen nach dem Handlungszusammenhang (Prozesscharakter von Arbeit) – im Gegensatz zu den Modellen von Rasmussen, Volpert oder Hacker, die nach der Art der Handlungsregulation ordnen.

Das Modell unterscheidet sieben Ebenen, auf denen Handlungszusammenhänge (in diesem Fall Arbeits- und Geschäftsprozessanalysen) eingeordnet werden können und ermöglicht eine Zuordnung wissenschaftlicher Aktivitäten. Nahezu allen Ebenen des Modells können Forschungsaktivitäten der Gewerblich-Technischen Wissenschaften zugeordnet werden.

Überwiegend bedeutend für die Arbeits- und Geschäftsprozessanalysen waren

- Handlungsabläufe, Operationen und Bewegungen mit Werkzeugen und an Maschinen, wie sie am Beispiel von industriellen Arbeitsprozessen oder handwerklichen Arbeiten in Arbeitsprozessstudien gewonnen werden. Mit Arbeitsprozessstudien lassen sich Erkenntnisse über die in der praktischen Berufsarbeit inkorporierten Kompetenzen gewinnen. Eine besondere Bedeutung erhält in diesem Zusammenhang das Erfahrungswissen (vgl. Böhle 2004, Fischer 2000a, Rauner 2005, Haasler/Eckebrecht 2008),

- der Zusammenhang von Arbeitstätigkeiten und Arbeitsplatz, der eine jeweils domänenspezifische Ausprägung der Arbeits- und Geschäftsprozesse repräsentiert. Handlungsschritte und Gegenstände der Fach-

Arbeits- und Geschäftsprozesse
Betrachtungsebenen und gemeinsame Merkmale der Beschreibung
(Sieben Ebenen-Modell nach Schlick)

Betrachtungsebenen	Gemeinsame Merkmale

7. Ebene

Arbeit und Gesellschaft

6. Ebene

Betriebliche Arbeitsbeziehungen und Organisation
(Produktion, Dienstleistung, Verwaltung)

5. Ebene

Kooperationsformen in Arbeitsgruppen

4. Ebene

Personales Handeln und Arbeitsformen

3. Ebene

Arbeitstätigkeit und Arbeitsplatz

2. Ebene

Operationen und Bewegungen mit Werkzeugen und an Maschinen

1. Ebene

Autonome Körperfunktionen und Arbeitsumgebung

Anforderungen/ Rahmenbedingungen	Gesellschaft	
	Betrieb	
	Geschäftsprozess	
Ablauf des Arbeitsprozesses		...
Dimensionen	Handlungsschritte und Gegenstände	
	Arbeitsmittel, Werkzeuge, Methoden	

Abb. 4: Betrachtungsebenen und gemeinsame Merkmale der Beschreibung von Arbeits- und Geschäftsprozessen

arbeit werden unter Verwendung geeigneter Arbeitsmittel, Werkzeuge und Methoden im Kontext betrieblicher Aufgabenstellungen und Organisation analysiert. Die Analysen verfolgen die Absicht, vor allem den inhaltlichen Kontext beruflicher Arbeit von „innen" heraus zu erschließen (vgl. Niethammer 1995),

- das personale Handeln und die Arbeitsformen, in denen es z. B. um die maximale Gestaltungsfreiheit der handelnden Facharbeiter geht (vgl. Hägele 2002, S. 41-64). Die Konzentration auf den Prozess der arbeitenden Person lenkt den Blick auf das prozessbezogene Wissen, welches zur Beherrschung des Arbeitsprozesses notwendig ist. Diese subjektbezogene Perspektive ist von hoher Bedeutung für die Gestaltung von Lehr-/Lernprozessen,

- Kooperationsformen in Arbeitsgruppen, die einen beruflichen Aufgabenzuschnitt derart ermöglichen, dass diese ergebnisbezogen, für den Beruf charakteristisch, repräsentativ, human gestaltet und paradigmatisch sind (vgl. Benner 1994 und Rauner 2007),

- betriebliche Arbeitsbeziehungen und Organisation in Produktion, Dienstleistung und Verwaltung, die dahingehend gestaltet wurden, dass Geschäftsprozesse der Produkt- und Leistungsbereitstellung so gewählt und geschnitten wurden, dass deren Durchlaufen in einer idealtypischen Reihenfolge die Entwicklung der Auszubildenden vom Anfänger zum Fortgeschrittenen berücksichtigt und in ihrer Gesamtheit die (Bildungs-)Anforderungen des Berufs vollständig repräsentiert (vgl. Rauner/Spöttl 2002),

- Berufswissenschaftliche Sektoranalysen, die auf der Ebene der Arbeit und Gesellschaft zu finden sind. Sektoranalysen dienen der

    - Ein- und Abgrenzung von Untersuchungsfeldern,

    - Sammlung von relevanten Informationen über einen Sektor zur Interpretation der im Forschungsprozess gesammelten Daten,

    - Erfassung von Kennzahlen des Sektors,

    - Analyse des Zusammenwirkens der in den Sektoren agierenden Personen, Betriebe, Verbände und Institutionen,

    - Gewinnung von Informationen über die Struktur von Branchen, Unternehmen, Ausbildungs- und Beschäftigungsfeldern, Berufen usw. (vgl. Becker/Spöttl 2008, S. 75).

Sie beschreiben Auswirkungen von Produkt- und Prozessinnovationen sowie betrieblicher Reorganisationen auf die berufliche Arbeit.

Die Aktivitäten der gtw-Forschung in den aufgezeigten Ebenen werden durch die spezifischen Begründungszusammenhänge der Beruflichen Fachrichtungen verständlich.

5.3 Begründungszusammenhänge (Intentionen und Leitideen)

In Bezug auf die Strukturebenen der Gegenstandsfelder in Abbildung 2 lassen sich Intentionen und Legitimationsmuster benennen, die prägend für die Forschungsarbeiten waren und ansatzweise eine Erklärung für die oben genannte Konzentration liefern.

Arbeits- und Geschäftsprozessanalysen

- Begründungszusammenhänge (Intention, Legitimation) -

Konzeptionelle, legitimierende Ebene

Die berufsfeldspezifische Expertise im Bezug   auf die Inhalte und Wechselwirkung
Themenfelder Arbeit – Technik – Bildung

Umsetzungsebene

Die gleichzeitige Berücksichtigung der curricularen Relevanzkriterien:

- Situationsprinzip   (durch AGP-Analysen und deren Reflektion im Kontext der gesellschaftlichen und technologischen Entwicklung)
- Persönlichkeitsprinzip   (durch die Prinzipien der Entwicklungslogik und der paradigmatischen Arbeitsaufgaben bzw. Arbeitsprozesse)
- Wissenschaftsprinzip   (durch interdisziplinäre Ansätze, pragmatisch -kein geschlossener theoretischer Rahmen)

Subjektnahe Ebene

- Die Leitidee der Emanzipation, der Befreiung zu Mündigkeit, Selbstbestimmung und Solidarität und
- die subjektbezogene Leitidee der Arbeits- und Technikgestaltung

Abb. 5:   Begründungszusammenhänge für Arbeits- und Geschäftsprozessanalysen

Auf der konzeptionell legitimierenden Ebene ist die berufsfeldspezifische Expertise mit Bezug auf die Inhalte und Wechselwirkungen der Themenfelder Arbeit, Technik und Bildung prägend (vgl. Rauner 2006, S. 462-467 und Fischer/Heidegger/Petersen/Spöttl 2001). Arbeits- und Geschäftsprozessanalysen berücksichtigen in der Regel den komplexen Zusammenhang beruflicher Facharbeit und verhindern somit einerseits eine Abstraktion von der konkreten Arbeit wie andererseits ein Verlieren in Detailfragen. Dadurch sind viele Forschungsarbeiten auf der Ebene vier bis sechs anzutreffen.

Auf der Umsetzungsebene ist die gleichzeitige Berücksichtigung der curricularen Relevanzkriterien nach Reetz leitend für die Gewerblich-Technischen-Wissenschaften:

- das *Situationsprinzip*, womit auf die Relevanz eines Bildungsinhaltes für spezifische zukünftige Verwendungssituationen abgehoben wird,

- das *Wissenschaftsprinzip*, wobei auf die Bedeutung eines Gegenstandes im Gefüge der Wissenschaft verwiesen wird und

- das *Persönlichkeitsprinzip*, wobei auf den spezifischen Beitrag eines Gegenstandes im Bildungsprozess des Subjekts verwiesen wird (vgl. Reetz 1984).

Das Situationsprinzip wird durch die Geschäfts- und Arbeitsprozessanalysen und die anschließende Berücksichtigung der Entwicklungstendenzen berücksichtigt.

Das Persönlichkeitsprinzip wird durch die Berücksichtigung der Prinzipien der Entwicklungslogik, der „paradigmatischen" Aufgaben und der Leitidee der Arbeits- und Technikgestaltung substantiell beachtet.

Das Wissenschaftsprinzip wird/sollte durch die Prüfung der Konsistenz der Abstraktionen und Systematiken des Wissens berücksichtigt werden. Es ermöglicht die Übertragbarkeit des Wissens auf neue Sachverhalte.

Arbeits- und Geschäftsprozessanalysen und deren Reflexion werden im Kontext der gesellschaftlichen und technologischen Entwicklung mit den Prinzipien der Entwicklungslogik und der paradigmatischen Arbeitsaufgaben durch interdisziplinäre Ansätze ohne geschlossenen theoretischen Rahmen verbunden. Dabei ist zu bemerken, dass es allgemein Schwierigkeiten macht, die das Handeln leitende Fachtheorie des Facharbeiters exakt zu beschreiben, zu systematisieren, ihre spezielle Bedeutung für den Arbeitsprozess zu klären sowie ihre wissenschaftlichen Grundlagen zu identifizieren (vgl. Gerds 2001, S. 254). Es ist zu hoffen, dass im Rahmen der Kompetenzdiagnostik auf dieser Ebene Fortschritte erzielt werden.

Die subjektnahe Ebene wird durch die Leitidee der Befreiung zu Mündigkeit, Selbstbestimmung und Solidarität sowie zur Arbeits- und Technikgestaltung in kritisch-konstruktiver Hinsicht flankiert. Arbeits- und Geschäftsprozessanalysen stellen demnach die handelnden Subjekte mit ihren Bedürfnissen nach z. B. menschengerechten Arbeitsformen usw. in das Spannungsfeld von sozial Wünschbarem und technisch Machbarem unter Berücksichtigung alternativer Wege und Lösungen (vgl. KMK 1991, KMK 1996 und Hägele 2002 S. 48 ff.). Auch hier ist eine Konzentration der Arbeiten in den Ebenen vier bis sechs erkennbar.

Neben den großen Übereinstimmungen in den Gewerblich-Technischen Wissenschaften im zentralen Kernbereich der Arbeits- und Geschäftsprozessanalysen gibt es selbstverständlich auch eine Reihe von divergierenden oder zumindest unterschiedlichen Entwicklungslinien, die hier nur exemplarisch an dem Gebrauch der Bezeichnung Gewerblich-Technischen Wissenschaften und Berufswissenschaft im Schlussteil angedeutet werden können.

6 Entwicklungsperspektiven der Gewerblich-Technischen Wissenschaften

Die Entwicklung der Gewerblich-Technischen Wissenschaften hat eine beachtliche Breite erreicht. In Veröffentlichungen der letzten Jahre ist ein vermehrter Gebrauch einer synonymen Verwendung der Bezeichnung Berufswissenschaft für die Gewerblich-Technischen Wissenschaften zu vermerken (vgl. Becker/ Spöttl 2008). Diese Verwendung weist über den rein sprachlichen Unterschied auf eine Wandlung hin, die mit einer Ausweitung der Gegenstandsfelder einhergeht. So werden z. B. zunehmend Untersuchungen im Bereich der Gesundheits- und Pflegeberufe in Veröffentlichungen zitiert, wobei zurzeit noch ungeklärt ist, wie das Gegenstandsfeld der Analyse, Gestaltung und Evaluation des beruflichen Gegenstands der Facharbeit (für die gewerblich-technische Facharbeit ist das die Technik) in nicht technischen Berufen, wie z. B. den Pflegeberufen, konkretisiert wird. Das Spezifische der Gewerblich-Technischen Wissenschaft war der gewerblich-technische „Aktionsradius" der Beruflichen Fachrichtungen. D. h. die Analyse von Arbeits- und Geschäftsprozessen erfolgte immer mit einer großen inhaltlichen Nähe und Konkretisierung der Forschungsfrage, -methoden und -ergebnisse am gewerblich-technischen Untersuchungsgegenstand. Mit der synonymen Verwendung des Begriffes Berufswissenschaft müsste folglich der Beruf der „Aktionsradius" sein. Sicherlich geht es in allen Untersuchungen um berufliche Zusammenhänge, aber der Anspruch, dass die Berufswissenschaft die Wissenschaft für den Beruf im Allgemeinen oder für alle Berufe darstellt, lässt sich sowohl inhaltlich als auch praktisch nicht aufrecht erhalten. Ein derartiger Anspruch muss a) Probleme mit den gewachsenen Disziplinen[4], die sich dieses Forschungsfeldes angenommen haben, erzeugen und b) Schwierigkeiten bei einer inhaltlichen Konkretisierung seiner Forschung haben.

Hier bleiben die Gewerblich-Technischen Wissenschaften aufgefordert, ihren interdisziplinären Charakter in der Berufsbildungsforschung zu betonen. Dabei sind ihre Zielsetzungen, Aufgaben, Stärken und Grenzen mit Sicherheit noch

---

4   Hier sind u. a. zu nennen: Berufspädagogik, Berufssoziologie, Arbeitswissenschaften, Industriesoziologie und Ingenieurswissenschaften.

präziser auszuloten. Aus dieser Positionsbestimmung können Impulse entstehen für konzeptionelle Weiterentwicklungen und methodologische Fortschritte in der Gestaltung des weiten und komplexen Feldes der Berufsbildungsforschung.

Literatur

Grundlegende Werke zur Entwicklung der Gewerblich-Technischen Wissenschaften:

Bannwitz, A.; Rauner, F.(Hrsg.) (1993): Wissenschaft und Beruf. Bremen 1993

Pahl, J. P.; Rauner, F. ; Spöttl, G. (Hrsg.) (2000): Berufliches Arbeitsprozesswissen. Baden-Baden: Nomos.

Rauner, F. (2006): Handbuch Berufsbildungsforschung. 2. aktualisierte Auflage. Bielefeld: W. Bertelsmann.

Becker, M.; Spöttl G. (2008): Berufswissenschaftliche Forschung. Ein Arbeitsbuch für Studium und Praxis. Frankfurt am Main: Lang.

Zitierte und weiterführende Literatur:

Alex, E.; Storz, P. (2005): Arbeits- und Qualifikationsanforderungen in Handlungsfeldern der Biotechnologie – Studie zu einer prospektiven Qualifikationsforschung. Bielefeld: W. Bertelsmann.

Baabe-Meijer, S.; Meyser, J.; Struve, K. (Hrsg.) (2007): Innovation und Soziale Integration. Berufliche Bildung für Jugendliche und Erwachsene in der Bauwirtschaft, im ausstattenden und gestaltenden Handwerk. Bielefeld: W. Bertelsmann.

Baabe-Meijer, S.; Kuhlmeier, W.; Meyser, J. (Hrsg.) (2008): Qualitätsentwicklung und Kompetenzförderung in der beruflichen Bildung: Ergebnisse der Fachtagung Bau, Holz, Farbe und Raumgestaltung. Norderstedt: Books on Demand.

Bauer, W.; Koring, C.; Röben, P.; Schnitger, M. (2007): Abschlussbericht: Projekt Weiterbildung im Prozess der Arbeit für Fachkräfte in der Metall- und Elektroindustrie in Baden Württemberg (WAP). Bremen.

Becker, M. (2002): Arbeitsprozesswissen im Kfz-Service. In: Fischer, M.; Rauner, F. (Hrsg.): Lernfeld: Arbeitsprozess. Baden-Baden: Nomos, Reihe Bildung und Arbeitswelt, Band 6, S. 295-313.

Becker, M. (2003): Diagnosearbeit im Kfz-Handwerk als Mensch-Maschine-Problem. Bielefeld: W. Bertelsmann.

Becker, M. (2004a): Domänenspezifische Kompetenzen für die Facharbeit im Automobil-sektor. In: Röben, P.; Rauner, F. (Hrsg.): Domänenspezifische Kompetenzentwick-lung zur Beherrschung und Gestaltung informatisierter Arbeitssysteme. Bielefeld: W. Bertelsmann, S. 31-44.

Becker, M. (2004b): Zur Ermittlung von Diagnosekompetenz von Kfz-Mechatronikern – ein berufswissenschaftliches Forschungskonzept. In: Rauner, F. (Hrsg.): Qualifika-tionsforschung und Curriculum. Bielefeld: W. Bertelsmann, S. 167-184.

Becker, M.; Fischer, M.; Spöttl, G. (Hrsg.) (2010): Von der Arbeitsanalyse zur Diagnose beruflicher Kompetenzen. Methoden und methodologische Beiträge aus der Be-rufsbildungsforschung. Frankfurt a. M. u. a.: Peter Lang.

Becker, M. ; Isermann, K. (1997): Arbeiten und Lernen mit rechnergestützten Diagnose-systemen im Kfz-Handwerk. Examensarbeit. Universität Bremen.

Becker, M.; Spöttl, G. (2001): LearnNow - Ein Konzept zur gezielten Unterstützung des Lernens im Arbeitsprozess. In: Petersen, A. W.; Rauner, F.; Stuber, F. (Hrsg.): IT-gestützte Facharbeit - Gestaltungsorientierte Berufsbildung. Baden-Baden: No-mos, S. 159-178.

Becker, M.; Spöttl, G.; Stolte, A. (2001): Neue Lernmodelle – Flexible und akzeptierte Wege zum Lernen für die Arbeitswelt. ADAPT Heritage. Bonn: Nationale Unter-stützungsstelle ADAPT der Bundesanstalt für Arbeit.

Becker, M.; Spöttl, G. (2006): Berufswissenschaftliche Forschung und deren empirische Relevanz für die Curriculumentwicklung. bwp@ Berufs- und Wirtschaftspädagogik – online, Ausgabe 11, S. 1-14.

Becker, M.; Spöttl, G.; Dreher, R. (2006): Berufsbildende Schulen als eigenständig agie-rende lernende Organisationen. Bonn: Materialien zur Bildungsplanung und zur Forschungsförderung der BLK, Heft 135.

Benner, P. (1994): Stufen zur Pflegekompetenz. From Novice to Expert. Bern: Huber (amer. Original: From novice to expert: excellence und power in clinical nursing practice. Menlo Park, Calif. u.a.: Addison-Wesley 1984).

Berben, Th. (2008): Arbeitsprozessorientierte Lernsituationen und Curriculumentwicklung in der Berufsschule. Didaktisches Konzept für die Bildungsgangarbeit mit dem Lernfeldansatz. Bielefeld.

Blings, J.; Spöttl, G. (2003): Eco-Recycler – ein europäisches Kernberufsprofil für die Kreis-lauf- und Abfallwirtschaft, Impuls-Reihe Nr. 9, Nationale Agentur für Bildung in Europa beim BIBB (Hrsg.). Flensburg.

Blings, J. (2009): Informelles Lernen im Berufsalltag. Bielefeld: W. Bertelsmann.

Böhle, F. (2004): Erfahrungsgeleitetes Arbeiten und Lernen als Leitidee der Metallberufe. In: Becker, M.; Schwenger, U.; Spöttl, G.; Vollmer, Th. (Hrsg.): Metallberufe zwi-schen Tradition und Zukunft. Bremen, S. 10-27.

Boehm, U. u. a. (1974): Qualifikationsstruktur und berufliche Curricula. Schriften zur Berufsbildungsforschung. Bd. 20, Hannover.

Bremer, R.; Rauner, F.; Röben, P. (2002): Experten-Facharbeiter-Workshops als Instrument der berufswissenschaftlichen Qualifikationsforschung. In: Eicker, F.; Petersen, W.; Pfeiffer, E.: Mensch-Maschine-Interaktion. Arbeiten und Lernen in rechnergestützten Arbeitssystemen in Industrie, Handwerk und Dienstleistungen. Baden-Baden: Nomos, S. 211-230.

Buch, M.; Frieling, E. (2004): Die Reichweite von Tätigkeits- und Arbeitsanalysen für die Entwicklung beruflicher Curricula. In: Rauner, F. (Hrsg.): Qualifikationsforschung und Curriculum. Bielefeld: W. Bertelsmann, S. 135-149.

Corbett, J.-M.; Rasmussen, L.-B.; Rauner, F. (1991): Crossing the Border. The Social and Engineering Design of Computer Integrated Manufacturing Systems. London.

Dehnbostel, P. (2006): Lerninsel. In: Wittwer, W. (Hrsg.): Methoden der Ausbildung. Didaktische Werkzeuge für Ausbilder. Konstanz, S. 74-85 (Wiederabdruck).

Drescher, E.; Müller, W.; Petersen, W.; Rauner, F.; Schmidt, D. (1995): Neuordnung oder Weiterentwicklung. Evaluation der industriellen Elektroberufe. Forschungsprojekt im Auftrag des Bundesinstituts für Berufsbildung (Kenn-Nr. 3.601); Abschlussbericht. Bremen.

Eichhorn, S. (2007): Facharbeit als Innovationsfaktor – dargestellt am Beispiel chemiebezogener Laborarbeit in werkstoffbezogenen Forschungsprozessen. Dissertation TU Dresden 2006. Dresden: TUDpress.

Emmelmann, C. (2008): Forschung und Qualifikation in der Lasertechnik. Vortrag NORTEC Hamburg 25.01.2008.

Emmelmann, C. (2009): LQZ – Laserqualifizierungszentrum. Online unter: http://www.tu-harburg.de/ilas /forschung/forschungsprojekte/lqz.html; Zugriff am 24.03.2010.

Fenzl, C.; Spöttl, G.; Howe, F.; Becker, M. (Hrsg.) (2009): Berufsarbeit von morgen in gewerblich-technischen Domänen. Forschungsansätze und Ausbildungskonzepte für die berufliche Bildung. Bielefeld: W. Bertelsmann.

Fischer, M. (Hrsg.) (1997): Rechnergestützte Facharbeit und berufliche Bildung. Bremen.

Fischer, M. (2000a): Von der Arbeitserfahrung zum Arbeitsprozesswissen. Rechnergestützte Facharbeit im Kontext beruflichen Lernens. Opladen: Leske und Budrich.

Fischer, M. (2005): Arbeitsprozesswissen. In: Rauner, F. (Hrsg.): Handbuch Berufsbildungsforschung. Bielefeld: W. Bertelsmann, S. 308-315.

Fischer, M.; Becker, M.; Spöttl, G. (Hrsg.) (2011): Kompetenzdiagnostik in der beruflichen Bildung - Probleme und Perspektiven. Frankfurt a. M. u. a.: Peter Lang.

Gerds. P. (2001): Positionierung der gewerblich-technischen Berufsfeldwissenschaften im Zentrum des Studiums der BerufspädagogInnen. In: Fischer, M.; Heidegger, G.;

Petersen, W.; Spöttl, G. (Hrsg.): Gestalten statt Anpassen in Arbeit, Technik und Beruf. Bielefeld: W. Bertelsmann, S. 241-257.

GFA (2007): Kompetenzentwicklung in realen und virtuellen Arbeitssystemen. Dokumentation des 53. Arbeitswissenschaftlichen Kongresses in Magdeburg 28.02.-02.03.2007. Dortmund: GFA Press.

Grollmann, P.; Kruse, W.; Rauner F. (Hrsg.) (2005): Europäisierung Beruflicher Bildung. Münster: Lit.

Grollmann, P.; Spöttl, G.; Rauner, F. (2006): Europäisierung Beruflicher Bildung: eine Gestaltungsaufgabe. Hamburg: Lit.

gtw (Arbeitsgemeinschaft Gewerblich-Technische Wissenschaften und ihre Didaktiken in der Gesellschaft für Arbeitswissenschaft e. V. (Hrsg.) (2004): Rahmenstudienordnungen Gewerblich-Technische Wissenschaften. Bremen.

gtw (2010): Empfehlungen zur Ausgestaltung von Studienordnungen für Bachelor- und Masterstudiengänge gewerblich-technischer Fachrichtungen. Berufliche Fachrichtung Metalltechnik. Arbeitsgemeinschaft Gewerblich-Technische Wissenschaften und ihre Didaktiken (gtw) in der Gesellschaft für Arbeitswissenschaften e. V.

Haasler, B.; Eckebrecht, J. (2008): Erfahrungsbasierter Umgang mit handgeführten Bearbeitungsmaschinen als Schlüssel zum Erfolg — Forschungsergebnisse aus Arbeitsprozessstudien im Geschäftsfeld der Herstellung von Bauteilen aus Faserverstärkten Kunststoffen, 54. Frühjahrskongress der Gesellschaft für Arbeitswissenschaft e. V. Produkt- und Produktions-Ergonomie - Aufgabe für Entwickler und Planer, am 11.04.2008. München.

Hägele, T. (2002): Identifizierung und Strukturierung handwerklicher Arbeitsprozesse. Dissertation. Universität Hamburg. Online unter: http://www.sub.uni-hamburg.de/disse/787/dissertation.pdf; Zugriff am 13.12.2007.

Hägele, T. (2006): Analyse des beruflichen Handlungssystems im gewerblich-technischen Handwerk am Beispiel des Elektroinstallateurs – Was Elektriker können müssen! In: Pätzold, G.; Rauner, F. (Hrsg.): Qualifikationsforschung und Curriculumentwicklung. Beiheft 19 der Zeitschrift für Berufs- und Wirtschaftspädagogik. Stuttgart: Franz Steiner Verlag, S. 183-197

Hess, E.; Spöttl, G. (2008): Kernberufe als Baustein einer europäischen Berufsbildung. In: Berufsbildung in Wissenschaft und Praxis (BWP), 37. Jg., Heft 4, S. 27-30.

Hübel, W.; Storz, P. (Hrsg.) (2010): Berufsbildung im europäischen Verbund – Erfahrungen aus der Chemiebranche. Bielefeld: W. Bertelsmann.

Holle, H.-J. (2008): Energieeffizientes, nachhaltiges Bauen in der Aus- und Weiterbildung. Tagungsband Berufliche Bildung. Nürnberg.

Holle, H.-J. (2004): Solarbauausstellung Hamburg 2005 - das Energiegewinn-Haus. Magazin der Europäischen Solarbauausstellung, Ausgabe 1 / 2004.

Hoppe, M.; Pahl, J. P. (1994): Instandhaltung. Bewahren - Wiederherstellen -Verbessern. Sekundäre Facharbeit in der beruflichen Bildung. Bremen: Donat.

Howe, F. (2001): Die Genese der Elektroberufe. Dissertation. Bremen. (=Elektroberufe im Wandel. Ein Berufsfeld zwischen Tradition und Innovation. Hamburg: Kovac 2004).

Howe, F.; Pangalos, J. (2007): Das Konzept der Integrierten Veranstaltung in der Ausbildung von Gewerbelehrern und -lehrerinnen der beruflichen Fachrichtung Elektrotechnik-Informatik. In: Eicker, F. (Hrsg.): Perspektive Berufspädagoge!? - Neue Wege in der Aus- und Weiterbildung von betrieblichem und berufsschulischem Ausbildungspersonal. Bielefeld: W. Bertelsmann, S. 183-206.

Hribernik, K. H.; Windelband, L.; Hunecker, F.; Hans, C.; Thoben, K.-D. (2010): Entwicklungsstand des "Internet der Dinge" in der Praxis am Beispiel der Automobil- und Lebensmittellogistik. Ausgabe 5/2010 der Zeitschrift Industrie Management, S. 27-30.

Jenewein, K.; Haase, A.; Hundt, D.; Liefold, S. (2009): Evaluation von Wahrnehmung und Lernen in verschiedenen virtuellen Systemen. In: Produktivität im Betrieb. Stuttgart, S. 351-360.

Kampmeier, A.; Niemeyer, B.; Petersen, R.; Schreier, C.; Stannius, M. (Hrsg.) (2006): Professionell kooperieren und qualifizieren in der Benachteiligtenförderung. Goldebek.

KMK (1991): Rahmenvereinbarung über die Berufsschule. Beschluss der Kultusministerkonferenz vom 14./15.03.1991.

KMK (1996): Handreichungen für die Erarbeitung von Rahmenlehrplänen der Kultusministerkonferenz für den berufsbezogenen Unterricht in der Berufsschule und ihre Abstimmung mit Ausbildungsordnungen des Bundes für anerkannte Ausbildungsberufe. Bonn: Sekretariat der Ständigen Konferenz der Kultusminister der Länder in der Bundesrepublik Deutschland.

Knutzen, S. (2007): Conception for the "Work Process Oriented Train-the-Trainer Course. Leonardo-Projekt WPO-Trainer, 2. Tagung der Projektpartner. Danzig.

Knutzen, S.; Howe, F. (2008): Softwaregestützte Lern- und Arbeitsaufgaben nach dem Konzept der Kompetenzwerkst@tt. In: berufsbildung 109/110 , 62. Jahrgang. S. 46-50.

Knutzen, S.; Howe, F. (2008-2011): Kompetenzwerkst@tt Elektrohandwerk. BMBF Projekt. Hamburg, Bremen, Dresden.

Ludolph, M. et al (2001): Hamburger Modellversuch zur betrieblichen Weiterbildung, Teil 1-3. In: CAD / CAM im Handwerk, Anspruch und Realität, BM Bau-und Möbelschreiner. Leinfelden, S. 76-80.

Lütjens, J. (1999): Berufliche Erstausbildung in komplexen Lehr- und Lernsituationen. Bremen.

Martin, W.; Pangalos, J.; Rauner, F. (1998): Die Entwicklung der Gewerblich-Technischen Wissenschaften im Spannungsverhältnis von Technozentrik und Arbeitsprozessorientierung. In: Pahl, J. P.; Rauner, F. ; Spöttl, G. (Hrsg.): Berufliches Arbeitsprozesswissen. Baden-Baden: Nomos, S. 13-30.

Niethammer, M. (1995): Facharbeiterbeteiligung bei der Technikeinführung in der chemischen Industrie. Ein Ansatz partizipativer Arbeits-, Bildungs- und Technikgestaltung. Frankfurt a. Main u.a..

Pätzold, G; Rauner, F. (Hrsg.) (2006): Qualifikationsforschung und Curriculumentwicklung. Beiheft 19 Zeitschrift für Berufs- und Wirtschaftspädagogik. Stuttgart: Franz Steiner Verlag.

Pahl, J.-P. (2004): Berufsschule. Annäherung an eine Theorie des Lernortes. Seelze-Velber.

Pahl, J.-P.; Ruppel, A. (2008): Bausteine beruflichen Lernens im Bereich Arbeit und Technik. Bielefeld: W. Bertelsmann.

Pangalos, J.; Knutzen, S. (2000): Die Beschränktheit der Orientierung am Arbeitsprozesswissen für die Berufliche Bildung. In: Pahl, J.-P.; Rauner, F.; Spöttl, G. (Hrsg.): Berufliches Arbeitsprozesswissen. Baden-Baden: Nomos-Verlag, S. 105-116.

Petersen, A. W.; Wehmeyer, C. (2002): Evaluation der neuen IT-Berufe IT-System-Elektroniker/-in, IT-System-Kaufmann/-frau, Fachinformatiker/-in und Informatikkaufmann/-frau. Zusammenfassung der Evaluationsergebnisse: Befragungen und Fallbeispiele. In: Borch, H.; Weißmann, H. (Hrsg.): IT-Berufe machen Karriere: Zur Evaluation der neuen Berufe im Bereich Information und Telekommunikation. Bielefeld.

Petersen, A.W. (2005): Berufe und Berufsfelder: Systematisierungen aus internationaler und nationaler Sicht. In: Rauner, F. (Hrsg.): Handbuch Berufsbildungsforschung. Bielefeld: W. Bertelsmann, S. 68-76.

Rauner, F. (2002a): Berufswissenschaftliche Forschung – Implikationen für die Entwicklung von Forschungsmethoden. In: Fischer, M; Rauner, F. (Hrsg.): Lernfeld: Arbeitsprozess. Baden-Baden: Nomos, S. 443-476.

Rauner, F. (2002b): Qualifikationsforschung und Curriculum – ein aufzuklärender Zusammenhang. In: Zeitschrift für Berufs-und Wirtschaftspädagogik, 98. Band, Heft 4, S. 530–554.

Rauner, F. (2002c): Die Bedeutung des Arbeitsprozesswissens für eine gestaltungsorientierte Bildung. In: Rauner, F., Fischer, M. (Hrsg.): Lernfeld: Arbeitsprozess. Baden-Baden: Nomos, S. 25-52.

Rauner, F. (2005): Berufswissenschaftliche Arbeitsstudien – Zum Gegenstand und zu den Methoden der empirischen Untersuchung berufsförmig organisierter Facharbeit. Reihe ITB-Arbeitspapiere Nr. 58. Institut Technik & Bildung der Universität Bremen.

Rauner, F. (2007): Praktisches Wissen und berufliche Handlungskompetenz. Europäische Zeitschrift für Berufsbildung Nr. 40 - 2007/1.

Rauner, F.; Bremer, R.; Haasler, B; Heise, W.; Huschka, M.; Kolhey, S.; Kleiner, M.; Reinhold, M. (2003): Modellversuch „GAB" – Gemeinsamer Abschlussbericht. Bremen.

Rauner, F.; Spöttl, G. (1995): Berufliche Bildung und betriebliche Innovation als Moment des europäischen Strukturwandels: Die FORCE-Sektorstudie zum Kfz-Gewerbe. In: Dybowski, G.; Pütz, H.; Rauner, F. (Hrsg.): Berufsbildung und Organisationsentwicklung. Bremen: Donat, S. 85-101.

Rauner, F.; Spöttl, G. (2002): Der Kfz-Mechatroniker – vom Neuling zum Experten. Bielefeld: W. Bertelsmann.

Rauner, F.; Haasler, B.; Heinemann, L.; Grollmann, Ph. (2009a): Messen beruflicher Kompetenzen. Band 1. Grundlagen und Konzeption des KOMET-Projektes. 2. Auflage, Berlin-Münster-Wien-Zürich-London.

Rauner, F.; Haasler, B.; Heinemann, L.; Grollmann, Ph. (2009b): Messen beruflicher Kompetenzen. Band 2. Ergebnisse KOMET 2008. 2. Auflage, Berlin-Münster-Wien-Zürich-London.

Reetz, L. (1984): Wirtschaftsdidaktik. Bad Heilbrunn: Klinkhardt.

Reetz, L. (2000): Handlung, Wissen und Kompetenz als strukturbildende Merkmale von Lernfeldern. In: Bader, R.; Sloane, P. F. E. (Hrsg.): Lernen in Lernfeldern. Theoretische Analysen und Gestaltungsansätze zum Lernfeldkonzept. Markt Schwaben, S. 141-153.

Rosendahl, J. (2010): Selbstreguliertes Lernen in der dualen Ausbildung - Lerntypen und Bedingungen. Bielefeld: W. Bertelsmann 2010.

Schlausch, R. (2002): Arbeiten am Betrieb – Gestaltung von Organisation und Technik im Kontext beteiligungsorientierter Reorganisation. In: Jennewein, K.; Knauth, P.; Zülch, G. (Hrsg.): Kompetenzentwicklung in Unternehmensprozessen. Aachen: Shaker, S. 188-191.

Schlausch, R. (2009): Lasersysteme zur Materialbearbeitung – Herausforderungen für die berufliche Aus- und Weiterbildung. In: lernen & lehren, 24. Jg., Heft 94, S. 55-58.

Schlausch, R.: Die „Digitale Fabrik" – CIM in neuen Schläuchen? In: lernen & lehren, 19. Jg. (2005), Heft 77, S. 23-26.

Schlick, Chr.; Bruder, R.; Luczak, H. (2010): Arbeitswissenschaft. 3. vollständig überarbeitete und erweiterte Auflage. Heidelberg, Dordrecht, London, New York, S. 1-86.

Sloane, K.-H.; Kleinbeck, U. (2006): Berufsbildungsforschung. In: Arnold, R.; Lipsmeier, A. (Hrsg.): Handbuch der Berufsbildung. 2., überarbeitete und aktualisierte Auflage. Wiesbaden: VS-Verlag, S. 610-627.

Spöttl, G. (2000): Der Arbeitsprozess als Untersuchungsgegenstand berufsfeldwissenschaftlicher Qualifikationsforschung. In: J.-P.- Pahl; F. Rauner; G. Spöttl (Hrsg.): Berufliches Arbeitsprozesswissen. Ein Forschungsgegenstand der Berufsfeldwissenschaften. Baden-Baden: Nomos Verlagsgesellschaft, S. 205–222.

Spöttl, G. (2001): Berufswissenschaftlich ausgerichtete Qualifikationsforschung – ihr Beitrag zur Curriculumentwicklung. In: Fischer, M.; Heidegger, G.; Petersen, W.; Spöttl, G. (Hrsg.): Gestalten statt Anpassen in Arbeit, Technik und Beruf. Bielefeld: W. Bertelsmann, S. 258-278.

Spöttl. G.(2008): Curriculumentwicklung in der europäischen Diskussion und der Beitrag der neueren berufswissenschaftlichen Forschung. In: Faßhauer, U.; Münk, D.; Kohlhoff, P.-A. (Hrsg.): Berufspädagogische Forschung in sozialer Verantwortung. Stuttgart: Franz Steiner-Verlag, S. 259-272.

Spöttl, G.; Becker, M. (2005): Arbeitsprozessanalysen – Ein unverzichtbares Instrument für die Qualifikations- und Curriculumforschung. In: Huisinga, R. (Hrsg.): Bildungswissenschaftliche Qualifikationsforschung im Vergleich. Frankfurt am Main: GAFB, S. 111-138.

Spöttl, G.; Blings, J.(2011): Kernberufe. Bielefeld: W. Bertelsmann.

Spöttl, G.; Bremer, R.; Grollmann, Ph.; Musekamp, F. (2009): Gestaltungsoptionen für die duale Organisation der Berufsbildung. Hans-Böckler-Stiftung, Arbeitspapier 168, Düsseldorf.

Spöttl, G.; Musekamp, F. (2009): Berufsstrukturen und Messen beruflicher Kompetenz. In: berufsbildung, Heft 119, S. 20-23.

Spöttl, G.; Pangalos, J.; Knutzen, S.; Howe, F. (Hrsg.) (2005): Informatisierung von Arbeit, Technik und Bildung – Eine berufswissenschaftliche Bestandaufnahme. Münster: Lit.

Spöttl, G.; Windelband, L. (2006): Employment research method for early recognition of skills needs. Number 39, September-December 2006/3, European Journal of Vocational Training. pp. 62-79.

Storz, P.; Klöden, W.; Fries, M. (1997): Wandel der Arbeit im naturwissenschaftlich-technischen Labor. Reihe: Arbeit – Bildung –Beruf, Band 13. Dresden: wbw.

Storz, P.; Röben, P.; Siebeck, F. (1998): Computergestütztes erfahrungsgeleitetes Lernen in der Chemiearbeit – CELCA. Reihe: Arbeit – Bildung –Beruf, Band 14. Dresden: wbw.

Storz, P.; Eichhorn, S. (2001): Organisationales Lernen und Gestalten in kleineren und mittleren Unternehmen der Chemiewirtschaft. Reihe: Arbeit – Bildung –Beruf, Band 17. Dresden: wbw.

Tenberg, R. (2006): "Berufswissenschaftlicher" oder "ingenieurwissenschaftlicher" Ansatz in der gewerblich-technischen Lehrerbildung: Lässt sich diese Grundsatzfrage im Zuge der aktuellen Neustrukturierungen der Studiengänge lösen oder vertiefen sich die Gräben? In: Berufsbildung. Zeitschrift für Praxis und Theorie in Betrieb und Schule. 60. Jg., H. 97/98, S. 28-30.

Tramm, T. (2002): Zur Relevanz der Geschäftsprozessorientierung und zum Verhältnis von Wissenschafts- und Situationsbezug bei der Umsetzung des Lernfeldansatzes im kaufmännischen Bereich. In: Bader, R.; Sloane, P. F. E. (Hrsg.): Bildungsmanagement im Lernfeldkonzept. Curriculare und organisatorische Gestaltung. Paderborn: Eusl, S. 41-62.

Tramm, T. (2003): Prozess, System und Systematik als Schlüsselkategorien lernfeldorientierter Curriculumentwicklung. bwp@ Nr. 3; Online unter: http://www.bwpat.de. Zugriff am 24.03.2010.

Walter, J. (1996): Prüfungen und Beurteilungen in der beruflichen Bildung - Kritik der aktuellen Praxis und Entwurf einer Neuorientierung vor dem Hintergrund einer veränderten Qualifikationsentwicklung und neuerer erkenntnistheoretischer und berufspädagogischer Ansätze. Hamburg.

Windelband, L. (2006): Früherkennung des Qualifizierungsbedarfs in der Berufsbildung. Bielefeld: W. Bertelsmann Verlag. (zgl. Dissertation)

Windelband, L. (2009): Internet der Dinge – eine Zukunftstechnologie und deren Konsequenzen für die Facharbeit. In: Fenzl, C.; Spöttl, G.; Howe, F.; Becker, M. (Hrsg.): Berufsarbeit von morgen in gewerblich-technischen Domänen - Forschungsansätze und Ausbildungskonzepte für die berufliche Bildung. Bielefeld: W. Bertelsmann Verlag, S. 67-72.

Windelband, L.; Spöttl, G. (2003): Forschungshandbuch – Instrumente zur Früherkennung von Qualifizierungsbedarf. Papier 1. biat-Reihe Nr. 17, Flensburg 2003.

Berufsbild für Lehrkräfte berufsbildender Schulen als Grundlage für Lehrerprofessionalität

Martin Hartmann

1 Orientierung

Die Lehrerausbildung in der ersten Phase ist eine Aufgabe der Universitäten bzw. Hochschulen. Es stellt sich – seit es die universitäre Lehrerausbildung gibt – die Frage, was sie bezogen auf die technischen Berufsfelder als solche ausmacht. Ist es die Kenntnis der

- Berufsstruktur und -gestaltung, Berufsbilder und Curricula?

- wissenschaftlich untersetzten, (allgemein-)didaktischen Konzepte wie die von Klafki oder Heimann, Otto und Schulz, die einen Rahmen (oder ein Rezept: Grell & Grell bzw. etwas weitergehend: Hilbert Meyer) für die Planung der Unterrichtsgestaltung bilden können?

- Prinzipien der Unterrichtsgestaltung (Fach-, Handlungs-, Problemorientierung bis hin zu den Lernwegen: analytisch-synthetisch; induktiv-deduktiv usw.)?

- Unterrichtsmethoden in ihrem ganzen Spektrum – von der Artikulation, den Sozialformen bis zu den Methoden im engeren Sinne (Meyer: Handlungsmuster oder Bonz: Lehrgriffe) – und ihrem Einsatz?

- Gestaltung und des Einsatzes von Medien (Aufbau von Präsentationen, Einteilung des Tafelbilds, Üben des Schriftbilds)?

- Gestaltung und des Einsatzes von Unterrichtskontrollen und Verfahren der pädagogischen Diagnostik?

Es gibt sicherlich weitere mögliche detailbezogene Antworten dazu und vieles von dem Angesprochenen muss in der Tat in der Ausbildung von Lehrenden thematisiert bzw. es müssen entsprechende Kenntnisse entwickelt werden. Aber nur einen Erwerb von Kenntnissen oder Fertigkeiten anzustreben, ist zu wenig. Ebenso ist das Nebeneinander der angesprochenen Thematiken nicht hilfreich. Stattdessen muss es um ein Gesamtkonzept des Unterrichts in seinem Setting in

Schule, Ausbildung und vor einem sich in der Auseinandersetzung ständig entwickelnden Wertehorizont gehen. Das Gesamtkonzept müssen die angehenden Lehrenden erkennen und kritisch hinterfragen können. Zentral ist das Anwendungswissen, die Planung, Ausführung und Überprüfung eigener Handlungen und in diesem Zusammenhang das Fällen Kriterien bezogener Entscheidungen in komplexen Prozessen. In Verbindung mit der Bewältigung der auf sie folgenden Prozesse und der kritischen Reflexion dieser Prozesse lernen die zukünftigen Lehrenden, was Unterrichten bedeutet. Dazu müssen sich auch die Lehrenden an den Universitäten darüber im Klaren sein, was zentral ist und was zunächst weniger wichtig. Die Bereitstellung eines Berufsbildes von Lehrenden an berufsbildenden Schulen als Referenz für die Gestaltung von universitären Curricula erscheint hilfreich.[1]

2 Lehrerkompetenz und Lehramtsstudium

Lehrerinnen und Lehrer berufsbildender Schulen haben vielfältige Aufgaben und Prozesse zu bewältigen. Die erste Priorität hat dabei die Organisation, Planung, Durchführung und Evaluation des eigenen Unterrichts. Die Organisation wird oft in einer Kooperation bzw. koordinierend mit Kolleginnen und Kollegen abzustimmen sein. Mit der Einführung der lernfeldstrukturierten Lehrpläne vor allem in den Berufsschulen, aber auch in anderen Schularten, sowie mit der verstärkten Ausrichtung auf Qualitätssteigerung bzw. Schulentwicklung hat sich in den vergangenen Jahren der Aufgabenzuschnitt verändert. Hochwertiger, handlungsorientierter, berufs-(gruppen-)naher[2] Unterricht erfordert eine ausführlichere Vorbereitung unter Berücksichtigung von Elementen der Lernortkooperation. Mit dem Anspruch an die Lehrenden, nicht Stundenhalter, sondern vor allem Lernbegleiter zu sein, sind zusätzliche Aufgaben dazu gekommen. Gleichzeitig hat sich die Regelstundenzahl pro Lehrperson in den vergangenen Jahrzehnten immer wieder (nach Bundesland unterschiedlich) erhöht. Hier liegen enorme Belastungen vor, die auf Dauer nur dann gemeistert werden können, wenn sich die Lehrenden selbst gut organisieren können.

---

1 Die Gültigkeit des Berufsbilds konnte leider bisher nicht mit Hilfe empirischer Methoden überprüft werden. Es wurde aber auf einer Konferenz der gtw im Jahr 2011 in Bremen zur Diskussion gestellt und fand keinen Widerspruch bei Schulleitungen und Berufsbildungsexperten.

2 Es wird hier die Berufsgruppe in den Vordergrund gestellt, weil es je nach Zuschnitt der Ausbildungsberufe im Berufsfeld sinnvoll erscheint, evtl. unterschiedliche didaktische Vorgehensweisen/Zugänge zu wählen, um den Unterricht adäquat zu gestalten. Meist sind mehrere Berufe ähnlich strukturiert, unterscheiden sich aber von einer Gruppe anderer Berufe signifikant.

Es ist jedoch ganz klar: Gute Lehrende brauchen Erfahrung; das heißt u. a. dass sie Routinen aufbauen müssen, die es ermöglichen, effizient zu arbeiten, um Zeit für die wirklichen Probleme zu haben. Ebenfalls ist es notwendig, die komplexen Wissens- und Handlungsbereiche der Organisation, Kooperation, des Unterrichtens, des Beratens usw. zu vernetzen, so dass es den Lehrenden möglich ist, in Situationen angemessen zu reagieren bzw. vorausschauend zu agieren. Dazu gehört es, die Berufspraxis, die auszubildenden Kompetenzen in der Facharbeit (durch eine vorlaufende oder begleitende Berufsausbildung/durch Praktika) zu kennen bzw. kennen zu lernen und die dort gesammelten Erfahrungen in den Unterrichtsplanungs- und im Durchführungsprozess - sei es als Aufgabenstellungen, sei es als Verständnis für die Auszubildenden und ihre Probleme usw. - einzubringen.

Die Erfahrung kann dann besonders wirksam werden, wenn die Lehrenden – auf einer fundierten (Lehrer-) Ausbildung aufbauend – die Auseinandersetzung mit der Wirklichkeit suchen. Erst im Rahmen dieser Auseinandersetzung mit der (Schul- und Ausbildungs-) Wirklichkeit bewahren sich die Lehrenden an den berufsbildenden Schulen die notwendige Offenheit für die Lernprozesse der Schülerinnen und Schüler. Die Ausbildung der Lehrenden in der ersten Phase an den Universitäten und in der zweiten Phase im Vorbereitungsdienst (die zukünftig je nach Bundesland unterschiedlich stark zeitlich verkürzt ist) muss deshalb so gestaltet sein, dass die Studierenden den Anforderungen entsprechen können und sich nicht auf Dauer überfordern („burn-out"). Das bedeutet, dass durch die Ausbildung eine Anlage vorhanden sein muss, die Prozesse und Aufgaben bewältigen zu können. Eine fundierte Ausbildung muss deshalb (fast) alle für den Unterricht relevanten Aspekte der Berufstätigkeit (in unterschiedlicher Tiefe) umfassen und eine Einordnung des eigenen Tuns, also die Entwicklung eines eigenen, hinterfragten, also angemessenen Ziele- und Wertehorizontes ermöglichen.

Um den genannten Anforderungen zu entsprechen, muss die Lehrerbildung an den Hochschulen outcome-orientiert gestaltet und auf Kompetenzentwicklung ausgerichtet sein. Es reicht nicht, *nur* Wissen z. B. über didaktische Konzepte, Unterrichtsmethoden und Medien oder zur Analyse von Arbeitsprozessen zu vermitteln. Darüber hinaus müssen die Studierenden lernen, wie sie handlungs- bzw. problemorientierten Unterricht gestalten und durchführen können. Dies bedarf an vielen Stellen einer Neukonzipierung der Curricula an den Universitäten sowie der Veränderung der Ausrichtung von Lehrveranstaltungen einschließlich der zu erbringenden Prüfungsleistungen. Das Vortragen von Referaten über Inhaltsbereiche der Lehrtätigkeit ist für die Entwicklung von Kompetenz nur bedingt geeignet.

Um sich Klarheit zu verschaffen, was an welcher Stelle (erste Phase, zweite Phase, Berufseinstiegsphase, Fortbildung) zu leisten ist, ist die Auseinandersetzung mit dem Berufsbild der Lehrer/in hilfreich. Das Berufsbild von Lehrenden an berufsbildenden Schulen kann Ausgangspunkt und Zielbeschreibung der zu *entwickelnden* Kompetenzen in den verschiedenen Phasen sein. Während der gesamten Lehrerausbildung sollte darauf hin gesteuert werden, ohne eine übergreifende, kritische Auseinandersetzung mit dem Beruf der Lehrer/in zu vernachlässigen.

Das Berufsbild greift die Rahmenbedingungen auf, denen Lehrende unterworfen sind (Schule als Arbeitsort, Ordnungen, Berufsfelder und Berufe, Lernende). Es zeigt ebenso die Anforderungen an die Lehrenden in den verschiedenen zugewiesenen Kompetenzbereichen auf und beschreibt ihre Handlungsfelder.

Um die Kompetenzen während der Lehrerausbildung anzubahnen, ist es erforderlich, die Kompetenzentwicklungsstufen (allgemein, übergreifend und konkret) und mögliche Schritte zu definieren. Insofern ist für die Kompetenzentwicklung an der Hochschule eine zeitliche Zuordnung erforderlich, mit der sie angibt, an welcher Stelle des Ausbildungsprozesses ein Beitrag zur Kompetenzentwicklung erfolgt. Wir haben uns in den Beruflichen Fachrichtungen Metall- und Maschinentechnik sowie Elektrotechnik an der Technischen Universität Dresden Gedanken gemacht, wie das Studium entsprechend gestaltet werden kann. Das soll im meinem Beitrag abschließend, aber nur kurz thematisiert werden (vgl. zu Konzept und Umsetzung an der TU Dresden auch Biber u. a. 2009 bzw. 2010[3]; Biber u. a. 2011).

3   Berufsbild als Zielvorgabe der Entwicklung von Kompetenz Lehrender

Berufsbilder dienen mehrfachen Zwecken, u. a. der Orientierung von Personen, die einen Beruf bzw. eine Berufsausbildung wählen wollen. Hier geht es jedoch eher darum zu schauen, was Lehrende an berufsbildenden Schulen können müssen, damit sie in der Schule den Anforderungen an sie entsprechen, ja noch mehr: einen guten Unterricht gestalten und damit eine gute Lehrerin, ein guter Lehrer sein können. Dazu soll hier dargelegt werden, wie das Berufsbild von Lehrkräften für berufsbildende Schulen aussieht, ohne dabei auf Vollständigkeit bestehen zu wollen.

---

3   In dieser Schrift wurde bereits ein erster Entwurf eines Berufsbildes präsentiert; vgl. S. 15.

3.1 Rahmenbedingungen

Als Erstes ist der Arbeitsort zu betrachten, der das gesamte Spektrum der Bedingungen der Lehrerarbeit zeigt. Dessen Auslegung bestimmt wesentlich mit, welche Handlungsmöglichkeiten es für Lehrende gibt, wie sie damit umgehen können und welche Widerstände sie eventuell zu überwinden haben. Der Arbeitsort kann

- öffentlich oder privat sein. Dies bedingt u. a. Differenzen im Einkommen und in der Absicherung des Beschäftigungsverhältnisses. In privaten Schulen werden in dieser Hinsicht eher schlechtere Bedingungen vorherrschen, allein schon wegen des vielerorts bestehenden Beamtenverhältnisses an öffentlichen Schulen. Oftmals sind aber in privaten Schulen offenere Einstellungsverfahren möglich, die auch Abstriche in den Anforderungen an die Qualifikation (nicht in jedem Fall in der Kompetenz) eröffnen.

- eine Kreisberufsschule oder aber eine berufsfeldbezogene, kommunale berufsbildende Schule sein. In der ehemaligen DDR gab es außerdem Betriebsberufsschulen. Heute gibt es nur noch wenige unternehmensnahe berufsbildende Schulen (z.B. die Werner-von-Siemens-Werkberufsschule in Berlin oder öffentliche Schulen, die wie in der Automobilindustrie fast ausschließlich einem Unternehmen zuarbeiten). Durch den Ort ergeben sich im Allgemeinen Differenzen

    - in der Zahl der Lernenden,

    - bezogen auf die zu unterrichtenden Schularten (bzw. -formen): vom Berufsvorbereitungsjahr über die Berufsfachschule einschließlich der Assistenzberufe, die Berufsschule, die Fachoberschule und das Berufliche Gymnasium bis zur Fachschule,

    - im Spektrum der zu unterrichtenden Berufe: in den ländlichen Schulen werden eher viele unterschiedliche Berufe unterschiedlicher Berufsfelder, bei verwandten Berufen oft im ersten Jahr auch gemeinsam unterrichtet, während größere städtische Schulen oft Berufsfeld bezogen sind,

    - in den Einsatzarten und im Tätigkeitsfeld der Lehrenden, d. h. die Lehrenden werden im einen Fall eher ein breites Spektrum unterschiedlicher Schülerklientel in unterschiedlichen Berufen unterrichten; im anderen Fall sind sie dagegen berufsgruppen- oder berufsbezogen, evtl. sogar nur in einzelnen Lernfeldern eingesetzt.

- in der Architektur und Ausstattung große Unterschiede aufweisen. Eine vielseitige, offenere und freundliche Architektur und damit Atmosphäre, die Lärm mindernde Gestaltung der Schulgebäude und der Unterrichtsräume erhöht die Möglichkeiten der Lernenden, sich einzubringen und reduziert Aggressionen und Vandalismus. Sie verbessert Lernergebnisse signifikant (Tiesler 2004 und 2011). Die durch die Kommune oder durch Wirtschaftspartner gestellte bzw. unterstützte Ausstattung von Unterrichts- und Fachräumen bzw. von Werkstätten lässt eine mehr oder weniger praxisnahe Ausbildung an der Schule zu. Die Architektur und Ausstattung hat wesentlich Einfluss auf die (variabel einsetzbare) Lernumgebung und damit die Möglichkeiten des Unterrichtens.

Das Schulklima und schulorganisatorische Bedingungen sind jedoch nicht nur von den sächlichen Bedingungen abhängig, sondern ebenso von übergeordneten konzeptionellen Erwägungen und von dem Verhältnis zwischen Schulleitung und Lehrenden bzw. zwischen Lehrenden und Lernenden. Deswegen sind in den vergangenen Jahren verstärkt Schulleitbilder und ähnliche Instrumente der Ausrichtung auf eine „Corporate Identity" bzw. der Qualitätsentwicklung in den Blick geraten. Die Anordnung der Stundentafel, Beginn und Ende des Unterrichts, Schulpartner mit zusätzlichen Raum- oder Unterrichtsangeboten fördern, ermöglichen, erschweren oder verunmöglichen eine handlungsorientierte, praxisnahe Ausbildung.

Lehrkräfte können also im Allgemeinen nur gemäß den Bedingungen und Voraussetzungen der Schule und der Lernenden agieren. Sie müssen dafür Zugänge zu den Lernenden finden können. Dies bedeutet, die Lehrenden müssen

- analytische Kompetenzen besitzen, die sich auf die Unterrichtsinhalte und die Voraussetzungen der Lernenden, aber auch auf die schulische Lernumgebung und Zeitstruktur beziehen,

- unterschiedliche pädagogisch-didaktische Zugänge und Konzepte parat haben, die sie abhängig von den Bedingungen nach Bedarf einsetzen,

- sich mit anderen Lehrkräften und der Schulleitung verständigen, um im Rahmen der Schulorganisation und -entwicklung pädagogisch adäquat tätig werden zu können,

- Rechtsfragen beachten und

- situationsadäquat für sich mögliche Fortbildungsbedarfe identifizieren und entsprechende Defizite beheben.

Innerhalb dieses Schulrahmens müssen die (Kern-)Kompetenzen der Lehrenden zum Tragen kommen.

3.2   Tätigkeitsinhalt

Wie in der Planung der Aufgabenstellungen für die Lernenden, müssen die Lehrenden die ebenso für sie relevante „vollständige Handlung" im Blick behalten. Wesentlicher Inhalt der Tätigkeit von Lehrenden ist die Information, Planung, Durchführung und Evaluation / Bewertung des eigenen Unterrichts vor dem Hintergrund der gegebenen Bedingungen. In diesem Sinne

- analysieren sie Berufsbilder, Ausbildungsordnungen, Lehrpläne u. a. nach (Kompetenzentwicklungs-)Zielen, wählen Inhalte bzw. Inhaltsbereiche aus, strukturieren das Vorgehen nach sachlichen, prozessbezogenen, didaktischen und nach Gesichtspunkten der Kompetenzentwicklung der Auszubildenden an deren (mindestens) beiden Lernorten. Dabei berücksichtigen sie den spiralcurricularen Aufbau der Lernfeldlehrpläne und damit die Abhängigkeiten zwischen den in den Lernfeldern entwickelten Kompetenzen sowie zwischen den eben genannten Analysekategorien und Vorgehensaspekten;

- erfassen sie veränderte Technologien und Abläufe der Arbeits- und Geschäftsprozesse in Unternehmen der Industrie / des Handwerks (mit Bezug auf ihre Lernenden und auf die Möglichkeiten der Lernortkooperation) auch unter regionalen Gesichtspunkten, analysieren berufliche Handlungsprozesse und beziehen sie bei der Gestaltung des Unterrichts ein;

- analysieren sie berufliche Arbeitsprozesse und sie verknüpfen sie u. a. über lernortkooperative Elemente, über die Gestaltung entsprechender Lernaufgaben usw. mit beruflichen Lernprozessen. Sie fördern so das Verständnis für die Prozesse und deren fachlichen Gehalt und die Reflexionsfähigkeit der Lernenden auch gegenüber eigenen Handlungsweisen;

- stimmen sie in der Planung des Unterrichts die Faktoren Ziele (Intentionen), Inhalte (Thematiken), Methoden und Medien untereinander und mit einer geeigneten Lern- und Arbeitsumgebung sowie auf die Lernenden ab. Dabei nehmen sie generell die individuellen Bedürfnisse der Lernenden in ihrer spezifischen Lage (u. a. familiäre und soziale Situation, physische Disposition, Klassenbildung) wahr und beziehen sie soweit sinnvoll und möglich in die Unterrichtsplanung ein;

- bereiten sie die Lernenden durch die Auswahl geeigneter Lern- und Arbeitsaufgaben auf die insgesamt zu leistende Berufsarbeit vor. Sie begeistern die Lernenden dadurch für Technik, die Lösung von Problemen im Berufsfeld/Beruf sowie ihre gewählte berufliche Ausbildung;

- nutzen sie Möglichkeiten der Kooperation mit anderen Lernorten u. a. durch die Auswahl entsprechender Lernaufgaben und komplexer Unterrichtsverfahren und über die Zusammenarbeit mit Kolleginnen und Kollegen der anderen Lernorte;

- initiieren sie (nicht nur) im Unterricht Lernprozesse und steuern diese im situativ geforderten Maße im Prozess des Kompetenzaufbaus zunächst stärker, mit zunehmender Kompetenz der Lernenden entsprechend weniger. Sie setzen dafür entwickelte Instrumente ein;

- fördern sie durch den Einsatz schüler- und handlungsorientierter Unterrichtsmethoden und Medien das selbstorganisierte, kooperative Lernen, beraten die Lernenden bei der Ausführung beruflicher Lern- und Arbeitshandlungen;

- machen sie dabei, entsprechend der Bedingungen, Unterschiede zwischen Lernenden heterogener Lerngruppen. Die Binnendifferenzierung unterstützen sie durch die Unterrichtsmethodik (z. B. Bildung differenzierter Lerngruppen mit unterschiedlichen Zielsetzungen oder zur Unterstützung von „leistungsschwächeren" durch „leistungsstärkere" Lernende), den Medieneinsatz (Einsatz unterschiedlicher Instrumente bzw. von deren Anzahl) sowie den Einsatz von diagnostischen Instrumenten und einer darauf basierenden Beratung bzw. Förderung;

- beziehen sie systematisch die Erfordernisse bei der Entwicklung der verschiedenen Kompetenzdimensionen nach KMK (Fach-, Sozial-, Humankompetenz) ein und legen dabei ein großes Augenmerk auf die Entwicklung der fachlichen, kommunikativen, reflexiv-metakognitiven sowie das Lernen betreffenden Methodenkompetenzen;

- suchen sie nach geeigneten Formen für die Aneignung von Kompetenzen der Ausführung sowie der selbstkritischen Reflexion beruflicher Handlungen. Sie unterstützen die Verallgemeinerung analysierter Situationen im Sinne einer fachlichen Systematisierung, damit die Lernenden in ihren Lernprozessen bzw. in ihren beruflichen Entscheidungsprozessen auf das notwendige Fachwissen zurückgreifen können;

- bemühen sie sich im Rahmen der Leistungsbewertung um die individuelle Förderung der Lernenden. Sie sind in der Lage, Raster mit Zielen sowie mit Kriterien und Indikatoren für deren Erreichung zu entwickeln und angemessen einzusetzen;

- bemühen sie sich um fachliche Integrität;

- legen sie Wert auf gegenseitige Achtung, Toleranz und Einfühlungsvermögen;

- nehmen sie (soweit erforderlich) Erziehungsaufgaben bewusst wahr und beziehen die Auseinandersetzung mit gesellschaftlichen Normen und Werten in den Bildungsprozess ein;

- wollen sie für die Lernenden durch das Vereinen von fachlicher Integrität mit verantwortlichem pädagogischem Handeln als Vorbild wirken. Sie setzen sich insofern auch kritisch mit sich selbst auseinander, begründen – wo notwendig bzw. sinnvoll – ihre Entscheidungen und stellen ihr Handeln in entsprechenden Situationen in angemessener Form im Unterricht zur Diskussion. Dadurch und durch ihre sachliche, kommunikative und motivational anregende Haltung unterstützen sie die Lernenden beim Aufbau eines eigenen Wertehorizontes;

- planen, gestalten und evaluieren sie Lernprozesse (den Erfordernissen gemäß) im Team und entwickeln ihren Unterricht durch Einsatz entsprechender Instrumente (z. B. Feedback) weiter. Insbesondere ist die Absprache im Lehrerteam bezogen auf die Lernfelder heute eine wichtige Aufgabe von Lehrenden.

Das Berufsbild stellt sich als ein umfangreicher Katalog von Situationen und generell formulierten Kompetenzen dar, der insgesamt hohe Anforderungen an die Lehrenden an den berufsbildenden Schulen stellt. Wie gesagt, basieren die angesprochenen Kompetenzen bzw. die mit ihrer Hilfe zu bewältigenden Problemfelder/Prozesse auf der in der Auseinandersetzung entwickelten, beruflichen Erfahrung der Lehrenden. Diese stellt sich nicht schlagartig ein, sondern wächst im Auseinandersetzungsprozess. Sich gegenseitig bedingende Prozesse auf der Schulebene werden in den ersten Ausbildungsphasen noch kaum in den Blick geraten können. Wesentlicher wird zunächst das Planen von und das Unterrichten in einer gegebenen kürzeren Sequenz (wie einer Unterrichtsstunde) sein. Hier spielt zunächst die Ablaufstruktur, das Auftreten als Lehrperson, der Einstieg in den Unterricht, die Ergebnissicherung des Unterrichts eine zentrale Rolle. Die Schülerinnen und Schüler werden dagegen in ihren individuellen Voraussetzungen und in ihrem Auftreten wohl noch kaum wahrgenommen. Um zur erfahrenen Lehrkraft zu werden, bedarf es also noch vieler Schritte.

4 Vom Neuling zum Experten / zur Expertin

Schauen wir uns die beruflichen Handlungsprozesse in der Schule deshalb etwas genauer an. Dabei müssen die Lernenden (als Auszubildende an zwei Lernorten) genauso in den Blick genommen werden wie die Lehrenden, die als NovizInnen das Unterrichten (als Kerngeschäft) ansehen und zwar in der Weise vielleicht, dass sie den SchülerInnen etwas „Beibringen" wollen.

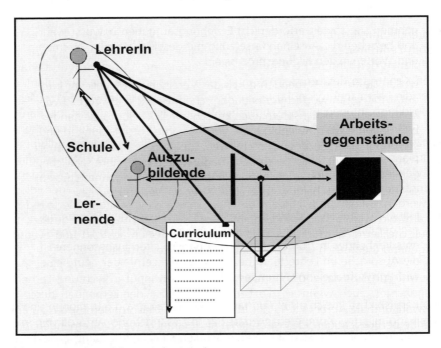

Abb. 1:   Systematisierung der Inhalte

Im Zentrum der Abbildung 1 steht die lernende Person in ihrer doppelten Rolle als Auszubildende im Betrieb und in der Schule. Im Betrieb gibt es bestimmte Arbeitsgegenstände, Werkzeuge, Instrumente, Verfahren usw. die zu handhaben sind, in der Schule steht die Lernhandlung im Vordergrund, die sich in irgend einer Weise und zwar mehr oder weniger auf die Arbeitsgegenstände und die Instrumente bezieht. Das (Lernfeld strukturierte) Curriculum bezieht sich auf berufliche Handlungsfelder, die in schulische Lernsituationen umgesetzt werden sollen. Inwieweit dies geschieht, hängt u. a. von der Erfahrung der Lehrenden ab.

Lehrende haben mit den Ausbildungsunternehmen der Lernenden zunächst einmal nicht viel zu tun. Sie wissen zwar, dass die Lernenden im Betrieb arbeiten und ausgebildet werden, sie kennen (als ehemalige Auszubildende oder PraktikantInnen) vielleicht sogar die dort stattfindenden Prozesse, müssen sich aber (nach alter Lesart und in der Sicht einer NovizIn) nicht wirklich darum kümmern bzw. sie verlieren sie mit ihrem anderen Erfahrungshorizont (der Schule) mit der Zeit aus dem Auge, falls sie sich nicht immer wieder in der Ferienzeit durch Betriebspraktika auf das besondere Handlungsfeld Betrieb einlassen.

Lehrende unterrichten. Statt der Lernenden stehen auf den ersten Blick deshalb **sie** im Zentrum des Unterrichts. Dies gilt in besonderem Maße für NovizInnen. Sie planen den Unterricht aufgrund der curricularen Vorgaben und der fachlichen Kenntnisse des Lerngegenstands. Sie interessiert also das Curriculum, das über die Lehrplanentwicklung teilweise zwar eine Parallelität von betrieblichem Ausbildungsrahmenplan und schulischem Rahmenlehrplan aufweist, die darüber mit den Inhalten der Ausbildung verknüpft ist. In ihrer Verhaltensunsicherheit konzentrieren sie sich jedoch auf den von ihnen aufgrund des Studiums des Lehrplans festgelegten Inhalt. Über diesen müssen sie Bescheid wissen, damit sie ihn weitergeben können. Sie sind diejenigen, die „wissen". Sie sind als OrganisatorInnen des Unterrichts und InitiatorInnen der Lernprozesse diejenigen, die aktiv werden. Da den angehenden Lehrenden noch das Verhaltensrepertoire fehlt, sie also nicht flexibel agieren können, wird der Inhalt oft absolut gesetzt. Der schulische Lerngegenstand bleibt dabei im Allgemeinen abstrakt und eventuell tiefgehend theoretisch untersetzt, damit keine Fehler auftreten.

Der Unterricht ist angebotsorientiert, also auf den Input in Richtung Lernende ausgerichtet, auch wenn sie die Lernvoraussetzung der Lernenden durch die Auswahl und die Aufbereitung der Inhalte und die Zielvorgaben für das zu Erreichende berücksichtigen. Das ist ohnehin nicht einfach, weil die Lernenden individuell sind und weil es NovizInnen Schwierigkeiten bereitet, vom eigenen Wissensniveau zu abstrahieren und damit die Lernschwierigkeiten der Lernenden zu erkennen. Der Rückgriff auf die eigene Lernbiografie, die „didaktische Reduktion", die das zu Lernende in Stufen vereinfacht (bspw. in Komplexität und Kompliziertheit), sowie die Ordnung des Inhalts nach Lernwegen (z. B. analytisch-synthetisch, deduktiv-induktiv) usw. können Hilfestellung geben, den Inhalt des Unterrichts angemessen aufzuarbeiten und methodisch zu gestalten. Wie sich auch immer die konkrete Ausführung gestaltet: In dieser Phase der Ausbildung/Erfahrung spielt das Auftreten der Lehrenden und die Beherrschung des „Stoffes" eine besondere Rolle, eben weil sie sich selbst ins Zentrum stellen.

Aufgrund der unterschiedlichen, auf entsprechenden Ansätzen und Haltungen beruhenden Aktivitäten, stehen die Lernenden und die Lehrperson im Unterrichtsprozess in irgendeiner Beziehung zueinander. Die Lernenden verstehen das durch die Lehrperson zunächst vor allem Lehrer zentriert Vermittelte in irgendeiner Weise. Sie versuchen im für die Lehrperson idealen Fall das Gewünschte umzusetzen und dabei zu lernen. Die Lehrperson wird in Leistungskontrollen erfassen wollen, ob das notwendige Wissen und die Instrumente zur Bewältigung von Aufgabenstellungen adäquat eingesetzt werden können.

Eine verantwortungsbewusste und in der Kompetenzentwicklung etwas weiter fortgeschrittene LehrerIn wird nun den Lehr-/Lern-Prozess zu reflektieren suchen. Dies ist in Abbildung 2 durch eine weitere Instanz (mit gestrichelten Pfeilen ausgehend von einer Strichfigur kenntlich gemacht) dargestellt.

Die reflektierende Lehrperson wird, insbesondere wenn der Unterricht nicht wie vorgesehen glückt, zunächst auf sich im Verhältnis zu den SchülerInnen schauen. Was verstehen sie von dem, was zu vermitteln ist? Welches Verhältnis haben sie zur Lehrperson? Wie muss die Lehrperson das Verhalten modifizieren, damit das Gewünschte auch zum Tragen kommen kann?

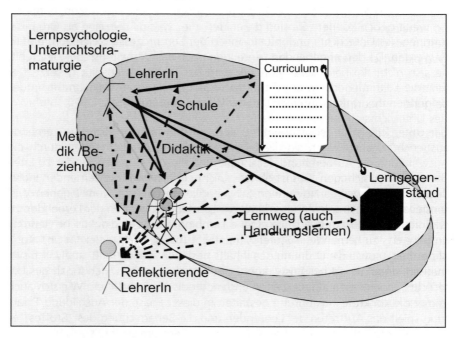

Abb. 2: Didaktik und Methodik

Da der Blick der Lehrenden nicht ins Innere der Lernenden vordringen kann, müssen Anhaltspunkte für die aufgestellten Hypothesen gefunden werden. Diese werden sich am besten anhand des Verhaltens der Lernenden bestätigen oder falsifizieren lassen. Es stellt sich also die Frage, ob der Lernprozess in der Ausführung von (evtl. selbst geplanten) Handlungen durch die Lernenden selbst „richtiger" und nachhaltiger wird, was für Lehrende nicht unmittelbar erkennbar ist. Wenn in dieser Richtung Konsequenzen zu ziehen sind, dann muss sich die Methodik der Aneignung des Inhalts - also die Unterrichtsmethodik - verändern und die Lehrende muss schauen, was der Einsatz von komplexen Unterrichtsverfahren mit dem Inhalt bzw. den Zielen macht (auch Curriculum). Das bedeutet, ein anderes Konzept von Didaktik zu verfolgen, also handlungs- bzw. schülerorientiert zu agieren.

Auch wenn die Lehrende nun den Unterricht komplexer versteht und – aufgrund des Durchdenkens des Prozesses und der Rollen – situationsbezogener reagieren kann, kann sie zunächst auf der Ebene des Gegebenen stehen bleiben und sie kann die curricularen Vorgaben vor diesem Hintergrund interpretieren. Zwar zielt der Unterricht auf den Outcome und wird potenziell kompetenzentwickelnd angelegt. Doch darf der Blick dafür nicht nur situativ bezogen bleiben, sondern muss die Entwicklung der Kompetenzen über die gesamte Ausbildung hinweg planerisch, methodisch und medial unterstützen.

Tritt die Lehrkraft noch einen Schritt weiter reflexiv zurück und nimmt die Bedingungen des Unterrichtsprozesses als für die Vorbereitung und Durchführung des Unterrichts einflussnehmende Lernumgebung wahr, dann kann sie tiefergehend gestaltend auf den Prozess Einfluss nehmen. Das erfordert einige Erfahrung.

So wird die schulische Lernumgebung in Frage zu stellen sein, weil sie dem Lernprozess – evtl. dysfunktional – Grenzen steckt. Können die Räumlichkeiten so umgebaut, ausgestattet oder wenigstens umgestellt werden, dass die Lernenden sich adäquater in den Unterrichts- bzw. besser in ihren eigenen Lernprozess einbringen können? Wie kann die (in den Lernfeld-Curricula geforderte) Abstimmung und Zusammenarbeit mit den anderen KollegInnen und Lernorten außerhalb der Schule besser gelingen, zumal andere Lehrende durch das eigene Handeln in ihren Handlungsmöglichkeiten begrenzt und damit evtl. provoziert werden könnten?

Die Beantwortung von Fragen dieser Art bedeutet, dass es innerhalb der Schule Brüche gibt bzw. geben kann, die zu überwinden sind. Die Schulorganisation ist ggf. zu verändern (z. B. durch Abschaffung der zeitlichen 45 Minutenblöcke oder Schaffung von Zeiten für die Abstimmung). Schulische Festlegungen bezogen

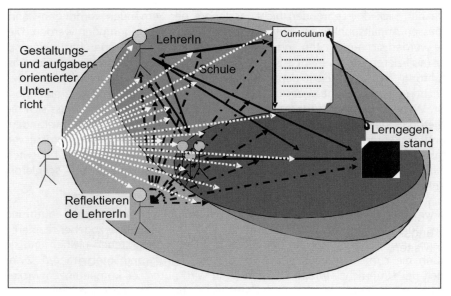

Abb. 3:   Schule + Unterrichtsorganisation

u. a. auf Lernerfolgskontrollen, die Einrichtung und Nutzung von Unterrichts-
räumen (die von anderen Lehrenden genutzt werden) sind eventuell neu zu bestimmen, wenn die gesetzten Ziele erreichbar sein sollen. Insofern müssen Lehrende sich nicht als Unterrichtshalter, sondern in einer handlungs- und outcome-
orientierten Perspektive wesentlich als Koordinatoren, ModeratorInnen usw. verstehen.

5   Kompetenzstufen von Lehrenden

Die gesamte bisherige Betrachtung ermöglicht es, Kompetenzniveaus bzw. –stufen zu identifizieren. Diese können (nicht starr) der Lehrerausbildung der ersten
Phase zugrunde gelegt werden, sondern beziehen sich ebenso auf spätere Phasen der Lehr- bzw. Erfahrungsbildung. Für die universitäre Ausbildung im höheren Lehramt an berufsbildenden Schulen sind sie einzubeziehen, damit die Ziel-
richtung der Kompetenzentwicklung hin zu Lehrenden und die Möglichkeiten
der Universität/Hochschule überhaupt in den Blick geraten.

Als Kompetenzstufen bzw. Wissenskomplexe können m. E. abgegrenzt werden:

- das (Handlungs-)Wissen zur unmittelbaren Unterrichts**durchführung**
  mit ihren Zielsetzungen, dem Ablauf und seiner übrigen Organisation;

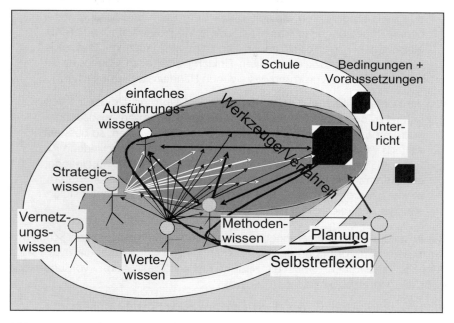

Abb. 4: Komplexer Unterrichtsprozess: Lernen durch Perspektivwechsel + Erhöhung der Komplexität

- das (Handlungs-)Wissen über die situations- und schülergerechte Variation von Unterrichts**methoden**. Hier ist vor allem der variable Einsatz von Mikro- und Mesomethoden (Lerngriffe und Handlungsmuster) bzw. die Entscheidung zur Variation von Lernwegen und Sozialformen gemeint, die in kürzeren Unterrichtssequenzen zum Tragen kommen;

- das (Handlungs-)Wissen zu den **Unterrichtsstrategien**: Wenn bestimmte Ziele verfolgt werden, welche Varianten sind in der Unterrichtsanlage möglich und zwar nicht nur methodisch, sondern vom gesamten Unterrichtssetting her? Die Zielsetzung selbst wird dabei noch als gegeben verstanden;

- die Abgleichung des Erreichten mit den Zielen: Die Lehrende muss sich selbst Ziele für den Unterricht setzen können. Sie muss also aufgrund einer **Werte**basis und einer darauf fußenden Handlungsplanung und Umsetzung Bestehendes in Frage stellen und situationsadäquat modifizieren (können). Hier ist ein tiefergehendes Begründungswissen gefordert, das die durch Curriculum und Setting gegebenen Zielsetzungen in Frage stellt sowie Möglichkeiten für einen Abgleich eigener Werte mit denen der Lernenden aufzeigt. Dies ist je nach Entwicklungszielen in einen Einklang oder auch Gegensatz zu bringen, um eine Verortung des eigenen Handelns zu ermöglichen;

- die Kontextualisierung des Unterrichts: Der Unterricht muss ins Verhältnis zu den Unterrichten Anderer und zur gesamten Ausbildung – auch der Entwicklung des Individuums – gestellt werden, so dass ein vielfach vernetztes System zu betrachten ist, in dem verschiedene Arten bzw. Formen von Prozessen ablaufen. Diese sollen aufeinander abgestimmt sein. Dieser Gesichtspunkt macht das Geschehen komplexer bzw. die erforderlichen Handlungskompetenzen noch vielgestaltiger und reichhaltiger.

Die Ausbildung der Studierenden zu Lehrenden an Berufsbildenden Schulen ist vor diesem Hintergrund an der technischen Universität Dresden in etwa folgendermaßen strukturiert, wobei die zeitliche Reihenfolge in Abb. 5 von unten (Ziele: Schule/Unterricht) nach oben verläuft:

- Lehrveranstaltung „Erkundung der Lernorte". Es stehen übergeordnete Ziele der Ausbildung und die darauf bezogene Struktur der Lernorte im Vordergrund (Überblicks- und Orientierungsfunktion – Reorganisation eigenen Wissens). Die Studierenden sollen eine erste, von ihren bisherigen Erfahrungen und Einstellungen als Lernende an den unterschiedlichen Schularten evtl. abweichende bzw. sie erweiternde Wertorientierung erhalten, damit sie sich in ihrem Zugang zum Kompetenzerwerb neu verorten, reorganisieren können.

  Lehrveranstaltung „Arbeit-Technik-Bildung" (ATB): Auch diese Lehrveranstaltung ist als Erkundung ausgelegt. Die Studierenden sollen den Arbeitsort der Auszubildenden in größerem Zusammenhang sehen. Arbeit und Technik stehen in einer engen Wechselbeziehung zueinander und zur Arbeits- und Unternehmensorganisation. Die Bildungsanforderungen und die im Unternehmen ausgebildeten Berufe lassen sich hieraus (und natürlich basierend auf der Unternehmenstradition) ableiten. Dadurch wird der Blick der zukünftigen Lehrenden auf die Schule modifiziert, weil die Anforderungen der Betriebspraxis und die Perspektive der Lernenden in Bezug auf ihren Ausbildungsplatz in die Überlegungen zur Gestaltung der Schule einbezogen werden (Überblicks- und Orientierungsfunktion – auch hier: Reorganisation eigenen Wissens).

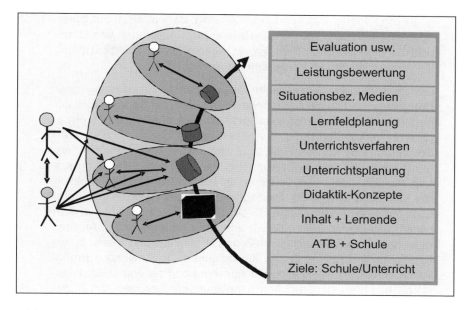

Evaluation usw.

Leistungsbewertung

Situationsbez. Medien

Lernfeldplanung

Unterrichtsverfahren

Unterrichtsplanung

Didaktik-Konzepte

Inhalt + Lernende

ATB + Schule

Ziele: Schule/Unterricht

Abb. 5: Kompetenzentwicklung und -beschreibung an der Universität: Entwicklung von Kompetenzen auf Grundlage reflexionsbezogener Stufen des Handlungswissens

- Lehrveranstaltung „Verknüpfung von Fach-, Ingenieur- und Berufsfeldwissenschaften": Da an der Hochschule im Allgemeinen keine eigenen Berufs(feld)wissenschaften etabliert werden können, werden viele Lehrveranstaltungen aus den ingenieurwissenschaftlichen Fakultäten/Fachbereichen übernommen. Diese sind im Allgemeinen nicht arbeitsorientiert, sondern fachwissenschaftlich ausgerichtet und zwar mit hohem Abstraktionsgrad auf naturwissenschaftlich-mathematischem bzw. technischem Gebiet. Die Lehrveranstaltung soll die Möglichkeiten und Grenzen der Nutzung der an der Universität gelehrten fachwissenschaftlichen Inhalte auch mit Bezug auf die Auswahl und die Vereinfachung von Inhaltskomplexen aufzeigen und den Studierenden erste Instrumente dafür an die Hand geben. Da entsprechende Lernfeldcurricula herangezogen werden, sind die unterrichtlichen Lernziele von den Studierenden zu beachten. Die Studierenden sind in der Folge in der Lage, die zu lernenden ingenieurwissenschaftlichen Inhalte unter dem Blickwinkel des Lehrerberufs zu betrachten. Parallel zu dieser Lehrveranstaltung findet das von der Berufspädagogik organisierte „Blockpraktikum A" statt, das vor allem auf Unterrichtshospitationen, also das Analysieren und Auswerten von Unterrichtshandlungen unter dem Aspekt eigener erster Unterrichtshandlungsmöglichkeiten und -spielräume ausgerichtet ist.

- Lehrveranstaltung „Ausgewählte Gesichtspunkte der Planung einer Unterrichts- und Ausbildungseinheit": Vor dem Hintergrund der auf bestimmte Bereiche bezogenen spezifischen Anforderungen (Lernorte, ATB, Verknüpfung) und erster berufspädagogischer Inhalte werden in der Folge Konzepte der Strukturierung von Inhalten (z. B. Systemtheorie der Technik, technische Wirkprinzipien, Handlungssystematik) und didaktische Konzepte (im weiten Sinne: unter Einbezug der Methodik) untersucht. Die Studierenden beschäftigen sich individuell mit einem ausgewählten Gesichtspunkt (auch wissenschaftlich) näher. Sie erhalten durch die wissenschaftlich-theoretischen Ansätze Hilfen zur Strukturierung von (Bildungs-) Inhalten und -zielen sowie für die Unterrichtsgestaltung. Sie erkennen die Anwendungsmöglichkeiten und die Leerstellen der Konzepte und sie sind in der Lage, solche für ihre eigenen Unterrichtsplanungen (bezogen auf Einzelstunden) einzusetzen.

- Lehrveranstaltung „Schulpraktische Übungen (SPÜ)": Die Studierenden planen unter Anleitung einer schulischen MentorIn und der universitären Lehrveranstaltungsverantwortlichen zwei Einzelstunden, führen sie durch und reflektieren sie. Bei der Planung berücksichtigen sie neben den Schülervoraussetzungen und weiteren Bedingungen, neben dem Unterrichtsablauf (Phasierung) und den Sozialformen vor allem die Mikro-/Mesoebene der Unterrichtsmethoden. Sie hospitieren auch weiterhin und stellen vor dem Hintergrund eigener Erfahrungen ihre eigenen Reflexionen zum Unterricht sowie u. a. zur Beziehung Lehrperson-Lernende zur Diskussion.

- Lehrveranstaltung „Gestaltung von Unterricht: Komplexe Unterrichtsverfahren und Unterrichtsdynamik": Hier steht vor allem die Frage im Vordergrund, welchen Einfluss die (Makro-) Methode, das komplexe Unterrichtsverfahren auf den Inhalt bzw. die Zielsetzung nimmt. Indem die komplexen Ausbildungs- und Unterrichtsverfahren (vgl. Pahl 2007) jeweils eigene Problemfelder und eine eigene Struktur aufweisen, zielen sie auf Unterschiedliches und ebenso auf eine unterschiedliche Tiefe der Beschäftigung mit einer Thematik. Sie zielen z. B. teils mehr auf die Erfassung von Inhaltsbereichen, auf Konsequenzen bei der Entscheidung oder auf die Analyse von Sachverhalten bzw. die Planung von Handlungen.

114

In der Lehrveranstaltung werden außerdem die eigenen Unterrichtsbilder und mentalen Modelle thematisiert und in Frage gestellt. Gefragt wird u. a. danach, welche Lernziele durch einen lehrerzentrierten Unterricht[4] bzw. einen handlungsorientierten Unterricht auch noch befördert werden. Es wird das Auftreten von Lehrenden systematisch in unterschiedlichen Unterrichtssituationen in seinen Konsequenzen betrachtet. Insgesamt sollen diese auf die Methodik ausgerichteten und mit Praxisbeispielen bzw. durch gestellte Situationen ermöglichten Analysen die Gestaltung eines problem- und handlungsorientierten Unterrichts (im Lernfeld) vorbereiten.

- Lehrveranstaltung „Gestaltung von Unterricht: Lernfeldgrobplanung": Diese findet im Team statt und bezieht eine Arbeitsprozessuntersuchung ein. Die Lernfeldgrobplanung ist eine komplexe Planung, welche die Wechselwirkung von unterschiedlichen Planungs- und Handlungskomponenten berücksichtigen muss. Eine erste Dimension bezieht sich auf die zu entwickelnde Kompetenz in Abgrenzung zu bereits in vorgehenden bzw. dann in nachfolgenden Lernfeldern entwickelten bzw. zu entwickelnden Kompetenzen. Der Lehrplan muss als Ganzes in die Betrachtung einbezogen werden. Zu fragen ist, welche Strategie der Kompetenzentwicklung über die Ausbildungzeit hinweg gewählt wird. Für das Lernfeld spielt die Auswahl des Inhaltskomplexes eine Rolle. Dabei wird folgenden Fragen nachgegangen:

  - An welchem Gegenstand, an welchem Beispiel einer beruflichen Handlungssituation des Ausbildungsberufs lässt sich das Kompetenzziel mit den gegebenen Auszubildenden bestmöglich erreichen? Die berufliche Handlungssituation wird durch eine Arbeitsprozessanalyse untersucht, wobei hierfür ggf. auch die Schule zu kontaktieren ist, um die betriebliche Verortung der Auszubildenden berücksichtigen zu können.

  - Wie könnte die Lernaufgabe aussehen?

  - Welche komplexen Unterrichtsverfahren werden der Entwicklung des Kompetenzziels vor dem Hintergrund der Thematik am besten gerecht?

---

4 Mittransportiert wird im Rahmen eines „heimlichen Lehrplans" vielleicht die Forderung an die Lernenden, den Anforderungen der Lehrenden im Unterrichtsgespräch oder bei Prüfungen gerecht zu werden, auch wenn kaum (Wissens-) Grundlagen vorhanden sind, also evtl. zu „schummeln".

– Wie könnte die bestmögliche Lernumgebung für den entsprechenden Unterricht aussehen? Welche Alternativen gibt es?

Die Studierenden planen den Unterricht insoweit gemeinsam grob und teilen das Lernfeld in unterschiedliche Lernsituationen auf, und zwar so, dass die angegebenen Kompetenzziele erreicht werden können.

- Lehrveranstaltung „Gestaltung von Unterricht: Feinplanung einer Lernsituation": Diese findet in Einzelarbeit statt, muss aber mit den anderen Studierenden abgestimmt werden, die die anderen Lernsituationen desselben Lernfeldes planen. In dieser Planung sind die konkrete Lernumgebung festzulegen, die erforderlichen Medien zu entwickeln und Lernerfolgskontrollen zu planen. Letztere werden vor allem unter dem Gesichtspunkt der Diagnostik und der Förderung der Lernenden in einem handlungsorientierten Unterricht berücksichtigt. Die Funktion der Leistungskontrolle zwecks Zertifizierung ist aber nicht zu vernachlässigen. Schließlich muss die Feinplanung vor dem Hintergrund der zu erreichenden Kompetenzziele für das Lernfeld erneut mit den Lernsituationen der anderen Studierenden in Einklang gebracht werden. Dies dient auch zur Vorbereitung der Teamarbeit in Jahrgangsteams an der Schule. In der Folge ist die Planung im Rahmen eines Workshops mit Lehrenden beruflicher Schulen zur Diskussion zu stellen. Die Studierenden erhalten die Chance der (teilweisen) Umsetzung des Unterrichts im Blockpraktikum B.

- Lehrveranstaltung „Wissenschaftstheorie und Berufs-(feld-)spezifische Forschung": Hier erhalten die Studierenden vor dem Hintergrund von einführenden Lehrveranstaltungen in der Berufspädagogik die Möglichkeit, sich entweder tiefergehend mit wissenschaftstheoretischen Fragestellungen oder aber auch unter Einsatz empirischer Methoden mit einer Evaluation oder einer anderen tiefergehenden Art der Untersuchung eines Praxisaspekts zu beschäftigen. So kann z. B. der Einsatz eines speziellen Unterrichtsverfahrens in seiner Wirkung unter spezifischen Bedingungen analysiert werden. Dies soll u. a. die Reflexionsfähigkeit und den Einsatz entsprechender Methoden der Qualitätssicherung an der Schule befördern.

Das dargestellte Konzept scheint tragfähig zu sein und trägt Möglichkeiten des Lernens vor allem unterrichtlich bezogener Kompetenzen (Planung, Durchführung, Kritik) schon an der Universität in sich. Es baut auf den vorhergehenden Überlegungen zum Berufsbild von Lehrenden auf, indem es die geforderten Kompetenzen beschreibt und sie dann zu entwickeln sucht. Es stellt Bezüge zwischen einem reflexiven, verortenden Überblicks- und Orientierungswissen, der Kenntnis und Entwicklung von Instrumenten und Methoden sowie von deren Einsatz und Wirkung und einem speziellem, zu entwickelnden Erfahrungswissen her. Im Studium werden Erfahrungen (zunächst vor allem reflexiv) zugänglich zu machen sein. Sie werden nicht weiter zu entwickeln sein. Indem den Studierenden aber Instrumente der Planung, Durchführung und der Reflexion der Prozesse und der in ihnen gemachten Erfahrungen an die Hand gegeben werden bzw. diese selbst entwickeln, die sie später nutzen können, wird die Entwicklung einer umfassenden Handlungsfähigkeit (Kompetenz) vorbereitet. Die Routinisierung von Handlungsabläufen, die es den Lehrenden gestattet, sich auf Wesentliches zu konzentrieren, wird erst im Vorbereitungsdienst möglich sein. Hierauf muss also in der zweiten Phase der Lehrerausbildung ein besonderes Augenmerk gelegt werden. Auch können die Entwicklung adäquater Verhaltensweisen im Unterricht wie von Bezügen zwischen dem eigenen Unterricht, den schulischen Bedingungen und anderen Lernorten letztendlich erst im Referendariat bzw. mit dem Einstieg in den Lehrerberuf zur vollen Entfaltung gelangen.

Literatur

Biber, J.; Böttcher, R.; Hartmann, M.; Schubert, B. (2009): Blockpraktikum B – zentrales Element und Wertungsmaßstab einer professionellen Lehrerausbildung im Master-Studiengang an der TU Dresden. In: Die berufsbildende Schule, Heft 2, 61. Jg., S. 51–57.

Biber, J.; Böttcher, R.; Hartmann, M.; Schubert, B. (2010): Lehrerbildung für berufsbildende Schulen an der TU Dresden. Berufliche Handlungskompetenz durch Kooperation. TU Dresden.

Biber, J.; Böttcher, R.; Fischer, J.; Hartmann, M.; Mayer, S. (2011): Erste Erfahrungen mit der Studienreform an der TU Dresden in den Beruflichen Fachrichtungen MMT und ET – Hinweise zur Überarbeitung der BA-/MA-Studiengänge. In: Die berufsbildende Schule, Heft 6, 63. Jg., S. 188–194.

Bonz, B. (1999): Methoden der Berufsbildung. Ein Lehrbuch. Stuttgart: Hirzel.

Grell, J.; Grell, M. (1994): Unterrichtsrezepte. Weinheim, Basel: Beltz.

Klafki, W. (1964): Didaktische Analyse als Kern der Unterrichtsvorbereitung. In: Grundlegende Aufsätze aus der Zeitschrift: Die Deutsche Schule. Hannover: S. 5–34.

Klafki, W. (1975): Studien zur Bildungstheorie und Didaktik. Weinheim, Basel: Beltz.

Meyer, H. (1986): Leitfaden zur Unterrichtsvorbereitung. Frankfurt/Main: Scriptor.

Meyer, H. (1987): Unterrichtsmethoden, 2 Bände. Frankfurt/Main: Scriptor.

Oberdörster, M.; Tiesler, G. (2006): Akustische Ergonomie der Schule. Bremerhaven: NW-Verlag.

Pahl, J.-P. (2007): Ausbildungs- und Unterrichtsverfahren. Ein Kompendium für den Lernbereich Arbeit und Technik. Bielefeld: Bertelsmann.

Schulz, W. (1987): Die lerntheoretische Didaktik. In: Gudjons, H., Teske, R.; Winkel, R.: Didaktische Theorien. Hamburg: Bergmann + Helbig, S. 29–45.

Stengel, E.; Tiesler, G. (2011): Lärm macht viel kaputt. Interview mit dem Bremer Arbeitswissenschaftler Gerhart Tiesler. In: Erziehung und Wissenschaft, Heft 10, S. 19.

Kompetenzorientierung in der Lehrerbildung am Beispiel der Hamburger Lehrerbildungsreform

Tade Tramm

1   Einführung

Spätestens mit der Umstellung der meisten einschlägigen Studiengänge auf die Bachelor- und Masterstruktur im Rahmen des „Bolognaprozesses" befindet sich die Lehrerausbildung in einer grundlegenden Umbruchsituation, und es werden an den einzelnen Standorten vor dem Hintergrund hochschul- und bildungspolitischer Diskussionen sowie politischer Vorgaben durchaus unterschiedliche Lehrerbildungskonzepte entwickelt. Die Chance und Herausforderung der derzeitigen Situation liegt darin, die in der Lehrerbildungsdiskussion seit den 90er Jahren erreichten Ansprüche und Qualitätsstandards nicht preiszugeben und zugleich den Innovationsimpuls der Hochschulreform produktiv zu nutzen. Ersteres bezieht sich darauf, das akademische Niveau der Lehrerbildung in Bezug auf die erziehungs- und fachwissenschaftlichen Studienanteile zu sichern, den Professionalisierungsanspruch insbesondere durch eine bessere Verankerung theoriegeleiteter und theoriebezogener Praxisanteile im Studium zu fundieren und dabei an der Grundständigkeit des Lehrerbildungsstudiums im Regelfall festzuhalten. Letzteres fokussiert darauf, dass über die Verpflichtung zur expliziten Darlegung und Zertifizierung der curricularen Struktur ein Legitimationsbedarf geschaffen wird, der ein schlichtes „weiter wie bisher" unmöglich macht; inhaltlich besteht die produktive Herausforderung im Kern darin, die geforderte Kompetenzorientierung mit entwicklungspädagogischen Vorstellungen der Professionalisierung zu verbinden.

Vor diesem Hintergrund wird in diesem Beitrag das Konzept einer integrationstheoretisch orientierten Lehrerausbildung im Studium von zukünftigen Lehrkräften für den berufsbildenden Bereich, wie es an der Universität Hamburg seit dem Wintersemester 2007/08 unter den Rahmenbedingungen von Bachelor- und Master-Studiengängen umgesetzt wird, vorgestellt. Für das Konzept ist eine enge Verzahnung von Theorie und Praxis auf unterschiedlichen Ebenen konstitutiv. Die theoretische Grundlage des Konzepts bildet ein am Institut für Berufs- und Wirtschaftspädagogik (IBW) entwickeltes Kompetenzdimensionen- und -entwicklungsmodell, in dem inhaltliche Dimensionen der Kompetenzentwicklung mit entwicklungspädagogischen Überlegungen zum Verlauf der Kompetenzentwicklung verbunden werden.

2 Kompetenzorientierung zwischen Produktions- und Entwicklungsmodell

Die Aufgabe der kompetenzorientierten Konstruktion von Studienprogrammen wirft die Frage nach dem jeweils unterlegten Verständnis des Konzepts „Kompetenz" und nach der leitenden Vorstellung davon auf, wie sich individueller Kompetenzerwerb vollzieht und wie er pädagogisch gefördert werden kann.

Der Kompetenzbegriff hat seine Wurzeln in der Linguistik und Psycholinguistik, wird in der Arbeitspsychologie sowie der Berufs- und Wirtschaftspädagogik seit den 1980er Jahren verwendet und hat über die internationalen Schulvergleichsuntersuchungen und die Diskussion um Bildungsstandards auch Eingang in die allgemein erziehungswissenschaftliche Diskussion gefunden (vgl. Weinert 1999; Erpenbeck/von Rosenstiel 2003).

Handlungskompetenz wird überwiegend – analog zur Sprachkompetenz im Sinne der Generativen Transformationsgrammatik Chomskys (1970) – als die Fähigkeit verstanden, aus einem begrenzten Elementen- und Regelsystem (Wissensbasis) heraus eine prinzipiell unendliche Vielzahl situationsadäquater Handlungen generieren zu können.[1] Analytisch lassen sich dabei zwei Teilleistungen unterscheiden: Einerseits die Fähigkeit zur *Orientierung*, d. h. zur Wahrnehmung, Deutung und Bewertung von Situationen. Dies ist z. B. gefordert im Zuge der Wahrnehmung einer Ausgangssituation, der Modellierung des Zielzustandes, des Abwägens alternativer Handlungswege und der Wahrnehmung und Beurteilung von Zwischenzuständen. In diese Leistung fließen sowohl kognitive als auch affektive und volitionale Aspekte mit ein. Andererseits impliziert der Begriff der Handlungskompetenz die Fähigkeit, Situationen gedanklich und real schrittweise zu verändern, einen Ist-Zustand also in einen Soll-Zustand zu transformieren. Diese *operative* Kompetenz wird im Problemlösen wie in der Regulation der praktischen Handlung wirksam. Sie kann mit unterschiedlichen Medien vollzogen werden, von hochabstrakten Symbolen über Sprache bis hin zu physischen Objekten (vgl. ausführlicher Tramm 1996). Diesem Verständnis entspricht die zweidimensionale Strukturierung des Kompetenzkonzepts der Abbildung 1, welche die soeben eingeführten pragmatischen Dimensionen in der Horizontalen auf die pädagogisch-anthropologischen Aspekte der individuellen Weltbegegnung nach Heinrich Roth (1971) in der Vertikalen bezieht.

---

1 Analog gilt dies auch für Wahrnehmungsleistungen, Interpretationsleistungen (Deutungen) oder Urteilsleistungen (Wertungen), die im Begriff der Orientierungsleistung zusammengefasst werden können.

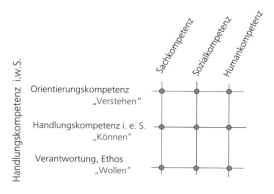

Abb. 1:   Zweidimensionales Kompetenzverständnis

In Bezug auf den Prozess des **Kompetenzerwerbs** lassen sich pointiert zwei Grundmodelle unterscheiden, die man als **„Produktionsmodell"** einerseits und **„Entwicklungsmodell"** andererseits kennzeichnen kann (vgl. Abbildung 2).

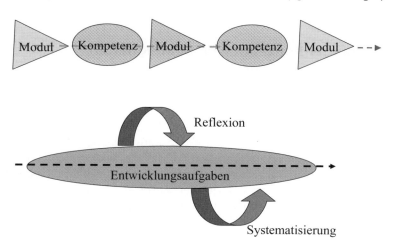

Abb. 2:   Produktionsmodell versus Entwicklungsmodell von Kompetenzen

Eine Produktionslogik tritt vor allem im Kontext der Modularisierungsdiskussion deutlich zutage. So etwa dann, wenn Module durch eine definierte Eingangskompetenz und eine normierte „Outputgröße" beschrieben werden sollen und wenn die zeitlichen und personellen Ressourcen des (Produktions-)Prozesses fixiert werden (vgl. z. B. BLK 2002).

Es geht um modulare Passgenauigkeit, um Gleichförmigkeit im Ergebnis und um standardisierte Abläufe. Für den Ökonomen ist dies vertrautes Terrain, freilich mit dem Selbstverständnis pädagogischen Denkens im Grunde unvereinbar. Aus pädagogischer Sicht ist der Prozess des Kompetenzerwerbs nur als individueller Entwicklungsprozess angemessen zu erfassen; als ein autonomiefördernder und -erfordernder reflexiver Prozess im Spannungsfeld von Praxiserfahrung sowie begrifflicher Reflexion und Systematisierung (vgl. z. B. Terhart 2001, S. 27 ff.). Dieser aber verlangt nicht additiv aneinander gereihte Module, sondern allenfalls den individuellen Entwicklungsprozess konturierende thematische Pfade und entwicklungsförderliche soziale Strukturen.

In der Logik des Produktionsmodells wäre nach abgrenzbaren Tätigkeitsbereichen oder gar nach abgegrenzten Themenfeldern zu suchen, auf die bezogen Module zu formulieren wären. Entsprechende Module könnten lauten: *„Sachanalyse durchführen"*, *„Lernziele formulieren"*, *„ein Sokratisches Lehrgespräch führen"* etc. In der Logik des Entwicklungsmodells hingegen wären solche Anforderungskomplexe im Sinne eines Spiralcurriculums auf verschiedenen Phasen des Entwicklungsweges im Hinblick auf wachsende Niveaustufen der Kompetenz zu durchlaufen (vgl. z. B. Dick 1994; Neveling 2008).

3 Hamburger Konzeption eines integrierten Lehrerbildungscurriculums

3.1 Zieldimensionen der Ausbildung von Berufs- und Wirtschaftspädagogen

Die reformierte Lehramtsausbildung für den berufsbildenden Bereich in Hamburg orientiert sich am normativen Leitbild, das die Sektion Berufs- und Wirtschaftspädagogik der DGfE in ihrem Basiscurriculum formuliert hat (Sektion BWP 2003, vgl. auch IBW 2003). Als Ziel der Ausbildung von Berufs- und Wirtschaftspädagogen wird die Fähigkeit und Bereitschaft zu einem theoriegeleitet-reflexiven, erfahrungsoffenen und verantwortlichen Handeln im pädagogischen Handlungsfeld Berufsbildung gesehen. In analytischer Sicht setzt dies die Entwicklung berufs- und wirtschaftspädagogischer Professionalität in drei aufeinander verwiesenen Dimensionen voraus, wie dies in Abbildung 3 illustriert wird.

Mit diesem kompetenzorientierten Leitbild werden im Sinne des Weinertschen Kompetenzverständnisses kognitive, pragmatische, motivationale und volitionale Aspekte aufeinander bezogen. Es handelt sich somit um eine normative Leitvorstellung für den berufs- und wirtschaftspädagogischen Qualifizierungsprozess über alle Phasen und Institutionen hinweg.

Dimensionen berufs- und wirtschaftspädagogischer Professionalität

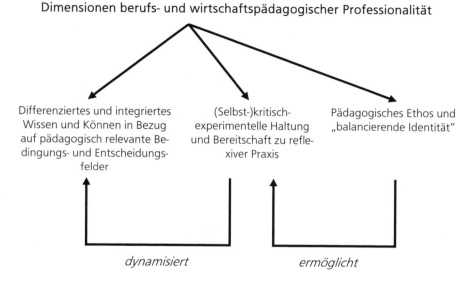

Abb. 3: Dimensionen berufs- und wirtschaftspädagogischer Professionalität

Auf die systematische Fundierung und Ausdifferenzierung des Leitbildes soll an dieser Stelle nicht näher eingegangen werden (vgl. dazu Brand/Tramm 2003; Tramm 2000; 2005), nur so viel: Die berufliche Kompetenz von Lehrern wird danach durch professionelles Wissen und Können fundiert, die in sehr unterschiedlicher Weise inhaltlich und strukturell systematisiert werden können (vgl. hierzu z. B. Shulman 1985; 1986; Dick 1994). Unter inhaltlichen Gesichtspunkten ist danach zu fragen, mit welchen Aspekten (Anforderungen, Problemen, Konflikten, Widersprüchen) des Lehrerberufes und seiner wissenschaftlichen Grundlagen sich Studierende praxisbezogen, reflexiv und theoriegeleitet auseinandersetzen sollen.

Relevante Kriterien für diesen Suchprozess sind:

- Die Relevanz potenzieller Gegenstände im prospektiven berufs- und wirtschaftspädagogischen Handlungsfeld;

- ihre Relevanz für die reflexive Auseinandersetzung mit dem Prozess der eigenen Kompetenzentwicklung und professionellen Sozialisation sowie

- ihre Relevanz im Gefüge der einschlägigen Wissenschaften, d. h. insbesondere zur Erschließung zentraler Probleme, Denkfiguren und Kategorien der Berufs- und Wirtschaftspädagogik.

Im nachfolgenden Abschnitt werden mit Blick auf die Fragestellung nach der inhaltlichen Ausrichtung der Ausbildung von zukünftigen Lehrkräften im berufsbildenden Bereich Kompetenzdimensionen vorgeschlagen, in denen Lehrerausbildung qualifizieren soll und in denen Berufs- und Wirtschaftspädagogen mit Blick auf den Handlungsraum Schule Kompetenzen entwickeln sollen. Die Identifikation dieser Handlungs- und Reflexionsfelder des Lehrerberufs als inhaltliche Bezugspunkte des Hamburger Lehrerbildungscurriculums erfolgte vor dem Hintergrund des dargestellten normativen Leitbildes professionellen, wissenschaftlich fundierten Lehrerhandelns.

3.2 Überlegungen zu inhaltlichen Kompetenzdimensionen und zum Entwicklungsverlauf in der Ausbildung von Berufs- und Wirtschaftspädagogen

Im Rahmen des Curriculumentwicklungsprozesses am IBW wurden aus der Analyse von Kernproblemen berufs- und wirtschaftspädagogischer Professionalität bezogen auf den Handlungsraum Schule inhaltlich zu definierende Dimensionen der Kompetenzentwicklung identifiziert. Als Ergebnis liegt eine Ausdifferenzierung in sieben Kompetenzdimensionen vor, die in der Anordnung ausgehend vom lernenden Subjekt zum historisch-gesellschaftlichen Rahmen des Bildungssystems führen. Im Zentrum stehen die für den Lehrerberuf prägenden unterrichtlich-curricularen Gestaltungsaufgaben und kommunikativen Herausforderungen (vgl. vertiefend Brand/Tramm 2003; Tramm 2005; Tramm/Schulz 2006; 2007). Abbildung 4 gibt einen Überblick über die identifizierten Kompetenzdimensionen.

Deckungsanalysen haben ergeben, dass diese Dimensionen in hohem Grade mit den KMK-Standards für die Lehrerbildung: Bildungswissenschaften (2004) und den 88 Standards der Lehrerbildung nach Oser und Oelkers (2001) übereinstimmen.

Bezogen auf jede dieser Kompetenzdimensionen waren in einem nächsten Schritt zwei Leistungen zu erbringen: Einerseits waren in curricular-konstruktiver Hinsicht jeweils vier Schritte der Konkretisierung zu leisten:

- Die Ausdifferenzierung dieser komplex formulierten Kompetenzen in Richtung auf die darin enthaltenen thematischen Aspekte und Dimensionen;

Kompetenzdimensionen berufs- und wirtschaftspädagogischer Professionalität	
A	Eine pädagogisch-professionelle Einstellung zum Lehrerberuf ausbilden, berufliche Identität entwickeln, eine realistisch-selbstbewusste Entwicklungsperspektive im Beruf entwickeln und verfolgen, Strategien zum Umgang mit Belastung und Stress kennen und nutzen
B	Individuelle Lern und Entwicklungsprozesse sowie ihre Voraussetzungen und Ergebnisse aus einer pädagogischen Perspektive analysieren, verstehen und begleiten; Störungen in Lernprozessen erkennen, Ursachen dafür diagnostizieren, Strategien zur Behebung von Lernschwierigkeiten auswählen und anwenden
C	Berufs- und wirtschaftspädagogische Kommunikationssituationen und Beziehungsstrukturen analysieren, verstehen und gestalten, Kommunikations- und Beziehungsprobleme im pädagogischen Handlungsfeld analysieren, verstehen und produktiv verarbeiten
D	Unterricht auf der mikrodidaktischen Ebene als Wechselspiel von fallbezogenem und systematischem Lernen in Auseinandersetzung mit spezifischen beruflichen Lerngegenständen analysieren, planen, durchführen und evaluieren
E	Kompetenzorientierte Curricula konzipieren und Kurse entwickeln; auf einer makrodidaktischen Ebene den curricularen Referenzrahmen aus Bildungsplan, Wissenschaft und Berufsanforderungen analysieren, Lerngegenstände modellieren; Curricula implementieren und evaluieren
F	Handlungs- und Gestaltungsspielräume in pädagogischen Institutionen erkennen, nutzen und erweitern, institutionelle, normative und soziale Rahmungen pädagogischen Handelns analysieren, verstehen und an ihrer Gestaltung im Rahmen der Organisations- und Teamentwicklung teilhaben
G	Berufspädagogische Systemstrukturen in ihrer historisch-gesellschaftlichen Bedingtheit und Funktionalität analysieren und verstehen; Gestaltungsoptionen und -alternativen kennen und beurteilen

Abb. 4: Kompetenzdimensionen berufs- und wirtschaftspädagogischer Professionalität

- die Identifikation der mit diesen Kompetenzen verbundenen Wissensbasis und damit die Aufdeckung der relevanten Theoriebezüge und der grundlegenden (empirischen, normativen) Informationen über den Gegenstandsbereich;

- die Identifikation von Entwicklungsaufgaben (z. B. prototypische Fälle und Situationen, Aufgaben im Rahmen von Praxisphasen), über die dieser Problembereich den Studierenden zugänglich gemacht werden kann und die die Entwicklung der Kompetenzen fördern;

- die Bestimmung einer Sequenz von Gegenstandserfahrungen und systematischen Reflexionen, über die sich die Lehramtsstudierenden im Verlauf ihres Professionalisierungsprozesses über die Phasen der Ausbildung hinweg diesen Bereich erschließen können (Sequenz von Modulen im Sinne des Entwicklungsmodells).

Andererseits mussten bezogen auf die Dimensionen kompetenzbezogene Standards als Ergebnisse der Lehrerbildung formuliert werden. Im Sinne eines Entwicklungsmodells sind diese nicht in einzelnen Modulen zu erreichen, sondern modulübergreifend zu verfolgen. Demnach sind Module jeweils (auch) über ihren Beitrag zu einem längerfristig angelegten und bis in die Berufseingangsphase und die Fort- und Weiterbildung hineinreichenden, thematisch eingegrenzten Kompetenzentwicklungsprozess zu definieren.

Für die entwicklungsorientierte Anlage von Curricula wird ein Modell der Kompetenzentwicklung benötigt, an dem man sich orientieren kann. In Ermangelung empirisch gesicherten Wissens über den Verlauf der Kompetenzentwicklung im pädagogisch-didaktischen Feld können solche Modellvorstellungen vorerst nur den Charakter technologischer Hypothesen[2] besitzen, die in Sequenzierungskonzepte zu überführen und auf ihre praktische Bewährung hin zu überprüfen sind. Einen Entwurf für ein solches Entwicklungsstufenmodell, mit dem in Hamburg in Abstimmung von 1. und 2. Phase zu arbeiten versucht wird, zeigt Abbildung 5.

Dieses Modell, das stark von der Programmatik „Subjektive Theorien" (Groeben et al. 1988; Dann 1989; Neveling 2008) beeinflusst ist, gliedert den Professionalisierungsprozess in drei Hauptphasen:

- In der **ersten Phase** wird sehr bewusst an den subjektiven Vorstellungen, Annahmen und Theorien angesetzt, mit denen die in einer langjährigen Schülerkarriere sozialisierten Studierenden ihr Studium aufnehmen, mit dem Ziel dieses subjektive Überzeugungswissen über die Auseinandersetzung mit pädagogisch gehaltvollen Situationen her-

---

2 Dies sind Hypothesen aus wissenschaftlich-technologischen Theorien. Sie enthalten Sätze darüber, welche Mittel zum Erreichen bestimmter Zwecke eingesetzt werden können und basieren auf einer Kombination wissenschaftlich-theoretischen Wissens und praktischen Handlungswissens. Ihr Geltungskriterium ist die Bewährung in der praktischen Umsetzung (Bunge 1967; Achtenhagen 1984).

Entwicklungsstufenmodell der Lehrerbildung	
Ia	Das pädagogische Handlungs- und Problemfeld phänomenal wahrnehmen, sensibilisiert sein, subjektive Wahrnehmungs- oder Handlungsmuster aufbrechen, das Vorliegen einer Problematik erkennen;
Ib	Problemraum kognitiv strukturieren, aus einer pragmatischen Perspektive begrifflich elaborieren, ordnen, modellieren, Dimensionen der Problematik verstehen;
II	Kennenlernen, Aneignen und Erproben konventioneller Problemlösungen und Handlungsoptionen; Reflektieren der Effekte und Nebeneffekte; Erarbeiten von Standards und Ansprüchen;
IIIa	Exemplarisch vertiefen, systematisch elaborieren, theoriegeleitet rekonstruieren, erklären und verstehen. Theoretische Probleme bearbeiten und Technologien entwickeln und evaluieren; Mitwirkung an Forschung – **forschendes Lernen**;
IIIb	Stabilisierung, Flexibilisierung, Differenzierung und Weiterentwicklung konventioneller Handlungsstrategien im Praxisfeld – **reflexive Routinebildung**;

Abb. 5: Ein Entwicklungsstufenmodell der Lehrerbildung

auszufordern, für seine Begrenztheit zu sensibilisieren und für andere, theoriegeleitete Zugänge zu öffnen. Erst auf dieser Grundlage haben Prozesse der kategorialen Ordnung, der begrifflichen Elaboration, der theoretischen Deutung und Erklärung auf Basis des wissenschaftlichen Professionswissens einen sinnvollen subjektiven Bezugspunkt.

- In einer **zweiten Phase** scheint es notwendig, die Lernenden in die Handlungsperspektive der Lehrer zu versetzen und es ihnen zu ermöglichen, diese Praxis aktiv teilnehmend zu erkunden und zu erfahren. Wesentlich ist es in dieser Phase, das unterrichtliche Handlungsrepertoire und die Handlungsstrategien von Lehrern kennenzulernen, auf dieser Grundlage eigene Unterrichtsversuche durchzuführen und diese unter Rückgriff auf das in der ersten Phase erworbene Wissen bewusst zu reflektieren. Der Gegenstand des Lehrerstudiums (und damit auch der Gegenstand erziehungswissenschaftlicher Forschung) soll auf diese Weise erfahren und für weitere Studien als Erfahrungshintergrund verfügbar gemacht werden.

- Die **dritte Phase** schließlich differenziert dieses theoretisch reflektierte Handlungswissen in zweifacher Richtung aus und führt zugleich aus den Etappen der Rezeption, der Anwendung und der kritischen Reflexion professionellen Wissens und Könnens, wie sie für die Phasen 1 und 2 prägend waren, in die Bereiche der Produktion und der eigenverantwortlichen Ausweitung und der Ausdifferenzierung dieses „herkömmlichen" Wissens. Unter dem Anspruch „forschenden Lernens" sollte dies über die exemplarisch vertiefte Auseinandersetzung mit theoretischen Fragestellungen erfolgen (was inhaltlich technologische Theorien ebenso einschließt, wie es sich methodisch im Wesentlichen um empirisch angelegte Studien handeln soll). In dieser Phase sollen schließlich auch Möglichkeiten zur „reflexiven Routinebildung" eröffnet werden. Das Gewinnen von erster Handlungssicherheit und Routine sollte hier mit dem Anspruch verknüpft werden, das eigene Handlungsrepertoire zu flexibilisieren, zu differenzieren und zu erweitern.

4 Praxisbezüge als zentrales Element des Hamburger Lehrerbildungskonzepts

Die Umsetzung dieser professionalisierungsbezogenen Studiengangskonzeption erfolgte auch im berufsbildenden Bereich im Rahmen der politisch gesetzten formalen Strukturvorgaben für die Gestaltung der Lehrerbildung in Hamburg (Senat der FHH 2006). Dabei wurden allerdings dem berufsbildenden Bereich aufgrund seiner anerkannten Besonderheiten erhebliche inhaltliche und in begrenztem Maße auch strukturelle Gestaltungsspielräume eingeräumt (vgl. dazu Tramm/Naeve 2010). Die ersten Studierenden im Bachelorstudiengang wurden zum Wintersemester 2007/08 zugelassen, die ersten Studierenden zum darauf aufbauenden Masterstudiengang zum Wintersemester 2010/11. Abbildung 6 gibt einen Überblick über den neuen Qualifizierungsweg zum Lehramt an beruflichen Schulen in Hamburg.

Die markanteste strukturelle Veränderung besteht darin, dass die Praxisbezüge des Studiums dramatisch erweitert wurden und dass damit die Schulen mehr als je zuvor zum Mitwirkenden der Lehrerbildung bereits in der universitären Phase werden. Studierende im Lehrerzimmer gehören zunehmend zum schulischen Alltagsbild. Die Schulen bringen also personelle Ressourcen in die Lehrerbildung ein und die beteiligten Lehrkräfte (Mentoren und Ausbildungsbeauftragte) werden durch das Landesinstitut für Lehrerbildung und das IBW kontinuierlich für diese Aufgaben qualifiziert (vgl. Naeve 2011). Abbildung 7 gibt einen Überblick über die neuen Praxisformate in der Ausbildung von Berufs- und Wirtschaftspädagogen.

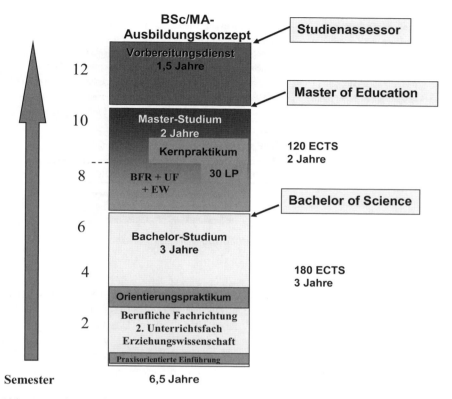

Abb. 6: Die Struktur des Qualifizierungsweges zum Lehramt an beruflichen Schulen in Hamburg

Im Sinne des Professionalisierungskonzeptes ist dabei wesentlich, dass diesen praxisbezogenen Lehrveranstaltungen mit Blick auf den intendierten Entwicklungsprozess jeweils spezifische hochschuldidaktische Funktionen zugewiesen werden und dass diese auch durch eine sorgfältige Vorbereitung, Begleitung und Auswertung der Veranstaltungen realisiert werden.

Mit Blick auf die schulpraktischen Studien im Studiengangskonzept gilt es, drei Perspektiven in der Balance zu halten, wie dies Abbildung 8 zum Ausdruck bringt.

Das Kennenlernen der berufspädagogischen Praxis aus der Beobachtungsperspektive steht bei der praxisorientierten Einführung im Vordergrund. Dabei soll die Strukturierungsfunktion von Wissenschaft für das Wahrnehmen, Beschreiben und Verstehen von Praxis exemplarisch deutlich werden.

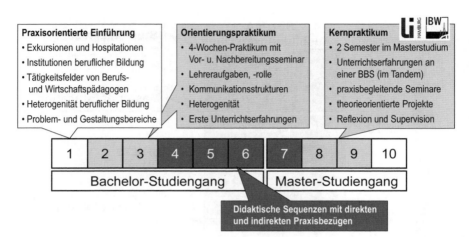

Abb. 7: Praxisformate in der Ausbildung von Berufs- und Wirtschaftspädagogen

Begegnungen mit Lehrkräften und Akteuren in anderen Bereichen des Berufsbildungssystems sollen zugleich die subjektive Relevanz des Praktikums mit Blick auf die Studien- und Berufswahlentscheidung stärken. Das Orientierungspraktikum im zweiten Semester soll diese subjektive Perspektive weiter ausbauen und sie theoretisch über entwicklungs- und sozialisationstheoretische Konzepte fundieren. In den fachdidaktischen Veranstaltungen rücken dann Aspekte der Analyse und Planung von Unterricht in den Vordergrund, womit insbesondere die Frage nach der Orientierungsleistung von Wissenschaft im curricularen und didaktischen Zusammenhang gestellt ist (vgl. Tramm/Naeve 2010).

Ein neuartiges Element ist schließlich das **Kernpraktikum (KP)**, das im zweiten und dritten Semester des Masterstudiums stattfindet und seinen Mittelpunkt an jeweils einer beruflichen Schule in Hamburg hat. Der Umfang des Kernpraktikums liegt bei einem vollen Semester, also 900 Arbeitsstunden (30 ECTS), die im Verhältnis 1:2 auf die beiden Mastersemester verteilt sind. Ungefähr die Hälfte der Zeit verbringen die Studierenden in „Tandems" (Zweiergruppen) an „ihrer" Schule; im ersten KP-Semester ein (bis zwei) und im zweiten KP-Semester zwei (bis drei) Vormittage in der Woche mit einer verstärkten Präsenz in den Semesterferien (vgl. dazu Tramm/Fahland 2011).

Ein Hauptproblem bei allen Überlegungen zur Theorie-Praxis-Verknüpfung in der Lehrerbildung scheint die Befürchtung zu sein, dass Studierende vor der Herausforderung, ihren ersten Unterricht zu planen und durchzuführen, all das, was sie im wissenschaftlichen Studium gelernt und an Einstellungen ausgebildet haben,

- Funktion und Grenzen
- Strukturierungsleistung
- Pragmatische Orientierungsleistung
- Individuelle Studienschwerpunkte
- Forschungsbedarfe

- Einsatzfelder
- Aufgabenspektrum
- Rollenspektrum, -konflikte
- Skills, Handlungsstrategien
- Problem- und Innovationsbereiche

Wissenschaft   **Praxis**

Perspektive auf

Subjekt

- Berufswahlentscheidung
- Reflexion eigener Kompetenzen, Theorien und Erwartungen
- Planung des Qualifizierungsprozesses
- Reflexion ethischer Prinzipien
- Sozialerfahrung „in der Klasse stehen"

Abb. 8: Bezugspunkte von Praxiserfahrungen in der Lehrerbildung (vgl. Weyland 2010)

über Bord werfen und sich mit dominantem Überlebensstreben an dem orientieren, was ihnen sicher und verlässlich scheint: An den "bewährten" Unterrichtskonzepten ihrer eigenen Schulzeit, am Rat erfahrener Praktiker und an den Strukturen der von ihnen verwendeten oder der ihnen empfohlenen Lernmaterialien. Im Kernpraktikum treffen unterschiedliche Didaktiken aufeinander – eine Erfahrung, die in kleinerem Maße schon aus den bisherigen Schulpraktika und in verschärfter Form aus dem Referendariat durchaus vertraut ist. Die besondere Herausforderung des Kernpraktikums sehen wir darin, diese Konfrontation weder zu umgehen, indem sich etwa jeder auf das beschränkt, was traditionell seines Amtes ist, noch sie auf Kosten der Studierenden auszutragen, indem diese dazu veranlasst werden, jedem das zu zeigen, was er sehen will. Es wird vielmehr darum gehen, mit den Studierenden gemeinsam diese unterschiedlichen Erfahrungs- und Wissenssysteme am jeweils konkreten Fall aufzuarbeiten und sie auf ihre spezifischen Leistungen und Grenzen hin zu reflektieren. Die besondere Chance des Kernpraktikums liegt darin, diesen Prozess der Auseinandersetzung mit unterschiedlichen Wissenssystemen und ihren pragmatischen Postulaten und Empfehlungen vor dem Hintergrund komplexer Praxisanforderungen reflexiv begleiten und aufarbeiten zu können.

Als wesentliche Konsequenz sollen die Studierenden zunächst bewusst und ausdrücklich die Chance erhalten, die Handlungsstrategien erfahrener Praktiker kennenzulernen, sich wesentliche Elemente davon anzueignen und diese im eigenen Handeln zu erproben. Dies ist ein Stück beabsichtigter Enkulturation in eine vorfindliche Praxis, wobei durchaus in Kauf genommen wird, dass in dieser Phase und in diesem Kontext die zuvor angeeigneten wissenschaftlichen Konzepte eher in den Hintergrund treten werden. Den Studierenden dürfte es hier primär um den Gewinn von Handlungssicherheit gehen, um ein Stück Routinebildung, den Abbau von Ängsten und Unsicherheiten. Erst wenn dies geleistet ist, so unsere Annahme, kann erwartet werden, dass kognitive Kapazitäten und die affektive Bereitschaft zu gewinnen sind, sich mit dieser Praxis reflexiv und analytisch auseinanderzusetzen und in Kooperation mit den Praktikern nach konstruktiven Möglichkeiten zu ihrer Weiterentwicklung zu suchen.

Dieses Konzept setzt voraus, dass Mentoren gefunden werden, die bereit sind, sich in ihrer Praxis zu öffnen und die selbst auch an Impulsen zur Weiterentwicklung dieser Praxis interessiert sind. In dieser Strategie spielen die Seminarleiter des Landesinstituts (Studienseminars) insofern eine wesentliche Rolle, als sie jene Standards und Impulse in den Praktikumsprozess hineintragen sollen, die aus dem Praxisfeld selbst heraus den Innovationsprozess vorantreiben.

All diese Überlegungen beziehen sich auf den Kernbereich des Praktikums, der in Praktikanten-Tandems an Schulen der jeweiligen beruflichen Fachrichtungen stattfindet. Eine zentrale Rolle spielen dabei die begleitenden Reflexions- und Supervisionsprozesse, die parallel dazu in größeren Gruppen von maximal 20 Studierenden laufen sollten. Ein wichtiges Korrektiv gegenüber einem zumindest phasenweise in der Gefahr der praktizistischen Verengung stehenden Praktikum bilden nach unserer Vorstellung integrierte Projekte aus einer Forschungsperspektive, die in Verantwortung der Universität den Blick systematisch zunächst auf die Lernprozesse der Schüler und in einer zweiten Phase dann auf die curriculare Analyse und Planung unterrichtlicher Arrangements richten.

Aus diesem theoretisch-programmatischen Kontext heraus ist ein **Bändermodell** des Kernpraktikums in den lehramtsübergreifenden Diskussionsprozess eingebracht worden, das auf breite Akzeptanz gestoßen und als gemeinsamer Rahmen des Kernpraktikums vom Rat des Zentrums für Lehrerbildung verabschiedet worden ist. Abbildung 9 gibt die Umsetzung dieses Bändermodells im Bereich des Lehramtes an beruflichen Schulen wieder, das in seinen Grundzügen kurz erläutert werden soll.

Das **Schul- und Unterrichtsband** bildet das Zentrum des Kernpraktikums. Die Studierenden gehen in „Tandems" an berufsbildende Schulen in Hamburg und

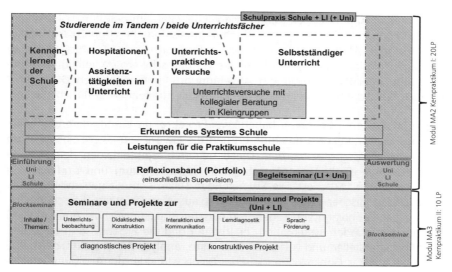

Abb. 9: Das Bändermodell des Kernpraktikums in Hamburg in der Variante für das Lehramt an beruflichen Schulen

werden dort von Mentoren betreut, die ihrerseits von Kollegen des Landesinstituts und des IBW qualifiziert und beraten werden. Sie hospitieren und führen eigene Unterrichtsversuche mit zunehmender Komplexität und Eigenverantwortlichkeit durch. Im begleitenden **Reflexionsband** stehen die Studierenden, ihre Kompetenzen, Erfahrungen, Pläne, ihr Studium und ihre Berufsperspektive im Vordergrund. Das Band dient der reflexiven Begleitung und der Auswertung der Praktikumserfahrungen. Es ist zugleich Ort der individuenbezogenen Planung, Steuerung und Auswertung des Praktikums im Rahmen einer schulübergreifenden Seminargruppe von maximal 20 Studierenden unter kooperativer Betreuung von Universität und Landesinstitut. Zentrales Instrument dieses Bandes ist das Entwicklungsportfolio. Im zweiten Kernpraktikumssemester finden zusätzlich kollegial hospitierte Unterrichtsversuche in Kleingruppen statt. Hierbei geht es wesentlich darum, wieder an die im Studium erarbeiteten didaktischen Kategorien und Standards anzuschließen. Deshalb wird diese Veranstaltung auch verantwortlich von den Didaktikern der beruflichen Fachrichtung in Kooperation mit Kollegen aus dem Landesinstitut durchgeführt.

In einem parallel angelegten **Seminar- und Projektband** geht es wesentlich darum, die Kompetenz- und Wissensbasis schulpraktischen Handelns gezielt zu fördern. Die Studierenden belegen im Laufe der zwei Semester insgesamt acht kleine (drei- bis vierstündige) Fortbildungseinheiten (Seminare), in denen sie aus einem breiten Angebotsspektrum individuell gewählte Impulse für ihr Praktikum erhalten können (z. B. rechtliche und schulorganisatorische Grundlagen, Methodenworkshops, Heterogenität und innere Differenzierung, Leistungsmessung und Lernerfolgskontrolle). Diese Seminare werden schwerpunktmäßig vom Landesinstitut Abteilung Ausbildung (LIA) verantwortet und angeboten. Dazu gehören auch fachdidaktische Angebote der berufsübergreifenden Unterrichtsfächer.

Einen ganz anderen Charakter haben zwei **Projekte**, die die Studierenden während des Kernpraktikums durchführen und die jeweils von einem universitären Projektseminar begleitet werden. **Diese beiden Projekte** bilden den Schwerpunkt forschungsbezogener Aktivitäten im Kernpraktikum und sind auf forschendes Lernen fokussiert. Die Studierenden sollen sich mit gehaltvollen Problemen pädagogischer Praxis theoriegeleitet auseinandersetzen, Forschungsfragen auf der Grundlage vorwiegend empirischer (qualitativer wie quantitativer) Forschungsmethoden systematisch bearbeiten und die Ergebnisse in angemessener Form darstellen und vertreten. Eine **erste, analytische Projektarbeit** sollte sich dabei auf das Gebiet pädagogischer Diagnostik oder die Analyse von Lehr-Lern-Prozessen beziehen, eine **zweite, konstruktive Projektarbeit** auf die theoriegeleitete Entwicklung und Erprobung konkreter curricular-didaktischer Modelle, Materialien oder Handreichungen. Hier sind die **Fachwissenschaften** in angemessener Weise zu beteiligen. Die Projektarbeiten sollen Gelegenheiten zur individuellen Schwerpunktbildung bieten; sie werden von der Universität angeleitet, begleitet und bewertet und aus ihnen können im Idealfall Themenstellungen für die Masterarbeit entwickelt werden.

5 Offene Fragen und kritische Reflexion

Zum aktuellen Zeitpunkt, zu dem die erste Kohorte ins letzte Studienjahr geht und die erste Hälfte des ersten Kernpraktikumsdurchgangs hinter uns liegt, lässt sich mit Blick auf die bisherige Entwicklungs- und Implementationsarbeit auch einiges kritisch bilanzieren, lassen sich hemmende Rahmenbedingungen und kritische Einflussgrößen identifizieren. Diese sollen abschließend zumindest kursorisch angesprochen werden:

- Die nach bürokratischer Logik administrativ immer wieder eingeforderte weitgehende Einheitlichkeit der Lehrerbildungsstudiengänge erweist sich angesichts stark variierender Bedingungen in den unterschiedlichen Lehrämtern als ausgesprochener Hemmschuh. Es führt letztlich zu inadäquaten Problemlösungen in Teilbereichen, zur Dominanz des Leitbildes der Gymnasiallehrerausbildung und dazu, dass im Zweifel das unbeweglichste Subsystem die Entwicklungsdynamik des Gesamtsystems prägt.

- In der Umsetzung der Bachelor-Master-Struktur erweisen sich die tradierten Veranstaltungsformate, Zeitraster und Lehrgewohnheiten als ausgesprochen hemmendes Element; sie verhindern originelle Lösungen und kreative Veranstaltungsformate.

- Die Zeitschemata von Schule und Universität (Unterrichts- und Vorlesungszeiten, Prüfungszeiträume) sind in erheblichem Maße inkompatibel und führen zu erheblichen Reibungsverlusten in der praktischen Kooperation und bei der Planung schulpraktischer Studienanteile.

- Aufgrund weitgehend ausgeschöpfter studentischer Workloads und deutlich erweiterter Pflichtprogramme sind die Möglichkeiten der Studierenden zu flexibler zeitlicher Anpassung zunehmend eingeschränkt. Für Praktika und begleitende Veranstaltungen müssen entsprechend Zeitfenster vorgehalten und zugleich variierende Optionen offengehalten werden.

- Die Bereitstellung hinreichender zeitlicher Lehrressourcen für die Begleitung des Kernpraktikums erscheint derzeit keinesfalls dauerhaft gesichert. Es erweist sich hier insbesondere als problematisch, Lehrressourcen einzufordern, die sich nicht aus den gängigen Veranstaltungsformaten ergeben.

- Ein letztes, bislang noch ungelöstes Problem ergibt sich aus der Notwendigkeit, auch für das Kernpraktikum Module zu definieren und diese mit Modulprüfungen und Noten abzuschließen. Problematisch erscheint diese **Benotungspflicht zwischen akademischen Leistungen und pädagogischer Eignung** insbesondere für die angestrebten reflexiven Anteile einschließlich der Portfolioarbeit.

Unabhängig von der Bewältigung dieser Hemmnisse und Probleme gilt es im Auge zu behalten, dass man in der konkreten Gestaltungsarbeit und angesichts der vielen strukturellen Zwänge und pragmatischen Herausforderungen nicht doch, ohne es zu wollen und vielleicht gar, ohne es zu bemerken, in eine apädagogische Produktionslogik verfällt. Auch wenn die Orientierung an pädagogischen Standards angesichts der besonderen Verantwortung des Lehrerberufs geradezu zwingend erscheint, gilt es doch auch den Blick dafür zu wahren, dass mit der Outputorientierung tatsächlich eine gewisse Hybris im Hinblick auf die „Erzeugbarkeit" solcher Kompetenzen, auf die Gestaltbarkeit von Entwicklungsprozessen verbunden ist. In diesem Sinne wäre schon viel gewonnen, wenn es gelänge, in definierten Feldern professionalisierende Entwicklungsprozesse mit dann jedoch ggf. auch individuell offenem Ausgang zu initiieren. Hier sollte die Rede von der Output- bzw. Outcomeorientierung wohl doch entwicklungspädagogisch reflektierter aufgegriffen werden.

Literatur

Achtenhagen, F. (1984): Didaktik des Wirtschaftslehreunterrichts. Opladen.

Brand, W.; Tramm, T. (2003): Notwendigkeit und Problematik eines Kerncurriculums für die Ausbildung von Berufs- und Wirtschaftspädagogen. In: Baabe, S.; Haarmann, E. M.; Spiess, I. (Hrsg.): Für das Leben stärken – Zukunft gestalten. Paderborn, S. 266–277.

Bunge, M. (1967): Scientific Research II. The Search for Truth. Berlin et al.

Chomsky, N. (1970): Aspekte der Syntaxtheorie. Berlin.

Dann, H.-D. (1989): Subjektive Theorien als Basis erfolgreichen Handelns von Lehrkräften. In: Beiträge zur Lehrerbildung, 7. Jg., H. 2, S. 247–254.

Dick, A. (1994): Vom unterrichtlichen Wissen zur Praxisreflexion. Bad Heilbrunn.

Erpenbeck, J.; von Rosenstiel, L. (2003): Einführung. In: dieselben (Hrsg.): Handbuch Kompetenzmessung. Stuttgart, S. IX–XL.

Groeben, N.; Wahl, D.; Schlee, J.; Scheele, B. (1988): Forschungsprogramm Subjektive Theorien. Tübingen.

Institut für Berufs- und Wirtschaftspädagogik am Fachbereich Erziehungswissenschaft der Universität Hamburg (IBW) (2003): Kerncurriculum Berufs- und Wirtschaftspädagogik. Hamburg.

Konferenz der Kultusminister der Länder in der Bundesrepublik Deutschland (KMK) (2004): Standards für die Lehrerbildung. Beschluss der Kultusministerkonferenz vom 16.12.2004. Online: http://www.kmk.org/fileadmin/veroeffentlichungen_beschluesse/2004/2004_1 2_16-Standards-Lehrerbildung.pdf (25-11-2009).

Naeve, N. (2011): Gute Voraussetzungen schaffen für die Ausbildung künftiger Lehrkräfte. In: Berufliche Bildung Hamburg. Jahrgang 21, H. 1, S. 20. Unter Mitwirkung von Jessica Brüdgam, Detlev Grube, Ester Lehmbäcker.

Neveling, A. (2008): Primat des Subjekts. Grundlagen einer erziehungswissenschaftlich konsistenten Lehrerausbildung auf der Basis des Forschungsprogramms Subjektive Theorien. Frankfurt a. M.

Oser, F.; Oelkers, J. (2001): Die Wirksamkeit der Lehrerbildungssysteme. Chur, Zürich.

Roth, H. (1971): Pädagogische Anthropologie. Band II Entwicklung und Erziehung – Grundlagen einer Entwicklungspädagogik. Hannover.

Sektion für Berufs- und Wirtschaftspädagogik der Deutschen Gesellschaft für Erziehungswissenschaft (Sektion BWP 2003): Basiscurriculum für das universitäre Studienfach Berufs- und Wirtschaftspädagogik. Jena. http://www.bwp-dgfe.de/index.php?eID=tx_nawsecuredl&u=0&file= uploads%2Fmedia%2FBasiscurriculum_BWP_040202.pdf&t=1 (2011-09-19).

Senat der Freien und Hansestadt Hamburg (2006): Reform der Lehrerausbildung, Bürgerschaftsdrucksache 18/3809 vom 28.02.06.

Shulman, L. S. (1985): Paradigms and research programs in the study of teaching: A contemporary perspective. In: Wittrock, M. C. (Hrsg.): Handbook of Research on Teaching. (3. Aufl.). New York: Macmillan, S. 3–36.

Shulman, L. S. (1986/1991): Those Who Understand. Knowledge Growth in Teaching. Educational Researcher, 15 (2), S. 4-14/21; dtsch. unter dem Titel: Von einer Sache etwas verstehen: Wissensentwicklung bei Lehrern. In: Terhart, E. (Hrsg.) (1991): Unterrichten als Beruf. Neuere amerikanische und englische Arbeiten zur Berufskultur und Berufsbiographie von Lehrern und Lehrerinnen. Köln, Wien, S. 145–160.

Terhart, E. (2001): Lehrerberuf und Lehrerbildung. Weinheim und Basel.

Tramm, T. (1996): Lernprozesse in der Übungsfirma. Rekonstruktion und Weiterentwicklung schulischer Übungsfirmenarbeit als Anwendungsfall einer evaluativ-konstruktiven und handlungsorientierten Curriculumstrategie. Habilitationsschrift Göttingen.

Tramm, T. (2000): Probleme und Perspektiven der Handelslehrerausbildung. In: Matthäus, S.; Seeber, S. (Hrsg.): Das universitäre Studium der Wirtschaftspädagogik. Befunde und aktuelle Entwicklungen. Berlin, S. 123–145.

Tramm, T. (2003): Lehrerbildung für den berufsbildenden Bereich in Deutschland zwischen Wissenschafts- und Praxisbezug. In: Achtenhagen, F.; John, E. G. (Hrsg.): Institutionelle Perspektiven beruflicher Bildung. Bielefeld, S. 239–260.

Tramm, T. (2005): Lernfeldkonzeption in der Lehrerbildung. Anmerkungen zum Lernfeldansatz im Modellversuch FIT. In: Hessisches Kultusministerium, Amt für Lehrerbildung: Fit für die Schule. Auf dem Weg zu einer kompetenzorientierten Lehrerbildung. Frankfurt a. M.

Tramm, T.; Fahland, B. (2009): Praxiserfahrung – Praxisreflexion – Praxisforschung: Das Kernpraktikum als zentrales Element der integrierten Lehrerbildungskonzeption für berufliche Lehrämter in Hamburg. Journal für LehrerInnenbildung, Heft 3/ 2009.

Tramm, T.; Fahland, B. (2011): Olga und Ole ante portas – Kernpraktikum im Masterstudiengang „Lehramt an berufsbildenden Schulen" In: Berufliche Bildung Hamburg, 21. Jg. (2011), H.1., S. 17–19.

Tramm, T.; Naeve, N. (2010): Ganzheitlich curriculares und didaktisches Konzept für die Berufliche Fachrichtung „Wirtschaft und Verwaltung" – Kompetenzdimensionen,

Entwicklungsverlauf, Entwicklungsaufgaben. In: Pahl, J.-P. (Hrsg.): Handbuch der Beruflichen Fachrichtungen. Bielefeld: W. Bertelsmann, S. 291–310.

Tramm, T.; Schulz, R. (2006): Die Arbeit von Sozietäten als Impuls für ein integriertes Lehrerbildungscurriculum: Das Beispiel der beruflichen Lehrämter in Hamburg. In: Journal für LehrerInnenbildung, 6, S. 36–43.

Tramm, T.; Schulz, R. (2007): Der Hamburger Weg zu einem integrierten Lehrerbildungscurriculum für Berufs- und Wirtschaftspädagogen. In: bwp@ Nr. 12, Juni 2007. http://www.bwpat.de/ausgabe12/tramm_schulz_bwpat12.shtml (2007-06-25).

Wahl, D. (2005): Lernumgebungen erfolgreich gestalten. Bad Heilbrunn.

Weinert, F. E. (1999): Concepts of competence. Neuchâtel 1999.

Weyland, U. (2010): Zur Intentionalität Schulpraktischer Studien im Kontext universitärer Lehrerausbildung. Paderborn.

Kompetenzorientierte Lehrerbildung für berufliche Schulen
Grundüberlegungen und Handlungsansatz

Klaus Jenewein, Maria Pfützner

Abstract

Der Beitrag behandelt Überlegungen und vorliegende Erfahrungen zur Weiterentwicklung des Übergangs zwischen der ersten und zweiten Ausbildungsphase für das Lehramt an berufsbildenden Schulen. Hierzu wird eine Bestandsaufnahme der Lehrerbildung vorgelegt, es werden einige theoretische Überlegungen zur Ausgestaltung einer kompetenzfördernden Ausbildungskonzeption entwickelt und es wird ein Handlungsansatz vorgestellt, wie ein solches Konzept in einer Lernorte übergreifenden Ausbildungsstrategie umgesetzt werden kann.

1 Ausgangssituation

Die Lehrerausbildung ist in der Hochschulstruktur des Wissenschaftsstandorts Deutschland auch im internationalen Vergleich hervorragend entwickelt und ausgewiesen. Durchweg ist diese Aufgabe heute auf universitärem Niveau eingeführt; die Ausbildung der Lehrkräfte unterscheidet sich damit nicht von anderen forschungsorientierten Studienprogrammen und führt zu einem Abschluss mit Promotionsrecht. Bedingt durch die Zweiphasigkeit der Lehrerausbildung im deutschen System haben die beteiligten Lernorte Universität, Ausbildungsschule und Seminar zudem die Möglichkeit, jeweils spezifische Ausbildungsprofile zu verfolgen und können – über die Professionalisierung für Lehrertätigkeiten hinaus – eigenständige Bildungsziele entwickeln. Damit ergeben sich für die Lehrerausbildung Bildungswege, die an den Universitäten mit einer Verbindung von Lehre und Forschung in einen attraktiven Bildungskontext einführen.

Betrachtet man jedoch dieses Lehrerbildungssystem unter dem Gesichtspunkt von Kompetenzentwicklung und –förderung, wie es heute grundsätzlich auch als Ziel der Hochschulbildung verstanden wird, so wird deutlich, dass es in diesem System hinsichtlich eines bestimmten und abgestimmten Beitrags der Lernorte zur Förderung von Lehrerkompetenzen erhebliche Defizite gibt. „Die Lehrerausbildung ist in Deutschland zweigeteilt", so der Stifterverband für die Deutsche Wissenschaft in seiner Pressemitteilung vom 23.07.2009: „Nach dem Hochschulstudium folgt die Ausbildung im Studienseminar, verbunden mit der praktischen Arbeit in einer Schule. Nur selten begreifen sich beide Seiten als verantwortliche Partner in einem gestuften Ausbildungsprozess." Als Lösungsansatz stellt der Stifterverband dabei in den Raum, im Rahmen „einer geregelten Zusammenarbeit von Hochschulen und Studienseminaren in der Lehrerausbildung (...) die theoretische und praktische Ausbildung so aufeinander ab(zu)stimmen, dass ein systematischer Kompetenzaufbau ermöglicht wird."

2 „Kompetenz" als theoretisches Konstrukt im Rahmen von Lehrerbildung

Wie kann nun der Aufbau von auf Lehrertätigkeiten bezogenen Kompetenzen erklärt und ggf. empirisch erfasst werden? Hierzu schlägt das vorliegende Kapitel einen Theorie- bzw. Erklärungsansatz vor.

Die Komplexität des Lehrerberufs, speziell in den berufsbildenden Schulen mit ihrer Vielzahl an Bildungsgängen, Berufsfeldern und Ausbildungsberufen, fordert von den Lehrkräften ein breites Spektrum an Kompetenzen. Professionelles Lehrerhandeln beschränkt sich nicht auf guten Unterricht, sondern beinhaltet diverse sowohl erzieherische als auch organisatorische Fähigkeiten. Klassische Lehreraufgaben enthält das Strukturmodell zur Beschreibung von Feldern des Lehrerhandelns vom Deutschen Bildungsrat (1970, S. 217 ff.) im Jahr 1970 mit den Lehrerfunktionen Lehren, Erziehen, Beurteilen, Beraten und Innovieren, die in den folgenden Jahrzehnten die bildungswissenschaftliche Diskussion um die Beschreibung von Handlungsfeldern im Arbeitsfeld der Schulen bestimmt haben und in den letzten Jahren weiter ausdifferenziert worden sind.

Aktuell kann davon ausgegangen werden, dass ein weit gehender Konsens mit dem durch das Ende der 90er Jahre erarbeitete Strukturmodell für Lehrerfunktionen gefunden worden ist, welches die eingesetzte KMK-Kommission – allgemein bekannt als Terhart-Kommission – vorgelegt hat. Diese Lehrerfunktionen sind mit nur geringfügiger Differenzierung durch KMK-Beschlüsse etwa zu den Standards der Lehrerbildung weiter aufgegriffen worden. Neben den weiter unverändert aufgeführten Handlungsfeldern Erziehen, Beraten und Innovieren findet sich hier insbesondere eine weiter gehende Ausdifferenzierung:

- das noch 1970 als „Lehren" bezeichnete Handlungsfeld wird jetzt ausgefüllt durch die Funktionsbereiche Unterrichten, Diagnostizieren und Fördern,

Lehrerfunktionen 1970	Lehrerfunktionen 2000
• Lehren	• Unterrichten
• Erziehen	• Diagnostizieren und Fördern
• Beurteilen	• Erziehen
• Beraten	• Leistung messen und beurteilen
• Innovieren	• Evaluieren
(Deutscher Bildungsrat)	• Beraten
	• Organisieren und Verwalten
	• Innovieren
	• Kooperieren
	(KMK-Kommission „Perspektiven der Lehrerbildung in Deutschland")

Abb. 1: *Bildungswissenschaftliche Modelle zur Beschreibung von Lehrerfunktionen als Grundlage der Identifikation von Bereichen des Lehrerhandelns*

- das Handlungsfeld „Beurteilen" wird weiter ausdifferenziert in Leistung messen und beurteilen sowie Evaluieren,

- hinzu kommt als weitere ausgewiesene Handlungsfelder Kooperieren, Organisieren und Verwalten, die für eine moderne Schulorganisation und insbesondere in den berufsbildenden Schulen angesichts des hohen Maßes an Komplexität moderner beruflicher Bildungseinrichtungen und ihre weit gehende Verknüpfung mit der Wirtschaft eine große Bedeutung haben.

Eine weitere Konkretisierung erfolgte in den Standards der Kultusministerkonferenz vom 16.12.2004 zu den Bildungswissenschaften für die Lehrerbildung. Diese Standards können heute als Grundlage einer kompetenzorientierten Lehrerausbildung für das Lehramtsstudium und den Vorbereitungsdienst herangezogen werden. Basierend auf den Empfehlungen der Terhart-Kommission wurden vier Kompetenzbereiche und elf Teilkompetenzen formuliert, die als Zielformulierung der Lehramtsausbildung dienen. Ein grundsätzliches Problem ist jedoch, dass derzeit Lehrerprofessionalität nicht auf der Basis solcher Handlungsfelder und Standards definiert wird, sondern eher über einen formalen akademischen Standard in Form eines zur Promotion berechtigenden Studienabschlusses.

Abb. 2: Novizen-Experten-Paradigma als Modell zur Beschreibung einer gestuften Kompetenzentwicklung in beruflichen Arbeitszusammenhängen (Abbildung: Rauner 2002, S. 117)

Wie kann nun ein Prozess der Kompetenzentwicklung, mit dem die individuelle Entwicklung eines Studienanfängers hin zu einem „Unterrichtsexperten" erfasst werden kann, theoretisch beschrieben werden?

Die Grundlage hierfür bietet das Modell des Novizen-Experten-Paradigmas (vgl. Dreyfus&Dreyfus 1989; Benner 1994), mit dem sich auch eine gestufte, ausbildungsbegleitende Entwicklung pädagogischer und fachdidaktischer Expertise beschreiben lässt (Abb. 2).

Kompetenzen lassen sich nach der Annahme dieses Modells nicht additiv entwickeln. Vielmehr gilt für alle Kompetenzbereiche (folglich auch für die Bereiche des Lehrerhandelns), dass die Herausbildung professioneller Kompetenz sich kontinuierlich entwickelt. In einer ersten Stufe ist für die Herausbildung beruflicher Handlungsfähigkeit ein Orientierungs- und Überblickswissen erforderlich, mit dem ein beruflicher Anfänger erste Schritte auf dem Weg zur beruflichen Handlungsfähigkeit erwirbt und sich hiermit eine erste Voraussetzung für seine Einbindung in eine berufliche Praxisgemeinschaft aneignet. Weitere Stufen führen über einen kontinuierlichen, vertiefenden Kompetenzerwerb bis hin zur höchsten Expertisestufe, in der fachsystematisches und erfahrungsbasiertes Wissen sowie zusammenhängende Verknüpfungen von Wissenselementen und deren Anwendung auf wenig strukturierte Aufgaben des eigenen Praxisfelds die Voraussetzung dafür bieten, dass man in einem beruflichen Handlungsfeld von einem Experten sprechen kann.

3 Aktueller Entwicklungsstand

Was bedeuten solche Theorien für die Gestaltung der Lehrerausbildung und die Rolle der beteiligten Lernorte? Nimmt man die modellhaften Annahmen des Novizen-Experten-Paradigmas ernst, so kann nicht davon ausgegangen werden, dass etwa die erste Phase der Lehrerausbildung einen eigenständigen, vom Referendariat losgelösten Bildungsauftrag verfolgt. Im Gegenteil beschreibt das Modell eine stufenweise Professionalisierung durch Anwendung und Erweiterung von beruflichem Handlungswissen, das im Zuge der fortschreitenden Entwicklung zunehmend an Komplexität gewinnt. Für die Entwicklung von Lehrerkompetenzen sind eine kontinuierliche Erweiterung und eine damit einhergehende Routine und Verbesserung des eigenen Handelns unerlässlich, und für eine so verstandene Professionalisierung sind das didaktische Zusammenwirken der an der Lehrerausbildung beteiligten Lernorte und eine die einzelne Lern- bzw. Ausbildungsphasen übergreifende Kompetenzentwicklung unabdingbar.

Stellt man dem die aktuelle Entwicklung den Situationen der ausbildenden Lehrerbildungsstandorte gegenüber, wird deutlich, dass – mit wechselnder Akzentuierung – eine grundlegende Problemlage vorliegt. Dies gilt bereits hinsichtlich der Professionalisierung in der Lehrerausbildung. Professionelle Standards sind zwar in Deutschland – besonderes im internationalen Vergleich – über einen recht hohen formalen akademischen Grad gewährleistet. Dies bedeutet jedoch nicht, dass in der wissenschaftlichen Diskussion Einigkeit darüber herrscht, dass in dem derzeit herausgebildeten Lehrerbildungssystem die Entwicklung pädagogischer Professionalität auf einem den Anforderungen der pädagogischen Praxis hinreichenden Niveau gewährleistet ist. Im Gegenteil dazu ist erkennbar, dass durch die Zweiphasigkeit des deutschen Lehrerausbildungssystems mit einem durch seminaristische schulpraktische Ausbildung ergänzen wissenschaftlichen Abschluss inhaltliche Brüche entstehen. Ausbildungsverlauf und -ergebnis müssen sich an der in diesem System erzielten Kompetenzentwicklung messen lassen. Zudem existieren nicht genügend differenzierte Lernorte, die Bildungswege aufeinander abstimmen. Es gibt zwar einerseits „Berührungen" zwischen Universitätsstudium und Schulpraxis, andererseits jedoch wenig belastbare inhaltliche Abstimmungen. Disparate Ausbildungsansprüche in den unterschiedlichen Lernorten begleiten die fehlende Systematik bezüglich einer abgestimmten Entwicklung von Lehrerkompetenzen sowohl auf curricularer Ebene als auch auf der Ebene der Ausbildungspraxis. Symptome wie das in den 80er Jahren beschriebene „Praxisschock"-Syndrom sind als Begleitung der späteren Berufseingangsphase noch immer nicht ausgeschlossen.

Darüber hinaus existiert eine Reihe von vernetzten institutionellen Aspekten, die in den einzelnen Lernorten für sich nur bedingt lösbar sind. Ein wichtiges Defizit ist in den fehlenden professionellen Standards für die Lehrerbildner zu sehen. Dies gilt für die Einbindung des Lehrpersonals der berufsbildenden Schulen in die Lehrerausbildung, weil ein Personalentwicklungskonzept zur Beteiligung an der Lehrerausbildung in manchen Bundesländern kaum zu erkennen ist. Hier ist bestenfalls für den Zugang zu Fach- und Seminarleitertätigkeit in der Referendarausbildung eine einigermaßen einheitliche Linie identifizierbar. Insbesondere in ingenieurwissenschaftlichen Mangelfachrichtungen wie Elektro-, Metall- oder Kraftfahrzeugtechnik, in denen Hochschulabsolventen sofort vom Arbeitsmarkt absorbiert werden, wird die in den Hochschulgesetzen der Länder geforderte Schulpraxis für mit Lehrerausbildung befasste Hochschullehrer fast durchgängig nicht eingehalten.

Zusammen gefasst ist festzustellen, dass

- eine leistungsfähige Personalentwicklungsstrategie für Lehrerbildung kaum gewährleistet ist, ebenso wenig ein systematisches Personalentwicklungskonzept im und für den Lernort Schule;

- eine systematische Entwicklung der Lehrerkompetenzen in Form abgestimmter Curricula zwischen den Ausbildungsphasen fehlt;

- über Lehrerausbildung in vielen Ländern kaum belastbare Entwicklungsperspektiven für Lehrkräfte an Schulen bestehen;

- die didaktische Funktion der Lernorte für eine Entwicklung der Lehrerkompetenzen nach wie vor weitgehend unbestimmt ist, vielmehr arbeiten die an der Lehrerausbildung beteiligten Lernorte mit z. T. disparaten Ausbildungsansprüchen oft eher neben einander her.

Aufgrund entkoppelter Lernorte und Ausbildungsphasen fehlt ein erfolgreiches und attraktives curriculares Gesamtmodell, mit dem die Lehrerausbildung in Konkurrenz zu anderen Beschäftigungsperspektiven eine genügend hohe Attraktivität entwickelt. Die derzeitigen Ausbildungskonzeptionen können einen sich systematisch ergänzenden Beitrag zur Kompetenzentwicklung für Lehrkräfte an berufsbildenden Schulen im Sinne eines Gesamtentwurfs lebenslangen Lernens nur ansatzweise gewährleisten. Eine der Ursachen hierfür ist die nicht erfolgte Abstimmung der fachwissenschaftlichen, fachdidaktischen und berufspädagogischen Lehrangebote zu den entsprechenden Ausbildungsanteilen im Vorbereitungsdienst.

Gleichzeitig ist in vielen Bundesländern zu verzeichnen, dass sich die Gewichte zwischen den Lernorten weiter verschieben. Während mit dem Einstieg vieler Bundesländer in die Lehrerausbildung nach dem Bologna-Prozess die Hochschulausbildung auf fünf Jahre ausgebaut worden ist (allerdings lag die tatsächliche Ausbildungsdauer im Lehramt an berufsbildenden Schulen bereits bisher bei diesem zeitlichen Rahmen, wenn man die umfangreichen Staatsprüfungszeiten mit einschließt), wird bundesweit der Vorbereitungsdienst verkürzt, in Sachsen-Anhalt beispielsweise auf 16 (statt bislang 24) Monate. Für die Ausbildung der angehenden Berufsschullehrkräfte bedeutet dies eine erhebliche reale Verkürzung der Gesamtausbildungszeit und bildet einen zusätzlichen Anlass für Überlegungen, wie eine kompetenzfördernde Lehrerausbildung über die unterschiedlichen Ausbildungsphasen hinweg in einer effektiveren Weise als bislang erreichbar organisiert werden kann.

4 Handlungsansatz für die Neugestaltung einer kompetenzfördernden Lehrerausbildung

Die Otto-von-Guericke-Universität Magdeburg (OvGU) hat sich in Zusammenarbeit mit dem Staatlichen Seminar für Lehrerbildung und den berufsbildenden

Schulen des Landes Sachsen-Anhalt die Aufgabe gestellt, unter Berücksichtigung der eingangs angeführten Ausgangslage und der vorgestellten konzeptionellen Überlegungen eine umfassenden Neugestaltung des Übergangssystems von der ersten in die zweite Phase der Lehrerausbildung zu erarbeiten und erproben. Im Einzelnen werden hierzu die folgenden Aspekte bearbeitet.

4.1 Verbesserung der Lernortkooperation

Zentraler Ansatz ist eine personelle, institutionelle und curriculare Vernetzung der an der Lehrerausbildung beteiligten Lernorte. Neben der OvGU und dem Staatlichen Seminar für Lehrämter Magdeburg werden ausgewählte Ausbildungsschulen beteiligt (auf das Modell der Ausbildungspartnerschule wird später gesondert eingegangen). Auf personeller Ebene konkretisiert sich diese Kooperation – beginnend mit der konzeptionellen Arbeit zur Ausgestaltung des Gesamtcurriculums – durch Vertreter (Hochschulmitarbeiter, Fachseminarleiter und Mentoren) der Ausbildungsinstitutionen bei der Ausgestaltung lernortübergreifender Ausbildungsbestandteile. Getragen werden die hiermit verbundenen Maßnahmen durch ein Bündel von institutionellen Entwicklungen, die an späterer Stelle im Einzelnen dargelegt werden.

4.2 Integratives phasenübergreifendes Gesamtcurriculum und neue curriculare Gesamtstruktur für die schulpraktischen Ausbildungsanteile

Basis der Kooperation zwischen den beteiligten Ausbildungspartnern ist ein integratives, phasenübergreifendes Gesamtcurriculum, dessen Prinzip in einer schematischen Darstellung in Abb. 3 skizziert wird. In diesem Curriculum werden die zentralen Theorie-Praxisphasen des Masterstudiums von den drei an der Lehrerausbildung beteiligten Lernorten Universität, Ausbildungsschule und Seminar getragen und inhaltlich ausgestaltet.

Wichtigster Kernpunkt ist die Entwicklung eines die Ausbildungsphasen Masterstudium und Vorbereitungsdienst übergreifenden, kompetenzorientierten Gesamtcurriculums, welches die Ausbildungspartner Universität, Schule und Studienseminar gemeinsam einsetzen. Ein solches Curriculum bietet die Möglichkeit, verschiedene Lehrerkompetenzen zielgerichtet zu verschiedenen Zeitpunkten in der Ausbildung zu entwickeln und eine stufenweise Professionalisierung der zukünftigen Berufsschullehrer in der ersten Ausbildungsphase zu beginnen.

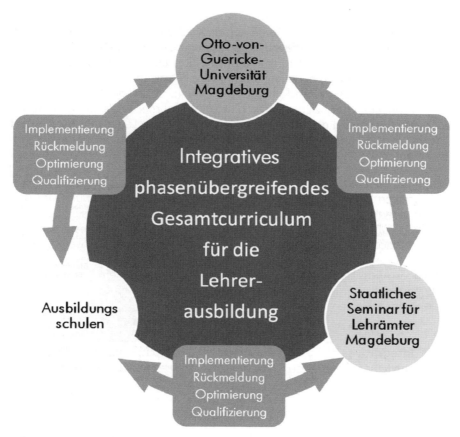

Abb. 3: Einbindung der Lernorte in die Entwicklung und Implementierung eines neuen Gesamtcurriculums

Die Ausformulierung dieses Konzepts geht einher mit einer deutlichen Ausweitung der Praktikumsanteile und der fachdidaktischen Inhalte des Masterstudiums sowie einer stärkeren Formalisierung des Studienablaufs in den Praxisphasen. Unabdingbar ist hierbei, Praxis- und Theoriephasen miteinander fruchtbar in Beziehung zu setzen und inhaltlich sowie organisatorisch zu verschränken. Das Konzept der OvGU sieht daher vor, die an vielen Hochschulstandorten charakteristische Form der Schulpraktika zu einem Modell sogenannter professionspraktischer Studien weiter zu entwickeln und hier eine wissenschaftlich begleitete und reflektierte professionspraktische Orientierung in unterschiedlichen Bereichen des Lehrerhandelns zu ermöglichen.

Mit der Einführung der neuen Praktikumsstruktur wird ein Praktikumstag pro Woche etabliert, an dem die Studierenden an der jeweiligen Ausbildungspartnerschule betreut werden. Die aufeinander aufbauenden drei Teile Basis-, Vertiefungs- und Übergangspraktikum legen den Fokus jeweils auf verschiedene Aspekte und Kompetenzen des Lehrerhandelns. Flankiert werden alle Praktika durch begleitende Lehrveranstaltungen der Universität und des Studienseminars. Eine besondere Qualifizierung des beteiligten Lehrpersonals an den Ausbildungsschulen ist im Rahmen der Lehrerfortbildung des Landes Sachsen-Anhalt sowohl für die Betreuung der Studierenden als auch der Referendare in der Vorbereitung.

Aktuelle Situation				Neustrukturierung im Rahmen des Projektes		
Universität/ Praktikumsschule	CP	Semester BA BG		Universität/Praktikumsschule/Praktikumsbetrieb		CP
Orientierungspraktikum (4 Wochen in der vorlesungsfreien Zeit)	4	2-5		Berufs- und betriebspädagogisch begleitete professionspraktische Studien in der schulischen und betrieblichen Ausbildung		6

Universität/ Praktikumsschule	CP	Semester MA LB		Universität	CP	Ausbildungs-schule	CP	Staatliches Seminar	CP
Fachdidaktisches Praktikum in der beruflichen Fachrichtung	6	1							
Begleitseminar berufliche Fachrichtung	4	2		Begleitseminar beruf. Fachrichtung	4	1 Tag/Woche Basispraktikum	4	PM-Lehren und Lernen 1	2
Fachdidaktisches Praktikum im Unterrichtsfach	4	3		Begleitseminar Unterrichtsfach	4	1 Tag/Woche Vertiefungs-praktikum	4	PM-Lehren und Lernen 2	2
Begleitseminar Unterrichtsfach	2			Berufspäda-gogisches Begleitseminar	4	1 Tag/ Woche Übergangs-praktikum	4	PM-Einführung	2
Schulspezifische Masterarbeitsthemen möglich		4		I.d.R.: Verknüpfung der Masterarbeit mit schulspezifischen Forschungsfragen					
Summe CP	16			Summe CP	12		12		6

Abb. 4:   Bisherige Situation (links) und konzeptioneller Ansatz zur Neuordnung der Schulpraxisphasen (rechts dargestellt für den Ablauf des Masterstudiums für das Lehramt an berufsbildenden Schulen)

Im Masterprogramm werden – in der beruflichen Fachrichtung, im Unterrichtsfach und in der Berufspädagogik – drei lernortintegrierende Ausbildungseinheiten geschaffen, in denen universitäre Lehrveranstaltungen mit jeweils einer seminaristischen Einführung und schulischer Praxiserfahrung inhaltlich und organisatorisch verknüpft sind.

Das *Basispraktikum* erlaubt den Studierenden durch Hospitationen und eigene Unterrichtsversuche das Einarbeiten in den Unterrichts- und Schulalltag bei gleichzeitiger Erprobung und Weiterentwicklung der im Studium erworbenen Kenntnisse. Die Betreuung der Studierenden durch qualifizierte Mentoren der Ausbildungsschulen sowie das Personal der Universität und des Staatlichen Seminars stellt sicher, dass eine kontinuierliche Reflexion des eigenen Entwicklungsstands gekoppelt an regelmäßigen Rückmeldungen erfolgt. Der Fokus liegt im Basispraktikum auf dem Unterrichten in der beruflichen Fachrichtung. Hier erfolgt auch das erste Begleitseminar der Universität, in welchem die Studierenden innerhalb ihrer Seminargruppe Erfahrungen aus unterschiedlichen Schulen und Berufsfeldern austauschen und reflektieren. Ein einführendes Seminarangebot „Lehren und Lernen in der beruflichen Fachrichtung", das durch Fachseminarleiter des Staatlichen Seminars angeboten wird, komplettiert als Erprobungs- und Austauschplattform für Unterrichtskonzepte und –planung die parallele und eng abgestimmte Betreuung. ,

Aufbauend auf das Basispraktikum wird im 3. Mastersemester das *Vertiefungspraktikum* durchlaufen. Analog zum Kompetenzstufenmodell (Abb. 2) erhöhen sich die an den Studierenden gestellten Anforderungen. Zum einen erfolgt der Unterricht nun auch im Unterrichtsfach, flankiert durch das jeweilige fachdidaktische Begleitseminar der Universität. Zum anderen werden dem Studierenden komplexere Aufgaben übertragen. Hier ist die Einschätzung durch die Mentoren und die regelmäßige Rückmeldung an die anderen Ausbildungspartner entscheidend für den Grad der Komplexität der bearbeiteten Unterrichtsaufgaben. Bei dem begleitenden Seminarangebot wird hierbei ein Schwerpunkt auf eine Einführung in „Lehren und Lernen im Unterrichtsfach" gelegt. Auch hier werden unterrichtsspezifische Themen und Probleme unter Einbeziehung der jeweiligen Fachseminarleiter für die Unterrichtsfächer behandelt.

Das *Übergangspraktikum* bereitet den Studierenden auf den Eintritt in den Vorbereitungsdienst vor. Der Fokus dieses Praktikums liegt auf der begleiteten, aber weitgehend selbständigen Planung und Durchführung von längeren Unterrichtssequenzen durch den Studierenden. Das Einführungsmodul des Staatlichen Seminars legt den Schwerpunkt auf grundlegende Rahmenbedingungen des Vorbereitungsdienstes und bietet eine erweiterte Qualifizierung bspw. in Fragen des Schulrechts.

Somit entstehen drei – die bisherige Studienausgangs- und die bisherige Seminareingangsphase integrierende – Ausbildungseinheiten, in deren Zentrum orientierende Lernerfahrungen durch die Einführung in unterschiedliche Felder des Lehrerhandelns an den Ausbildungspartnerschulen stehen. Inhaltlich bauen diese Lerneinheiten auf die im Konsekutivmodell der OvGU bereits während der Bachelorphase erworbenen schul- und betriebspraktischen Ausbildungsstudien auf, in deren Rahmen die Studierenden erste Praxiserfahrungen auch in der betrieblichen Ausbildung erworben haben, die im Magdeburger Modell die schulischen Orientierungspraktika ergänzen. Dies ist insbesondere deshalb von Bedeutung, weil durch den Berufsbildungsreformprozess und die Wende zu einer arbeitsprozessorientierten Berufsbildung Lernprozesse zu organisieren sind, die sich an betrieblichen Handlungsfeldern orientieren. Die Heranführung an die einzelnen Felder des Lehrerhandelns – die sich bei konsekutivem Studienverlauf auch auf die bereits im Bachelorprogramm absolvierten orientierenden Praxisstudien stützt, die in der schulischen und betrieblichen Ausbildung absolviert werden – bildet die Basis für die Entwicklung der Lehrerkompetenzen.

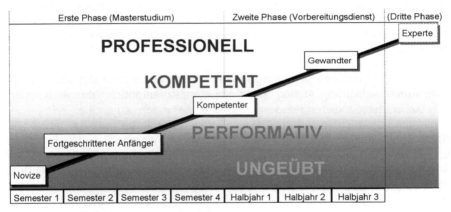

Abb. 5: Vom Novizen zum Experten über ein Modell zur gestuften Kompetenzentwicklung in der Lehrerausbildung

Insgesamt entsteht auf diese Weise ein Modell für eine kontinuierliche Entwicklung und Erweiterung der Lehrerkompetenzen, die im Vorbereitungsdienst aufgegriffen wird und über beide Ausbildungsphasen hinaus reicht, wie es in Abb. 5 schematisch dargestellt ist.

4.3   Kompetenzentwicklung und forschendes Lernen

Dem Primat der Forschungsorientierung soll im Rahmen des veränderten Ausbildungskonzeptes für eine universitäre Lehrerausbildung besonders Rechnung getragen werden. Während eine auf berufliche Ausbildungs- und Unterrichtsfelder bezogene Drittmittelforschung an der Universität einen großen Stellenwert hat und dies in den vergangenen 20 Jahren durch eine intensive Modellversuchsarbeit in Zusammenarbeit mit dem Land Sachsen-Anhalt, der KMK, der BLK und dem BIBB umgesetzt worden ist, sollen mit dem Ansatz des forschenden Lernens forschungsorientierte Theorien und Modelle intensiver in die Lehrerausbildung einfließen, als dies in den traditionellen Studienkonzeptionen möglich war. Hierbei orientiert sich die konzeptionelle Ausrichtung an einigen Vorarbeiten von Schneider. Dessen Dissertationsschrift kommt zu dem Ergebnis, dass mit dem Konzept „Forschendes Lernen in Praxisphasen" sowohl eine verstärkte Forschungsorientierung als auch die Voraussetzung zur Herstellbarkeit einer Anschlussfähigkeit des Praxisbezuges an die empirische Wissenschaft gewährleistet werden könne (vgl. Schneider 2008). Ausgangspunkt der Betrachtung im Modellprojekt bildet der Aspekt der Kompetenzentwicklung durch forschendes Lernen (vgl. Schneider 2009), realisiert durch die Implementierung didaktisch-kreativer Lernsettings, die in den kommenden Jahren im Rahmen von betreuten Masterarbeiten besonders aufgegriffen werden sollen. Schneider verwendet dabei ein auf die Interdependenzen zwischen Theorie, Praxis und Empirie aufbauendes Kompetenzstufenmodell. In Anlehnung an diese Überlegungen soll die Kompetenzentwicklung der Studierenden/Referendare über beide Phasen hinweg durch die Partner OvGU, Staatliches Seminar und Ausbildungsschule gemeinsam begleitet, betreut und evaluiert werden.

Zur methodischen Absicherung der Kompetenzentwicklung in den einzelnen Phasen und zur Untersetzung der begleitenden Kompetenzforschung wird zukünftig ein einfach einzusetzendes Instrumentarium zur Kompetenzbilanzierung in Kooperation zwischen Universität und Staatlichem Seminar entwickelt, das in beiden Phasen als Beratungsgrundlage (qualifizierte Rückmeldung an die Studierenden/Referendare) gelten soll. Anknüpfungspunkte sind hierbei bereits vorliegende Konzepte zur kompetenzorientierten Laufbahnberatung (Lang-von Wins/ Triebel 2006). Die Erarbeitung der Indikatoren und Methoden für das Kompetenzbilanzierungsverfahren erfolgt im Rahmen von themenbezogenen Workshops in Zusammenarbeit mit den Vertretern des Staatlichen Seminars für Lehrämter und unter Einbindung der Akteure in den Ausbildungsschulen. Ein erstes Gesamtmodell für eine die Ausbildungsphasen übergreifende Kompetenzstrukturierung befindet sich aktuell in der Ausarbeitung.

Ein weiteres wichtiges Element ist eine durchgängige Dokumentation der in den einzelnen Ausbildungsphasen erzielten Kompetenzentwicklung mithilfe eines Portfolios. Im Rahmen des Orientierungspraktikums im Magdeburger Bachelorstudiengang ist das Führen eines Portfolios seit vielen Jahren fester Bestandteil, so dass die Studierenden das Prinzip bei ihrem Übergang in das Masterstudium bereits kennen und grundlegend beherrschen. Die Portfolioarbeit bietet speziell für die phasenübergreifende Begleitung der zukünftigen Lehrer die Möglichkeit, die eigene Entwicklung zu beschreiben und zu reflektieren. Inhaltlich ist das Portfolio geteilt in einen Pflichtteil, in dem ausgewählte Hospitationsprotokolle, eigene Unterrichtsentwürfe, Beschreibungen der Ausbildungsschule(n) und Leistungsstandauswertungen enthalten sind, sowie einen persönlichen Teil, der durch den Autor mit eigenen Erfahrungen und Reflektionen gefüllt werden kann. Hierbei orientiert sich das Portfolio an Rahmenbedingungen, die es allen an der Ausbildung Beteiligten ermöglichen, die bisherige Entwicklung des jeweiligen Studierenden bzw. des späteren Referendars nachzuvollziehen. Das Portfolio wird ergänzt durch eine selbst erstellte Kompetenzbilanzierung, die für einzelne Kompetenzen die Zuordnung des Studierenden zu einem gestuften Entwicklungsstand ermöglicht.

4.4 Strukturelle Entwicklungen in den Lernorten

Die angeführten curricularen Entwicklungen müssen durch strukturelle Maßnahmen begleitet werden, mit denen die angestrebte neue Form der Lehrerausbildung mit einer leistungsfähigen Struktur getragen und verstetigt werden kann, da die bisherigen Strukturen eines mehr oder weniger unverbindlichen Nebeneinanders der unterschiedlichen Lernorte keine hinreichende Leistungsfähigkeit aufweisen.

Die zentralen Handlungsansätze beziehen sich zunächst auf die Institutionalisierung einer Kooperationsstruktur mit den beteiligten Schulen. Im Einzelnen werden die folgenden Maßnahmen initiiert:

- *Formalisierung der Lernortkooperation durch ein Netz von Ausbildungspartnerschulen der OvGU sowie Aufbau einer Struktur von Ausbildungslehrkräften und Mentoren.*
  Entscheidend für die bedarfsgerechte Ausbildung ist ein flächendeckender und leistungsfähiger Pool qualifizierter Ausbildungsschulen. In Zusammenarbeit mit OvGU und Staatlichem Seminar wird ein System von so genannten Ausbildungspartnerschulen konstituiert, in denen die Rahmenbedingungen für eine qualifizierte, lernortübergreifend ausgerichtete Betreuung geschaffen werden. Die Universität schließt mit berufsbildenden Schulen Kooperationsvereinbarungen, die den Status „Ausbildungspartnerschule der Otto-von-Guericke-Universität Magdeburg" verleihen und von den Schulen für ihre regionale Ausweisung als Lehrer ausbildende Einrichtung gegenüber Bewerbern und Partnern der regionalen Wirtschaft eingesetzt werden kann.
  An die Beteiligung am Modellprojekt sind für die Ausbildungspartnerschulen eine Reihe von Vorteilen, aber auch institutionelle und

personelle Herausforderungen geknüpft. So gewährleistet die durchgehende Betreuung der Studierenden und Referendare durch die Beteiligten aller Phasen einen optimalen fachlichen Austausch und dient somit explizit der pädagogischen und fachlichen Weiterentwicklung der Lehrkräfte an den Ausbildungsschulen. Für die Studierenden erfolgt eine frühe Bindung an einen möglichen späteren Arbeitsplatz, und es eröffnen sich weitere Möglichkeiten zur bedarfsgerechten berufsfachlichen Orientierung. Die damit verbundenen Synergieeffekte ermöglichen für die Schulen einen frühen Zugriff auf den eigenen Lehrkräftenachwuchs und einen einfacheren Übergang der Referendare in die Berufseinstiegsphase durch entfallende Einarbeitungszeiten. Diese Effekte werden dadurch ermöglicht, dass seitens des Kultusministeriums Maßnahmen zur Erhöhung der Schulautonomie in Planung sind, die auch die Selbstverantwortung der Schulen bei der Bewerberauswahl und -einstellung nachhaltig verstärken sollen.

- *Fortbildungsprogramm für Betreuungslehrkräfte in Zusammenarbeit zwischen dem Landesinstitut für Schulqualität und Lehrerbildung des Landes Sachsen-Anhalt, der OvGU und dem Staatlichem Seminar Magdeburg.*
  In Zusammenarbeit mit den Lernorten Universität und Seminar werden Fortbildungsangebote entwickelt und in die Lehrerfortbildung des Landes Sachsen-Anhalt implementiert, mit denen eine kontinuierliche Heranführung an und Mitwirkung bei der Ausgestaltung einer kompetenzfördernden Lehrerausbildung für betreuende Ausbildungslehrkräfte und Mentoren ermöglicht wird. Die Bereitschaft zur Mitwirkung an der Lehrerfortbildung und zur Freistellung von Ausbildungslehrkräften und Mentoren ist eine der wesentlichen Voraussetzungen für die Aufnahme von Schulen in das Kooperationsprogramm „Ausbildungspartnerschule" durch die Universität.

- *Begleitung der Verkürzung des Vorbereitungsdienstes in Sachsen-Anhalt durch den neu gestalteten Übergang zwischen Masterstudium und Referendariat.*
  Am Staatlichen Seminar für Lehrämter kann die erforderliche curriculare und organisatorische Anpassung des Ausbildungssystems auf umfangreiche Vorarbeiten aufbauen. Durch die durch das Land Sachsen-Anhalt betriebene Modularisierung der Lehrerausbildung in beiden Phasen und die vorliegenden Kompetenzbeschreibungen bestehen geeignete Voraussetzungen für die angestrebten curricularen Abstimmungen mit der OvGU. Dabei erfolgt eine frühzeitige Integration von einführenden Seminarelementen der zweiten Phase in den

Studienverlauf des Masterstudiengangs an der OvGU. Hierzu werden Strukturen für die Zusammenarbeit der jeweiligen Fach- und Seminarleiter mit dem fachdidaktischen und berufspädagogischen Lehrpersonal entwickelt und die Einbindung der Fachkompetenz aus der zweiten Phase der Lehrerausbildung in die Ausgestaltung der professionspraktischen Studien gesichert.

- *Begleitforschung*
  Kernpunkte der institutionellen Qualitätsentwicklung sind neben wissenschaftlicher Weiterbildung des Personals eine frühere Einbeziehung in die Lehrerausbildung und eine Anbindung an die berufspädagogische und fachdidaktische Forschung. Ebenso ist die Mitwirkung der Fach- und Seminarleiter am Aufbau und an der Ausgestaltung der gemeinsam getragenen Kooperationsstruktur mit den Ausbildungspartnerschulen erforderlich, die getragen wird durch das bereits gepflegte Fachlehrer- und Betreuungslehrersystem der zweiten Phase.
  Neben einer verstärkten Forschungsprofilierung des Lehramts-Masterstudienganges erfolgt die Förderung von einschlägigen Forschungsvorhaben im Rahmen von Promotionsstudien für an der Lehrerausbildung beteiligte Lehrkräfte. In Zusammenarbeit mit dem Kultusministerium werden Promotionsstellen für wissenschaftlich qualifiziertes Personal der berufsbildenden Schulen und des Staatlichen Seminars eingerichtet und durch eine fachlich ausgerichtete Forschungsausbildung begleitet. Die Einbindung in das Graduiertenprogramm „Berufsbildung und Personalentwicklung" der OvGU gewährleistet eine adäquate Forschungsmethodenausbildung und eine Einführung in aktuelle Felder der Berufsbildungsforschung, die in interdisziplinärer Zusammenarbeit von verschiedenen Professoren der Fakultät für Geistes-, Sozial- und Erziehungswissenschaften der OvGU organisiert wird.

5   Vorliegende Erfahrungen

Das Konzept einer Neugestaltung des Übergangs von der ersten in die zweite Phase der Lehrerausbildung bedingt eine personelle, institutionelle und curriculare Vernetzung der an der Lehrerausbildung beteiligten Lernorte. In den Institutionen wird in unterschiedlichen Feldern und Bereichen an der Verbesserung der Lernortkooperationen gearbeitet. Im Folgenden wird die Einbindung der Lehramtsstudierende an die Unterrichtspraxis am Beispiel des Begleitseminars der Fachrichtung Metalltechnik skizziert.

Mit dem Ziel, Studierende frühestmöglich an die konzeptionelle Arbeit unter berufsschulischen Bedingungen heranzuführen und die Unterrichtsplanung und -gestaltung als ganzheitlichen Prozess aufzuzeigen, wurde das Begleitseminar in der Fachrichtung Metalltechnik im dazugehörigen Ausbildungsmodul „Lehren und Lernen 1" mit der Projektaufgabe „Erarbeitung einer didaktisch strukturierten Konzeption für die CNC-Grundlagenausbildung in ausgewählten Metallberufen" entwickelt. Der fachwissenschaftliche Hintergrund des Seminars bestand darin, die Studierenden nicht auf den aktuellen Stand der fortgeschrittenen CNC-Technik zu bringen. Vielmehr sollten diese die Möglichkeiten der Übertragung und Anwendung von Aspekten des CNC-Fräsens auf andere Verfahren der Metall- und Holzverarbeitung herausarbeiten. Gemäß der KMK-Standards für die Lehrerbildung (vgl. KMK 2004) bestand im Kompetenzbereich „Lehrerinnen und Lehrer planen Unterricht" die Aufgabe der Studierenden darin, eine Analyse der Planungsunterlagen und der Unterrichtsmaterialien sowie den Entwurf einer begründeten inhaltlichen und zeitlichen Unterrichtsplanung unter dem Aspekt der didaktischen Reduzierung entsprechend der Zielgruppe anzufertigen. Hinsichtlich des Kompetenzbereiches „Lehrerinnen und Lehrer wählen Inhalte und Methoden, Arbeits- und Kommunikationsformen aus" waren die Studierenden für die Erstellung von Informations- und Arbeitsblättern, für die Gestaltung von Lernsituationen und für die Art der Leistungsbewertung verantwortlich. Bezüglich der Kompetenzbereiche 1 und 3 „Lehrerinnen und Lehrer integrieren moderne Informationstechnologien" und „...vermitteln Methoden des eigenverantwortlichen Lernens" erstellten die Studierenden interaktive Unterrichtssequenzen mit der Software „HotPotatoes" und erörterten verschiedene Einsatzvarianten im Unterrichtsprozess. Die Aufgabe, auf dieser Grundlage eine Unterrichtsstunde selbst zu gestalten und diesen Entwurf vor der Seminargruppe vorzustellen und zu verteidigen, bildete den Kern des Praktikums.

Die frühzeitige Konfrontation mit der schulischen Praxis leistete – nach Einschätzungen seitens der Studierenden und des Fachleiters – einen wesentlichen Beitrag zur Kompetenzentwicklung von Studierenden. Die handlungsorientierte Einführung in den umfassenden Prozess der Unterrichtsplanung und -gestaltung wurde – neben der Erkenntnis, sich nun in den vielschichtigen Kompetenzbereichen kreativ ins Berufsleben einzubringen zu können – bei allen zukünftigen Berufsschullehrern als wichtiger Beitrag für die zweite Phase der Lehrerbildung beurteilt.

Wie geht es im Modell nach einer solchen ersten Theorie-Praxis-Phase weiter? Aufbauend auf diese ersten Planungs- und Durchführungserfahrungen sollen im Folgenden zwei weitere Kompetenzen schwerpunktmäßig gefordert und gefördert werden: Die Gestaltung von – an den beruflichen Arbeitsprozessen der Auszubildenden orientierten – Lernsituationen und die umfassendere Berücksichtigung der sozialen und kulturellen Lebens- und Arbeitsbedingungen und die hiervon ausgehenden Ansätze zur Förderung der individuellen Entwicklung der Schülerinnen und Schüler bilden einen zusätzlichen Fokus in der weiteren Ausbildungsarbeit. Über die hiermit erworbenen Erfahrungen und Konzepte wird in gesonderten Beiträgen berichtet.

6 Ausblick

Die Auseinandersetzung mit der Praxis des beruflichen Lehrens und Lernens erfordert eine neue Form der Organisation der berufspraktischen Anteile in der ersten Ausbildungsphase. Der Fokus liegt dabei auf der frühzeitigen Förderung der beruflichen Handlungskompetenz der Studierenden als zukünftige Lehrer und Lehrerinnen, um den Einstieg ins spätere Berufsleben erheblich zu erleichtern. Diese kann durch eine konsequente Weiterentwicklung von innovativer Lehr- und Lernformen in der schulischen Praxisphase erreicht werden. Das schließt die kritische Auseinandersetzung mit Praxissituationen, Erfahrungen und Reflexionen von Schulwirklichkeit und im außerschulischen Bereich sowie des eigenen Denken und Handelns in Unterrichtssituationen ein.

Die Gestaltung und Betreuung dieser Lernprozesse hat einen entscheidenden Stellenwert im Rahmen der Lehrerausbildung. Diese neue Lehr- und Lerngestaltung in berufspraktischen Anteilen wird durch Kooperation von Hochschullehrern und Mentoren, Betreuungslehrern und Fachleiten – entsprechend ihrer jeweiligen Funktion für die Lehrerbildung – vertieft und erweitert.

Literatur

Bader, R.; Jenewein, K. (2004): Bachelor-/Masterstudiengang für Berufsbildung: Professionalisierung und Differenzierung in vernetzten Studiengängen für ein Berufsbildungssystem der Zukunft. In: Schulz, R.; Becker, M.; Dreher, R. (Hrsg.): Bachelor und Master für das Lehramt an beruflichen Schulen: Auswirkungen auf das Referendariat. Kronshagen: IQSH, S. 84–96.

Bader, R.; Bünning, F.; Frommberger, D.; Jenewein, K. (2007): Das "Magdeburger Modell" – Ausbau universitärer Studiengänge für Berufsbildung im Kontext des Bologna-Prozesses. In: Berufs- und Wirtschaftspädagogik Online, Heft 12, http://www.bwpat.de/ausgabe12/bader_etal_bwpat12.pdf (10.02.2012).

Benner, P. (1994): Interpretive phenomenology. Embodiment, caring and ethics in health and illness. 2. [pr.]. Thousand Oaks, Calif.: Sage Publ.

Bünning, F.; Jenewein, K. (2006): Das internationale Rahmencurriculum für Masterstudiengänge in Technical and Vocational Education and Training (TVET) – Fallstudie zur Realisierung eines gemeinsamen europäisch-asiatischen Masterstudiengangs in der beruflichen Bildung. In: Lehrerbildung für gewerblich-technische Berufe im europäischen Vergleich. - Karlsruhe: Univ.-Verl. Karlsruhe, S. 200–204.

Deutscher Bildungsrat (1970): Empfehlungen der Bildungskommission. Strukturplan für das Bildungswesen. Bonn.

Dreyfus, H.-L.; Dreyfus, St.-E. (1989): Mind over machine. The power of human intuition and expertise in the era of the computer. Oxford: Blackwell.

Jenewein, K. (2005): Innovation und wissenschaftliche Exzellenz: Die Hangzhou Deklaration der UNESCO zur Ausbildung von Berufsschullehrern. In: Lernen & lehren 20(2005) 79, S. 123–128.

KMK (2000): Perspektiven der Lehrerbildung in Deutschland. Abschlussbericht der von der Kultusministerkonferenz eingesetzten Kommission. Weinheim, Basel: Beltz.

KMK (2004): Standards für die Lehrerbildung: Bildungswissenschaften. Beschluss der Kultusministerkonferenz vom 16.12.2004.

KMK (2007): Handreichung für die Erarbeitung von Rahmenlehrplänen der Kultusministerkonferenz für den berufsbezogenen Unterricht in der Berufsschule und ihre Abstimmung mit Ausbildungsordnungen des Bundes für anerkannte Ausbildungsberufe.

KMK (2008): Empfehlung der Kultusministerkonferenz und der Hochschulrektorenkonferenz zur Vergabe eines Masterabschlusses in der Lehrerbildung bei vorgesehener Einbeziehung von Leistungen des Vorbereitungsdienstes. Beschluss der Kultusministerkonferenz vom 12.06. bzw. vom 08.07.2008.

Landtag von Sachsen-Anhalt/Drucksache 5/2212 (2009): Konzept zur Sicherung des Lehrkräftenachwuchses für das Land Sachsen-Anhalt. Teil I: Zeitraum bis 2015. Herausgegeben von Kultusministerium Sachsen-Anhalt, 2009.

Lang-von Wins, Th.; Triebel, Cl. (2006): Kompetenzorientierte Laufbahnberatung. Heidelberg: Springer (Arbeits- und organisationspsychologische Techniken).

Pressemitteilung: Stifterverbands-Wettbewerb für bessere Lehrerbildung: Finalisten stehen fest vom 23.07.2009 letzter Zugriff am 08.02.2012 unter: http://idw-online.de/pages/de/news327127

Rauner, F. (2002): Berufliche Kompetenzentwicklung – Vom Novizen zum Experten. In: Dehnbostel, P.; Elsholz, U.; Meister, J.; Meyer-Menk, J. (Hrsg.): Kompetenzentwicklung in vernetzten Lernstrukturen. Berlin: edition sigma, S. 111–132.

Schneider, R. (2008): Forschendes Lernen in der Lehrerausbildung. Entwicklung einer Neukonzeption von Praxisstudien am Beispiel des Curriculumbausteins "Schulentwicklung". Eine empirisch-qualitative Untersuchung zur Ermittlung hochschuldidaktischer Potenziale. Diss. Technische Universität Dortmund.

Schneider, R. (2009): Kompetenzentwicklung durch Forschendes Lernen. In: Journal Hochschuldidaktik, 20. Jg., H. 2, S. 33–37. Online verfügbar unter www.hdz.tu-dortmund.de/fileadmin/JournalHD/2009_2/2009_2_Schneider.pdf (10.02.2012).

Walke, Jutta (2007): Die zweite Phase der Lehrerbildung. Ein Überblick über Stand, Problemlagen und Reformtendenzen. Eine Expertise für den Wissenschaftlichen Beirat des Aktionsprogramms "Neue Wege in der Lehrerbildung" des Stifterverbandes für die Deutsche Wissenschaft/Mercator-Stiftung. Essen (Schriftenreihe zur Lehrerbildung - Band III).

Gewerblich-Technische Fachrichtungen

Gewerblich-technische Fachrichtungen – Pragmatik, Probleme, Perspektiven

Volkmar Herkner

1 Zum Terminus „Berufliche Fachrichtung"

Für diejenigen, die im akademischen Teil der Ausbildung von Lehrkräften an berufsbildenden Schulen für das sogenannte Erstfach verantwortlich sind, sollte der Begriff der beruflichen Fachrichtung zum alltäglichen Sprachgebrauch sowie zum Bezugs- und Ausgangspunkt von Lehre und Forschung gehören. Doch beim genaueren Hinsehen zeigt sich, dass der Terminus keineswegs selbsterklärend ist und außerhalb dieser engen „Zunft" sogar falsch gedeutet werden kann. So gibt es anerkannte Ausbildungsberufe nach BBiG bzw. HWO, bei denen ebenfalls von Fachrichtungen – und zudem explizit im Kontext von Beruf – die Rede ist. Hierbei sind Fachrichtungen jene Spezialisierungen nach branchenspezifischen Besonderheiten, in denen sich ein Ausbildungsberuf stärker als bei sogenannten Schwerpunkten mit nur betrieblichen Besonderheiten ausdifferenzieren kann (Stöhr/Kuppe 2011, S. 107). Dieser berufspädagogische Terminus ist mit jenem der Beruflichen Fachrichtungen für die Ausbildung von Lehrkräften nicht identisch. Hinzu kommt noch, dass in der „Hochschulwelt" oft ebenso von Fachrichtungen gesprochen wird, damit aber die Aufteilung in Fakultäten, Fachgebieten oder eben Fachrichtungen gemeint sein kann. So kann der Begriff der Fachrichtungen im Berufsbildungs- und Hochschulbereich mehrdeutig ausgelegt sein.

Wenn im Folgenden von beruflicher Fachrichtung gesprochen wird, dann soll damit das sogenannte „berufliche Fach" gemeint sein, das an Universitäten und Hochschulen im Rahmen eines Studiums zu einem Lehramt an berufsbildenden Schulen zumeist als „Erstfach" zu belegen ist. Es deckt dabei nicht ein berufliches Schulfach, sondern eine Palette von ähnlichen Berufen ab, die von der Kultusministerkonferenz „Berufsfeld" genannt werden. Schon mit diesen Anmerkungen wird deutlich, dass berufliche Fachrichtung und Berufsfeld in einem engen Zusammenhang gesehen werden müssen. Die KMK geht davon aus, dass sich die Fachrichtungen an den Berufsfeldern orientieren sollen (KMK 1973, S. 1; KMK 1995, S. 2).

Zwar haben sich an den Hochschulstandorten zum Teil eigene Entwicklungen vollzogen, einen bundesweit gültigen Ordnungsrahmen gibt aber die KMK mit

161

ihrer aktuellen Rahmenvereinbarung vor. Bis heute sind drei Fassungen erschienen, die im Kontext der Ausbildung von Lehrkräften an berufsbildenden Schulen in beruflichen Fachrichtungen relevant sind: jene von 1973, 1995 und 2007. Doch selbst in diesen Rahmenvereinbarungen hat es die KMK unterlassen, den Terminus zu definieren. Er wird schlicht als gegeben vorausgesetzt. In den KMK-Papieren werden indes die beruflichen Fachrichtungen wie in einem Katalog aufgelistet (siehe KMK 1973, S. 3 f.; KMK 1995, S. 4; KMK 2007, S. 5).

Die Realität an den Universitäten und Hochschulen sowie allein schon die dortigen Namensgebungen sehen mitunter etwas anders aus. Dort haben sich zuweilen andere Bezeichnungen durchgesetzt. In vielen Fällen steckt hinter einer von der KMK abweichenden Titulierung aber auch ein anderer inhaltlicher Anspruch. Für die Metalltechnik etwa – eine der größten und traditionsreichsten beruflichen Fachrichtungen – stellt sich schon seit einiger Zeit die Frage, ob die mit dem Namen intendierte Bearbeitung metallischer Werkstoffe tatsächlich noch im Mittelpunkt steht. Nicht nur, dass damit die Bearbeitung anderer Werkstoffe, wie z. B. die Kunststoffbearbeitung, außen vor gelassen wird, ist an der KMK-Bezeichnung kritisch zu sehen. Darüber hinaus haben Steuerungs- und Regelungstechnik und damit auch die Heizungs- und Klimatechnik mit klassischer Werkstoffbearbeitung nur noch wenig gemein. So wundert es nicht, wenn in Universitäten und Hochschulen andere Bezeichnungen wie etwa Metall- und Systemtechnik (Universität Flensburg) oder Metall- und Maschinentechnik (TU Dresden) kursieren. Außerdem haben Hochschulen mancherorts berufliche Fachrichtungen entwickelt, die es nach KMK derzeit nicht gibt, aber dennoch einen spezifischen Bedarf der Schulen abdecken. Genannt seien hier als Beispiele Umweltschutz/Umwelttechnik (TU Dresden; siehe Storz 2010) und Mediendesign und Designtechnik (Universität Wuppertal; siehe Blankenheim/Busmann/Heinen 2010).

Allein schon auf Basis der letztgenannten Situation stellt sich die Frage, wann eine berufliche Fachrichtung entwickelt werden müsste bzw. wann eine Fachrichtung überhaupt eine berufliche Fachrichtung ist. Welche Merkmale, Eigenschaften und Strukturen muss eine berufliche Fachrichtung aufweisen? Darüber hinaus können zahlreiche weitere Fragen formuliert werden: Wie werden sich – auf der Basis ihrer Genese – die beruflichen Fachrichtungen zukünftig entwickeln? Welche beruflichen Fachrichtungen benötigen wir? Wie stehen die beruflichen Fachrichtungen zueinander? Wie ist ihr Verhältnis zum sogenannten Zweitfach, das meistens ein allgemein bildendes Fach ist? Und nicht zuletzt ist die Frage zu stellen, wie sich das Konstrukt der beruflichen Fachrichtungen im Kontext von Kopenhagen- und Bologna-Prozess der Europäisierung nichtakademisch-beruflicher und akademischer Bildung entwickeln wird (vergleiche den Artikel von Georg Spöttl in diesem Band).

2 Blick in die Historie – Aspekte des Pragmatismus

Das erste auffindbare Dokument, in dem amtlicherseits von Fachrichtungen im Kontext der Ausbildung von Lehrkräften an berufsbildenden Schulen die Rede ist, stammt aus dem Jahre 1930. Damals hat der Preußische Minister für Handel und Gewerbe, Dr. Walther Carl Rudolf Schreiber, festgelegt, welche Fachrichtungen für Gewerbelehrerinnen und -lehrer es an den Berufspädagogischen Instituten gibt (Abb. 1). Außerhalb Preußens hatte in jener Zeit zum Teil bereits die Akademisierung der Ausbildung eingesetzt (z. B. Karlsruhe, Dresden, Hamburg ...) (siehe z. B. Haas/Kümmel 1984, S. 202), während das Studium an den erst wenige Jahre zuvor gegründeten Berufspädagogischen Instituten in Preußen nicht als akademisch galt.

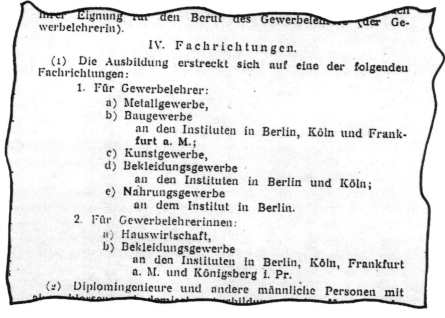

Abb. 1: Erlaß des Preußischen Ministers vom 09.07.1930

Bemerkenswert ist an dem Dokument dreierlei:

1) Es wurde festgelegt, welche Fachrichtungen an welchem Standort angeboten werden.

2) Die Fachrichtungen sind nicht gleichermaßen für Interessierte beider Geschlechter geöffnet.

3) Die Fachrichtungen tragen – mit Ausnahme der Hauswirtschaft – einheitlich als Grundwort die Bezeichnung „Gewerbe" (siehe Erlaß 1930).

Neben den im Erlass genannten Fachrichtungen im Bereich der Gewerbelehrerschaft hat es die Handelslehrerinnen und -lehrer gegeben, sodass man 1930 von mindestens einer weiteren Fachrichtung – Wirtschaft oder Wirtschaft und Verwaltung – ausgehen kann. In der Handelslehrerschaft ist noch heute die Ansicht nur rudimentär entwickelt, dass es sich beim Studium um eine berufliche Fachrichtung handelt.

Nach dem Zweiten Weltkrieg hat sich erst spät eine bundesweite Akademisierung des Berufsschullehrerstudiums durchgesetzt. Die KMK griff erstmals 1973 mit einer Rahmenvereinbarung ordnungspolitisch in die Fachrichtungsstruktur ein. Damals wurden 13 Fachrichtungen aufgelistet, die in 46 „speziellen Fachgebieten" ausdifferenziert waren (KMK 1973, S. 3 f.). Über 20 Jahre später, 1995, wurde diese Rahmenvereinbarung überarbeitet und nun auch erstmals von „Beruflicher Fachrichtung" gesprochen. Die nächste und bislang letzte Neuordnung hat es dann 2007 gegeben. Legt man diese drei Fassungen nebeneinander und vergleicht die Listen der von der KMK bestätigten beruflichen Fachrichtungen miteinander, so lässt sich zum einen eine „Genese der beruflichen Fachrichtungen" darstellen (Abb. 2).

Zum anderen aber kann man – wenngleich nur mit aller Vorsicht – Entwicklungen erkennen, die möglicherweise auch in die Zukunft hineinwirken könnten. Vergleicht man die Rahmenvereinbarungen von 1973 und 1995, so könnte man a) von einer „Entspezialisierung" und b) einer „Entwissenschaftlichung" sprechen. Zwar nahm die Zahl der Fachrichtungen von 13 auf 16 zu, dafür wurde aber 1995 auf die Nennung von Ausdifferenzierungen innerhalb der Fachrichtungen verzichtet. Außerdem verschwand im Zuge der abgeflauten Wissenschaftseuphorie der 1970er Jahre nun der Ausdruck „Wissenschaft" aus den Bezeichnungen der Fachrichtungen. Im Katalog von 1973 hatten noch fünf Fachrichtungen die Wissenschaft in ihrem Namen. So wurde aus der Fachrichtung „Ernährungs- und Hauswirtschaftswissenschaft" nun die berufliche Fachrichtung „Ernährung und Hauswirtschaft".

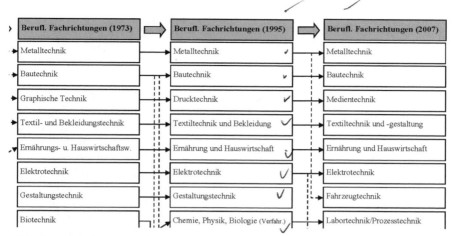

Berufl. Fachrichtungen (1973)	Berufl. Fachrichtungen (1995)	Berufl. Fachrichtungen (2007)
Metalltechnik	Metalltechnik	Metalltechnik
Bautechnik	Bautechnik	Bautechnik
Graphische Technik	Drucktechnik	Medientechnik
Textil- und Bekleidungstechnik	Textiltechnik und Bekleidung	Textiltechnik und -gestaltung
Ernährungs- u. Hauswirtschaftsw.	Ernährung und Hauswirtschaft	Ernährung und Hauswirtschaft
Elektrotechnik	Elektrotechnik	Elektrotechnik
Gestaltungstechnik	Gestaltungstechnik	Fahrzeugtechnik
Biotechnik	Chemie, Physik, Biologie (Verfahr.)	Labortechnik/Prozesstechnik

Abb. 2:   Ausriss aus der Genese der beruflichen Fachrichtungen (Herkner 2010, S. 54)

Schaut man sich den Wechsel der Rahmenvereinbarung von 1995 zu 2007 an, so fällt zunächst auf, dass die Zahl der Fachrichtungen konstant geblieben ist, obgleich mit der Fahrzeugtechnik und der Informationstechnik zwei hinzukamen. Bemerkenswert ist darüber hinaus, dass die KMK – wissentlich oder eher unbewusst – die Fachrichtung klarer als zuvor in technische oder wirtschaftliche gruppierte. Seit 2007 gibt es allein zehn Fachrichtungen, die aufgrund des Namens eindeutig als „technische" identifiziert werden können, drei als wirtschaftliche. Nur noch bei drei weiteren Fachrichtungen kann auf der Basis dieser Unterscheidung keine Zuordnung erfolgen: Sozialpädagogik, Pflege sowie Gesundheit und Körperpflege.

Im Folgenden werden die zehn gewerblich-technischen Fachrichtungen im Vordergrund stehen. Nach den derzeit gültigen KMK-Bezeichnungen sind dieses

- Metalltechnik,
- Elektrotechnik,
- Bautechnik,
- Holztechnik,
- Textiltechnik und -gestaltung,
- Labortechnik/Prozesstechnik,
- Medientechnik,

- Farbtechnik, Raumgestaltung und Oberflächentechnik,

- Fahrzeugtechnik sowie

- Informationstechnik.

Bei einem ersten Blick auf jene Fachrichtungen fällt auf, dass sie alle bundesweit unter mehr oder weniger kleinen Studierendenzahlen leiden (vgl. jüngst: Seidel/Wemme 2011) und letztlich an den meisten Universitäten und Hochschulen auch über eine nur vergleichsweise geringe Akzeptanz verfügen. Dieses gilt ungeachtet der spezifischen Situation, die für jede Fachrichtung einzeln zu erläutern wäre (siehe hierzu Herkner/Pahl 2010, S. 842 f.), und der Tatsache, dass Metall-, Elektro- und Bautechnik die drei größten und traditionsreichsten Fachrichtungen sind, während Fahrzeug- und Informationstechnik als Ausdifferenzierungen aus der Metall- bzw. der Elektrotechnik sich erst in jüngerer Zeit an einigen Hochschulstandorten zu etablieren beginnen und die Textiltechnik und -gestaltung inzwischen an nur noch einem Standort angeboten wird (RWTH Aachen in Verbindung mit der Hochschule Niederrhein Mönchengladbach; Grundmeier/Hayen 2010, S. 488).

3 Ausgewählte strukturelle Probleme

3.1 Ordnung der Beruflichen Fachrichtungen

Ordnungsmerkmal

Die Ordnung der beruflichen Fachrichtungen scheint einer gewissen Willkür zu unterliegen. Eine Systematik ist jedenfalls nicht zu entdecken. So lässt sich sagen, dass es ein allgemeines, auf alle Fachrichtungen zutreffendes Ordnungsmerkmal nicht gibt. In der Metall-, der Holz- und der Textiltechnik (und –gestaltung) ist der zu bearbeitende Werkstoff das zentrale Merkmal, in der Bautechnik ist es der Arbeitsort, in der Elektrotechnik die korrespondierende Fach- bzw. Naturwissenschaft etc.

Fächerkombinationen

Für die Ordnung der beruflichen Fachrichtungen sind neben dem fehlenden übergreifenden Ordnungsmerkmal auch die Kombinationsmöglichkeiten interessant und relevant. Hierbei stellt sich die Frage nach günstigen Fächerkombinationen, um einerseits dem offensichtlichen Mangel an Studienbewerberinnen

und -bewerbern bzw. -interessierten entgegenzutreten und andererseits den Bedürfnissen an den Schulen entgegenzukommen. Wird eine gewerblich-technische berufliche Fachrichtung als erstes Fach gewählt, so gibt es bei der Wahl
des zweiten Faches – unabhängig von eventuellen Vorbehalten gegenüber der
heute gängigen Einstufung und Besoldung der fertig ausgebildeten Lehrkräfte
und ungeachtet der in Prüfungsordnungen der Länder oder in Studien- und Prüfungsordnungen der Hochschulen bestehenden Festlegungen zur Wahl der Studienfächer – prinzipiell folgende Möglichkeiten:

1) ein allgemein bildendes Unterrichtsfach als gängigste Form (z. B. Mathematik, Physik ...); hierbei zeigt sich, dass das allgemein bildende
   Unterrichtsfach oftmals eine deutliche Erschwernis darstellt, u. a. weil
   die Interessierten häufig vorrangig und zuweilen sogar ausschließlich
   Lehrkraft für das erste, d. h. das berufliche Fach werden wollen;

2) eine zweite nichttechnische und damit nichtaffine berufliche Fachrichtung (z. B. Ernährung und Hauswirtschaft), wobei derartige Kombinationen in den allermeisten Fällen sowohl aus Sicht der Anbieter
   als auch der Nachfrager wenig sinnvoll sind;

3) eine zweite, aber affine berufliche Fachrichtung (z. B. die Elektrotechnik zur Metalltechnik), wobei es hierfür in vielen Fällen durchaus ein-
   en Markt zu geben scheint (z. B. hier: Ausbildung in der Mechatronik);

4) eine Vertiefung innerhalb der beruflichen Fachrichtung (hochaffin),
   sodass z. B. zum weiten Feld der Metalltechnik als zweites Fach die
   Produktions- oder Fertigungstechnik gewählt wird; .

5) eine Sonderform beispielsweise für sozialpädagogische oder beruf-
   lich-praktische Einsatzfelder; die KMK (2007, S. 3) spricht hier von einer „sonderpädagogischen Fachrichtung", die als zweites Fach gewählt werden kann.

Bei den genannten Kombinationen[1] handelt es sich zunächst lediglich um die
generellen Möglichkeiten, unabhängig von deren Realisierungschancen und den
Folgerungen, z. B. für die Besoldung solcher Kandidatinnen und Kandidaten, die

---

1   Darüber hinaus könnte es besondere Konstellationen geben, wenn die Studierenden ein drittes
    Fach, ggf. mit geringerem Umfang, wählen. So könnte das Studium einer beruflichen Fachrich-
    tung und zweier allgemein bildender Unterrichtsfächer die Möglichkeit eines späteren Wechsels
    zum allgemeinen Gymnasium erleichtern. Hier wäre das Verhältnis abzuwägen, ob die Attrak-
    tivitätssteigerung des Studienganges den möglichen Verlust von Lehrkräften für den berufsbil-
    denden Bereich auffangen kann.

dann kein gymnasiales Fach wählen. Es scheint durchaus sinnvoll, gerade in Zeiten des Bewerbermangels über andere Kombinationsmöglichkeiten als die gängigste Form (Modell 1) nachzudenken. Für Quereinsteiger könnten generell die Modelle 3 und 4 sehr relevant sein und dann auch dazu beitragen, die Mangelsituation zu lindern, wenn nicht sogar zu beheben. Allerdings sei auch angemerkt, dass heutige Studiengänge noch stärker als in der Vergangenheit durch Akkreditierungsverfahren formal dem Diktat der Polyvalenz unterliegen. Ein Studiengang mit beruflicher Fachrichtung sollte demnach nicht ausschließlich und zwangsläufig nur in den Schuldienst führen (Lipsmeier 2011, S. 157).

Bündelungen

Schaut man sich die Ordnung der beruflichen Fachrichtungen an, so lässt sich in jedem Fall eine große Gruppe „verwandter" Fachrichtungen bilden: die gewerblich-technischen. Die dann verbleibenden sechs Fachrichtungen können in solche personenbezogener Dienstleistungen (4) sowie anderweitiger Fachrichtungen (2) gruppiert werden. Wie der Vergleich der Rahmenvereinbarungen der KMK von 1995 und 2007 zeigt, könnte die zweite größere Gruppe mit drei Fachrichtungen auch als kaufmännische Fachrichtungen (mit der Bezeichnung „Wirtschaft") zusammengefasst werden.

Bündelungen scheinen insofern wichtig, als dass – unabhängig von der speziellen Lage in einer beruflichen Fachrichtung – Gemeinsamkeiten und ähnliche Interessensituationen ausfindig gemacht und Profile gebildet werden könnten. So können manche Hochschulinstitute spezifische Profile – etwa als Institut für gewerblich-technische Fachrichtungen – ausformen, in denen sie wissenschaftliche Expertise nachweisen können. Zudem können so Überlappungen und Grenzbereiche einzelner Fachrichtungen besser ausgelotet werden.

Vertiefungsrichtungen und Fachrichtungsbereiche

Einige berufliche Fachrichtungen weisen eine solche Weite auf, dass sie heute von einer einzelnen Lehrkraft kaum noch seriös abzudecken sind. Die Metalltechnik ist eine besonders breit angelegte Fachrichtung, bei der u. a. klassische Werkstoffbearbeitung an großen Werkzeugmaschinen als Zerspanungsmechaniker/-in ebenso vorkommt wie etwa Tätigkeiten an komplexen versorgungstechnischen Systemen als Anlagenmechaniker/-in für Sanitär-, Heizungs- und Klimatechnik oder beispielsweise handwerkliche Arbeiten als Uhrenmacher/-in oder Goldschmied/-in. Gerade in einem solchen weiten Berufsfeld bietet es sich an, über Spezialisierungen in Form von Vertiefungsrichtungen oder Fachrichtungsbereichen (z. B. im Master- oder im Hauptstudium) nachzudenken. Einige Bundesländer sehen derartige Regelungen in ihren Lehrerprüfungsordnungen vor.

3.2 Betrachtungen der gewerblich-technischen Fachrichtungen

Nimmt man die gewerblich-technischen Fachrichtungen nach einer Systematik genauer in den Blick, so kann dieses zunächst intern erfolgen (1), indem es um das Identifizieren von Fachrichtungsbereichen oder Vertiefungsrichtungen geht. Die verantwortlichen Hochschullehrer/-innen in den Fachrichtungen sind aufgerufen, Möglichkeiten und Grenzen solcher Spezialisierungen auszuloten.

Des Weiteren kann die Perspektive auf das Geflecht der gewerblich-technischen Fachrichtungen gerichtet sein (2), um vor allem Synergien, Überlappungsfelder und Grenzbereiche zu eruieren. Als Beispiel sei hier auf die Metall- und die Elektrotechnik verwiesen (Abb. 3), in deren Umfeld Grenzziehungen schon immer nicht einfach waren (vgl. Rauner 1987, Lipsmeier 1996).

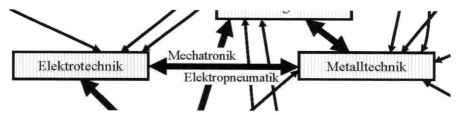

Abb. 3:   Exemplarische Ausschnittsbildung (Herkner/Pahl 2010, S. 846)

Außerdem gibt es die Möglichkeit, dass die Vertreter/-innen der gewerblich-technischen Fachrichtungen diese im Kontext mit Fachrichtungen personenbezogener Dienstleistungen und mit kaufmännischen bzw. anderweitigen Fachrichtungen betrachten (3). Hierbei zeigen sich durchaus auch Überlappungen und sodann Kooperationsmöglichkeiten mit Fachrichtungen, die zunächst nicht im Blick sind, so etwa zwischen Fahrzeugtechnik sowie Wirtschaft und Verwaltung beim Ausbildungsberuf „Automobilkaufmann/-kauffrau" oder zwischen den Fachrichtungen Elektrotechnik einerseits und Ernährung und Hauswirtschaft andererseits, wenn es um haushalts(geräte)technische Inhalte geht.

Schließlich kann jede gewerblich-technische Fachrichtung außerdem noch hinsichtlich der Wahl besonders geeigneter zweiter Studienfächer genauer untersucht werden (4). Dabei bieten sich zwei Betrachtungen an. Zum einen lassen sich von den Schulen besonders nachgefragte Kombinationen eruieren oder zum anderen solche ermitteln, bei denen die Lernvoraussetzungen und Motivationen der Studieninteressierten eine große Aussicht auf einen erfolgreichen Abschluss der ersten und zweiten Phase der Lehrerbildung versprechen. Die Ergebnisse der ersten Phase, d. h. der Nachfrager- bzw. schulischen Bedarfsseite, werden vermutlich nicht unwesentlich von regionalen Gegebenheiten bestimmt und dürften zudem zeitlichen Schwankungen unterliegen. Bei der zweiten Betrachtung sind „stabilere", d. h. von Erhebungszeitpunkt und -region vergleichsweise unabhängige Untersuchungsergebnisse zu erwarten. So verspricht aus Sicht der Studieninteressierten zum Beispiel eine Kombination von Elektrotechnik mit Physik aufgrund der Affinität einen höheren Erfolg als viele andere Fächerkombinationen.

Bei alledem ist aber zu beachten, dass die jeweilige berufliche Fachrichtung bereits von sich aus ein Konstrukt darstellt, das in verschiedenen Kontexten und unterschiedlichen Bezugswelten steht (Abb. 4).

Wenn man so will, ist die berufliche Fachrichtung als Mittler zwischen drei Welten gefragt. Es muss auf die Praxis in den Schulen, in den Betrieben, aber auch in der „übrigen" Hochschule Rücksicht genommen werden.

3.3 Spezifische Aspekte im gewerblich-technischen Bereich

Die gewerblich-technischen Fachrichtungen haben in einer Gesellschaft, die nicht mehr dominant produktionstechnisch bestimmt ist, einen ungleich schwereren Stand als zu Zeiten, in der vor allem die Metall- und Elektrobranche maßgeblich den Wirtschaftsstandort geprägt hat. Die heutigen Akzeptanzprobleme gewerblich-technischer Facharbeit und damit auch entsprechender beruflicher Fachrichtungen haben vielfältige Ursachen und sind letztlich doch Ausdruck des lange dauernden und inzwischen weitgehend vollzogenen Wandels von einer Industrie- zu einer Dienstleistungs- und Freizeitgesellschaft. Für den akademischen Teil der Ausbildung zur Lehrkraft an berufsbildenden Schulen in gewerblich-technischen Arbeitsfeldern zeigen sich darüber hinaus spezifische Schwierigkeiten. Sie liegen zum einen in der Ordnung, Struktur und Entwicklung dieser Fachrichtungen begründet. Dazu zählen beispielsweise:

- die nicht eindeutigen oder missdeutbaren Bezeichnungen einiger Fachrichtungen wie z. B. Informationstechnik (in Inklusion oder eben Abgrenzung speziell zur Informatik), Labortechnik/Prozesstechnik (als Ausdruck für Beruflichkeit der chemienahen oder -verbundenen Facharbeit) oder Medientechnik (mit der z. B. gestaltende Berufe der Medienbranche nicht abgedeckt werden, sondern semantisch allein auf die Handhabung mit technischer Ausstattung gezielt wird);

- die häufige und mitunter notwendige Konzentration in der Hochschullehre auf „Kernberufe" einer Fachrichtung wie z. B. „Industriemechaniker/-in" in der Metalltechnik, wodurch gegebenenfalls oder

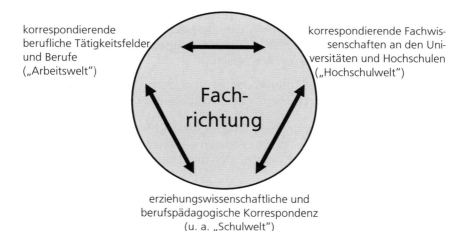

korrespondierende berufliche Tätigkeitsfelder und Berufe („Arbeitswelt")

korrespondierende Fachwissenschaften an den Universitäten und Hochschulen („Hochschulwelt")

Fach-richtung

erziehungswissenschaftliche und berufspädagogische Korrespondenz (u. a. „Schulwelt")

Abb. 4:   *Berufliche Fachrichtung im Kontext von Schule, Betrieb und Hochschule*

sogar häufig andere wichtige Ausbildungsberufe vernachlässigt werden und „Randberufe" möglicherweise sogar unberücksichtigt bleiben;

- die nicht gelöste Abdeckung berufsfeldübergreifender Berufe wie z. B. „Automobilkaufmann/-frau", der weder nur der Fahrzeugtechnik noch ausschließlich der Wirtschaft und Verwaltung zuzuordnen ist;

- eine zuweilen pragmatische und inhaltlich kaum begründbare Zuordnung einiger Berufe zu bestimmten beruflichen Fachrichtungen; genannt sei hier das Beispiel medizintechnischer Berufe wie „Zahntechniker/-in", „Augenoptiker/-in" oder „Orthopädiemechaniker/-in" zur Metalltechnik, sodass Interessenten, die für Berufsschulklassen dieser Ausbildungsberufe prädestiniert sind, formal die gesamte fachwissenschaftliche sowie fach- bzw. berufsdidaktische Breite der Metalltechnik erfolgreich studieren müssen;

- insgesamt die zunehmende Vernetzung der verschiedenen Technikbereiche, z. B. durch Informatisierung der Facharbeit und Technik (siehe z. B. Pangalos u. a. 2005);

- die bereits mehrfach erwähnte enorme Breite mancher Fachrichtungen wie z. B. der Metalltechnik;

- das Entstehen relativ autonomer Teilbereiche von Fachrichtungen wie z. B. der Gebäude(leit)technik in der Elektrotechnik, dem Landschaftsbau in der Bautechnik, der Versorgungstechnik und der Automatisierungstechnik in der Metalltechnik;

- die Entwicklung neuer Technikbereiche bzw. deren Verberuflichung wie z. B. Medizintechnik, Mikrosystemtechnik oder Bionik.

Neben diesen aus der Ordnung und Struktur des Fachrichtungskonzepts herzuleitenden Schwierigkeiten kann zum anderen ein zweiter Problemschwerpunkt in den Gegebenheiten an den Universitäten und Hochschulen gesehen werden. Hier seien genannt:

- der Mangel an Professuren und Ausstattung, so z. B. in den Fachrichtungen Fahrzeugtechnik, Holztechnik, Informationstechnik sowie Farbtechnik, Raumgestaltung und Oberflächentechnik, für die es bundesweit kaum oder keine eigenen Lehrstühle sowie in der Folge auch nur wenig wissenschaftlichen Nachwuchs gibt;

- die Abdeckung mehrerer Fachrichtungen durch nur eine Professur, obgleich die Breite bereits einer einzelnen Fachrichtung kaum beherrschbar ist;

- fast durchgängig sehr kleine Studierendenzahlen, mit denen eigenständige berufs- und fachdidaktische Lehrveranstaltungen in Zeiten strenger Lehrdeputatsberechnungen an den Hochschulen einem hohen Legitimationsdruck ausgesetzt werden;

- der an vielen Universitäten und Hochschulen feststellbare geringe Stellenwert der gewerblich-technischen Fachrichtungen;

- das gerade für technische Bereiche relevante Problem geeigneter korrespondierender Fachwissenschaften;

- der z. T. geringe Entwicklungsstand spezieller Didaktiken in den Fachrichtungen.

Für manche dieser Probleme sind akzeptable bzw. vollauf zufriedenstellende Lösungen nicht in Sicht, obgleich es z. T. vielfältige und bereits lang andauernde Bestrebungen gibt. Einige genannte Aspekte – zum Beispiel der defizitäre Stand vieler Berufsfelddidaktiken (andeutungsweise: Lipsmeier 2011, S. 158) – sind auch zumindest zum Teil selbstverschuldet. Wesentlich dürfte sein, dass auf Hilfen von außen und aus der Wissenschaftsszene kaum gesetzt werden kann. Die beruflichen Fachrichtungen fristen ein randständiges Dasein. Sie werden – so ist in Zeiten eines harten Wettbewerbes um Reputation auch zwischen den Wissenschaften zu vermuten – a) einen langen Atem benötigen, b) vor allem sich selbst helfen müssen und c) nach „Verbündeten" suchen müssen, bei denen eine zumindest in Teilen gemeinsame Interessenssituation kommuniziert werden kann.

4 Entwicklungsmöglichkeiten und Perspektiven

Das Spektrum der beruflichen Fachrichtungen hat sich seit seiner ersten Rahmen gebenden Ordnung durch die KMK vor fast 40 Jahren verändert. Dieses wird auch weiterhin geschehen, weil berufliche Tätigkeitsfelder und Ausbildungsberufe sowie – in der Folge – berufsbezogener Unterricht an den Schulen und damit auch Berufsfelder und berufliche Fachrichtungen einem Wandel ausgesetzt sind. Gerade in technischen Bereichen ist das Veränderungstempo hoch. Geht man die Entwicklungsmöglichkeiten theoretisch einmal durch, so kommen vor allem folgende Szenarien in Betracht:

Szenario 1: Erhalt des Status quo

Szenario 2: Zunahme der Anzahl beruflicher Fachrichtungen

Szenario 3: konstante Anzahl an Fachrichtungen

Szenario 4: Verringerung der Anzahl beruflicher Fachrichtungen

Szenario 5: Ausdifferenzierung bei konstanter Anzahl beruflicher Fachrichtungen

Betrachtet man das erste Szenario, so wird ein Status quo der derzeit bestehenden Fachrichtungen sehr wahrscheinlich eine Zunahme an Komplexität der Verbindungen zwischen den Fachrichtungen bedeuten. Ursachen hierfür liegen zum einen in der komplexer werdenden Berufs- und Lebenswelt und zum anderen in dem generellen Trend, dass vormals starre Grenzen poröser, durchlässiger und verschiebbarer werden. Neue Ausbildungsberufe haben sich in den vergangenen fünfzehn Jahren vor allem im Überschneidungsbereich von Berufsfeldern oder bisheriger Berufe entwickelt. Als typische Beispiele sind hier die Berufe „Mechatroniker/-in" und „Mikrotechnologe/-technologin" für Überschneidungen von Berufsfeldern sowie „Kraftfahrzeugmechatroniker/-in" als Bündelung vormaliger Berufe zu nennen. Dementsprechend würde eine Topographie der Fachrichtungen diese Komplexitätszunahme durch viele Verbindungslinien illustrieren (vgl. Abb. 5).

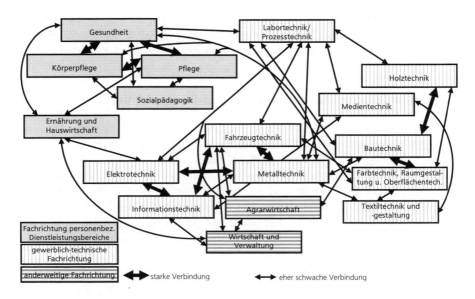

Abb. 5:   *Gegenwärtige berufliche Fachrichtungen und deren Verbindungen*

Geht man davon aus, dass manche Tätigkeitsfelder in Zukunft verberuflicht werden, so kommt man zunächst zu der Annahme, dass die Zahl der beruflichen Fachrichtungen zunehmen wird (Szenario 2). Außerdem könnte die Bedeutung einiger berufsfeldübergreifender Ausbildungsberufe so groß werden, dass sie das Entstehen eigener beruflicher Fachrichtungen rechtfertigen. Für den gewerblich-technischen Bereich könnte daher eine Fachrichtung mit systemtechnischem, haustechnischem und mechatronischem Bezug ebenso in Frage kommen wie Medizintechnik als stark aufkommender Technikbereich oder Umweltschutz/ Umwelttechnik als querliegende Fachrichtung, die nicht nur für spezifische Umweltberufe, sondern für alle Berufsfelder bedeutsam ist (s. Abb. 6).

Werden im Gegenzug auch berufliche Fachrichtungen gestrichen bzw. mit anderen zusammengelegt, so kommt man zu Szenario 3: Die Zahl der Fachrichtungen würde auch weiterhin bei 16 liegen, es würden aber einige neu entstehen, andere vergehen. Für dieses Szenario spricht, dass die Zahl der Fachrichtungen nicht stetig wachsen sollte, da eine zu starke Ausdifferenzierung zu weiteren Akzeptanzproblemen führen würde. Die Zahl der Fachrichtungen liegt seit 1995 bei 16 – eine Größenordnung, die zwischen notwendiger fachlicher Ausdifferenzierung einerseits und gewünschter Einsatzbreite ausgebildeter Lehrkräfte andererseits ein angemessener Kompromiss zu sein scheint. Für den gewerblich-technischen Bereich wäre u. a. aus Gründen geringer hochschulischer Basis zu diskutieren, inwiefern Farbtechnik, Raumgestaltung und Oberflächentechnik sowie Textiltechnik und -gestaltung durch andere, dann umfassender angelegte Fachrichtungen mit abgedeckt werden könnten.

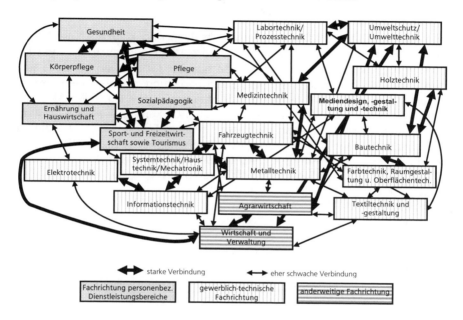

Abb. 6: Zuwachs an beruflichen Fachrichtungen und deren Verbindungen

Szenario 4 würde eine Verringerung der Zahl beruflicher Fachrichtungen bedeuten. Diese Situation kann zu einer Konzentration und damit einer gewissen Stärkung an einem Standort führen sowie die Einsatzbreite ausgebildeter künftiger Lehrkräfte vergrößern, allerdings möglicherweise zu Lasten fachwissenschaftlicher Tiefe und Qualität gehen. Ein krasser, bereits 2001 diskutierter Vorschlag würde zu einer Reduzierung auf nur noch fünf Fachrichtungen führen, wobei der gewerblich-technische Bereich nach Vorschlag einer KMK-Arbeitsgruppe dann in zwei Fachrichtungen aufgehen könnte: Produktions- und Informationstechnik einerseits sowie produktionsgebundene und produktionsnahe Dienstleistungen andererseits (s. Hölterhoff 2010, S. 821).

In einem fünften Szenario würde die Zahl der beruflichen Fachrichtungen gleich bleiben, aber innerhalb derer würden Einsatzgebiete und Vertiefungsrichtungen definiert werden. Damit würde besser der Forderung entsprochen werden, auf der einen Seite eine ausreichende Breite und auf der anderen Seite eine gewollte Tiefe abdecken zu können. Für die Metalltechnik als besonders breit angelegte berufliche Fachrichtung böten sich etwa die Vertiefungsrichtungen Produktionstechnik (einschließlich System- bzw. Regelungstechnik), Versorgungstechnik und Medizintechnik (einschließlich Kunststofftechnik) an.

Welches dieser Szenarien sich am Ende durchsetzen wird, kann noch nicht abgesehen werden. Es scheinen hier aber vertiefte Überlegungen und Untersuchungen notwendig zu sein, bei denen nicht nur die Hochschulen, sondern auch die berufsbildenden Schulen und die Schulverwaltungen einbezogen werden müssen. Anders als in der Vergangenheit offenbar geschehen, sollte die Änderung oder das Beibehalten der Fachrichtungsstruktur künftig aber auch nicht der KMK mehr oder weniger allein überlassen bleiben. Schon gar nicht sollte die KMK ohne Expertisen aus der Wissenschaft in einem eher pragmatischen Akt handeln. Dennoch erscheint es als angebracht, dass sich die KMK in absehbarer Zeit wieder mit den beruflichen Fachrichtungen befassen sollte.

5 Offene Fragen

Wie die Zukunft der gewerblich-technischen Fachrichtungen aussehen wird, kann nicht mit Sicherheit vorhergesagt werden. Dieses resultiert nicht nur aus der grundsätzlichen Schwäche prognostischer Betrachtungen. Es gibt darüber hinaus Einflussfaktoren, die auf das Gesamtkonstrukt wirken. Hierbei scheint das Austarieren von Dualismen nicht unwichtig. So ist (1) neben der Lehre in den beruflichen Fachrichtungen auch die Forschung zu betrachten. Erfolgreiche und von der Science Community anerkannte Forschungsleistungen können die Akzeptanz der gewerblich-technischen Fachrichtungen und damit ggf. auch die Ressourcen für die Lehre erheblich verbessern helfen. Daher sollte nicht nur die Lehre, sondern auch die Forschung in den Fachrichtungen beachtet werden.

(2) Neben den Universitäten treten die Fachhochschulen als Institutionen der Fachrichtungen auf, und teilweise gibt es Verbundmodelle. Die Auswirkungen des verstärkten Einbeziehens von Fachhochschulen sind noch nicht erkennbar.

Da nicht jeder Hochschulstandort alle beruflichen Fachrichtungen anbieten kann, ist (3) über das Verhältnis von Konzentration und Vielfalt der Studienorte und -möglichkeiten nachzudenken. Hochschulstandorte mit spezifischen Schwerpunktfachrichtungen scheinen geeignet, um Kräfte zu bündeln und gleichzeitig dennoch Vielfalt herzustellen. Interessanterweise darf man daher zunächst zur Kenntnis nehmen, dass neueröffnete Hochschulstandorte wie zum Beispiel Bamberg in Bayern oder Osnabrück in Niedersachsen anderen etablierten Standorten

– hier die TU München, dort die Universität Hannover – offenbar keine oder nur sehr wenige Studierenden in den jeweiligen Fachrichtungen abgezogen haben.[2] Insgesamt sollte – auch über Grenzen der Bundesländer hinweg – ein ausgewogenes Verhältnis von Konzentration und Vielfalt angestrebt werden, um die Fachrichtungen zu stärken. In diesem Zusammenhang ist auch über die Kombinationsmöglichkeiten von Erst- und Zweitfach an den jeweiligen Hochschulstandorten nachzudenken.

Bei der Besetzung von Professuren in den beruflichen Fachrichtungen ist (4) das Verhältnis von Fachwissenschaftler/-in und Fachdidaktiker/-in zu beachten. Das Studium der beruflichen Fachrichtungen bedarf Verantwortlicher, die beide Seiten genügend abdecken. Hier ist auch davon auszugehen, welches Personal bislang zur Verfügung steht, sodass ggf. „Komplementärprofessuren" geschaffen werden können.

Und schließlich bleibt eine Frage, die möglicherweise gravierend auf das Konstrukt der beruflichen Fachrichtungen, wie wir es aus der Bundesrepublik kennen, Einfluss haben könnte: die Europäisierung nichtakademischer und akademischer beruflicher Bildung durch Kopenhagen- und Bologna-Prozess (5). Angesichts dessen, wie die „Europäisierung" wirken könnte, wäre schlimmstenfalls zu befürchten, dass das Konstrukt der Fachrichtungen obsolet werden würde. Daraus würde ein sechstes, zuvor hier nicht erläutertes Szenario resultieren, nämlich die Aussicht, dass berufliche Fachrichtungen sich auflösen könnten.

Da es aus deutscher Sicht nicht nur aus traditionellen, sondern vor allem aus qualitativen Gründen wichtig erscheint, auch weiterhin an Mindeststandards festzuhalten und den akademischen Teil der Ausbildung von Lehrkräften an berufsbildenden Schulen in beruflichen Fachrichtungen zu betreiben, sollten die mit und in den Fachrichtungen Tätigen gemeinsam Anstrengungen unternehmen, um offensiv Zukunftskonzepte zu entwickeln. Eine standortübergreifende Zusammenarbeit ist hier ebenso sinnvoll wie eine, die enge Fachrichtungsgrenzen überwindet und das Gesamte in den Blick nimmt. Erste Überlegungen hierzu sind getätigt. Nun sind auch Aktivitäten der Bildungspolitik in Bund und Ländern erforderlich.

---

2   Diese (vorläufige) Feststellung beruht zunächst nur auf Aussagen von Verantwortlichen aus den jeweiligen Hochschulstandorten, die auf der GTW-Tagung „Lehrerbildung in den gewerblich-technischen Fachrichtungen" am 19. Mai 2011 in Bremen getätigt worden sind. Eine exakte empirische Überprüfung kann nicht allein mit dem Vergleich von Studierendenzahlen verschiedener Jahrgänge geleistet werden und würde einen höheren Aufwand bedeuten.

Literatur

Blankenheim, B.; Busmann, J.; Heinen, U. (2010): Mediendesign und Designtechnik – Eine Berufliche Fachrichtung nach Landesrecht in bundesweiter Perspektive. In: Pahl, J.-P.; Herkner, V. (Hrsg.): Handbuch Berufliche Fachrichtungen. Bielefeld, S. 783–797.

Erlaß (1930): Erl. d. M. f. H. vom 9. Juli 1930 Nr. IV 9462/30 Z, betr. Bestimmungen über die Ausbildung von Gewerbelehrern und Gewerbelehrerinnen. In: Technische Erziehung, 5. Jg., Heft 10, S. 99–102.

Grundmeier, A.-M.; Hayen, U. (2010): Berufliche Fachrichtung Textiltechnik und -gestaltung. In: Pahl, J.-P.; Herkner, V. (Hrsg.): Handbuch Berufliche Fachrichtungen. Bielefeld, S. 476–491.

Haas, N.; Kümmel, K. (1984): Die preußische Gewerbelehrerausbildung. Struktur und Entwicklung. In: Zeitschrift für Berufs- und Wirtschaftspädagogik, 80. Band, Heft 3, S. 195–212.

Herkner, V. (2010): Berufspädagogische Wurzeln und Entwicklungen der Beruflichen Fachrichtungen. In: Pahl, J.-P.; Herkner, V. (Hrsg.): Handbuch Berufliche Fachrichtungen. Bielefeld, S. 35–56.

Herkner, V.; Pahl, J.-P. (2010): Struktur und Entwicklungsmöglichkeiten der Beruflichen Fachrichtungen – Analysen und Vergleiche. In: Pahl, J.-P.; Herkner, V. (Hrsg.): Handbuch Berufliche Fachrichtungen. Bielefeld, S. 832–848.

Hölterhoff, D. (2010): Strukturierung der Beruflichen Fachrichtungen für das Studium zum Lehramt für berufliche Schulen. In: Pahl, J.-P.; Herkner, V. (Hrsg.): Handbuch Berufliche Fachrichtungen. Bielefeld, S. 814–832.

KMK (2007): Kultusministerkonferenz: Rahmenvereinbarung über die Ausbildung und Prüfung für ein Lehramt der Sekundarstufe II (berufliche Fächer) oder für die beruflichen Schulen (Lehramtstyp 5), Beschluss der Kultusministerkonferenz vom 12.05.1995 i. d. F. vom 20.09.2007.

KMK (1995): Kultusministerkonferenz: Rahmenvereinbarung über die Ausbildung und Prüfung für Lehrämter für die Sekundarstufe II (berufliche Fächer) oder für die beruflichen Schulen (Lehramtstyp 5), Beschluß der Kultusministerkonferenz vom 12.5.1995.

KMK (1973): Kultusministerkonferenz: Rahmenvereinbarung über die Ausbildung und Prüfung für das Lehramt mit Schwerpunkt Sekundarstufe II – Lehrbefähigung für Fachrichtungen des beruflichen Schulwesens –, Beschluß der Kultusministerkonferenz vom 5.10.1973.

Lipsmeier, A. (2011): Rezension zu: Jörg-Peter Pahl/Volkmar Herkner (Hrsg.): Handbuch Berufliche Fachrichtungen. In: Zeitschrift für Berufs- und Wirtschaftspädagogik, 107. Band, Heft 1, S. 154–158.

Lipsmeier, A. (1996): Entstehung und Wandel elektrotechnischer Ausbildungsberufe unter besonderer Berücksichtigung des Elektromechanikers. In: Lipsmeier, A.; Rauner, F. (Hrsg.): Beiträge zur Fachdidaktik Elektrotechnik. Band 16 der Reihe „Beiträge zur Pädagogik für Schule und Betrieb", Stuttgart, S. 40–52.

Pangalos, J.; Spöttl, G.; Knutzen, S.; Howe, F. (Hrsg.) (2005): Informatisierung von Arbeit, Technik und Bildung. Eine berufswissenschaftliche Bestandsaufnahme. Band 15 der Reihe „Bildung und Arbeitswelt", Münster.

Rauner, F. (1987): Elektrotechnik Grundbildung. Soest.

Seidel, A.; Wemme, T. (2011): Nachwuchssorgen im Lehramtsstudium für berufsbildende Schulen? In: Die berufsbildende Schule, 63. Jg., Heft 7/8, S. 220–226.

Stöhr, A.; Kuppe, A. M. (2011): Indikatoren zur Ausbildung im dualen System der Berufsausbildung. In: Bundesinstitut für Berufsbildung (Hrsg.): Datenreport zum Berufsbildungsbericht 2011. Informationen und Analysen zur Entwicklung der beruflichen Bildung. Bonn, S. 106–111.

Storz, P. (2010): Umweltschutz/Umwelttechnik – ein universitäres Fach nach Landesrecht in bundesweiter Perspektive. In: Pahl, J.-P.; Herkner, V. (Hrsg.): Handbuch Berufliche Fachrichtungen. Bielefeld, S. 797–814.

Berufswissenschaften im Lichte von Bologna

Georg Spöttl

1 Einleitung

Seit einer Dekade wird über die Lehrerausbildung an Hochschulen im Lichte des sogenannten Bolognaprozesses diskutiert. Die Auseinandersetzungen finden jedoch verhältnismäßig leise statt, obwohl sich bereits erhebliche Veränderungen durchgesetzt haben. Lehramtsstudiengänge an Universitäten und Hochschulen sind heute modularisiert und auf Bachelor- und Master-Abschlüsse umgestellt. Längere Praktikumsphasen, die in das Studium integriert werden, sind inzwischen selbstverständlich. „Die Universitäten haben erkannt, dass sie einen wichtigen Anteil an der Lehrerausbildung tragen und darauf mehr Aufmerksamkeit richten müssen. Fast überall sind Zentren für Lehrerbildung entstanden, die die Belange der Lehramtsstudenten organisatorisch und hochschulpolitisch vertreten" (Terhart 2008, S. 78).

Die Sorbonne-Erklärung der Bildungsminister von Frankreich, Deutschland, Italien und England zur Harmonisierung der Hochschulbildung in Europa und der Bolognaprozess (vgl. Bologna Erklärung 1999), der 1999 durch einen Beschluss von 29 Bildungsministern der Mitgliedstaaten der Europäischen Union in Gang gesetzt und zunächst für eine Dekade geplant war, zeigt heute bereits Wirkung. Die ursprüngliche Absicht auf eine Angleichung jener formalen Strukturen universitärer Studiengänge und Studienabschlüsse, von denen angenommen wurde, dass sie den Studienplatzwechsel der Studierenden innerhalb Europas erschwerten, wird besonders in Deutschland überlagert von erheblichen strukturellen Veränderungen der Studiengangsmodelle mit rigiden, lernergebnisorientierten Modulstrukturen in Verbindung mit einem feingliedrigen Prüfungswesen (vgl. Deutsche Gesellschaft für Erziehungswissenschaft 2005). Pätzold (2006, S. 111) spricht von einem Systemwechsel in Richtung Bachelor- und Masterstudiengänge, der von der Wissenschaftspolitik in die Wege geleitet wurde. Dieser Schritt, der inzwischen dazu beitrug, dass fast 100 % der Lehramtsstudiengänge auf Bachelor- und Masterkonzepte umgestellt sind, wird von Pätzold als unerwartet bewertet, „da in Deutschland andere Strukturen und Kulturen der Lehrerbildung existieren als in den meisten anderen europäischen Ländern" (ebd.). Gemeint ist damit die universitäre Ausbildungsphase, die mit dem Ersten Staatsexamen (und/oder mit einem zusätzlichen Diplom) endete und der in der Regel

24-monatige Vorbereitungsdienst (Referendariat), der mit dem Zweiten Staatsexamen abschloss. Erst der erfolgreiche Abschluss der zweiten Ausbildungsphase eröffnete den Einstieg in das öffentliche berufliche Schulwesen und den Einsatz in verschiedenen Schulformen mit großer Leistungsspannbreite. Pätzold stellt fest: „In Deutschland ist auf Grund seines differenzierten Systems berufsbildender Schulen ein adäquater Lehrertypus notwendig" (ebd.).

Es steht außer Frage, dass mit den Bachelor- und Masterstrukturen die über Staatsexamensprüfungen geregelte Lehrerbildung abgelöst wurde und in die Verantwortung der Hochschulen wanderte. Einzug gehalten haben in erster Linie eine stärkere Kompetenzorientierung, Module als Basis der Lernorganisation und ein Leistungspunktesystem. Es ist also nahe liegend, Fragen unter neuem Lichte zu diskutieren, die den Status der jetzigen Lehrerausbildung, das notwendige Wissen und Können der Lehrkräfte, die Struktur der Fachrichtungen, den Stellenwert der Berufswissenschaften und die Schnittstellen zu den Nachbardisziplinen betreffen. Erste Antworten werden nachstehend gegeben.

2 Der Reformprozess – ein unwidersprochener Systemwandel

Die Implementierung der Reform der Studiengänge, die zur Jahrhundertwende einsetzte, hat innerhalb von nur einem Jahrzehnt zu einer fundamentalen Transformation der bisherigen Strukturen der zu erfüllenden Aufgaben von Lehrenden und Lernenden an Hochschulen geführt. Wussten die Professorinnen und Professoren sich in der Vergangenheit immer gut zu wehren, wenn es um die Autonomie ihrer Lehre und Forschung und anderer Privilegien ging, so folgen sie dieses Mal den zuständigen bildungs-, kultur- und wissenschaftspolitischen Instanzen des Staates, insbesondere der Kultusministerkonferenz, den Absprachen der EU-Mitgliedsstaaten und anderen (vermeintlichen) überstaatlichen Initiativen (vgl. Lempert 2010, S. 5). Erstaunlich auch, dass die Betroffenen selbst ohne gründlichere Diskussion der Verhältnisse einen epochalen Wandel der Hochschullandschaft mehr oder weniger freiwillig vorangetrieben und im Sinne von Perfektionismus radikalisiert haben. Heute ist ein Stand erreicht, der auch die Protagonisten dieses Perfektionismus erwachen lässt, ohne jedoch über die neu geschaffenen Systemstrukturen gründlicher zu reflektieren. Die auftretenden Friktionen in der momentanen Übergangsphase werden nicht dafür genutzt, aus den Entwicklungen zu lernen und Reformpotenziale zu mobilisieren, sondern es wird – gesteuert von den Hochschulleitungen – eine bürokratisch-technokratisch forcierte zweite Reformwelle eingeleitet, die versucht, mittels einer hoch standardisierten IT-Infrastruktur die Studiengänge, das Prüfungswesen, das Angebotswesen, die Summierung der Kreditpunkte und anderes zu steuern. Für interdisziplinäre Studiengänge wie die Lehrämter ist damit nicht nur ein erheblicher organisatorischer Aufwand verbunden und es muss derzeit offen bleiben, ob daraus irgendwann eine positive Bilanz resultiert. Fest steht aber bereits jetzt, dass nur noch im Rahmen normierter Studiengänge und IT-erfasster Strukturen studiert werden kann. Jede noch so geringe Individualisierung bleibt bei konsequenter Anwendung der IT-Steuerungssysteme ausgeschlossen. Auch diese Tatsache wird von der Professorenschaft in großen Teilen akzeptiert bzw. bleibt ohne massiveren Widerspruch.

Dem homogenisierenden Trend dieses strukturellen Wandels haben sich mit Ausnahme der Medizin und Jurisprudenz bisher alle unterworfen.

Pätzold hatte die Hoffnung zum Ausdruck gebracht, der durch die Bologna-Vereinbarung angestoßene Veränderungsprozess biete „eine Option, (hoffentlich) Stärken der bisherigen Lehrerbildung zu bewahren und auf zentrale Schwächen der Lehrerbildung konstruktive Antworten zu finden" (Pätzold 2006, S. 111 f.). Die Sektion Berufs- und Wirtschaftspädagogik der Deutschen Gesellschaft für Erziehungswissenschaft (DGfE) sieht als besondere Stärke der universitären Lehrerbildung, dass das Fach Erziehungswissenschaft/Berufspädagogik und zwei berufliche Fachrichtungen bzw. Unterrichtsfächer mit der zugehörigen Fachdidaktik von Beginn des Studiums an parallel studiert werden können. Sie hat für das Studium der Berufs- und Wirtschaftspädagogik 2003 ein Basiscurriculum entworfen (Sektion 2003), welches 2008 etwas modifiziert von der Deutschen Gesellschaft für Erziehungswissenschaft als Kerncurriculum veröffentlicht wurde (Deutsche Gesellschaft für Erziehungswissenschaft, 2008). Zur Ausdifferenzierung der beruflichen Fachrichtungen (diese sind nicht Gegenstand des genannten Kerncurriculums) in den gewerblich-technischen Berufen wurden von der GTW (Gewerblich-technische Wissenschaften) 2010 (vgl. GTW 2010a) Eckpunkte und Empfehlungen zur Ausgestaltung von Studienordnungen für Bachelor- und Masterstudiengänge (vgl. beispielhaft GTW 2010b) formuliert. Mit diesen Schritten zeigten die für die Lehrerbildung der beruflichen Bildung zuständigen Communities zweierlei:

1. Sie sind in der Lage, professionspolitische Impulse zu setzen und zu demonstrieren, dass das Studium nicht beliebig ist, sondern ausdifferenzierte Profile verfolgt werden, die Wissen und Handeln, Theorie und Praxis systematisch aufeinander beziehen und dass das Studium der Berufspädagogik/Wirtschaftspädagogik, der beruflichen Fachrichtungen, der Unterrichtsfächer und der Fachdidaktik hohe Relevanz für die spätere Berufstätigkeit haben.

2. Mit den vorgelegten Konzepten und Strukturmodellen wird auch belegt, dass sich die Communities ohne weitere fundamentale Kritik auf die gestufte Bachelor- und Masterstruktur einlassen und Möglichkeiten der Ausgestaltung aufzeigen zum Erwerb grundlegenden pädagogischen und berufspädagogischen Wissens und professionsspezifischer Kompetenzen.

Mit diesen Ausführungen wird letztlich der gestalterische Wille der beteiligten Communities untermauert, die von der Bildungspolitik angestrebten Reformen im Rahmen der politischen Vorgaben zu erfüllen. Zweifellos ist dieses ein Novum an deutschen Universitäten, weil mit diesem Schritt ein Teil der Selbstgestaltung und Selbstbestimmung aufgegeben wurde.

3 Zum Stellenwert der Berufswissenschaften in einer neu geordneten Lehrerbildung

3.1 Bezugsdisziplin Berufswissenschaft

Lehrerbildung für die berufliche Bildung heißt, einen Weg zu finden, die angehenden Berufspädagogen zur Gestaltung berufsbezogener Bildungsprozesse (vgl. Rauner 1993, S. 30) zu befähigen sind. Besonders viele ungeklärte Fragen wirft in diesem Zusammenhang das Studium der zugehörigen gewerblich-technischen Berufswissenschaften auf. Wie sich dieser Komplex bei neu zugeordneten Lehramtsstudiengängen nach den Bachelor- und Master-Strukturen darstellt, wird nachstehend betrachtet. Welchen Stellenwert nimmt eine Berufswissenschaft bei neu zu ordnenden oder neu geordneten Lehramtsstudiengängen nach dem BA- und MA-Modell ein? Mit dieser Frage stoßen wir bereits auf den Kern der Berufswissenschaften, nämlich die „Definition von Wissenschaftsgegenständen und der Strukturierung von Wissenschaftsgebieten" (Grottker 1998, S. 31), wobei nicht nur rein fachliche oder sachliche Fragen im Vordergrund stehen, sondern es geht auch um eine „nüchterne Gegenstandsdiskussion". „Bei näherer Betrachtung zeigt sich, dass es in einer ‚scientific community' Diskurse gibt: Das Gegenstandsproblem ist immer sozial rückgebunden, ist stets mit den wechselseitigen Interessen der Betroffenen und den Ansprüchen Außenstehender behaftet" (ebd. S. 31 f.). Für die Ausbildung zum Lehramt an beruflichen Schulen an Universitäten stellt sich diese Frage in besonderer Weise, weil sie aufgrund der Zuordnung zu verschiedensten vermeintlichen „Mutterdisziplinen" bisher keinen überzeugenden eigenen Begriff von Identität entwickeln konnte. Die Berufspädagogik wurde und wird oft den Erziehungswissenschaften zugeordnet, die Fachdidaktik in gewerblich-technischen Schwerpunkten – wie Metalltechnik, Elektrotechnik, Fahrzeugtechnik, Informationstechnik u. a. – den jeweiligen Ingenieurwissenschaften. Die gewerblich-technischen Lehramtsfächer selbst stellen meist ein Mosaik der Ingenieurwissenschaften dar und leisten keinen besonderen Beitrag zur Identitätsfindung der Disziplin.

Berufspädagogisches Denken konzentriert sich seit längerer Zeit auf unterschiedliche Verallgemeinerungsebenen von Problemen beruflicher Bildung und eröffnet damit ein Spannungsfeld zwischen allgemeiner und detaillierter, zwischen abstrakter und konkreter Reflexion, zwischen einem eher praktisch orientierten und einem stärker auf Theorieentwicklung bezogenen Wissenschaftsverständnis (vgl. Grottker 1998, S. 35 f.). Weil die Berufspädagogik dieses Spannungsverhältnis bisher nicht aufgelöst hat oder gar nicht auflösen konnte, wurde eine Gegenstandsdiskussion entfacht, die sich vor allem mit der Frage nach dem „rechten Platz der Lehrerbildung in Universitäten" und den dafür „notwendigen Forschungszugängen" beschäftigte. Weil es der Berufs- und Wirtschaftspädagogik einerseits nicht gelungen ist, dieses Spannungsfeld in den 1970er- und 1980er-Jahren aufzulösen und andererseits Fragen der Qualifikationsforschung, Curriculumentwicklung, Europäisierung der Berufsbildung, forschungsgestützte Ausbildung von Berufspädagogen usw. immer drängender wurden, entfalteten sich innerhalb und außerhalb der Universitäten zahlreiche neue Aktivitäten, die diesen Fragen nachgingen. Das hatte zur Folge, dass das Profil des Berufspädagogen immer mehr verwässerte und mittlerweile die Industrie- und Handelskammern und andere Bildungswerke Berufspädagogen ausbilden (vgl. Wanken u. a. 2011).

Ende der 1980er-Jahre begann eine Diskussion, die Fragen nach der geeigneten Wissenschaftsform für Lehrämter aufwarf und es dauerte nicht lange, bis der Begriff „Berufswissenschaften" in die Diskussion kam (vgl. Pahl 1998, S. 72). Dieses ist Ausdruck eines neuen Wissenschaftsverständnisses in der Berufsbildung, vor allem für die Beziehung zwischen der Berufspädagogik und den beruflichen Fachrichtungen, in dessen Kontext bereits zahlreiche eigenständige Untersuchungen entstanden sind, ohne dass die Gegenstands- und Methodenkonzepte abschließend geklärt wären. Interessant dürfte mit Blick auf die Berufswissenschaften sein, dass deren Vertreter die Frage nach der „Mutterwissenschaft" nur wenig diskutieren, weil sie über die Gestaltung der beruflichen Fachrichtungen versuchen, ein ingenieurwissenschaftliches Mosaikstudium zum Semi-Ingenieur zu überwinden. Den Fachrichtungen wird damit ein eigenständiger Charakter zugestanden und sie sind Dreh- und Angelpunkt der Forschung. Zu klären bleibt nach wie vor das Beziehungsgeflecht zwischen den Fachrichtungen, der Berufspädagogik und der Erziehungswissenschaft und der angrenzenden weiteren Fächer wie bspw. der Arbeits- und Ingenieurwissenschaften. Schon früh war die Mannigfaltigkeit der Berufe und Berufsfelder und die jeweils darin eingebettete Facharbeit ein für die Berufswissenschaften wichtiges Forschungsfeld. Die wissenschaftliche Reflexionen darüber so wie die Reflexion über das praktische Wissen und Können auf Facharbeitsebene oder über die Entwicklung von Gestaltungsvorschlägen für Berufe und Berufsbilder, die in einer komplexen Arbeitswelt Bestand haben, ist eine weitere wichtige Säule der Berufswissenschaften. Im Rahmen der Umgestaltung der Lehramtsstudiengänge ist es eine besondere Herausforderung, in der berufswissenschaftlichen Diskussion zu klären, ob und wie sich eine auf die Arbeitswelt bezogene Lehrerbildung einschließlich der dazugehörigen curricularen Konzepte gestalten lässt.

3.2 Orientierungsrahmen Berufswissenschaften

Die Berufswissenschaften haben heute ihr „Lösungsmuster" gefunden und sind dabei, es weiter zu konkretisieren. Ihre Fragestellungen sind nicht in Bezugswissenschaften aufgehoben, sondern multi- und interdisziplinär angelegt. Im Mittelpunkt stehen nach Rauner (vgl. 1998, S. 15) vier aufeinander bezogene und miteinander verschränkte Felder für Forschung und Lehre:

1. Genese und Entwicklung der Inhalte und Formen berufsförmiger Facharbeit, der Qualifikationsanforderungen, der Gestaltung von Curricula sowie der zugehörigen Berufe und Berufsfelder.

2. Lehrinhalte beruflicher Bildung als Dimension der Analyse, Gestaltung und Evaluation fachrichtungsspezifischer Bildungs-, Qualifizierungs- und Sozialisationsprozesse.

3. Analyse und Gestaltung von lernförderlicher Facharbeit einschließlich ihrer Methoden, Werkzeuge und Organisation, sowie die Anforderung, die an diese gestellt werden.

4. Schließlich geht es um die „Gegenstände" der Facharbeit, die berufsspezifische Technik, die es in gestaltungsorientierter Perspektive zu begreifen, zu handhaben, zu warten und reparieren gilt.[1]

Als fünftes Feld kommt hinzu:

5. Analyse und Gestaltung von Lernprozessen und deren Ergebnisse sowie eine lernförderliche Didaktik, die Bezug nimmt auf die Anforderungen der Arbeitswelt.

---

1   Für andere Berufsfelder, wie Wirtschaft und Verwaltung oder Erziehung und Pflege, gilt Entsprechendes.

Die Felder stellen eine Präzisierung berufswissenschaftlicher Forschungsgegenstände dar und sind als Herausforderung zu verstehen, die Diskussion um geeignete Forschungsmethoden und -instrumentarien für Berufsbildung und berufliche Fachrichtungen weiter voranzutreiben (vgl. Becker/Spöttl 2008). Die fünf Dimensionen befassen sich mit den in den Berufen und Berufsfeldern zum Ausdruck kommenden Inhalten und Formen der berufsförmig organisierten Facharbeit und deren Wechselbeziehungen zu den Gegenständen der Arbeit und den dazu in Beziehung stehenden Qualifizierungs- und Bildungsprozessen. Pahl hat damit verbundene Fragestellungen Ende der 1980er-Jahre und Anfang der 1990er-Jahre in der wissenschaftlichen Diskussion unterstützt und bis heute intensiv weiterverfolgt, auch wenn nicht alle Fachrichtungsvertreter dieses für erforderlich halten.[2] Beim Quellenstudium allerdings stößt man immer wieder auf Belege, die überzeugend aufzeigen, für wie notwendig berufswissenschaftliche Forschungsmethoden schon vor fünf Jahrzehnten gehalten wurden (vgl. Pahl 2005, S. 79 ff.). Bereits 1965 veröffentlichte beispielsweise Molle eine Schrift mit dem Titel „Leitfaden der Berufsanalyse" (Molle 1965). Noch aussagekräftiger ist der Untertitel: „Anleitung zur Bearbeitung und Verwertung berufskundlicher Grundlagen".[3] Zwar mit stärkerem Blick auf Berufe und deren Berufskunde, aber ganz im Sinne von Anliegen der Berufswissenschaften weist Molle auf die Notwendigkeit hin, die Wissensgrundlagen von „Berufen" exakt und gründlich zu erforschen, um deren Wesensmerkmale zu erkennen. Das gilt für die Biologie genauso wie für die Ingenieurwissenschaften, die Medizin und andere, das menschliche Leben und Zusammenleben betreffende Wissensgebiete. Für alle „Berufe" ist nach Molle ein genaues Studium der Lebens- und Umwelterscheinungen, der Wissensgrundlagen und der sozialen Elemente nötig, um die genaueren Zusammenhänge zu erkennen. Grüner geht in seinem Ansatz zur „Gewerbekunde – Fachkunde – Technologie – Berufstheorie" (vgl. Grüner 1981, S. 70 ff.) noch weiter, weil er nicht nur die Schlüsselfrage nach den Bildungsinhalten für die berufliche Bildung von Facharbeitern stellt, sondern ebenso nach den Inhalten der zu studierenden beruflichen Fächer.

---

2   Im Handbuch Berufsbildungsforschung (Rauner 2005) werden die verschiedenen Positionen aufgeführt und die Bezüge zur Berufsbildung verdeutlicht. In dem „Handbuch berufliche Fachrichtung" (Pahl/Herkner 2010) wird ein ausgezeichneter Überblick über den Diskussionsstand in den Fachrichtungen gegeben.

3   Im Mittelpunkt des in dieser Veröffentlichung dargestellten, eher pragmatischen Ansatzes in Verbindung mit empirischen Erhebungen steht die Frage, was am jeweiligen Arbeitsplatz tatsächlich an Aufgaben, spezifischen Verrichtungen, Leistungsanforderungen u. a. gefordert und was mit den real ausgeübten Berufen in der Praxis und der Vorstellung der Träger verbunden wird.

Für die Berufswissenschaften kann daraus übernommen werden, dass der Wesenskern logischer Weise vor allem die von „berufstätigen" Menschen ausgeübte Arbeitstätigkeit sein kann, und zwar mit ihren allgemeinen und speziellen Aufgaben und den zu deren Erfüllung angewandten Arbeitsweisen sowie den an die Menschen gestellten Anforderungen. Demnach lassen sich nur in der Auseinandersetzung mit der Berufstätigkeit – so Molle – alle übrigen mit dem Beruf und den in seinem gesellschaftlichen Rahmen zu leistenden Arbeiten und zu beachtenden Faktoren und Probleme erschließen (vgl. Molle 1965, S. 16). Diese Einsicht ist zwar für die Berufswissenschaften zutreffend, erhält aber eine besondere Ausrichtung durch die genauere Auseinandersetzung mit der Arbeit und vor allem der Facharbeit. Damit wird die perspektivische Betrachtung von Beruf und Berufen ausgeweitet hin zu Parametern, die Berufe als erheblich veränderbar belegen oder gar eine dynamische Beruflichkeit und eine entwicklungsorientierte Berufsbildung für notwendig erachten (vgl. Spöttl 2001, S. 259; Spöttl/Blings 2011).

Hierin wird deutlich, dass die Berufswissenschaft auf gutem Wege ist, ihre eigenen Fragestellungen zu benennen, eine spezifische Identität zu entwickeln und eigene Forschungsansätze zu etablieren, mit deren Hilfe Berufsfelder, Facharbeit, Technik, Lehrerbildung u.a. untersucht werden können (vgl. Dauenhauer 1998, S. 196 f.). Berufswissenschaft bietet inzwischen verschiedene Theorie- und Methodensysteme, um den jeweiligen Fragestellungen nachzugehen. Sie nimmt deshalb eine Mittlerfunktion zwischen Ingenieur-, Arbeits-, Sozial- und Technikwissenschaften ein und ist in der Lage, Antworten zu Bildungskonzepten für die Aus- und Weiterbildung sowie die universitäre Lehrerbildung zu geben.

Mit Blick auf die Lehrerbildung fiel die Antwort in der Vergangenheit für die gewerblich-technischen Schwerpunkte zugunsten von Konzepten aus, die die beruflichen Fachrichtungen auf der Grundlage von Berufswissenschaften vertreten (vgl. Gerds/Heidegger/Rauner 1998). Damit in Verbindung steht der Anspruch, den für die berufliche Bildung unverzichtbaren „doppelten Praxisbezug" (vgl. Gerds 2000), also

- die Bezugnahme auf die Praxis von Facharbeit und

- die Praxis beruflicher Bildung

in das Konzept mit aufzunehmen. Die Praxis beruflicher Bildung war der Ansporn, die Lehrerbildung von den traditionellen Bezugswissenschaften zu lösen und durch Berufswissenschaften abzusichern. Dadurch besteht auch die Möglichkeit, bisher akademisch nicht abgesicherte Berufe durch Forschung in der Praxis und Theorienbildung zu legitimieren.

3.3   Bolognaprozess und Berufswissenschaft

Mit dem Bolognaprozess und der Einführung von Bachelor- und Master-Konzepten in dessen Folge sind die Berufswissenschaften vor ihre erste, tiefgreifende Verzweigungssituation gestellt: Die mit dem Bachelor-Abschluss geforderte „Berufsfähigkeit" bedeutet in den gewerblich-technischen Fächern, dass eine eindeutige ingenieurwissenschaftliche Ausrichtung bis zum Bachelor forciert wird, falls nicht bereits in der Bachelorausbildung konsequent einem Lehramtsmodell gefolgt wird. Die ingenieurwissenschaftliche Ausrichtung wird deshalb so betont, weil laut der KMK-Beschlüsse (KMK 1995 und 2007) der Einstieg in das Referendariat erst mit dem Master-Abschluss möglich ist. Eine ingenieurwissenschaftliche Ausrichtung des Bachelor eröffnet drei Optionen:

- Fortführung des Studiums im Master mit dem Ziel einen Lehramtsabschluss zu erwerben,

- Fortführung im ingenieurwissenschaftlichen Master,

- Aufnahme einer Ingenieurtätigkeit als Bachelor-Absolvent.

Mischmodelle erfüllen den Anspruch der Berufsfähigkeit nach dem Bachelor nicht oder nur sehr begrenzt. Weil jedoch die Ingenieurwissenschaft kein eigenständiger Forschungsgegenstand der Berufswissenschaft ist, geht ein wichtiges Forschungsfeld verloren, falls die Bachelor-Modelle für die gewerblich-technischen Lehrämter darauf ausgerichtet werden. Die auf das universitäre Lehramt bezogene Forschung reduziert sich dann weitgehend auf das Master-Studium. Dabei stehen weniger umfassende berufswissenschaftliche, sondern verstärkt berufspädagogische Fragen im Mittelpunkt. Ergebnis wird also vermutlich eine Verminderung von Forschung sein, die sich auf die berufswissenschaftlichen Fragestellungen der Lehrerausbildung beziehen. Vor wenigen Jahren hätte dies eine erhebliche Schwächung des Ansatzes nach sich gezogen. Heute kann die Berufswissenschaft durchaus andere, bereits im Ansatz erschlossene Forschungsgegenstände in das Zentrum ihrer Arbeit (z. B. verstärkte Schulforschung, arbeitsbezogene Forschung o. ä.) stellen, von denen aus sich Rückschlüsse hinsichtlich Notwendigkeiten, Konzepten und Qualität der Lehrerbildung ableiten lassen.

Allerdings – und das ist nicht unerheblich – hat der Bolognaprozess für die Lehrerbildung in den gewerblich-technischen Berufsfeldern zur Konsequenz, dass sie sich bis zum Bachelor-Niveau wiederum stärker an die ingenieurwissenschaftliche Ausbildung binden muss und deshalb die „Spielregeln" technischer Fakultäten zu akzeptieren hat. Diese Ausrichtung

- sichert eine ingenieurwissenschaftliche Berufsfähigkeit, untermauert durch den Bachelor-Abschluss,

- verhindert die Herausbildung „kleiner Lehrermodelle", weil dafür keine Qualifizierung stattfindet,

- wendet sich gegen grundständige Studiengänge, weil sie nicht zur Berufsfähigkeit für das Lehramt führen.

Der durch den Bolognaprozess ausgelöste Konvergenzdruck auf die Hochschulausbildung wird aller Voraussicht nach dazu führen, dass sich der Professionalisierungsprozess für Lehrkräfte auf die Phase zwischen Bachelor- und Master-Degree konzentrieren muss.

Grundständige Studiengänge werden gar keine oder nur noch eine geringe Rolle spielen. Einer der Gründe dafür wird von Attwell (1997, S. 9) aus einem europäischen Blickwinkel heraus schon sehr früh genannt. Er führt aus, dass es nicht gelungen ist, „a profession in its own right" im europäischen Kontext zu etablieren. Entsprechend konzentrieren sich seine Curriculumvorschläge auf ein Master-Degree-Programm „Vocational Education and Training" und lassen Qualifizierungsprofile hin zum Bachelor-Abschluss vollkommen außer Acht. Professionalisierung der Lehrerbildung im europäischen Kontext bedeutet danach die Aufgabe grundständiger Studiengänge und die Konzentration auf ein Master-Degree. Um diesen internationalen Trend der Professionalisierung von Berufspädagogen zu stützen, ist es dringend geboten, europäische Standards für die Ausbildung, Berufung und Beschäftigung von Lehrern und Dozenten für das berufliche Bildungswesen festzulegen (Jenewein/Spöttl/Vollmer 2004, S. 54). Das Profil der Lehrkräfte für berufliche Schulen basiert nach diesen Vorstellungen auf einem professionellen Studium der Ingenieur- und Berufswissenschaften. Berufswissenschaften sind in diesem Konzept die Plattform für das Master-Studium.

Für die Beziehung zwischen der Berufspädagogik und der Berufswissenschaft können dabei unterschiedliche Positionen eingenommen werden. Zu klären wäre, ob die Berufspädagogik bereits im Bachelor-Studium im Sinne einer auch für Ingenieure relevanten „Vermittlungswissenschaft" eine Rolle spielen kann. In diesem Fall hätte die Berufspädagogik gegenüber der Berufswissenschaft eine eher grundlegende Funktion. Nach dem Bachelor – im Master-Studium also – kommt es dann darauf an, dass sich der Student dem berufswissenschaftlichen Denkhorizont nähert, indem er sich vom hohen Allgemeinheitsgrad der Berufspädagogik entfernt (vgl. Grottker 1998, S. 47). Nichtsdestotrotz wird das Grundverständnis der Berufspädagogik dazu beitragen, dass berufswissenschaftliche Zusammenhänge gründlich erschlossen werden können. Dies käme einer Stärkung beider Wissenschaftsdisziplinen gleich, weil nicht nur Synergien bezüglich einzelner Frage wie beispielsweise der Gestaltung von Berufen möglich wären, sondern der Brückenschlag zwischen beiden Disziplinen dem Master-Studium zu einer intensiven Ausrichtung auf die Herausforderungen der Berufsbildung verhelfen könnte.

4 Didaktische Perspektive

Lehrkräfte erwarten von der Didaktik Hilfestellungen für das Unterrichten (vgl. den Beitrag von Vollmer in diesem Band). Fakt ist allerdings, dass es schon seit mehreren Jahrzehnten nur wenige Veröffentlichungen zur Didaktik für berufliche Fachrichtungen gibt und relevante Themen kaum im Kontext von Bachelor- und Master-Konzepten diskutiert werden. Einer der Gründe dafür dürfte sein, dass die Materie der Didaktik für berufliche Fachrichtungen durch die neuen Studiengangstrukturen noch sperriger geworden ist und die disziplinbezogene Zuordnung weniger geklärt ist als vorher. Zudem gibt es zu wenige Professuren für berufliche Fachrichtungen, um dem Gegenstand überhaupt gerecht werden zu können. Ganz allgemein kann konstatiert werden, dass die Didaktik der beruflichen Fachrichtungen zwischen der Allgemeinen Didaktik und den beruflichen Fachrichtungen mit deutlichen Bezügen zur Fachrichtung anzusiedeln ist. Mit dem Bezug zu den Fachrichtungen rücken die berufsbezogenen Bildungsprozesse und das Fachwissen des Ingenieurs und Facharbeiters mit in das Blickfeld der Fachdidaktik. Die Auseinandersetzung mit dem Wissen verschiedener Fächer der Ingenieurdisziplinen, mit dem Facharbeiterwissen (inkorporiert, kontextualisiert, routinisiert u.a.) und mit lern- und bildungstheoretischen Fragestellungen sind Gegenstände der Fachdidaktik. Einer der inhaltlichen Gründe dafür ist, dass es für jede berufliche Fachrichtung immer mehrere wissenschaftliche Disziplinen und vielfältiges Berufswissen gibt, welches es aufzubereiten gilt.

Darin zeigt sich das Problem, das Didaktiken der beruflichen Fachrichtungen zu bewältigen haben, was bisher im besten Falle nur punktuell gelingt. Didaktische Theorien für berufliches Lernen in den Fachrichtungen durch einen Bezug zu mehreren Bezugswissenschaften wie Maschinenbau, Mathematik, Arbeitswissenschaft und andere lassen sich nicht entwickeln. Die Anwendung der Didaktik der beruflichen Fachrichtungen allein an einer der Fachwissenschaften führt hingegen nur zu punktuellen Ergebnissen, ohne dass ein theoretisches Gesamtsystem sichtbar wird, das die Bezüge von Arbeit, Technik und Bildung berücksichtigt. Eine universitäre Lehrerausbildung, die Fachrichtungen nach den KMK-Vorschlägen (vgl. KMK 1995, 2007) als eine der inhaltlichen Säulen (neben Berufspädagogik, Erziehungswissenschaft und einem weiteren Fach) vertritt, kommt auch bei neuen Studiengangstrukturen nicht daran vorbei, das Verhältnis zu den ingenieur- und naturwissenschaftlichen Disziplinen zu klären, um ein Fundament für die Didaktik der beruflichen Fachrichtungen gestalten zu können. Die Klärung wird bei den neuen Studiengangstrukturen eher wichtiger, weil die Zielsetzung nicht mehr ist, möglichst viel Wissen der einzelnen Disziplinen zu erwerben, sondern berufliche Kompetenzen zu entwickeln. Diese Aufgabe lässt sich nicht mit der oft geforderten Flexibilisierung der Lehrerausbildung lösen (vgl. Sloane 2001, S. 262). Flexibilisierung wird durch Modularisierung erleichtert, aber es sind „Bausteine und Baupläne" (ebd.) notwendig, die profilbildend wirken. Didaktiken der beruflichen Fachrichtungen sind dabei ein wichtiger Baustein und ohne die Klärung des inhaltlichen Profils und der Beziehung zu den anderen Disziplinen werden sie sich weiterhin nicht überzeugend etablieren lassen. Es ist unzureichend, die Bezüge der Didaktik der beruflichen Fachrichtungen allein hin zur Berufspädagogik und Erziehungswissenschaft zu klären, sondern wenigstens genauso wichtig ist die Klärung der Bezüge hin zu den Ingenieurwissenschaften, zu den berufliche Fachrichtungen, zu den Herausforderungen von Facharbeit und Schule und zu Arbeit und Bildung.

Weil jedoch die beruflichen Fachrichtungen der weiteren wissenschaftlichen Untermauerung bedürfen und die Didaktik (beispielsweise der beruflichen Fachrichtung Metalltechnik, Elektrotechnik oder anderer) den Fachrichtungen angegliedert ist und alle sich darin manifestierenden Defizite der Didaktik auch in Verbindung mit den Fachrichtungen stehen, ist es nahe liegend, die fachrichtungsbezogenen Fragestellungen wissenschaftlich zu klären. Die Klärung nicht nur wissenschaftlicher sondern auch der berufsbezogenen Fragen, der fachrichtungsbezogenen inhaltlichen Fragen, der betriebsbezogenen, der schulorganisationsbezogenen und anderer Fragen kann von den Berufswissenschaften geleistet werden. Berufswissenschaften sind keine utopischen Angelegenheiten wie Lipsmeier (2001, S. 107) diese charakterisierte, sondern können für Ausbilder und Lehrkräfte sichere Bezugspunkte zu einer angemessenen Aufbereitung von Inhalten und Themen beruflichen Lernens leisten. Eine Berufswissenschaft – als Fachwissenschaft der jeweiligen beruflichen Fachrichtung – kann auch der Didaktik der beruflichen Fachrichtungen eine zentrale Plattform für die Klärung des Verhältnisses von Fachgebieten, Technik und Arbeit bieten, aus der sich neue didaktische Ansätze ergeben (vgl. Pahl 1993, S. 53 und Vollmer in diesem Band).

Längerfristig können sich so auch geschlossene Theorieansätze als Didaktik für berufliches Lernens mit eindeutigen Bezügen zu beruflichen Fachrichtungen ergeben. Das Lernen mit Bezügen zu Arbeitsprozessen, dass weniger auf fachlich-inhaltliches Wissen hinaus läuft, sondern auf berufliche Kompetenzentwicklung zielt, zeigt bereits in diese Richtung, bedarf jedoch einer weiteren theoretischen Absicherung. Ausgehend von einer Didaktik, die berufswissenschaftlich abgesichert und in der jeweiligen Fachrichtung verankert ist, lässt sich das Zusammenwirken mit der allgemeinen Didaktik zuverlässig klären. Einer der wesentlichen

Gründe, der dafür spricht, liegt darin, dass in diesem Falle das Verhältnis zu den Fachwissenschaften geklärt ist und die Didaktiker sich in einer stabilen Rolle befinden (vgl. Michelsen 1996).

5 Modularisierung – Hemmnis oder Chance

Die Modularisierung zählt mit zu den wichtigen Reformelementen für Studiengänge im Kontext von Bologna. Module stehen im Zentrum veränderter Studiengangsmodelle und dienen vor allem der Konzentration und feingliedrigen Strukturierung von Inhalten. Bereits dieses hat zur Folge, dass sich Module stark von den Forschungsthemen unterscheiden. Verstärkt wird diese Entwicklung noch dadurch, dass alle Dozenten die eigenen Lehrinhalte in die Pflichtstruktur der Studiengänge einzugliedern haben. Letzteres dient auch dazu, verstärkt Veranstaltungen mit Übersichtscharakter und sich wiederholenden Standardseminaren anzubieten. Dieses deckt sich mit der Entwicklung an vielen Universitäten, Lektoren mit hoher Lehrverpflichtung zu beschäftigen, die die standardisierten Veranstaltungen anbieten. Die Folge davon kann nur der Rückzug der Forschung aus der Lehre in die wenigen ausgewählten Felder bedeuten, die tiefergehenden und spezialisierenden Fragen noch offen stehen. Terhart fasst diese Entwicklung zusammen: „Das Auseinanderdriften von Forschung und (…) Lehre ist nicht zu allerletzt ein Effekt von Modularisierung, sondern Folge des lang anhaltenden Spezialisierungsprozesses innerhalb wissenschaftlicher Forschung einerseits und der wachsenden Studierendenzahlen in Studiengängen, die sich auf eine spätere Berufstätigkeit außerhalb des Wissenschaftssystem richten, andererseits" (Terhart 2007, S. 24).

Terhart betreibt hier eine bedenkliche Zuweisung des Problems an die Forschung bzw. deutet an, dass diese in der Vergangenheit die Studiengänge zu sehr dominierte. Bedenklich ist diese Position auch deshalb, weil es in der Lehre danach nicht mehr darauf ankommt, forschungsbezogenes Wissen und Methoden der Forschung für weitere Know-how- Entwicklung zu vermitteln, sondern nur mehr generelles, mehr allgemeines Wissen eine Rolle spielt. Über die Modulorganisation werden die Strukturen einer für die Lehre relevanten Disziplin und der Wert des disziplinspezifischen Wissens und der relevanten Handlungs- und Forschungsmethoden (ebd.) strukturiert. Nur nützliches Wissen kommt in die Hochschulcurricula (nach welchen Kriterien dieses immer definiert sein mag). Es stellt sich hier die hochschuldidaktische und wissenschaftstheoretische Frage nach dem Status von Wissenschaft und Wissenschaftlichkeit in und auf Berufsqualifizierung hin ausgerichteter Studiengänge. Es geht um das Verhältnis von Beruf und Wissenschaft, von Disziplin und Profession, von einzelnen Teilbereichen einer Disziplin in ihrer Bedeutung für die Erzeugung von beruflich relevanten Fähigkeiten (ebd., S. 29). Für die Lehrerbildung für berufliche Schulen stellt sich durch die Bologna-Reform noch intensiver als vorher die Frage, ob

- eigenständige Berufswissenschaften der beruflichen Fachrichtungen als Lieferanten für modulrelevantes Wissen und auf Fachrichtungen bezogene Didaktiken noch relevant sind oder ob

- eine Beschränkung auf die Berufspädagogik, Erziehungswissenschaft und Ingenieurwissenschaften stattfinden soll.

Eine Beschränkung auf „Modell 2" hätte in jedem Falle zur Folge, dass nicht nur einige Forschungsschwerpunkte aus der Berufsbildungslandschaft verschwinden würden sondern auch die Didaktiken der beruflichen Fachrichtungen ohne wissenschaftliche Unterstützung blieben, weil vor allem technik- und facharbeitsbezogene Fragen nicht mehr gründlich mit Blick auf Beruflichkeit bearbeitet werden. Zugleich wären in diesem Falle in den Fachrichtungen nur noch ingenieurwissenschaftliche Fragen und Wissenskategorien angesiedelt, die alleine weniger professionsrelevant sind und deshalb immer weniger Eingang in die Modulstrukturen finden würden. Das würde insgesamt zu einer merklichen Schwächung der Lehrerbildung für berufliche Schulen führen. Empfehlenswert ist, dem „Modell 1" zu folgen und die Berufswissenschaften und ihre Fragestellungen massiv voranzutreiben, um nicht nur die Forschung zu vertiefen sondern auch Antworten für die Inhalte der Lehre geben zu können. Mit „Modell 1" sind auch die Voraussetzungen gegeben, die hochschuldidaktisch und wissenschaftstheoretisch relevanten Fragen nach dem Status von Wissenschaft und Wissenschaftlichkeit in und auf Berufsqualifizierung ausgerichteten Studiengängen zu beantworten.

6 Schlussfolgerungen

Der Bolognaprozess bleibt nicht ohne Folgen für die Gestaltung der Lehramtsstudiengänge. Nach wie vor steht die Frage im Raum, ob es angebracht ist, auf konsekutive Studiengänge zu verzichten und die Lehramtsausrichtung auf das Masterstudium zu konzentrieren. Aber auch die gegensätzlichen Modelle sind Praxis, nämlich Lehramtsmodelle bereits in den Bachelor zu integrieren. Manche Überlegungen gehen dabei in die Richtung, im Bachelor ein Einheitsmodell über alle Schulformen hinweg zu betreiben und im Masterstudium zu differenzieren. Dieses Generalistenmodell hätte in jedem Falle zur Konsequenz, dass Forschung in auf Lehrämter spezialisierten Disziplinen in Verbindung mit Lehre nicht mehr stattfinden kann, weil die Vermittlung von allgemein bekanntem Überblickswissen in diesem Falle im Zentrum stehen würde. Auch die Frage des Standortes der Lehrerbildung wird bei diesem Modell relativiert, weil es vorrangig nur noch um Lehre und nicht mehr um Forschung geht. Die Lehre kann an allen Hochschulstandorten stattfinden unabhängig vom Hochschultyp. Es können Universitäten, Pädagogische Hochschulen, Fachhochschulen oder auch Kombinationen davon anbieten. Allerdings ist eine intensivere Bewegung in diese Richtung bisher noch nicht in Sicht und es gibt viele Argumente dagegen. Für die berufliche Bildung liefe ein Generalistenmodell darauf hinaus, dass im Masterstudium nur noch ein „Techniklehrer" ohne weitere Spezialisierung ausgebildet werden könnte. Solch ein Qualifikationsprofil wird voraussichtlich keine Zustimmung von Schulvertretern erhalten, vorausgesetzt die berufliche Bildung bleibt in den jetzigen Grundstrukturen vorhanden (vgl. auch Schütte 2012). Darauf hinzuweisen ist auch, dass eine Berufsbefähigung bei Lehrämtern erst mit dem Abschluss des Masters gegeben ist. Erst damit ist es möglich, in die zweite Phase der Lehrerausbildung einzutreten. Insofern stellt sich natürlich die Frage, weshalb überhaupt ein Bachelorabschluss vorgeschaltet wird. Gegen diese „Stufung" spricht auch, dass kaum jemand nach dem Bachelorabschluss die Hochschule verlässt. Das Bundesland Sachsen ist deshalb bereits wieder dabei, Staatsexamensabschlüsse einzuführen.

In den Ausführungen wurde auch deutlich, dass für die Gestaltung der Lehrerbildung, der Berufe und der Berufsbildung das Erschließen von beruflichen Fachrichtungen nach wie vor notwendig ist, weil es dort auch um die Identifikation von bedeutenden Arbeitsinhalten, dem Arbeitsprozessen und Berufswissen, den betrieblichen Organisationsstrukturen, den schulischen Herausforderungen u.v.a.m. geht. Die Erkenntnisse aus dieser Forschung müssen zu einem gut begründeten Aussagesystem für die Lehrerbildung und die Berufsbildung als Berufswissenschaft verdichtet werden. Die Didaktik ist dabei als eine in die Fachrichtung integrierte Disziplin neben der Allgemeinen Didaktik zu etablieren. Im Rahmen des Bolognaprozesses sind derartige Reformschritte möglich, weil es in allen Studiengängen zu Neuausrichtungen und Neuprofilierungen kommt.

Literatur

Attwell, G. (1997): Towards a community of practice for vocational education and training professionals. In: Brown, A. (Ed.): Promoting vocational education and training: European perspectives. Tampere: Ammattikasvatussarja 17, S. 3–11.

Becker, M.; Spöttl, G. (2008): Berufswissenschaftliche Forschung. Frankfurt, Berlin, New York: Lang.

Bologna Erklärung (1999): Der Europäische Hochschulraum. Gemeinsame Erklärung der Europäischen Bildungsminister, Bologna 1999. Online: http://www.bmbf.de / pub / bologna_deu.pdf (20-02-2008).

Dauenhauer, E.(1998): Berufspolitik. Münchweiler/Rod: Walthari.

Deutsche Gesellschaft für Erziehungswissenschaft. Der Vorstand (2005): Strukturmodell für die Lehrerbildung im Bachelor-Master-System. Erziehungswissenschaft, Jg. 15, Heft 29. Opladen: Verlag Barbara Budrich, S. 27–34.

Deutsche Gesellschaft für Erziehungswissenschaft (DGFE) (2008): Sektion Berufs- und Wirtschaftspädagogik: Kerncurriculum für konsekutive Bachelor-/Master-Studiengänge im Hauptfach Erziehungswissenschaft, Jg. 19, Sonderband. Opladen: Verlag Barbara Budrich, S. 41–48.

Gerds, P.; Heidegger, G.; Rauner, F. (1998): Reformbedarf in der universitären Ausbildung von Pädagoginnen und Pädagogen beruflicher Fachrichtungen. Bremen: Donat.

Gerds, P. (2000): Arbeitsprozesswissen und Fachdidaktik. lernen & lehren, Heft 1, Jg. 15, S. 22–29.

Grottker, D. (1998): Berufsfelder – Wissenschaftsfelder – Spannungsfelder. Probleme der Gegenstands- und Methodenbestimmung von Berufsfeldwissenschaft und Berufspädagogik. In: Pahl, J.-P.; Rauner, F. (Hrsg.): Betrifft: Berufsfeldwissenschaften. Bremen: Donat, S. 31–50.

Grüner, G. (1981): Gewerbekunde – Fachkunde – Technologie – Fachtheorie – Berufstheorie. In: Bonz, B; Lipsmeier, A. (Hrsg.): Beiträge zur Fachdidaktik Maschinenbau. Stuttgart: Holland und Johannsen, S. 70–84.

GTW (2010a): Eckpunkte zur Einrichtung gestufter Studiengänge für das Lehramt an berufsbildenden Schulen in gewerblich-technischen Fachrichtungen. Arbeitsgemeinschaft „Gewerblich-technische Wissenschaften und ihre Didaktiken" in der Gesellschaft für Arbeitswissenschaft e. V., Bremen, Flensburg.

GTW (2010b): Empfehlungen zur Ausgestaltung von Studienordnungen für Bachelor- und Masterstudiengänge gewerblich-technischer Fachrichtungen, Berufliche Fachrichtung Metalltechnik. Arbeitsgemeinschaft „Gewerblich-technische Wissenschaften und ihre Didaktiken" in der Gesellschaft für Arbeitswissenschaft e. V., Bremen, Flensburg.

Jenewein, K.; Spöttl, G.; Vollmer, Th. (2004): Professionalisierung von Berufspädagogen im internationalen Kontext. Die berufsbildende Schule, Jg. 56, Heft 1, S. 54–55.

KMK (1995) – Sekretariat der Kultusministerkonferenz (Hrsg.): Rahmenvereinbarung über die Ausbildung und Prüfung für Lehrämter für die Sekundarstufe II (berufliche Fächer) oder für die beruflichen Schulen (Lehramtstyp 5). Beschluss der Kultusministerkonferenz vom 12.5.1995.

KMK (2007) – Sekretariat der Kultusministerkonferenz (Hrsg.): Rahmenvereinbarung über die Ausbildung und Prüfung für ein Lehramt der Sekundarstufe II (berufliche Fächer) und für die beruflichen Schulen (Lehramtstyp 5). Beschluss der Kultusministerkonferenz vom 12.05.1995 i. d. F. vom 20.09.2007.

Lempert, W. (2010): Professionalisierung des berufspädagogischen Studiums – ein veraltetes Desiderat? Dezember 2010, Berlin: Manuskript.

Lipsmeier, A. (2002): Diversifizierung der Berufsschullehrerschaft – Gefährdung von Profession und Institution? Die berufsbildende Schule, Jg. 54, Heft 4, S. 106–109.

Michelsen, U. A. (1996): Zur Situation der universitären Lehrerausbildung. Der berufliche Bildungszweig , Heft 10, S. 6–11.

Molle, F. (1965): Leitfaden der Berufsanalyse. Anleitung zur Bearbeitung und Verwertung berufskundlicher Unterlagen. Köln/Opladen: Westdeutscher Verlag.

Pahl, J.-P. (1993) Fachdidaktiken ohne Berufswissenschaften. Ein Kernproblem beruflichen Lernens. Berufsbildung, Jg. 47, Heft 19, S. 52–53.

Pahl, J.-P. (1998): Berufsfelddidaktik zwischen Berufsfeldwissenschaft und Allgemeiner Didaktik. In: Bonz, B.; Ott, B. (Hrsg.): Fachdidaktik des beruflichen Lernens. Stuttgart: Steiner, S. 60–87.

Pahl, J.-P. (2005): Perspektiven der berufswissenschaftlichen und berufsdidaktischen Forschung. Zeitschrift für Berufs- und Wirtschaftspädagogik, Band 101, Heft 1, S. 79-93.

Pahl, J.-P.; Herkner, V. (Hrsg.) (2010): Handbuch berufliche Fachrichtungen. Bielefeld: Bertelsmann.

Pahl, J.-P.; Ruppel, A. (1993): Berufswissenschaften beruflicher Fachrichtungen. Berufsbildung, Jg. 47, Heft 20, S. 33–40.

Pätzold, G. (2006): Universitäre Lehrerbildung – forschungsbasiert und berufspraxisbezogen. Die berufsbildende Schule (BbSch), Jg. 58, Heft 5, S. 111–117.

Rauner, F. (1993): Zur Begründung und Struktur Gewerblich-Technischer Fachrichtungen als universitäre Fächer. In: Bannwitz, A.; Rauner, F. (Hrsg.): Wissenschaft und Beruf. Bremen: Donat, S. 10–37.

Rauner, F. (1998): Zur methodischen Einordnung berufswissenschaftlicher Arbeitsstudien. In: Pahl, J.-P.; Rauner, R.: Betrifft: Berufsfeldwissenschaften. Bremen: Donat, S. 13–30.

Rauner, F. (Hrsg.) (2005): Handbuch Berufsbildungsforschung. Bielefeld: Bertelsmann.

Sektion (2003): Berufs- und Wirtschaftspädagogik der deutschen Gesellschaft für Erziehungswissenschaft (DGFE). Der Geschäftsführende Vorstand (Hrsg.): Basiscurriculum für das universitäre Studienfach Berufs- und Wirtschaftspädagogik. Jena.

197

Schütte, F. (2012): Professionalisierung von Berufsschullehrern/-innen (1896-2004) – vier Diskurse. Die berufsbildende Schule (Bbsch), Jg. 64, H. 1, S. 6–11.

Sloane, Peter F. E. (2001): Modularisierte Aus- und Weiterbildung für Lehrer an berufsbildenden Schulen. Die berufsbildende Schule, Jg. 53, Heft 9, S. 259-265.

Spöttl, G. (2001): Berufswissenschaftlich ausgerichtete Qualifikationsforschung – ihr Beitrag zur Curriculumentwicklung. In: Fischer, M.; Heidegger, G.; Petersen, W.; Spöttl, G. (Hrsg.): Gestalten statt Anpassen in Arbeit, Technik und Beruf. Bielefeld: Bertelsmann, S. 258–278.

Spöttl, G.; Blings, J. (2011): Kernberufe – Ein Baustein für ein transnationales Berufsbildungskonzept. Frankfurt, Berlin, New York: Lang-Verlag.

Terhardt, E. (2007): Wozu führt Modularisierung? Überlegungen zu einigen Konsequenzen für die Praxis der akademischen Lehre. Deutsche Gesellschaft für Erziehungswissenschaft, Jg. 18, Opladen: Verlag Barbara Budrich, S. 23–37.

Terhardt, E. (2008): „ Das Problem ist der Beruf, nicht das Studium". Wächst an den Unis eine neue Generation von Lehrern heran? Ein Interview geführt von Jeanette Otto. Die Zeit, Nr. 10, 28. Februar 2008, S. 78.

Wanken, S.; Tutschner, R. u. a. (2011): Berufspädagoge. Ergebnisse einer Untersuchung im Auftrag des bmbf. Bremen, Schwäbisch-Gmünd, Rostock, Trier.

Didaktik gewerblich-technischer Fachrichtungen

Thomas Vollmer

1 Einleitung

Die für die Ausbildung von Lehrer/-innen an beruflichen Schulen verbindliche „Rahmenvereinbarung über die Ausbildung und Prüfung für ein Lehramt der Sekundarstufe II (berufliche Fächer) oder für die beruflichen Schulen (Lehramtstyp 5)" der KMK ist bekanntlich relativ allgemein gehalten. Demnach umfasst das Studium als erste Ausbildungsphase „folgende Teile:

- Bildungswissenschaften mit Schwerpunkt Berufs- oder Wirtschaftspädagogik sowie Fachdidaktiken für die berufliche Fachrichtung und das zweite Unterrichtsfach und schulpraktische Studien im Umfang von 90 ECTS-Punkten.

- Fachwissenschaften innerhalb der beruflichen Fachrichtung (erstes Fach) sowie Fachwissenschaften des Unterrichtsfachs (zweites Fach) im Umfang von insgesamt 180 ECTS-Punkten.

- BA-Arbeit und MA-Arbeit im Umfang von insgesamt 30 ECTS-Punkten" (KMK 2007, S. 2).

Des Weiteren wird darauf hingewiesen, dass die beiden Ausbildungsphasen Studium und Vorbereitungsdienst „im Hinblick auf Erziehung und Unterricht eng aufeinander bezogen und auf das berufliche Schulwesen ausgerichtet werden" (ebd.) sollen.

Angesichts der pauschalen Vorgabe des Leistungspunkteumfangs für die Bildungswissenschaft insgesamt liegt es in der Verantwortung der Hochschulen, die Anteile der didaktischen Ausbildung im Studium quantitativ zu gewichten und inhaltlich auszurichten. Auch die KMK-Standards für die Bildungswissenschaften geben nur wenig Orientierung für die Ausgestaltung der Didaktikausbildung für das Lehramt an beruflichen Schulen. Die dort allgemein formulierten Kompetenzbeschreibungen sind zwar grundsätzlich auch für die berufliche Bildung zutreffend, weil sie bspw. auf die „fach- und sachgerechte" Planung und Durchführung des Unterrichts verweisen, ohne dies näher zu spezifizieren (KMK

2004, S. 7 ff.), hinsichtlich der Frage nach den Inhalten geben sie allerdings keine Orientierung.

Insofern wundert es nicht, dass die Freiheit universitärer Forschung und Lehre zu recht heterogenen Strukturen der Ausbildung von Lehrer/-innen führt. Nachfolgend wird – ausgehend von einem Blick auf aktuelle Stellen- und Personalstrukturen an den Hochschulen – der Frage nachgegangen, welche Ausstattung erforderlich bzw. wünschenswert ist und welche inhaltlichen Gesichtspunkte die didaktische Ausbildung der Lehrer/-innen in gewerblich-technischen Fachrichtungen beinhalten sollte. Es wäre sicherlich vermessen, hier *die* abschließenden Antworten auf diese Fragen in Form eines geschlossenen Konzeptes zu präsentieren. Vielmehr sollen Überlegungen dargelegt werden als Anregung für die Diskussion um die Weiterentwicklung der didaktischen Ausbildung. Der Schwerpunkt liegt hier – Klafki folgend – auf dem Primat der Didaktik im engeren Sinne, d. h. es wird zunächst gefragt, welche berufsfachlichen Inhaltsbezüge für angehende Lehrer/-innen zur Gestaltung gewerblich-technischer Lernsituationen in besonderem Maße relevant sind und wie sie dazu befähigt werden können, diese zu identifizieren mit dem Ziel, berufliche Bildungsprozesse zu initiieren. Abschließend wird kurz auf die Didaktik-Ausbildung im Hamburger Bachelor-/Master-Studiengangsystem eingegangen, nicht ohne auf sich abzeichnende Strukturprobleme einzugehen.

2 Aktuelle Situation der Didaktiken an den Hochschulen

2.1 Stellen- und Personalstrukturen

Derzeit stellt sich an den Hochschulen die Stellen- und Personalstruktur im Bereich der gewerblich-technischen Didaktiken sehr different dar, wie Tabelle 1 offenbart. Dieser Übersicht liegt nicht die Absicht zugrunde, vermeintlich strukturelle Defizite an einzelnen Standorten aufzuzeigen, sondern vielmehr das Augenmerk auf die generelle Heterogenität der Ausstattungsstrukturen zu lenken – wenngleich es wünschenswert bzw. teils dringend erforderlich ist, eine Verbesserung der Personalsituation an einzelnen Studienstandorten zu bewirken.[1]

---

1 Weil die hier zusammengefassten Informationen den Homepages der jeweiligen Hochschulen entnommen sind, kann die Darstellung nicht den Anspruch erfüllen vollständig zu sein und sie kann durchaus an der einen oder anderen Stelle Ungenauigkeiten aufweisen. Trotz möglicher Fehler offenbart sie doch einen interessanten Einblick.

Vorab sei angemerkt: Bei der Betrachtung der spezifischen Ausstattungen muss mit berücksichtigt werden, welcher Art das fachwissenschaftliche Lehrangebot ist, ob es sich also um einen Standort handelt, an dem die Studierenden einen Ausschnitt eines ingenieurwissenschaftlichen Studiengangs absolvieren, wie dies in der überwiegenden Zahl der Studiengänge der Fall ist, oder ob Ihrer Ausbildung ein speziell für Lehrer/-innen an beruflichen Schulen zugeschnittenes (berufs)wissenschaftliches Teilstudium zugrunde liegt, das schwerpunktmäßig die spezielle Fachtheorie gewerblich-technischer Facharbeit beinhaltet und nicht ausschließlich Ingenieurswissen. Gerade in den ingenieurwissenschaftlich geprägten Studiengängen müssen die Berufsbezüge durch die Didaktik der beruflichen Fachrichtung (und – soweit möglich – durch andere Lehrangebote aus der Arbeitswissenschaft, der Soziologie usw.) hergestellt werden. Insofern sind die Anforderungen an die Stellenausstattung im Bereich der Didaktik an diesen Standorten sicherlich höher, wenn berufsspezifisch relevante Gesichtspunkte Gegenstand wissenschaftlicher Forschung und Lehre sein sollen, wie dies für die Fächer des allgemeinbildenden Schulwesens selbstverständlich ist.

Die Stellen- und Personalstrukturen an den Hochschulen lassen sich in drei Gruppen zusammenfassen. Da sind zunächst solche, die über Professuren der Didaktik gewerblich-technischer Fachrichtungen verfügen, wobei in einem Fall für die Fachrichtungen Elektrotechnik, Informationstechnik, Metalltechnik und Fahrzeugtechnik jeweils eigenständige Professuren (Informationstechnik: Juniorprofessur) zur Personalausstattung gehören, die allerdings auch für die berufswissenschaftliche Lehre verantwortlich sind (Flensburg). An den meisten anderen Standorten umfasst die Denomination zwei gewerblich-technische Fachrichtungen (bspw. Elektrotechnik und Metalltechnik) – häufig als Ergebnis von Stelleneinsparungen, wo es ehemals zwei Professuren gab.

Die zweite Gruppe bilden Standorte, an denen die Didaktik-Stellen keinen expliziten Fachrichtungsbezug haben, sondern die Denomination „Fachdidaktik technischer Fachrichtungen", „Didaktik der beruflichen Bildung", „Technikdidaktik" oder „Allgemeine Didaktik" lautet. Hier sind nur zum Teil Professuren für die Didaktik-Ausbildung verantwortlich, ansonsten wissenschaftliche Mitarbeiter/-innen oder Lehrbeauftragte. In der dritten Gruppe sind Standorte zusammengefasst, die sich durch einen expliziten Fachrichtungsbezug charakterisiert sind, aber über keine Didaktik-Professuren verfügen. Hier sind wissenschaftliche Mitarbeiter/-innen, Lehrbeauftragte, abgeordnete Lehrer/-innen o. ä. für die Didaktik-Lehre verantwortlich. Diese sind anderen Professuren zugeordnet, die üblicherweise entweder bildungswissenschaftlichen oder fachwissenschaftlichen Fakultäten bzw. Fachbereichen angehören.

Tabelle 5: Struktur und Personalausstattung der Didaktiken gewerblich-technischer Fachrichtungen ausgewählter Studienstandorte

Personelle Abdeckung der Fachdidaktiken
- Professuren (PR)
- Lehrbeauftragte (LA)
- Abordnungen (AB)
- Wissenschaftl. Mitarbeiter (WM)

Spalten (Personalkategorien mit Fachrichtungsbezug):

Fachrichtungsbezug Professur (+ weitere):
A = MT + ET (PR, WM/AB); B = BT + LG (PR, WM/AB); C = MedT (PR, WM); D = ET + MT (PR, WM); E = BT + HT (PR, WM); F = BT, HT + FR (PR, WM); G = ET + IT (PR + WM); H = MT (PR + WM); I = FT (PR + WM); J = ET (PR, LA)

Kein expliziter Fachrichtungsbezug:
K = FD techn. Fachricht. (PR); L = FD techn. Fachricht. (PR, WM); M = Technikdidaktik (PR, WM); N = Did. d. berufl. Bildung (WM); O = Allgemeine Didaktik (WM); P = Technikdidaktik (WM); Q = Technikdidaktik (WM, LA)

Fachrichtungsbezug keine Professur:
R = FR (LA); S = ET, MT + BT (AB); T = ET + MT (AB oder WM); U = ET (AB); V = ET, MT + BT (jeweils WM); W = MT + DT (WM); X = ET + MT (LA); Y = BT, HT + FR (WM); Z = ET, MT + Met (AB)

Hochschulen (Land)	A	B	C	D	E	F	G	H	I	J	K	L	M	N	O	P	Q	R	S	T	U	V	W	X	Y	Z
Uni Karlsruhe (BW)																			x							
Uni Stuttgart (BW)																		x								
PH Freiburg/Hochschule Offenburg (BW)											x															
PH Heidelberg/Hochschule Mannheim (BW)													x													
Uni Erlangen-Nürnberg (BY)																					x					
TU München (BY)																							x			
TU Berlin (BE)	x	x																								
Uni Bremen (HB)						x	x																			
TU Hamburg-Harburg (HH)																										
Uni Hamburg/ (HH)			x	x	x																					
TU Darmstadt (HS)													x									x				
Uni Gießen/FH Gießen-Friedberg (HS)																						x				
Uni Kassel (HS)													x							x						
Uni Hannover (NI)													x										x			
Uni Osnabrück/FH Osnabrück (NI)																							x			
RWTH Aachen (NW)													x													
Uni Dortmund (NW)													x							x						
Uni Duisburg-Essen (NW)																x										
Uni Paderborn (NW)													x													
Uni Siegen (NW)																	x									
Uni Wuppertal (NW)												x														
FH Münster/Uni Münster (NW)																	x									
Uni Münster (NW)										x																
Uni Kaiserslautern (RP)														x												
Uni Koblenz-Landau/FH Koblenz (RP)															x											
Uni des Saarlandes (SL)																										x
TU Dresden (SN)	x					x																				
Uni Magdeburg (ST)												x														
Uni Flensburg (SH)							x	x	x																	
Uni Erfurt/TU Ilmenau (TH)														x												

Anmerkung: Ungenauigkeiten sind möglich, da die Informationen der Homepages der Hochschulen tw. nicht eindeutig zu interpretieren sind.
BT (Bautechnik), DT (Drucktechnik), EH (Ernährung- und Haushaltswissenschaft), ET (Elektrotechnik), FT (Fahrzeugtechnik), FR (Farbtechnik und Raumgestaltung), GP (Gesundheit + Körperpflege), HT (Holztechnik), IT (Informationstechnik), LG (Landschaftsgestaltung),), MedT (Medientechnik), Met (Mechatronik), MT (Metalltechnik)

Die Didaktiken können in den Hochschulen generell sowohl in den Organisationseinheiten der Fachwissenschaften als auch bei den Bildungswissenschaften angesiedelt sein. Diese alternativen Zuordnungsmöglichkeiten gehen häufig einher mit ungleichen materiellen Ausstattungen (z. B. technischen Geräten bzw. Maschinen, Messeinrichtungen, Lehr- und Lernmedien, Experimentallabore usw.) und haben Einfluss auf das Selbstverständnis, die institutionelle Anerkennung und die inhaltliche Profilierung der Didaktiken. An der Mehrzahl der Hochschulstandorte sind die Didaktiken den Fächern zugeordnet. Eine besondere Variante repräsentiert die Universität Hamburg; hier waren die Didaktiken und die gewerblich-technischen Wissenschaften im Fachbereich Erziehungswissenschaft institutionalisiert. Mittlerweile sind die gewerblich-technischen Wissenschaften an die TU Hamburg-Harburg verlagert worden, das sogenannte „Hamburger Modell", nachdem die Didaktiken grundsätzlich der Erziehungswissenschaft zugeordnet sind, besteht aber weiterhin (vgl. Bürgerschaft 2006).

Die Übersicht zeigt, dass die Didaktiken an den Hochschulstandorten ausgesprochen heterogen institutionalisiert sind und dass offensichtlich auch im Bereich der Studiengänge für das Lehramt an berufsbildenden Schulen gilt, was die Arbeitsgruppe der Kollegen Krüger, Oelkers, Tenorth und Terhart in ihrem Bericht für die KMK zu den Standards für die Lehrerbildung festgestellt hat, nämlich das man „angesichts der aktuellen Diskussion und der großen Heterogenität fachdidaktischer Arbeit ... auf keinen wirklichen Konsens bei der Bestimmung von Status und Anspruch der Fachdidaktiken zurückgreifen" (KMK o. J., S. 11) kann. In Äußerungen hinsichtlich der Ausbildungsqualität werden die Didaktiken immer wieder als unentbehrliches Element der gesamten Lehrerbildung hervorgehoben – dem vermag jedoch die institutionelle Ausgestaltung häufig nicht zu entsprechen. Entsprechend stellen die Autoren des vorgenannten KMK-Berichtes fest: „In der Realität der Ausbildung und im Kontext bildungswissenschaftlicher Forschung haben sie (die Didaktiken, d. Verf.) jedoch noch nicht in allen Einrichtungen der Lehrerbildung den ihnen gebührenden Platz gefunden. In der Lehre sind sie zwar vertreten, an vielen Hochschulen, namentlich an Universitäten, sind sie aber noch unzureichend institutionalisiert und haben auch nicht immer die Anerkennung als Fach gefunden, die von den Programmtexten der Lehrerbildung gefordert wird" (ebd., S. 10). Sie formulieren daran anschließend für die Didaktiken „institutionelle Standards:

- Fachdidaktiken sind innerhalb der Bildungswissenschaften als eigenständige Disziplinen zu entwickeln.

- Fachdidaktiken müssen als forschungsfähige Einheiten in den Institutionen der Lehrerbildung institutionalisiert werden.

- Fachdidaktiken müssen als notwendiger Teil der Lehrerbildung in Ausbildungsprogrammen verankert werden.

- Lehrerausbildung in einem Fach sollte nicht hochschulisch institutionalisiert werden, wenn nicht gleichzeitig die zugehörigen Fachdidaktiken forschungsfähig etabliert sind" (ebd.).

Mit Blick auf die aktuelle Ist-Situation in den Studiengängen für das Lehramt an beruflichen Schulen stellt sich in diesem Zusammenhang die Frage, an welchen Hochschulstandorten diese Standards erfüllt sind und wie diese an anderen mittels einer besseren Ausstattung erreicht werden können. Einerseits sind in der jüngeren Vergangenheit neue Professuren geschaffen worden, insbesondere an den Standorten, an denen erstmals Studiengänge gewerblich-technischer Fachrichtungen eingerichtet wurden, wie bspw. an den Pädagogischen Hochschulen in Baden-Württemberg, die hinsichtlich der fachwissenschaftlichen Ausbildung mit den Fachhochschulen der Region kooperieren. Andererseits werden Stellen aufgrund von Haushaltssanierungen aus den Strukturentwicklungsplänen gestrichen, so wie an der TU Dresden, an der die ehemals separaten Professuren „Chemietechnik / Berufliche Didaktik" und „Bautechnik, Holztechnik, Farbtechnik und Raumgestaltung / Berufliche Didaktik" mittlerweile in den Zuständigkeitsbereich einer Professur gelegt wurden. Diese Entwicklung ist auch an der Universität Bremen festzustellen, an der es früher zwei Professuren für die berufliche Fachrichtung Elektrotechnik gab und heute nur noch eine existiert, die neben der Fachdidaktik auch noch für die Arbeitslehre verantwortlich ist.

Jüngstes Beispiel für ins Auge gefasste Stellenstreichungen in der Didaktik ist ein Strukturgutachten für die Erziehungswissenschaft der Universität Hamburg, das u. a. von Ewald Terhart verfasst wurde, der auch an dem vorgenannten KMK-Bericht maßgeblich beteiligt war. In diesem Gutachten wird vorgeschlagen, sämtliche sechs Professuren der Didaktiken für die hier studierbaren 10 beruflichen Fachrichtungen[2] zu streichen und das Personaltableau auf eine Wirtschafts- und eine Berufspädagogik-Professur zu begrenzen mit 1,5 zugeordneten Stellen wissenschaftlicher Mitarbeiter/-innen, die „in den speziellen Fachdidaktiken für eine solide Lehre sorgen" würden (Reis u. a., S. 7). Und weiter heißt es dort: „Auch in der beruflichen Lehrerbildung sind wir vorbehaltlos der Meinung, dass das „Hamburger Modell" erhalten bleiben muss" (ebd.), was jedoch in sich widersprüchlich ist. Auch wenn empfohlen wird, dass bei einer Änderung der Fi-

---

2 Aktuell können in Hamburg die beruflichen Fachrichtungen Chemotechnik, Bautechnik, Elektrotechnik, Ernährungs-/Haushaltswissenschaft, Gesundheitswissenschaften, Holztechnik, Körperpflege (Kosmetikwissenschaften), Medientechnik, Metalltechnik sowie Wirtschaft u. Verwaltung studiert werden.

nanzsituation „eine Erweiterung um zwei W2-Stellen für Fachdidaktiken in zwei beruflichen Lernfeldern (!)" (ebd.) einzurichten sei, verwundert es schon sehr, dass ein Kommissionmitglied den von ihm selbst federführend formulierten institutionellen Standards im o. g. KMK-Bericht so grundlegend widersprechen kann. Gemessen an der dort formulierten Forderung, „Lehrerausbildung in einem Fach nicht hochschulisch zu institutionalisieren, wenn nicht gleichzeitig die zugehörigen Fachdidaktiken forschungsfähig etabliert sind", müsste in letzter Konsequenz die traditionsreiche Lehrerausbildung für berufliche Schulen an der Universität Hamburg eingestellt werden, sollten die Vorschläge des Strukturgutachtens wirklich umgesetzt werden. Ähnliches würde auch für Standorte gelten, an denen die Didaktik allein durch Lehraufträge, Abordnung von Lehrkräften oder wissenschaftliche Mitarbeiter/-innen gesichert ist und somit „forschungsfähige Einheiten" der Didaktik nicht vorhanden sind. Angesichts der Tatsache, dass dies eine erhebliche Reduktion der Ausbildungskapazitäten nach sich ziehen würde, die vor dem Hintergrund der prognostizierten jährlichen Unterdeckung von ca. 700 Neubewerbern gegenüber dem Bedarf für die beruflichen Schulen und die beruflichen Fächer im Sekundarbereich II (vgl. KMK 2011a, S. 18)[3] bildungspolitisch einer Bankrotterklärung gleichkäme, muss die Forderung umgekehrt lauten, generell auf Streichungen von Didaktik-Professuren zu verzichten und stattdessen an allen Hochschulstandorten entsprechende Stellen einzurichten und die Forschungsfähigkeit zu gewährleisten. Dies gilt insbesondere für die gewerblich-technischen Fachrichtungen, bei denen die Lücke zwischen Lehrkräftebedarf und -angebot besonders groß ist.

2.2   Konzeptionen gewerblich-technischer Didaktiken

So heterogen wie die Stellen- und Personalstrukturen an den Hochschulen sind, so unterschiedlich stellen sich auch das Selbstverständnis und die inhaltliche Profilierung der Didaktiken dar. Charakteristisch dafür sind bereits die Bezeichnungen der gewerblich-technischen Didaktiken an den einzelnen Hochschulstandorten, wie z. B.

- Metall- und Maschinentechnik / Berufliche Didaktik (TU Dresden),

---

3   Bei den Lehrämtern für den Sekundarbereich II (berufliche Fächer) und für die beruflichen Schulen stehen dem Einstellungsbedarf von jährlich etwa 3.400 Lehrkräften in den Jahren 2010 bis 2020 lediglich durchschnittlich 2.600 prognostizierte Neubewerber gegenüber; d. h. der jährliche Einstellungsbedarf kann demnach nur zu durchschnittlich 79 % gedeckt werden, wobei in dieser Prognose die überproportional häufig ausgebildeten Diplom-Handelslehrer/-innen mit enthalten sind. Gerade in den gewerblich-technischen Fachrichtungen stellt sich die Unterdeckung wesentlich dramatischer dar.

- Didaktik der beruflichen Fachrichtungen Elektrotechnik und Metalltechnik (Uni Hamburg),

- Fachdidaktik Bautechnik und Landschaftsgestaltung (TU Berlin),

- Fachdidaktik technischer Fachrichtungen (Uni Magdeburg),

- Technikdidaktik (TU Dortmund),

- Didaktik im Bachelor-/Masterstudium im Fach Elektrotechnik (TU Kaiserslautern).

Diese Heterogenität setzt sich in den Modulstrukturen fort. So beinhaltet das Lehrangebot an der TU Kaiserslautern, einem Standort mit traditionell ingenieurwissenschaftlich geprägten Teilstudiengängen für das Lehramt in den gewerblich-technischen Fachrichtungen, die Module

- Fachdidaktik Bachelorstudium (9 CP) mit den Lehrveranstaltungen

  - Allgemeine Fachdidaktik,

  - Fachdidaktik Laborbetreuung,

  - Fachdidaktik Programmierung und

- Fachdidaktik im Masterstudium (10 CP) mit den Lehrveranstaltungen

  - Fachdidaktik Unterrichtsreflexion,

  - Fachdidaktik Informationstechnik,

  - Fachdidaktik E-Learning.

Solche Modulstrukturen sind eng auf die Vermittlung der fachwissenschaftlichen bzw. hier ingenieurwissenschaftlichen Theorie und Wissensbestände ausgerichtet. Eine Auseinandersetzung mit der handlungsleitenden Fachtheorie der Zielgruppen beruflichen Lernens und der Reflexion der Relevanz der fachwissenschaftlichen Studieninhalte für die Gestaltung beruflicher Lernsituationen findet hier offensichtlich nicht statt. Dies wird noch einmal besonders deutlich, wenn man die Kompetenzziele der Modulbeschreibung einer TU näher betrachtet, wenn es dort heißt: „Die Studierenden

- können die schulart- und schulstufenspezifische Vorgaben in Lernsituationen und die Erkenntnismethoden des Faches (Induktion, Deduktion, Idealisierung, Modellierung, Mathematisierung, experimentelle Überprüfung) in Lernarrangements umsetzen sowie diese Methoden in zentralen Bereichen der Elektrotechnik exemplarisch anwenden;

- können die fachlichen Inhalte aus den Lehrveranstaltungen „Grundlagen der Elektrotechnik" und „Elektronik" mit Unterrichtsmethoden vernetzen;

- sind in der Lage, adressatenorientierte Lernarrangements, in deren Mittelpunkt der Laborversuch oder die Funktion von Stromrichterschaltungen stehen, zu entwickeln, allgemeine Arbeitsmethoden des Faches (Beobachten, Klassifizieren, Messen, Daten erfassen und interpretieren, Hypothesen und Modelle aufstellen) sowie Methoden der Schaltungsanalyse zur Beschreibung der Funktion von Stromrichterschaltungen (Kausalketten, Signal-Zeit-Diagramme) in Lernaufgaben umzusetzen, schultypische Geräte, Materialien und Medien unter Beachtung der Sicherheitsvorschriften in Laborversuchen einzusetzen;

- können Lernumgebungen selbstgesteuerten fachlichen Lernens (Projekte, Lernstationen, Freiarbeit) planen und gestalten."[4]

Im Gegensatz dazu fokussiert eine berufswissenschaftliche Konzeption auf eine theoretische Auseinandersetzung mit der Technik und dem Handlungswissen gewerblich-technischer Facharbeit als wesentliche Basiskompetenz für die Gestaltung von berufsbezogenen Lernsituationen. Am Beispiel der Module des Masterstudiengangs der Universität Flensburg, der auf ein ingenieurwissenschaftliches Bachelorstudium aufbaut, lässt sich der Unterschied deutlich erkennen. Dort sollen die Studierenden sich mit grundlegenden berufs- und fachdidaktischen Fragen zur Aus- und Weiterbildung im Berufsfeld Elektrotechnik befassen, indem sie Entwicklungen und Zusammenhänge von Arbeit, Technik und Berufsbildung der Elektroberufe analysieren und davon ausgehend arbeitsorientierte Lernsituationen gestalten. Dazu dienen die folgenden Module:

- Arbeit, Technik und Berufsbildung im Berufsfeld Elektrotechnik (6 CP) mit den Lehrveranstaltungen

  – Entwicklung von Facharbeit, Technik und Berufsbildung im Berufsfeld Elektrotechnik,

  – Lernorte und Curriculumentwicklung im Berufsfeld Elektrotechnik,

---

4 Die Quelle wird hier nicht präziser genannt, weil es hier nicht darum geht, einzelne Studienstandorte zu kritisieren, sondern die Spannweite der Heterogenität an (vielleicht extremen) Beispielen zu veranschaulichen.

- Berufswissenschaftliche und Berufsbildungspraktische Studien (6 CP) mit den Bestandteilen

  - Berufswissenschaftliche Studien (empirische Arbeitsstudie berufsförmiger Facharbeit in ausgewählten Elektroberufen),

  - Berufsbildungspraktische Studien (Planung, Durchführung und Reflexion eigenständiger Lehrtätigkeit vor dem Hintergrund fachdidaktischer Konzepte),

- Analyse und Gestaltung beruflicher Bildungsprozesse (6 CP) mit den Lehrveranstaltungen

  - Didaktik der beruflichen Fachrichtung Elektrotechnik,

  - Ausbildungs- und Unterrichtsgestaltung im Berufsfeld Elektrotechnik.

In dem einen Beispiel wird es den Studierenden überlassen (oder zugemutet), ob ihnen die Umsetzung der fachwissenschaftlichen Inhalte in berufsbezogene Lernsituationen gelingt (falls dies überhaupt möglich ist; vgl. dazu den Beitrag von Becker in diesem Band), in dem anderen Beispiel ist gerade die Auseinandersetzung mit dem berufsförmigen Wissen über Technik und Arbeit zentraler Inhalt der Didaktik-Lehre. Diese hier nur ausschnitthaft aufgezeigte Heterogenität deutet darauf hin, dass nach wie vor die „fachdidaktischen Anteile in höchst unterschiedlichen Maße" in universitären Ausbildung verankert sind und „es nur wenige abgesicherte Erkenntnisse über Art und Umfang der Fachdidaktik im Studium der Beruflicher Fachrichtungen gibt", ein Befund, den Bader und Kreutzer schon 1994 (S. 51) publiziert haben.

3   Inhalte und Bezüge gewerblich-technischer Didaktiken

Für die inhaltliche Bestimmung dessen, was Bestandteil gewerblich-technischer Didaktiken der universitären Ausbildung sein soll, ist die Überwindung noch immer vorfindbarer Verengungen auf die Vermittlung von technischen Theorieinhalten (s. o.) unumgänglich. Die angehenden Lehrer/-innen an beruflichen Schulen müssen vielmehr – im Sinne Klafkis „Primat der Zielentscheidungen im Verhältnis zu allen anderen Entscheidungsdimensionen des Unterrichts" (1996, S 258 ff.) – befähigt werden, zunächst Ziele und Inhalte zu bestimmen, die dem Bildungsanspruch des beruflichen Schulwesens gerecht werden.

Diese Anforderung hat insofern an Bedeutung gewonnen, als mit der Einführung des Lernfeldkonzeptes die Unterrichtsziele und -inhalte in den Rahmenlehrplänen nicht mehr dezidiert vorgegeben sind, sondern berufsbezogene Konkretisierungen erfordern, die sich an beruflich bedeutsamen Arbeitssituationen orientieren sollen. Über diesen weitgefassten Begriff der Handlungsorientierung („Lernen für Handeln" und „Lernern durch Handeln") hinaus wurde bereits vor nunmehr 20 Jahren das Bildungsziel für die Berufsschule vorgegeben, die die Lernenden nun „zur Erfüllung der Aufgaben im Beruf sowie zur Mitgestaltung der Arbeitswelt und Gesellschaft in sozialer und ökologischer Verantwortung befähigen" soll, eine Zielsetzung, die sich nunmehr in allen Rahmenlehrplänen wiederfindet (vgl. KMK 1991, 2.1; KMK 2011b).

Indem beruflich, fachwissenschaftlich, individuell und gesellschaftlich bedeutsame Zusammenhänge und Problemstellungen im Unterricht – als ein wesentlicher Kern des Lernfeldkonzeptes – miteinander zu verbinden sind, wird berufliches Lernen und Arbeiten sowohl im gesellschaftlichen Kontext als auch in der Subjektperspektive in noch stärkerem Maße zum Gegenstand der Didaktik als bisher. Mit anderen Worten: Es gilt auch in der universitären Ausbildung von Lehrkräften gewerblich-technischer Fachrichtungen das Wissenschafts-, das Situations- und das Persönlichkeitsprinzip zu verschränken (vgl. Tramm/Reetz 2011, S. 220 ff.). Vor diesem Hintergrund stellt sich die Frage, auf welche Fachwissenschaft sich die gewerblich-technische Didaktik bezieht – allein auf eine Technikwissenschaft? Und auf welche Situation fokussiert sie, allein auf die Situation des Unterrichtens von Technik? Antworten auf diese Fragen wurden in den letzten Jahren und Jahrzehnten vielfältige gegeben[5], jedoch ohne dass dies offensichtlich zu einer Vereinheitlichung der didaktischen Lehre an den Hochschulen geführt hat, wie weiter oben gezeigt wurde. Diese Beiträge können und sollen an dieser Stelle nicht nachgezeichnet werden, aber auf einige wenige bedeutsame Eckpunkte sei hier verwiesen, auch als Grundlage und Anregung für die Weiterentwicklung der Didaktiken.

3.1 Zum begrifflichen Selbstverständnis gewerblich-technischer Didaktik

Mit der Frage nach der fachwissenschaftlichen Bezugsdisziplin ist auch die Frage nach dem inhaltlich-begrifflichen Selbstverständnis der Didaktik der gewerblich-technischen Fachrichtung verbunden. Die an den Hochschulen gebräuchlichen Bezeichnungen „Fachdidaktik technischer Fachrichtungen", „Didaktik der beruf-

---

5   vgl. Drechsel u. a. 1981; Bannwitz/Rauner 1993; Lipsmeier/Rauner 1996; Pahl/Rauner 1998; Bonz/Ott 1998 u. 2003; Pahl/Schütte 2000; Bader/Bonz 2001; Kuhlmeier 2005 u.a.m.

lichen Bildung" oder „Technikdidaktik" (s.o.) deuten auf sehr ausgeprägte Differenzen hin.

So ist der Begriff Fachdidaktik in der beruflichen Bildung nicht so eindeutig wie etwa in der Fachdidaktik Physik, die sich unmittelbar einsichtig auf die Wissenschaftsdisziplin Physik bezieht. Die Ingenieurwissenschaften hingegen eignen sich nur sehr begrenzt als Bezugswissenschaften für die Lehrerbildung, da sie sich im Wesentlichen mit der Entwicklung und Konstruktion von Technik bspw. des Maschinenbaus befassen. Wenngleich es sicherlich auch Schnittmengen zwischen dem Ingenieurwissen und dem Technikwissen von beruflichen Lehrkräften gibt, bleiben die für die Berufsbildung bedeutsamen Bereiche bspw. der Montage, Installation, Instandhaltung und Reparatur von Technik einschließlich der zugehörigen Werkzeuge und Verfahren in einem ingenieurwissenschaftlich geprägten Lehramtsstudium ausgeblendet (vgl. auch Kuhlmeier 2006, S. 13 ff.; Pahl 1998, S. 60 ff. u. 2003, S. 57; Petersen 1996, S. 103 ff.; Schütte 2000; Jenewein u. a. 2006). Die Etablierung von Fachdidaktiken, denen die Aufgabe zugeschrieben wird, zwischen den Ingenieurwissenschaften bzw. dem ingenieurwissenschaftlichen Wissen und dem arbeits- und berufsbezogenem Wissen zu vermitteln, hat keine Lösung des Problems hervorgebracht, sondern ein Dilemma offenbart: „Orientieren sich die Fachdidaktiken zu sehr an der beruflichen Bildungspraxis, entfernen sie sich Not gedrungen von den akademischen Fachwissenschaften, eine konsequente Annäherung an die etablierten Wissenschaftsdisziplinen führt dagegen zu einem Verlust an Berufs- und Arbeitsbezug. Eine Annäherung an die Berufspädagogik entfremdet sie von beidem" (Rauner 1993, S. 11).

Auch der Begriff der Technikdidaktik ist hinsichtlich seines Bedeutungsgehalts bzw. des damit verbundenen Selbstverständnisses zu klären. Dieser Ansatz der Didaktik beruht auf der allgemeinen Technologie Ropohls (1999), einer Systemtheorie der Technik, nach der Technik immer eine naturale, eine humane und eine soziale Dimension beinhaltet und mit der die allgemeinen Entstehungs-, Sach- und Anwendungszusammenhänge erklärlich gemacht werden sollen. Dabei werden die Kategorien technisches Sachsystem und menschliches Handlungssystem unterschieden, zwischen denen aber eine enge Interdependenz besteht, weil Technik als Moment gesellschaftlicher Entwicklung verstanden wird und umgekehrt diese ihrerseits Gesellschaft verändert. Ott (2001, S. 13 ff.) hat die Entwicklungslinien einer ganzheitlichen Technikdidaktik nachgezeichnet und in diesem Zusammenhang Bezüge zwischen Arbeit, Technik und Bildung hervorgehoben. Demnach muss eine „ganzheitliche Techniklehre ... die naturale, humane, und soziale Dimension der Technik in einen didaktischen Begründungszusammenhang bringen, der einerseits die allgemeinen Zielbestimmungen der technischen Bildung (Mitbestimmung, Mitgestaltung und Mitverantwortung) mit einschließt und andererseits auf die Fähigkeiten der Lernenden pädagogisch rückbezogen ist" (Ott 2001, 25). Die Technik und das Technikverständnis stehen bei diesem Ansatz im Mittelpunkt der didaktischen Auseinandersetzung. Dementsprechend betont Lipsmeier (2006, S. 285) in einem Handbucharikel zur Technikdidaktik „die zentrale didaktische Kategorie: Der Technikbegriff der Technikdidaktik".

Demgegenüber steht das Konzept der Berufs- bzw. Berufsfelddidaktik, bei dem nicht die Technik, sondern die Berufsarbeit im Zentrum der didaktischen Forschung und Lehre steht. Die Überlegungen dazu sind in Verbindung zu sehen mit der Kritik an der ingenieurwissenschaftlich geprägten universitären Ausbildung gewerblich-technischer Lehrkräfte: „Das, was Facharbeiter/-innen wissen müssen, um berufliche Bildung zu vermitteln, läßt sich nicht in das Korsett der Wissenschaftsschneidung an den Hochschulen pressen. Es ist daher zu befürchten, daß es bei einer Ausbildung von Berufsschullehrer und -lehrerinnen, die sich bei der fachlichen Qualifizierung ausschließlich an den Ingenieurwissenschaften orientiert, zu erheblichen Fehlqualifizierung kommt" (Kuhlmeier/Uhe 1998, S. 114). Dagegen wird in der Berufs(feld)wissenschaft und Berufs(feld)didaktik der Zusammenhang von Arbeit, Technik und Bildung integrativ betrachtet, d. h. im Zentrum der Fachtheorie der Lehrkräfte steht nicht mehr eine Technikwissenschaft oder eine Systemtheorie der Technik, sondern Technikentwicklung wird in den Kontext beruflicher Arbeits- und Geschäftsprozesse gerückt unter Berücksichtigung der Interessen und Mitgestaltungsmöglichkeiten der Fachkräfte in Handwerk und Industrie. „Indem Arbeit und Technik als ‚gestaltbar, gestaltungsbedürftig und zweckbehaftet' erkannt werden und indem Bildung als Fähigkeit und Bereitschaft zur Gestaltung von Arbeit und Technik zur ‚Bewältigung gesellschaftlicher Probleme' definiert wird, ergibt sich ein in sich stimmiges Wertesystem. Auf der Basis dieses Wertesystems können die Arbeitsprozesse und die technischen Systeme des Berufsfeldes ... auf ihre Gestaltbarkeit und Gestaltungbedürftigkeit hin untersucht und daraus ihre Bedeutung für die berufsförmig organisierte ... Facharbeit abgeleitet werden. Das Bildungsziel liefert dann sowohl Kriterien für die Auswahl der Inhalte als auch die Kriterien für die Gestaltung von Lernprozessen in der beruflichen Aus- und Weiterbildung" (Gronwald/Martin 1998, S. 100; Hervorheb. i. Orig.).

Zu bedenken ist allerdings, dass Lehrkräfte gewerblich-technischer Fachrichtungen nicht nur in der Berufsschule, in der vollzeitschulischen Berufsausbildung und in der beruflichen Weiterbildung tätig sind, sondern auch in Fachoberschulen, Berufsoberschulen und technischen Gymnasien sowie beruflichen Gymnasien, die mit ihrer wissenschaftspropädeutischen Ausrichtung auf ein Studium bspw. einer Ingenieurswissenschaft vorbereiten. Für diese Schulformen ist das Konzept der Berufs(feld)didaktik nicht wirklich schlüssig. Vor diesem Hintergrund hat Petersen (1996, S. 103 ff.) bereits vor geraumer Zeit den „Doppelbe-griff Berufs- und Fachdidaktik" vorgeschlagen, um einerseits – mit Blick auf den dominanten Tätigkeitsbereich gewerblich-technischer Lehrkräfte – die Berufsbe-zogenheit begrifflich zu betonen und andererseits den auch wissenschaftspro-pädeutischen Bildungsgängen an den beruflichen Schulen Rechnung zu tragen. Die universitäre Didaktik-Ausbildung sollte sich jedoch an den zukünftig domi-nanten Tätigkeitfeldern der Studierenden orientieren, der Berufsschule, der voll-zeitschulischen Berufsausbildung, der beruflichen Weiterbildung und auch der betrieblichen Ausbildung. Dies bietet gewerblich-technisch profilierten Lehrkräf-ten – zumindest in Großbetrieben – zusätzliche Perspektiven im betrieblichen Kontext von Aus- und Weiterbildung und Innovationsprozessen und befördert die wichtige Kooperation zwischen den Lernorten.

3.2   Doppelter Berufsbezug gewerblich-technischer Didaktik

Je nachdem, ob das fachwissenschaftliche Studium eine wissenschaftliche Aus-einandersetzung mit der Beruflichkeit in der gewählten Fachrichtung ermöglicht oder ob es ausschließlich auf die Erschließung von Ingenieurwissen angelegt ist, ergeben sich jeweils unterschiedliche Anforderungen an die gewerblich-tech-nische Didaktik. In den Studiengängen mit ingenieurwissenschaftlich geprägter fachwissenschaftlicher Ausbildung muss es Aufgabe der Didaktik sein, den Stu-dierenden zu ermöglichen von beruflichen Anforderungen ausgehend Lernsitua-tionen zu planen, denn „dieses ‚Denken aus Facharbeitersicht' befruchtet den Unterricht mehr als nur eine Nennung von Praxisbeispielen" (Bloy 1996, S. 6). Vor diesem Hintergrund ist Pahl zuzustimmen: „Zu favorisieren ist dabei zu-nächst eine eigenständige Didaktik beruflichen Lernens. Wenn sich indes im Er-gebnis der weiteren Entwicklungen eine Berufswissenschaft als autonome Dis-ziplin mit Berufsfeldforschung und -lehre etablieren sollte, so müsste sich diese Disziplin beruflichen Lernens darin platzieren" (Pahl 2001, S. 69 f.). Da es noch nicht gelungen ist, die Berufswissenschaft über einen Kreis von einzelnen Stu-dienstandorten hinaus allgemein zu etablieren, beziehen die nachfolgenden Aus-führungen wesentliche Begründungszusammenhänge des berufswissenschaftli-chen Ansatzes mit ein (vgl. Martin u. a. 2000, S. 22 ff., siehe auch den Beitrag von Hägele/Pangalos in diesem Band).

In Abgrenzung zu einem Verständnis, wonach sich auch für Lehrkräfte an beruf-lichen Schulen das Praxiswissen als ein wesentlicher Bestandteil ihrer Handlungs-kompetenz allein auf die Steuerung unterrichtspraktischer Handlungen be-schränken solle (vgl. Riedl 2004, S. 20 ff.), wird hier von einem doppelten Praxis-bezug ausgegangen (vgl. Gerds 2001, S. 71). Damit bezieht sich die Berufs(feld)-didaktik gewerblich-technischer Fachrichtungen einerseits auf die berufliche Praxis der Lehrerinnen und Lehrer an beruflichen Schulen sowie andererseits auf die berufliche Praxis industrieller und handwerklicher Fachkräfte. In diesem Zusammenhang stellt sich allerdings die Frage, auf welche Berufe sich die universitäre Didaktik-Lehre beziehen soll angesichts deren Vielzahl mit ihren teils äußerst verschiedenartigen Produkten, Dienstleistungen, Arbeitsmitteln, Verfahren, Organisationsformen, Anforderungen usw. – selbst in einem Berufsfeld. So erstreckt sich die Lehrbefähigung bspw. von Lehrkräften der Fachrichtung Metalltechnik[6] auf über 90 Berufe (vgl. Pahl 2001, S. 72 ff.). Das Spektrum umfasst u.a.

- *gebäude- und installationstechnische Berufe*: Anlagenmechaniker/-in für Sanitär-, Heizungs- und Klimatechnik (SHK), Klempner/-in, Mechatroniker/-in für Kältetechnik, Rollladen- und Sonnenschutzmechatroniker/-in, Metallbauer/-in usw.,

- *fertigungstechnische Berufe*: Feinwerkmechaniker/-in, Fertigungsmechaniker/-in, Industriemechaniker/-in, Metall- und Glockengießer/-in, Werkzeugmechaniker/-in, Zerspanungsmechaniker/-in usw.,

- *Fahrzeugberufe*: Kraftfahrzeugmechatroniker/-in, Leichtflugzeugbauer/-in, Mechaniker/-in für Land- und Baumaschinentechnik, Schiffsmechaniker/-in, Zweiradmechaniker/-in usw.,

- *Berufe der Schmuckbranche*: Goldschmied/-in, Uhrmacher/-in usw.

Nicht nur die Berufsgruppen sind sehr unterschiedlich, auch die hier zusammengefassten Berufe haben teils wenig gemeinsam. Ähnlich stellt sich die Situation in den Fachrichtungen Bautechnik oder Elektrotechnik dar. Sinnvoll ist es einerseits, die Didaktik-Forschung und -Lehre an der Nachfrage nach Ausbildungsplätzen auszurichten. In den Fachrichtungen Elektrotechnik und Informationstechnik sind die bundesweit am stärksten besetzten Berufe der/die Elektroniker/-in in der Fachrichtung Energie- und Gebäudetechnik (Handwerk), Elektroniker/-in für Betriebstechnik (Industrie), Fachinformatiker/-in, sowie in der Fachrichtung Metalltechnik die Berufe „Anlagenmechaniker/-in SHK" (Handwerk), Industriemechaniker/-in (Industrie) und Kraftfahrzeugmechatroniker/-in (Handwerk u. Industrie) (StatBA 2011, S. 28). Andererseits bieten regionale Schwerpunkte oder

---

6 Bis zur letzten Neuordnung der Metallberufe 2003/2004 gehörten die fahrzeugtechnischen Berufe zum Berufsfeld Metalltechnik. Das Berufsfeld Fahrzeugtechnik ist erst mit dieser Reform eingeführt worden. An den meisten Hochschulstandorten existiert allerdings nach wie vor keine eigene berufliche Fachrichtung Fahrzeugtechnik neben der Fachrichtung Metalltechnik (vgl. Becker 2010). An der Universität Flensburg wurde nach der Neuordnung der Metallberufe diese berufliche Fachrichtung eingeführt.

die Ausbildungsberufe der Studierenden Anhaltspunkte für die Ausrichtung berufsbezogener Didaktik-Lehre.

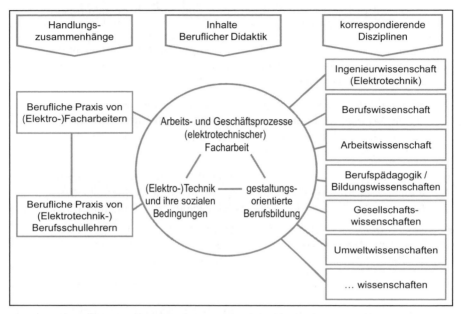

Abb. 1:   Handlungs- und Wissenschaftsbezüge gewerblich-technischer Fachdidaktik in Anlehnung an das Konzept der Berufswissenschaft am Beispiel der Fachrichtung Elektrotechnik (n. Martin u. a. 2000, S. 26)

Ausgehend von diesem doppelten Berufsbezug ergeben sich folgende inhaltliche Schwerpunkte didaktischer Forschung und Lehre an den Hochschulen (vgl. a. Becker/Spöttl 2008, S. 24 ff.; BWP-DGfE 2003, S. 12 ff.):

- Entwicklung gewerblich-technischer Facharbeit und Berufe im gesellschaftlich-politischen Implikationszusammenhang,

- berufliche Arbeits- und Geschäftsprozesse in Hinblick auf Lernhaltigkeit und Lernchancen sowie Partizipationsmöglichkeiten,

- Technikentwicklung im gesellschaftlichen Umfeld mit Blick auf Kompetenzförderlichkeit, Humanisierung der Arbeit, Gebrauchswert und Umweltverträglichkeit,

- Curriculumentwicklung unter Berücksichtigung von Bildungszielen, Persönlichkeitsentwicklung und Anforderungen mit Blick auf

- zielgruppenadäquate Kompetenzziele und Lehr-/Lerninhalte beruflicher Bildungs- und Qualifizierungsprozesse,

- arbeitsprozessbezogene Methoden und Medien gestaltungsorientierten beruflichen Lernens,

• Evaluation beruflicher Curricula und Kompetenzentwicklungsprozesse vor dem Hintergrund arbeitsbezogener, technischer und gesellschaftlicher Entwicklungen,

• Fachrichtungsspezifische Lehr-Lern-Forschung unter besonderer Berücksichtigung der Effekte situierten Lernens und dem Verständnis von Kasuistik und Systematik.

Ein solcher Ansatz erfordert die Bezugnahme auf korrespondierende Disziplinen. Dabei sind selbstverständlich auch die Technikwissenschaften unverzichtbar, allein aber nicht ausreichend. Vielmehr bedarf es des Rückgriffs auf Befunde der Berufswissenschaft sowie der Arbeitswissenschaft, der Industriesoziologie und weiterer Gesellschaftswissenschaften, um Entwicklungen in der Berufs- und Arbeitswelt erfassen zu können. Weil zudem die immer problematischer werdenden lokalen und globalen Auswirkungen von Arbeit und Technik auf die Lebenswelt in der Berufsbildung bewusst zu machen sind, ist die Auseinandersetzung mit didaktisch relevanten Erkenntnissen der Umweltwissenschaften unumgänglich. Und nicht zuletzt ist die Bezugnahme auf die Berufspädagogik, die allgemeine Didaktik und die Lernpsychologie erforderlich, um das Lernen zu sichern, ganzheitliche Persönlichkeitsentwicklung zu fördern und umfassende Bildungsprozesse zu initiieren, die es ermöglichen, gesellschaftliche Mitverantwortung zu übernehmen.

3.3   Berufliche Bildung als allgemeine Bildung

Damit stellt sich als weitere Frage gewerblich-technischer Didaktik, wie berufliche Bildungsprozesse zu konzipieren sind, damit sie ihre Funktion als allgemeine Bildung wie gefordert erfüllen. Ein wichtiger Bezugspunkt stellt die KMK-Handreichung für die Rahmenlehrpläne dar. Demnach „gehört es zum Bildungsauftrag der Berufsschule, einerseits berufliche Handlungskompetenz zu vermitteln und andererseits, die allgemeine Bildung zu erweitern. Damit befähigt die Berufsschule die Auszubildenden zur Erfüllung der Aufgaben im Beruf sowie zur Mitgestaltung der Arbeitswelt und der Gesellschaft in sozialer und ökologischer Verantwortung" (KMK 2011b, S. 10). Mit diesem Bildungsziel ist der Ansatz des gestaltungsorientierten Lernens aufgenommen worden, den Felix Rauner in den 1980er Jahren als Entgegnung auf das Technikverständnis in den damaligen

Rahmenlehrplänen, die nur den Aufbau und das Funktionieren der Technik zum Inhalt hatten, zunächst für eine erweiterte Elektrotechniklehre entwickelt hatte. Dabei betonte er die Dimensionen:

- *Technologie*: Aufbau, Funktionieren und Konstruieren der Technik;

- *Historische Gewordenheit*: Technik als Ausdruck des historischen Prozesses;

- *Gesellschaftliche Arbeit*: Technik als Ergebnis, Mittel und Bedingung für die Arbeit;

- *Gebrauchswert*: vergegenständlichte Zwecke, Werte und Nützlichkeit der Technik;

- *Ökologie*: Technik als Moment ökologischer Kreisläufe.

Eine solch erweiterte Techniklehre reflektiert den zugrunde liegenden Zweck-Mittel-Zusammenhang von Technik, nach dem diese immer eine Einheit des technisch Möglichen und des sozial Wünschbaren repräsentiert: „Die Befähigung zur (Mit)Gestaltung von Technik umfaßt ... nicht nur die Fähigkeit, beschreiben zu können, wie Technik funktioniert, oder anhand naturwissenschaftlich-technischer Modellvorstellungen erklären zu können, warum konkrete Technik funktioniert und wie sie gegebenenfalls herzustellen ist, sondern vor allem die Fähigkeit, erklären zu können, *warum* sie diese und keine andere Gestalt hat, wie sie in ihren vielfältigen Wechselverhältnissen zur Natur und zur gesellschaftlichen Arbeit und vor allem in bezug auf ihren gesellschaftlichen Nutzen zu *bewerten* ist" (Rauner 1988, S. 41; Hervorh. i. Orig.). Dies ist die Grundlage dafür, bei den Auszubildenden – und als Voraussetzung dafür auch bei den künftigen Lehrkräften – ein Verständnis für die prinzipielle Gestaltbarkeit von Technik zu fördern und zum Erkennen des Beziehungsgefüges Mensch-Technik-Umwelt anzuleiten. Rauner hat seinen Ansatz in den Folgejahren auf die „Befähigung zur (Mit)Gestaltung von Arbeit und Technik als Leitidee Beruflicher Bildung" (Rauner 1988) verallgemeinert und damit den Begriff der Gestaltungskompetenz etabliert, den er als Erweiterung des Begriffs Handlungskompetenz versteht: „Mit ,Handlungsstruktur' und ,Handlungsregulation' werden die psychische Struktur von Handlungsprozessen hervorgehoben - mehr nicht. ... Anders als berufliche Handlungskompetenz verweist ,Gestaltungskompetenz' auf die schöpferische Qualität selbstverantworteten Tuns sowie auf die Inhaltlichkeit der Gestaltungsspielräume" (Rauner 2006, S. 57; Hervorh. i. Orig.).

Mit der Aufnahme der Zielsetzung „Befähigung zur Mitgestaltung" in die Rahmenlehrpläne wurden die gesellschaftliche Bedingtheit von Arbeit und Technik und ihre Auswirkungen auf die Lebenswelt systematisch in den Horizont des

Lernens gerückt und damit berufliche Bildung als allgemeine Bildung verstanden. Um diese Zusammenhänge in der Didaktik-Lehre zu entfalten und den angehenden Lehrkräften gewerblich-technischer Fachrichtungen Anhaltspunkte für die „Strukturierung der Thematik" (Klafki 1996, S. 278 ff.) bei der Planung der Lernfeldumsetzung an die Hand zu geben, erscheint es geboten, die ursprünglichen fünf Dimensionen Rauners auf Arbeit und Technik auszurichten und um die Dimension der Wirtschaftlichkeit zu ergänzen (siehe Abb. 2). Schließlich wird durch Berufsarbeit ein Mehrwert geschaffen, sie kostet Geld und sie generiert Einkommen – mit anderen Worten: ohne Berufsarbeit sind wirtschaftliche Prozesse nicht denkbar und umgekehrt.

Abb. 2:   Reflexionsdimensionen gestaltungsorientierter berufsbezogener Didaktik-Lehre

Mit diesen Reflexionsdimensionen lassen sich thematische Zusammenhänge für die Planung von Lehr-Lern-Prozessen erfassen und didaktisch analysieren, damit angehende Lehrkräfte in die Lage versetzt werden, „bei der Planung und Umsetzung handlungsorientierten Unterrichts in Lernsituationen .. Orientierungspunkte .. berücksichtigen", so dass etwa „das ganzheitliche Erfassen der beruflichen Wirklichkeit, zum Beispiel technische, sicherheitstechnische, ökonomische, rechtliche, ökologische, soziale Aspekte" (KMK 2011b, S. 17) ermöglicht wird. Anhand folgender Fragen soll dies beispielhaft veranschaulicht werden:

- *Technologieentwicklung*. Aus welchen Komponenten bestehen technische Systeme? Wie sind diese zu fertigen, zu installieren, zu demontieren und zu recyceln? Welche Vorschriften sind zu beachten? Welche räumlichen Gegebenheiten und Umgebungseinflüsse sind bei der Realisierung technischer Lösungen zu beachten (bspw. Einfluss von Dachneigung und Verschattung auf den Wirkungsgrad einer solarthermischen oder einer PV-Anlage)? ...

- *Historisch-politische Gewordenheit*. Aus welchen Gründen wurde die Energiewende gerade 2011 beschlossen? Warum setzen sich Systeme zur Nutzung regenerativer Energien erst jetzt durch, obwohl es bereits vor über hundert Jahren entsprechende Anlagen gab? Wie haben sich Arbeits- und Lebensverhältnisse durch die Verbreitung der Informations- und Kommunikationstechnologien verändert? ...

- *Gesellschaftliche Arbeit*. Welchen Einfluss nimmt Berufsarbeit bspw. durch die installierte Beleuchtungstechnik auf Arbeitsbedingungen anderer Beschäftigter? Inwieweit sichert und vernichtet die Installation und Instandhaltung rechnergesteuerter Produktionsanlagen Arbeitsplätze im globalen Wettbewerb? Welchen Einfluss kann auf die eigenen Arbeitsbedingungen genommen werden? ...

- *Gebrauchswert und Nützlichkeit*. Welchen Gebrauchswert haben Produkte oder Dienstleistungen wirklich für die Nutzer/-innen? Welche Erwartungen hat eine gute Kundenberatung zu erfüllen? Welche funktionalen, ergonomischen, sicherheitsgerechten und ästhetischen Anforderungen sollen Geräte und Anlagen erfüllen? ...

- *Wirtschaftlichkeit und Kosten*. Was kosten die Produkte oder Dienstleistungen den Kunden? Welche Zuschüsse gibt es bspw. für eine energetische Gebäudesanierung und wie amortisieren sich getätigte Investitionen? Wie lässt sich die Wirtschaftlichkeit durch optimierte Arbeitsabläufe und technische Prozesse verbessern? ...

- *Ökologie*. Aus welchen Materialien bestehen technische Komponenten und unter welchen Bedingungen werden sie gewonnen und verarbeitet? Wie sind die Arbeitsprozesse naturverträglich zu gestalten? Wie sind Produkte nach der Nutzung zu demontieren und möglichst dem Materialkreislauf wieder zuzuführen? ...

Damit die angehenden Lehrkräfte künftig den Lernenden ermöglichen können zu begreifen, „dass sie *immer gestalten*, wenn sie technische Produkte fertigen oder Dienstleistungen erbringen, unabhängig davon, ob ihnen dies in der jeweiligen Situation bewusst ist bzw. von ihnen beabsichtigt wird" (Vollmer 2004,

S. 155) und dass sie dafür verantwortlich sind, ist es wesentlich, sich dessen selbst bewusst zu werden. Positiv gewendet ist es daher sinnvoll, der bisherigen KMK-Handreichung folgend, „soweit es im Rahmen berufsbezogenen Unterrichts möglich ist, auf Kernprobleme unserer Zeit" (KMK 2007, S. 10)[7] einzugehen und Handlungsmöglichkeiten beruflicher Facharbeit für deren Lösung aufzuzeigen. So kann im Zusammenhang der aktuellen politischen Zielsetzung der Energiewende etwa die energetische Gebäudesanierung mit Fragen des Klimaschutzes und der nachhaltigen Entwicklung verbunden werden (vgl. Vollmer 2010 u. 2011).

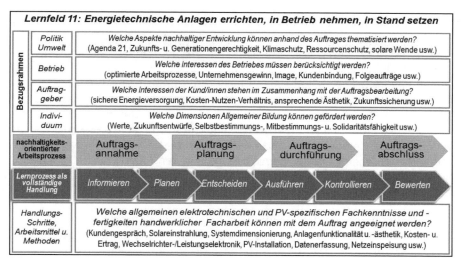

Abb. 3:   *Ausstattung eines Wohnhauses mit einer netzgekoppelten PV-Anlage als Beispiel gestaltungsorientierten Berufsbildung*

3.4 Didaktik gewerblich-technischer Fachrichtungen im Hamburger Studiengang

Dem Hamburger Studiengang für das Lehramt an beruflichen Schulen (LAB) liegt die Leitidee der Kompetenzorientierung in der Lehrerbildung zugrunde. Die Hamburger Lehrbildungsreform hat Tade Tramm (2012) in diesem Band ausführ-

---

7   Diese Formulierung ist in der Fassung der aktuellen KMK-Handreichung (2011) nicht mehr zu finden.

lich dargelegt, so dass an dieser Stelle darauf verzichtet und lediglich die Didaktik gewerblich-technischer Fachrichtungen im erziehungswissenschaftlichen Teilstudiengang betrachtet werden soll, ohne allerdings den Gesamtzusammenhang auszublenden. Die fachwissenschaftliche Ausbildung der Studierenden erfolgt an der TU Hamburg-Harburg (TU HH). Dieser Teilstudiengang ist berufswissenschaftlich ausgerichtet. Er hat bspw. in der Fachrichtung Elektrotechnik-Informationstechnik u. a. die Analyse beruflicher Arbeit, die Gestaltung technischer Lernumgebungen, mediengestützte Lernformen zum Gegenstand und mündet in fachwissenschaftlich-fachdidaktische Integrationsseminare, um Arbeit, Technik und Berufsbildung in ihren Zusammenhängen erfahr- und reflektierbar zu machen. Parallel dazu erfolgt die didaktische Ausbildung im erziehungswissenschaftlichen Teilstudiengang am Institut für Berufs- und Wirtschaftspädagogik (IBW) der Universität Hamburg. Nach einer fachrichtungsübergreifenden Einführungsvorlesung „Didaktik des beruflichen Lehrens und Lernens" folgen hier im Bachelor-Studiengang fachrichtungsspezifische Seminare zur makrodidaktischen Planung, zu Methoden des gewerblich-technischen Lernens und im Masterstudiengang zur mikrodidaktischen Planung. Daran schließt sich das Kernpraktikum an, in dem Unterrichtsversuche an den Praktikumsschulen durchgeführt werden. Begleitet wird das Kernpraktikum durch fachrichtungsbezogen zusammengesetzte Reflexionsseminare, die von den universitären Didaktikern/ -innen der beruflichen Fachrichtungen und von Seminarleitern/-innen des Landesinstituts gemeinsam betreut werden.

Zu Konkretisierung werden nachfolgend beispielhaft inhaltliche Seminarschwerpunkte vorgestellt. Im Seminar „Didaktik der beruflichen Fachrichtungen Elektrotechnik und Metalltechnik (didaktische Makroplanung)" im Bachelorstudiengang sind dies

- berufliche Bildung im gesellschaftlichen Implikationszusammenhang (berufstypische Tätigkeitsfelder und Arbeitsbedingungen sowie Prozesse, Produkte und Dienstleitungen unter Einbezug gesellschaftlicher Rahmenbedingungen und Mitgestaltung der Arbeits- und Lebenswelt),

- Gestaltung handwerklicher und industrieller Elektro- und Metallberufe vor dem Hintergrund technischer und gesellschaftlicher Veränderungen,

- Ordnungsmittel für die berufliche Bildung in den drei Berufsfeldern,

- allgemeinberufliche und auf die Berufsfelder bezogene didaktische Konzepte,

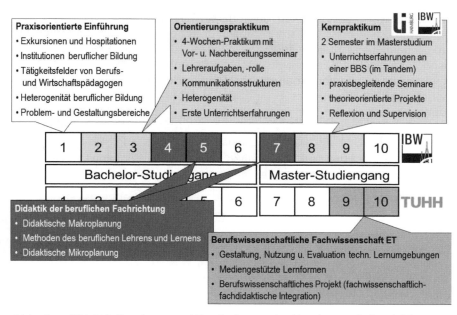

Abb. 4: Didaktik-Seminare und Praxisphasen der Hamburger Lehrerbildung

- didaktische Analysen unter besonderer Berücksichtigung berufsbezogener Kategorien wie Geschäfts- und Arbeitsprozesse, Produkte und Dienstleistungen, Auftrags-, Produkt- und Gestaltungsorientierung, Nachhaltigkeit,

- bildungstheoretisch begründete makrodidaktische Planung problem-, erfahrungs- und handlungsorientierter Lehr-Lern-Arrangements unter Einbeziehung der Lernortkooperation zur integrativen Förderung beruflichen Handlungs- und fachsystematischen Theoriewissens elektro- bzw. metalltechnischer Facharbeit,

- persönliche Lehr-/Lernprozesse und Interaktionserfahrungen der Studierenden auch im Hinblick auf die Verbindungen zwischen fachdidaktischen und fachwissenschaftlichen Studienanteilen.

Inhaltliche Schwerpunkte des Seminars „Didaktische Gestaltung in den beruflichen Fachrichtungen Elektrotechnik und Metalltechnik (didaktische Mikroplanung)" im Masterstudiengang sind

- kriteriengeleitete Analyse beruflichen Lernens in den Fachrichtungen Elektro- und Metalltechnik;

- didaktische Analyse als Kern der Lernsituationsgestaltung;

- Heterogenität von Lerngruppen und Differenzierung der Lernangebote;

- handlungs- und fachsystematische Strukturierung von Lernsituationen und -inhalten;

- problem- und handlungsorientierte Konzeptionen für berufsbezogene Lehr-Lern-Arrangements;

- selbst gesteuertes und kooperatives Lernen sowie Kommunikations- und Interaktionsprozesse in Lernsituationen;

- Methodenplanung für handlungs- und gestaltungsorientierte Lernsituationen;

- Gestaltung exemplarischer Lern- und Arbeitsaufgaben einschließlich zugehöriger Medien;

- theoriegeleitete Ausarbeitung von Unterrichtsentwürfen;

- Lernerfolgssicherung und –kontrolle.

Die Konzeption des Studiengangs und der Didaktik-Lehre haben das Ziel, den hier dargelegten Ansprüchen des doppelten Berufsbezugs und einer gestaltungsorientierten Berufsbildung gerecht zu werden. Sollten allerdings die Professuren der fachrichtungsbezogenen Didaktiken wie in dem eingangs erwähnten Strukturgutachten tatsächlich zur Disposition stehen, ist nicht nur die forschungsbasierte Didaktik-Lehre, sondern die gesamte Studiengangskonzeption (vgl. Tramm 2012) infrage gestellt.

4   Schlussbemerkung: Berufliche Didaktiken als eigenständige Disziplin und forschungsfähige Einheiten institutionalisieren

Vor dem Hintergrund der Heterogenität der gewerblich-technischen Didaktiken an den verschiedenen Hochschulstandorten und der teils unzureichenden Personalausstattung bleibt weiter zu fordern, die Didaktiken als forschungsfähige Einheiten in den Institutionen der Lehrerbildung zu institutionalisieren und entsprechende W2-/W3-Stellen einzurichten. Die Didaktik-Lehre in die Hände von Lehrbeauftragten oder Lehrende für besondere Aufgaben (LfbA) zu legen mag zur Herstellung von Bezügen zur Berufsbildungspraxis genügen, sichert aber nicht die geforderte Qualität forschungsbasierter Lehrerbildung. Angesichts der hohen Lehrverpflichtung werden von diesen Lehrkräften keine substantiellen Forschungsleistungen zu erwarten sein. Eine Bearbeitung von Aufgabenstellungen zur Weiterentwicklung der Fachdidaktiken und zur Beantwortung offener Forschungsfragen ist für solche Personen nicht leistbar. Selbst das Identifizieren neuer Herausforderungen und das Setzen fachdidaktischer Impulse dürfte solchem Personal schwer fallen. Zudem ist der Status der Lehrbeauftragen und der LfbAs Prinzip bedingt nicht dazu angetan, von ihnen Forschungsbeiträge abzuverlangen. Und schließlich ist dafür Sorge zu tragen, dass die Ausbildung von Lehrkräften gewerblich-technischer Fachrichtungen nicht hinter der für allgemeinbildende Schulen zurückbleibt. Wenn das allgemein befürwortete Ziel, die Qualität der Ausbildung zu verbessern, vorangetrieben werden soll, ist und bleibt dies eine wichtige Zukunftsaufgabe. Die vorstehenden Ausführungen sind als Beitrag gedacht, das Erreichte zu sichern und die Diskussion um die Weiterentwicklung gewerblich-technischer Didaktiken fortzuführen und zu intensivieren.

Literatur

Bader, R.; Bonz, B. (Hrsg.) (2001): Fachdidaktik Metalltechnik. Baltmannsweiler: Schneider Hohengehren.

Bader, R.; Kreutzer, A. (1994): Fachdidaktiken Beruflicher Fachrichtungen im Studium. Ergebnisse einer Analyse der Studien- und Prüfungsordnungen. In: Die berufsbildende Schule 46/1994, S. 51–58.

Bannwitz, A.; Rauner, F. (Hrsg.) (1993): Wissenschaft und Beruf. Berufliche Fachrichtungen im Studium von Berufspädagogen des gewerblich-technischen Bereichs. Bremen: Donat.

Becker, M. (2010): Berufliche Fachrichtung Fahrzeugtechnik. In: Pahl, J.-P.; Herkner, V. (Hrsg.): Handbuch Berufliche Fachrichtungen. Bielefeld: W. Bertelsmann, S. 461–476.

Becker, M.; Spöttl, G. (2008): Berufswissenschaftliche Forschung. Ein Arbeitsbuch für Studium und Praxis. Frankfurt a.M. u. a.: Peter Lang.

Bloy, W. (1994): Fachdidaktik Bau-, Holz- und Gestaltungstechnik: Hamburg: Handwerk und Technik.

Bonz, B.; Ott, B. (Hrsg.) (1998): Fachdidaktiken des beruflichen Lernens. Stuttgart: Steiner.

Bonz, B.; Ott, B. (Hrsg.) (2003): Allgemeine Technikdidaktik – Theorieansätze und Praxisbezüge. Baltmannsweiler: Schneider Hohengehren.

Bürgerschaft der Freien und Hansestadt Hamburg (Hrsg.) (2003): Mitteilung des Senats an die Bürgerschaft. Reform der Lehrerausbildung in Hamburg. Drucksache 18/3809 v. 28.02.2006.

BWP-DGfE – Sektion Berufs- und Wirtschaftspädagogik der Deutschen Gesellschaft für Erziehungswissenschaft (Hrsg.) (2003): Basiscurriculum für das universitäre Studienfach Berufs- und Wirtschaftspädagogik. Jena.
Online: http://www.bwp-dgfe.de/sektion/positionen/curriculum/ (03.01.2012).

Drechsel, R.; Gronwald, D.; Voigt, B. (Hrsg.) (1981): Didaktik beruflichen Lernens. Diskussionsbeiträge zu einem ungelösten Problem. Frankfurt a.M. / New York: Campus.

Gerds, P. (2001): Arbeitsprozesswissen und Fachdidaktik. In: lernen & lehren 62/2001, S. 70-77.

Gronwald, D.; Martin, W. (1998): Fachdidaktik Elektrotechnik. In: Bonz, B.; Ott, B. (Hrsg.): Fachdidaktik des beruflichen Lernens. Stuttgart: Franz Steiner Verlag, S. 88-102.

Jenewein, K.; Pangalos, J.; Spöttl, G.; Vollmer, Th. (2006): Realität und Perspektiven für das Universitätsstudium von Lehrer/-innen gewerblich-technischer Fachrichtungen. In: Zeitschrift für Berufs- und Wirtschaftspädagogik 1/2006, S. 91–103.

Klafki, Wolfgang (1996): Neue Studien zur Bildungstheorie und Didaktik. Zeitgemäße Allgemeinbildung und kritisch-konstruktive Didaktik. Weinheim/Basel: Beltz.

KMK – Sekretariat der Ständigen Konferenz der Kultusminister der Länder in der Bundesrepublik Deutschland (Hrsg.) (o. J.): Standards für die Lehrerbildung: Bericht der Arbeitsgruppe (Krüger, Heinz-Hermann; Oelkers, Jürgen; Tenorth, Elmar; Terhart, Ewald). Bonn o. J. (vermutl. 2004) Online:
http://www.kmk.org/fileadmin/pdf/Bildung/AllgBildung/Standards_Lehrerbildun g-Bericht_der_AG.pdf (03.01.2012)

KMK – Sekretariat der Ständigen Konferenz der Kultusminister der Länder in der Bundesrepublik Deutschland (Hrsg.) (1991): Rahmenvereinbarung über die Berufsschule. Beschluss der Kultusministerkonferenz vom 15.03.1991. Online:
http://www.kmk.org/fileadmin/veroeffentlichungen_beschluesse/1991/1991_0 3_15-Rahmenvereinbarung-Berufsschule.pdf (03.01.2012).

KMK – Sekretariat der Ständigen Konferenz der Kultusminister der Länder in der Bundesrepublik Deutschland (Hrsg.) (2004): Standards für die Lehrerbildung: Bildungswissenschaften. Beschluss der Kultusministerkonferenz vom 16.12.2004. Bonn. Online:
http://www.kmk.org/fileadmin/veroeffentlichungen_beschluesse/2004/2004_1 2_16-Standards-Lehrerbildung.pdf (03.01.2012).

KMK – Sekretariat der Ständigen Konferenz der Kultusminister der Länder in der Bundesrepublik Deutschland (Hrsg.) (2007a): Rahmenvereinbarung über die Ausbildung und Prüfung für ein Lehramt der Sekundarstufe II (berufliche Fächer) oder für die beruflichen Schulen (Lehramtstyp 5).

KMK – Sekretariat der Ständigen Konferenz der Kultusminister der Länder in der Bundesrepublik Deutschland (Hrsg.) (2007b): Handreichungen für die Erarbeitung von Rahmenlehrplänen der Kultusministerkonferenz (KMK) für den berufsbezogenen Unterricht in der Berufsschule und ihre Abstimmung mit Ausbildungsordnungen des Bundes für anerkannte Ausbildungsberufe (Stand: September 2007). Online: http://www.kultusministerkonferenz.de/beruf/home.htm (01.04.2001).

KMK – Sekretariat der Ständigen Konferenz der Kultusminister der Länder in der Bundesrepublik Deutschland (Hrsg.) (2011a): Lehrereinstellungsbedarf und -angebot in der Bundesrepublik Deutschland. Modellrechnung 2010 – 2020. Beschluss der Kultusministerkonferenz vom 09.06.2011. Statistische Veröffentlichung der Kultusministerkonferenz Dokumentation Nr. 194 – Juli 2011. Online: http://www.kmk.org/fileadmin/pdf/Statistik/Dok_194_LEB_LEA.pdf (03.01.2012)

KMK – Sekretariat der Ständigen Konferenz der Kultusminister der Länder in der Bundesrepublik Deutschland (Hrsg.) (2011b): Handreichungen für die Erarbeitung von Rahmenlehrplänen der Kultusministerkonferenz (KMK) für den berufsbezogenen Unterricht in der Berufsschule und ihre Abstimmung mit Ausbildungsordnungen des Bundes für anerkannte Ausbildungsberufe (Stand: September 2007). Online: http://www.kmk.org/fileadmin/veroeffentlichungen_beschluesse/2011/2011_0 9_23-GEP-Handreichung.pdf (27.01.2012)

Kuhlmeier, W. (2005): Berufliche Fachdidaktiken zwischen Anspruch und Realität. Baltmannsweiler: Schneider Hohengehren.

Kuhlmeier, W.; Uhe, E. (1998): Fachdidaktik Bau-, Holz- und Gestaltungstechnik. In: Bonz, B.; Ott, B. (Hrsg.): Fachdidaktiken des beruflichen Lernens. Stuttgart: Steiner, S. 103–132.

Lipsmeier, A. (2006): Didaktik gewerblich-technischer Berufsausbildung (Technikdidaktik). In: Arnold, R.; Lipsmeier, A. (Hrsg.): Handbuch Berufsbildung. Wiesbaden: VS / GWF, S. 281–298.

Lipsmeier, A.; Rauner, F. (1996) (Hrsg.): Beiträge zur Fachdidaktik Elektrotechnik. Stuttgart: Holland + Josenhans.

Martin, W.; Pangalos, J.; Rauner, F. (2000): Die Entwicklung der Gewerblich-Technischen Wissenschaften im Spannungsverhältnis von Technozentrik und Arbeitsprozeßorientierung. In: Pahl, J.-P.; Rauner, F.; Spöttl, G. (Hrsg.): Berufliches Arbeitsprozeßwissen. Ein Forschungsgegenstand der Berufsfeldwissenschaften. Baden-Baden: Nomos Verlagsgesellschaft, S. 13–30.

Ott, B. (2001): Entwicklungslinien und Perspektiven einer ganzheitlichen Technikdidaktik. In: Bader, R.; Bonz, B. (Hrsg.): Fachdidaktik Metalltechnik. Baltmannsweiler: Schneider Hohengehren, S. 13–31.

Pahl, J.-P. (1998): Berufsfelddidaktik zwischen Berufsfeldwissenschaft und allgemeiner Didaktik. In: Bonz, B.; Ott, B. (Hrsg.) (1998): Fachdidaktiken des beruflichen Lernens. Stuttgart: Steiner, S. 60–87.

Pahl, J.-P. (2003): Berufsfeld und Berufe der Metalltechnik – Ausgangsbasis für Konzepte beruflichen Lernens. In: Bonz, B.; Ott, B. (Hrsg.): Allgemeine Technikdidaktik – Theorieansätze und Praxisbezüge. Baltmannsweiler: Schneider Hohengehren. S. 58–85.

Pahl, J.-P. (2001): Berufsfeld und Berufe der Metalltechnik – Ausgangsbasis für Konzepte beruflichen Lernens. In: Bader, R.; Bonz, B. (Hrsg.): Fachdidaktik Metalltechnik. Baltmannsweiler: Schneider Hohengehren, S. 58–85.

Pahl, J.-P.; Rauner, F. (Hrsg.) (1998): Betrifft: Berufsfeldwissenschaften. Beiträge zur Forschung und Lehre in den gewerblich-technischen Fachrichtungen. Bremen: Donat.

Pahl, J.-P.; Schütte, F. (Hrsg.) (2000): Berufliche Fachdidaktik im Wandel. Beiträge zur Standortbestimmung der Fachdidaktik Bautechnik. Seelze-Velbert: Kallmeyer.

Petersen, W. (1996): Berufs- und Fachdidaktik Elektrotechnik im Studium von Berufspädagogen. In: Lipsmeier, A.; Rauner, F. (Hrsg.): Beiträge zur Fachdidaktik Elektrotechnik. Stuttgart: Holland + Josenhans, S. 103–141.

Rauner, F. (1986): Elektrotechnik Grundbildung. Überlegungen zur Techniklehre im Schwerpunkt Elektrotechnik der Kollegschule. Hrsg.: Landesinstitut für Schule und Weiterbildung. Soest: Soester Verlagskontor.

Rauner, F. (1988): Die Befähigung zur (Mit)Gestaltung von Arbeit und Technik als Leitidee Beruflicher Bildung. In: Heidegger, G., Gerds, P.; Weisenbach, K. (Hrsg.): Gestaltung von Arbeit und Technik – ein Ziel beruflicher Bildung. Frankfurt a.M. / New York: Campus, S. 32–50.

Rauner, F. (2006): Gestaltung von Arbeit und Technik. In: Arnold, R.; Lipsmeier, A. (Hrsg.): Handbuch Berufsbildung. Wiesbaden: VS / GWF, S. 281–298 / S. 55–70.

Rauner, F. (1993): Zur Begründung und Struktur Gewerblich-Technischer Fachrichtungen als universitäre Fächer. In: Bannwitz, A.; Rauner, F. (Hrsg.): Wissenschaft und Beruf. Bremen: Donat 1993, S. 10–38.

Reiss; K.; Terhart, E.; Tippelt, R. (2011): Gutachten zur Situation und zur Weiterentwicklung des Faches Erziehungswissenschaft an der Universität Hamburg im Jahr 2011.

Riedl, A. (2004): Didaktik beruflicher Bildung. Stuttgart: Steiner.

Ropohl, G. (1999): Allgemeine Technologie. Eine Systemtheorie der Technik. München / Wien: Hanser.

Schütte, F. (2000): Die ‚traditionelle' Fachdidaktik hat ihre Zukunft hinter sich. Versuch einer Standortbestimmung. In: Pahl, J.-P.; Schütte, F. (Hrsg.) (2000): Berufliche Fachdidaktik im Wandel. Beiträge zur Standortbestimmung der Fachdidaktik Bautechnik. Seelze-Velbert: Kallmeyer, S.51–70.

Spöttl, G. (2004): Berufs(feld)wissenschaft in der Lehrerbildung im Lichte der BA- und MA-Modelle. In: Herkner, V.; Vermehr, B.. (Hrsg.): Berufswissenschaft – Berufsfelddidaktik – Lehrerbildung. Beiträge zur Didaktik gewerblich-technischer Berufs-bildung. Bremen: Donat, S. 211–222.

StatBA – Statistisches Bundesamt Deutschland (2011): Fachserie 11, Reihe 3, Bildung und Kultur - Berufliche Bildung. Wiesbaden. Online: http://www.destatis.de/jetspeed/portal/cms/Sites/destatis/Internet/DE/Content /Publikationen/Fachveroeffentlichungen/BildungForschungKultur/BeruflicheBildu ng/BeruflicheBildung2110300107004,property=file.pdf (03.01.2012)..

Tramm , T. (2012): Kompetenzorientierung in der Lehrerbildung am Beispiel der Ham-burger Lehrbildungsreform; in diesem Band.

Tramm; T.; Reetz, L. (2010): Berufliche Curriculumentwicklung zwischen Persönlichkeits-, Situations- und Wissenschaftsbezug. In: Nickolaus, R.; Pätzold, G.; Reinisch, H.; Tramm, T. (Hrsg.): Handbuch Berufs- und Wirtschaftspädagogik. Bad Heilbrunn: Klinkhardt (UTB), S. 220–226.

Vollmer, Th. (2004): Befähigung zur Mitgestaltung der Arbeitswelt und Gesellschaft in sozialer und ökologischer Verantwortung – Ein neues Berufsbildungsziel und sei-ne Bedeutung für berufliches Lernen und Lehren. In: Kipp, M.; Struve, Kl.; Tramm, T.; Vollmer, Th.: Tradition und Innovation. Impulse zur Reflexion und zur Gestal-tung beruflicher Bildung. Münster, Hamburg, Berlin, London: Lit, S. 131–193.

Vollmer, Th. (2010): Didaktik gewerblich-technischer Fachrichtungen im Kontext der UN-Dekade Bildung für nachhaltige Entwicklung. In: lernen & lehren 99/2010, S. 107–113.

Vollmer, Th. (2011): Mitgestaltung der Energiewende – Zukunftsaufgabe der Facharbeit und Bezugspunkt für eine Berufsbildung für nachhaltige Entwicklung. In: Schwenger, U.; Howe, F.; Vollmer, Th.; Hartmann, M.; Reichwein, W. (Hrsg.): bwp@ Spezial 5/2011 – Hochschultage Berufliche Bildung 2011, Fachtagung 08.1/2, S. 1-30. Online: http://www.bwpat.de/ht2011/ft08/vollmer_ft08-ht2011.pdf (03.01.2012).

Gewerblich-technisch ausgerichtetes Lehramtsstudium

Matthias Becker

1 Einleitung und Motivation

Einmal davon abgesehen, dass Studierende mit dem Ziel, als Lehrkraft an einer berufsbildenden Schule zu arbeiten, prinzipiell zwei „Fächer" und Bildungswissenschaften (vgl. KMK 2007) studieren müssen, stellt sich die Frage, wie das Studium ausgestaltet werden muss, damit es für Studieninteressierte besonders attraktiv ist und bestmöglich auf die spätere Arbeit vorbereitet. Bestehende Ausgestaltungsansätze variieren von einer Bedienungslogik[1] und Pragmatik auf der einen Seite bis hin zu vollkommen eigenständigen gewerblich-technischen Ansätzen. Jedem der realisierten Ansätze in Deutschland liegen Überzeugungen, vor allem aber Argumentationen zugrunde, die etwas mit Realisierungsmöglichkeiten und Disziplinverbundenheit zu tun haben. Dieser Beitrag widmet sich diesen Überzeugungen und Argumentationen, benennt zu berücksichtigende Studienbestandteile sowie Studienzielsetzungen und zieht Schlussfolgerungen für ein gewerblich-technisch ausgerichtetes Studium. Dabei wird von der Hypothese ausgegangen, dass durch ein berufswissenschaftlich ausgerichtetes Studium dem bestehenden Nachwuchsmangel am besten begegnet werden kann. Diese Hypothese lässt sich nur schwer, wahrscheinlich aber überhaupt nicht mit wissenschaftlichen Mitteln bestätigen oder widerlegen, weil es eine Vielzahl an normativen Vorgaben sowie Einflüssen auf ausreichenden Lehrkräftenachwuchs und ein erfolgreiches Lehramtsstudium gibt. Weder Studierendenzahlen, Absolventenquoten noch Professionalisierungsmerkmale können zweifelsfrei auf Studienkonzepte zurückgeführt werden. Es lohnt jedoch, solche Zusammenhänge zu betrachten und einer argumentativen Begründung zuzuführen, um die Diskussion über Studiengangskonzepte zu befruchten, nicht zuletzt, weil der Mangel an Lehrkräftenachwuchs im Interesse der berufsbildenden Schulen und der Studierenden fernab von „Sondermaßnahmen" und pragmatischer Rekrutierungspraxis zu beheben ist.

---

[1] Bedienungslogik meint hier die pragmatische Lösung, sich bestehender Fächer und Disziplinen und deren Studienelemente an einem Hochschulstandort für ein Lehramtsstudium zu bedienen.

2 Verständnis und Definition „Gewerblich-Technisches Studium"

Als *technisch* ausgerichteten Studiengang bezeichnet man im Allgemeinen vor allem das Studium einer Ingenieurwissenschaft. Das Studium einer Ingenieurwissenschaft bereitet auf Arbeitstätigkeiten von Ingenieuren vor. An vielen Hochschulen überwiegt allerdings das Verständnis, ein solches Studium sei gleichermaßen geeignet, auch auf die Tätigkeit von Berufsschullehrkräften vorzubereiten, man brauche einem solchen Studium nur noch fachdidaktische und erziehungswissenschaftliche bzw. berufspädagogische und schulpraktische Elemente beizusteuern. Argumentiert wird darüber hinaus sogar mit dem vermeintlichen Vorteil, ein solches Studiengangskonzept lasse die Berufswahl offen und erhöhe die Polyvalenz. Dieses Argument wird vor allem für die gestuften Studiengangskonzepte mit ingenieurwissenschaftlich ausgerichtetem Bachelor- und berufspädagogischem Masterabschluss angeführt. Unübersehbar sind allerdings die folgenden, problematischen Konsequenzen eines solchen Verständnisses:

1. Die Tätigkeitsfelder eines Ingenieurs und einer Berufsschullehrkraft im gewerblich-technischen Bereich weisen nahezu keine Schnittmengen auf; sie haben lediglich gemeinsame Technikbezüge (Bautechnik, Chemietechnik, Elektrotechnik, Farbtechnik, Raumgestaltung und Oberflächentechnik, Fahrzeugtechnik, Holztechnik, Informationstechnik, Labortechnik/Prozesstechnik, Medientechnik, Metalltechnik/Maschinenbautechnik, Textiltechnik). Während ein Ingenieur beispielsweise Fahrzeugtechnik entwickelt, auslegt und konstruiert, unterrichtet eine Berufsschullehrkraft Auszubildende, die Fahrzeuge diagnostizieren, warten und reparieren. Ein technisch ausgerichtetes (Ingenieur)Studium kann offensichtlich keineswegs mit einem gewerblich-technisch ausgerichteten Studium gleichgesetzt werden. Der Zusatz *„Gewerblich"* ist – auch wenn dieser zuweilen handwerklich besetzt ist – ein Hinweis darauf, dass hier Bezüge zu den *gewerblich-technischen Berufsfeldern* und nicht zu Technikfeldern der Ingenieurwissenschaften herzustellen sind.

2. Der Anspruch der Polyvalenz muss zwangsläufig defizitär ausfallen, weil die fachdidaktischen und erziehungswissenschaftlichen bzw. berufspädagogischen sowie schulpraktischen Studienanteile „zu Lasten" der fachwissenschaftlichen Ausbildung gehen. Zudem ist die fachwissenschaftliche Ausrichtung bei ingenieurwissenschaftlichem Studium auf eine Fachwissenschaft ausgerichtet, die nicht dem gewerblich-technischen „Fach" entspricht (vgl. Rauner 2002; Becker 2010, S. 465). Wird das „zweite Unterrichtsfach" hinzu gezählt, ist

unter der Prämisse der Aufrechterhaltung einer Lehrerprofessionalität bei insgesamt 180 Leistungspunkten für Fachwissenschaften ein allein ingenieurwissenschaftliches Bachelorstudium rein rechnerisch nicht möglich[2]. Ebenso wenig ist ein berufspädagogisch ausgerichtetes Masterstudium mit Integration des zweiten Unterrichtsfaches möglich.

3. Die Konsequenz aus 1. und 2. ist die fehlende Identität von Studierenden, die fachwissenschaftliche Anteile im Sinne von Ingenieurwissenschaften und bildungswissenschaftliche Anteile mit Bezug zur Technik als „Technikdidaktik" oder bzw. zusätzlich und ergänzend im Sinne einer allgemeinen Erziehungswissenschaft studieren: sie verstehen sich weder als Ingenieure, noch als Fachwissenschaftler für das zweite Unterrichtsfach noch als Berufspädagogen. Jedenfalls wird eine Identitätsbildung durch ein solches Studium nicht forciert, sondern muss durch die Studierenden mühsam selbst geleistet werden. Fällt die Wahl auf die Identität als „Ingenieur", wird ein von der KMK gefordertes integratives Studium nicht gewählt, sondern ein „reines" Ingenieurstudium; fällt die Wahl auf die Identität als Berufsschullehrkraft, wird eine dem oben kritisierten Verständnis folgende Studiengangskonzeption erst recht nicht gewählt oder früh abgebrochen, weil das Studienangebot als unpassend empfunden wird. Letztgenannter Zusammenhang wird in den nachfolgenden Abschnitten exemplarisch aus Argumentationen heraus und durch unsystematisch gewonnene Erfahrungen von Studierenden begründet, wäre folglich empirisch genauer zu untersuchen.

Wenn also als Bezugswissenschaft für ein gewerblich-technisches Studium die Ingenieurwissenschaft nicht geeignet ist und eine Verortung der Fachdidaktik zwischen einer solchen Ingenieurwissenschaft und einer Erziehungswissenschaft mit dem Praxisbezug der Schule nicht gelingt (vgl. Kuhlmeier/Tenfelde 2000, S. 29): Welcher Wissenschaftsbezug und welcher Praxisbezug ist dann für ein gewerblich-technisch ausgerichtetes Lehramtsstudium zu wählen?

Die Antwort auf diese Frage kann bereits ansatzweise aus der Rahmenvereinbarung der KMK bei konsequenter Lesart abgeleitet werden: *Ein gewerblich-technisches Studium ist ein zu fachlich und pädagogisch professioneller Handlungskompetenz führendes und auf ein berufliches Fach ausgerichtetes Studium.*

---

2   Vgl. die Fußnote zum Darmstädter Studienmodell in KMK 2007, S. 2, die eine Konsequenz aus dem Versuch der Einlösung der KMK-Vorgaben darstellt.

Diese Definition entspricht dem mit der Rahmenvereinbarung über die Ausbildung und Prüfung für ein Lehramt der Sekundarstufe II (berufliche Fächer) oder für die beruflichen Schulen (Lehramtstyp 5) dargelegten Verständnis der KMK (2007, S. 2). Das berufliche (gewerblich-technische) Fach wird hier verstanden als dasjenige „Fach", welches das Wissen, die Fertigkeiten und die Kompetenzen für die Arbeit als Berufsschullehrkraft im Allgemeinen und für die Berufliche (Gewerblich-Technische) Fachrichtung im Besonderen in sich vereint (Berufsfach).

Ein solches Berufsfach basiert – da stets mehrere Berufe in einem Berufsfeld abzudecken sind – auf dem Verständnis der gewerblich-technischen Fachrichtung als Berufswissenschaft. „Im hier dargelegten Verständnis ist unter der Beruflichen Fachrichtung .. einerseits das Studienfach für angehende Lehrkräfte beruflicher Schulen zu verstehen (Lehre) und andererseits die Berufswissenschaft der Berufsarbeit der Berufe im Berufsfeld .. (Forschung). Zugleich bildet die Berufliche Fachrichtung der beruflichen Schulen die Organisationseinheit (Abteilung, Bildungsgang, Fachbereich, Team), die sich der Ausbildung und Beschulung der .. [Ausbildungs]Berufe widmet, und in den Hochschulen ist es auch die Berufswissenschaft der Lehrerarbeit ..." (Becker 2010, S. 465 f.; vgl. Tabelle 1). Gewerblich-Technische Wissenschaften sind somit eine Untermenge der Berufswissenschaften als Disziplin, die sich mit den Zusammenhängen von Berufspraxis, Berufstheorie, Facharbeit, Lehrplänen, Berufsbildern u. a. aus Sicht der Arbeitswelt dieser Berufe befasst, um zu Erkenntnissen zu gelangen, die für die Gestaltung der Berufsbildung genutzt werden können (vgl. Becker/Spöttl 2008, S. 16 ff.).

Tabelle 1: Verortung der beruflichen Fachrichtungen

Theoriefeld/Forschung	Praxisfeld/Lehre
Berufliche Fachrichtung als ...	
a) Berufswissenschaft der Berufe im Berufsfeld	c) Studienfach an der Hochschule/ Studium der beruflichen Fachrichtung
b) Berufswissenschaft der Lehrkraft	d) Organisationseinheit der beruflichen Schule

Ein gewerblich-technisches Studium stützt sich also im Kern auf gewerblich-technische Wissenschaften (vgl. den Beitrag von Spöttl in diesem Band), die den Brückenschlag zwischen den Praxis- und Theoriefeldern leisten können und den Studierenden das Erschließen, Reflektieren und didaktische Aufbereiten berufsbezogenen Wissens und beruflicher Kompetenzen ermöglichen. Mit der hier dargelegten Definition wird die kontroverse Diskussion um die Ausrichtung eines Universitätsstudiums von Lehrkräften gewerblich-technischer Fachrichtungen aufgegriffen, wie sie bereits im Jahr 2006 geführt wurde (vgl. Tenberg 2006; Jenewein u. a. 2006) und aus Sicht des Autors weiter zu führen ist, um einem akuten, aber auch langfristig zu befürchtenden Lehrkräftemangel zu begegnen.

Die Arbeitsgemeinschaft Gewerblich-Technische Wissenschaften und Ihre Didaktiken (gtw) empfiehlt in ihren Eckpunkten entsprechend der Forderungen der KMK ein grundständiges Bachelor-/Masterstudiengangsmodell (konsekutives Modell), bei dem die gewerblich-technische Fachrichtung als eigenständige berufswissenschaftliche Disziplin ausgestaltet werden soll. Bestandteil gewerblich-technischer Fachrichtungen ist auch grundlegendes Theorie- und Methodenwissen sowie strukturelles Querschnittswissen, welches ebenso für Ingenieure relevant ist und die Abdeckung der Studieninhalte durch gemeinsame Veranstaltungen erleichtert; diese Bestandteile bilden jedoch mit ca. 60 Leistungspunkten nicht den Kern eines gewerblich-technischen Studiums und sind eng mit anwendungsbezogenen Inhalten verzahnt. Dies kommt bereits durch die Zusammenfassung der Studieninhalte zum Ausdruck: Während die KMK die drei Blöcke „Bildungswissenschaften" (90 Leistungspunkte), „Fachwissenschaften" (180 LP) und „Abschlussarbeiten" (30 LP) bildet, empfiehlt die gtw die Gruppierung nach beruflicher Fachrichtung, Zweitfach, Berufspädagogik und Abschlussarbeiten (vgl. Tabelle 2). Mit der KMK-Struktur wird einer Separation von Fach- und Bildungswissenschaften und damit dem Selbstverständnis einer Bedienungslogik (siehe einleitender Abschnitt) für die Studiengangskonzeption Vorschub geleistet. Insbesondere kommt der Fachdidaktik die Aufgabe zu, zusammen bzw. in einer Einheit mit der beruflichen Fachrichtung für die Erschließung, Absicherung und Aufbereitung des für die Ausbildung von Lehrkräften relevanten Wissens zu sorgen. Somit hat die Fachdidaktik nicht mehr die Aufgabe, nach Bezugswissenschaften auf der Seite einschlägiger „Fächer" einerseits und auf der Seite der Bildung andererseits zu suchen, sondern selbst als Bestandteil der beruflichen Fachrichtung für das wissenschaftliche Fundament durch Lehre und Forschung zu sorgen.

Die unterschiedlichen Auslegungen zur Definition und zum Verständnis eines gewerblich-technischen Studiums finden ihren Niederschlag in Varianten von Studiengangskonzeptionen, die nachfolgend eingehender bezüglich ihrer Auswirkungen auf die Absicherung eines hinreichenden Lehrkräftenachwuchses betrachtet werden sollen.

Tabelle 2: *gtw-Empfehlung zur Ausgestaltung gewerblich-technischer Studiengänge (gtw 2010, S. 4 f.)*

Bachelor: 180 ECTS-Punkte (3 Studienjahre)		
Studiengangsbestandteile/Fächer	*Empfehlung*	*Bandbreite*
Berufliche Fachrichtung (Erstfach) einschließlich Fachdidaktik (Didaktik der Beruflichen Fachrichtung) und berufsbildungspraktischer Studien	120 LP	120 – 130 LP
Zweitfach einschließlich Fachdidaktik und schulpraktischer Studien	30 LP	20 – 30 LP
Berufspädagogik/Bildungswissenschaften	20 LP	10 – 20 LP
Bachelorarbeit	10 LP	6 – 12 LP
Gesamt	180 LP	180 LP

LP: Leistungspunkte

Master: 120 ECTS-Punkte (2 Studienjahre)		
Studiengangsbestandteile/Fächer	*Empfehlung*	*Bandbreite*
Berufliche Fachrichtung (Erstfach) einschließlich Fachdidaktik (Didaktik der Beruflichen Fachrichtung) und berufsbildungspraktischer Studien	30 LP	20 – 30 LP
Zweitfach einschließlich Fachdidaktik und schulpraktischer Studien	45 LP	45 – 60 LP
Berufspädagogik/Bildungswissenschaften	25 LP	25 – 35 LP
Masterarbeit	20 LP	15 – 24 LP
Gesamt	120 LP	120 LP

3 Mosaikstudium: Ingenieurwissenschaft als Fachwissenschaft der Beruflichen Fachrichtung

In der KMK-Rahmenvereinbarung wird von Fachdidaktiken für die berufliche Fachrichtung und von Fachwissenschaften innerhalb der beruflichen Fachrichtung gesprochen. Mit ingenieurwissenschaftlichem Verständnis der beruflichen Fachrichtung umgesetzt resultiert daraus ein Mosaikstudium (vgl. Abb. 1), in dem jeder Block unverzahnt neben dem jeweils anderen steht. Dieses Modell ist weit verbreitet und steht vor allem für Standorte mit etablierten ingenieurwissenschaftlichen Studiengängen, an denen Lehrerbildung keinen besonderen Stellenwert hat. Konsequenz ist, dass die Fachwissenschaften der Ingenieure als Berufliche Fachrichtung zu studieren sind. Der Fachdidaktik kommt dann die Aufgabe zu, solche Fachwissenschaft fachdidaktisch zu durchdringen oder – sofern die Schwächen dieses Modells von Hochschulvertretern erkannt werden (vgl. Hoppe 1981; Spöttl 2004; Jenewein u. a. 2006) – überhaupt erst geeignete fachwissenschaftliche Grundlagen zu legen. Wird der Bezug allein zur Technik gewählt, wird die Fachdidaktik zur Technikdidaktik, die sich den Herausforderungen beruflicher Arbeit nicht mehr stellt und zu einer „Fachdidaktik der Fachwissenschaft(en)" wird. Sollen wissenschaftliche Grundlagen bezüglich der Fachlichkeit beruflicher Arbeit vermittelt werden, muss mancherorts diese Aufgabe angesichts des zugestandenen Umfangs für die Fachdidaktik von teilweise nur sechs Leistungspunkten im Bachelorstudium als hoffnungsloses Anliegen gewertet werden. An Standorten mit Anbindung der Fachdidaktiken an die Erziehungswissenschaften wird teilweise gar nur eine allgemeine berufliche Didaktik gelehrt (siehe den Beitrag von Vollmer in diesem Band).

Abb. 1:   *Mosaikstudium als Resultat eines ingenieurwissenschaftlichen Verständnisses von Fachwissenschaft innerhalb der Beruflichen Fachrichtung*

Die Aufgabe der Verzahnung von Fachwissenschaft, Fachdidaktik und Berufspädagogik sowie von Praxisstudien in Schule, Arbeitswelt und Berufsbildungsinstitutionen kommt mehr und mehr den entstehenden Zentren für Lehrerbildung (ZfL) an den Hochschulen zu. Mosaikstudiengänge zeichnen sich durch bis zu sieben oder gar acht eigenständige und in sich geschlossene Curricula aus, die nur sehr schwer miteinander zu verzahnen sind und von Studierenden auch zum Teil als eigenständige, voneinander unabhängige Studienbestandteile erlebt werden:

1. Fachwissenschaft der Ingenieurwissenschaften als Berufliche Fachrichtung;

2. Fachwissenschaften des Unterrichtsfaches;

3. Fachdidaktik der Beruflichen Fachrichtung (mit Verständnis aus 1. oder mit eigenständigem Verständnis von Beruflicher Fachrichtung);

4. Fachdidaktik des Unterrichtsfaches;

5. Berufspädagogik, erziehungswissenschaftliche und gesellschaftswissenschaftliche Studien;

6. Schulpraktische Studien;

7. Berufsbildungspraktische Studien;

8. Weitere Praxisstudien (Arbeitsstudien etc.).

Ergänzt werden diese Studienbestandteile in der Regel um eine ingenieurwissenschaftlich ausgerichtete Bachelorarbeit und eine Masterarbeit, die zum Teil ebenfalls ingenieurwissenschaftlich ausgerichtet ist oder sich auf das Unterrichtsfach oder die Berufspädagogik beziehen darf. Fällt in diesen Fällen die Wahl auf eine Abschlussarbeit in der Ingenieurwissenschaft oder im Unterrichtsfach, bleibt der Nachweis eigenständiger und wissenschaftsbezogener Problembearbeitung im Professionskern gewerblich-technisch profilierter Lehrkräfte aus.

Zentren für Lehrerbildung haben es angesichts der Geschlossenheit der jeweiligen Curricula schwer, über organisatorische Aufgaben hinaus Wirkung zu entfalten. Ein Beispiel für die Geschlossenheit der Curricula ist in Abb. 2 zu sehen, welches einen typischen Vertreter für ein ingenieurwissenschaftliches Bachelorstudium darstellt, wie es im Falle eines Mosaikstudiums auch von Lehramtsstudierenden zumindest in Teilen zu studieren ist. Meist werden bei Integration der fachdidaktischen, unterrichtsfachbezogenen und berufspädagogischen Studienelemente in das Bachelorstudium dann sogar die wenigen berufsbezogenen (wenn auch berufsbezogen in diesem Falle den Beruf des Ingenieurs meint) Elemente ersetzt, so dass das fachwissenschaftliche Studium dann aus einem Sammelsurium aus Grundlagenfächern besteht.

Da mit den einzelnen Curricula jeweils eigenständige Studienziele verbunden sind, ist die „innere Zerrissenheit" der Studierenden beinahe eine zwangsläufige

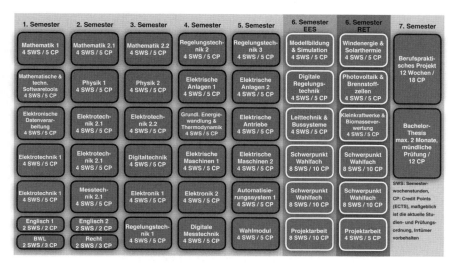

Abb. 2: Curriculum eines ingenieurwissenschaftlichen Bachelorstudiengangs (Quelle: Studienflyer)

Folge. Sie folgen in der Mathematik den von Mathematikern, in der Regelungstechnik den von Regelungstechnikern und in der Physik den von Physikern formulierten Studienzielen usw., so dass sogar innerhalb der Fachwissenschaften von Ingenieuren kaum von einem Studium mit gemeinsamer Zielsetzung die Rede sein kann, geschweige denn bei Einbeziehung der von Erziehungswissenschaftlern formulierten Studienziele für die Berufspädagogik, um einmal einen Extremfall zu bemühen.

Die oben gewählte, polarisierende Darstellung spiegelt sicherlich nicht die bestehenden Studiengangskonzepte und die jeweils erzielten Erfolge der Verzahnung und kreativen Ausgestaltung vollständig wider und würdigt diese entsprechend nicht; sie lenkt bewusst den Blick auf die Schwächen solcher Konzepte und auf deren strukturelle Anlage.

Am Studiengangsmodell der TU Darmstadt kann das Bemühen exemplarisch gut dargestellt werden, ein gemeinsames Dach und eine klare Ausrichtung auf die Lehrerbildung zu realisieren sowie ein Mosaikstudium zu vermeiden, wenn in sich geschlossene Curricula mit anderen Studienzielen dafür die Basis bilden und möglichst geringe Modifikationen erhalten sollen (vgl. Abb. 3). In der Regel findet dann eine Konzentration des fachwissenschaftlichen (ingenieurwissenschaftlichen) Studiums der Beruflichen Fachrichtung in der Bachelorphase und eine Verlagerung des Zweitfach-Studiums in die Masterphase statt. Eine solche Konzeption wird auch gewählt, wenn Ingenieuren der Zugang zu einem Lehramts-Masterstudium erleichtert werden soll.

Master of Education: 120 Credits, 4 Semester				
Master-Thesis 15 Credits				
Berufliche Fachrich-tung	Berufliche Fachrich-tung	Fach	Fach	Erziehungs-wissen-schaften
Schul-praktische Studien 2	Fach-didatktik	Fachwis-senschaft	Fach-didatktik	
10 Credits	10 Credits	50 Credits	10 Credits	25 Credits

Bachelor of Education: 180 Credits, 6 Semester				
Bachelor-Thesis 10 Credits				
Berufliche Fachrich-tung	Berufliche Fachrich-tung	Gesell-schaftswis-senschaften	Erziehungs-wissen-schaften	Erziehungs-wissen-schaften
			Schul-praktische Studien 1 oder außer-schulisches Praktikum	
Fachwis-senschaft	Fach-didatktik			
110 Credits	20 Credits	15 Credits	10 Credits	15 Credits

Abb. 3: Darmstädter Studiengangsmodell (Quelle: TU Darmstadt, ZfL)

4 Berufliche Fachrichtung als Berufswissenschaft am Beispiel des Flensburger Modells

Wird die Berufliche Fachrichtung als Berufswissenschaft verstanden und das Hochschulcurriculum von Studienbeginn an auf das Studienziel der Berufsschullehrkraft ausgerichtet, wird das Herausbilden eines Selbstverständnisses als Lehrkraft beruflicher Schulen und Berufspädagoge/Berufspädagogin erleichtert. Das für die Berufsbildung relevante Fachwissen, nämlich das Wissen um die Berufe in

Abb. 4: Gewerblich-technisches Studium mit Beruflicher Fachrichtung als Berufswissenschaft

einem Berufsfeld und die für die Fachkräfte und Gesellen relevanten beruflichen Kompetenzen, werden zum Gegenstand wissenschaftlicher Auseinandersetzung und Reflexion, so dass eine Einheit aus sich auf Berufe beziehender Fachwissenschaft und beruflicher Didaktik entsteht.

An einigen Standorten ließ sich ein so ausgerichtetes Studienmodell ganz oder zumindest teilweise mit Erfolg umsetzen. So startete im Jahr 1997 ein Lehramtsstudium für berufliche Schulen mit einem Staatsexamensabschluss in Flensburg, welches bis zur Einführung von Bachelor-/Masterstrukturen im Jahr 2008 mit den beruflichen Fachrichtungen Elektrotechnik und Metalltechnik angeboten wurde (vgl. Petersen/Spöttl 1999). Neueinschreibungen konnten für die berufliche Fachrichtung Elektrotechnik bis zum Wintersemester 2005 und für die berufliche Fachrichtung Metalltechnik bis zum Wintersemester 2007 erfolgen; die letzten Absolventen des Staatsexamen-Studiengangs werden ihr Studium im Jahr 2013 beenden.

Für grundständig Studierende konnte das Studium in den Beruflichen Fachrichtungen im Umfang von 82 Semesterwochenstunden (SWS) nur in Kooperation mit der Fachhochschule Flensburg bereitgestellt werden. Um dies abzusichern, wurde zwischen der Universität Flensburg und der Fachhochschule Flensburg ein Kooperationsvertrag „über die Zusammenarbeit in den Beruflichen Fachrichtungen Elektrotechnik/Informatik und Metalltechnik/Systemtechnik im Rahmen des universitären Studiengangs Lehramt an Beruflichen Schulen / Diplom-Berufspädagogik" abgeschlossen.

Das Studienangebot für die Beruflichen Fachrichtungen betrug jeweils insgesamt 92 SWS, um Wahlmöglichkeiten einzuräumen. Davon entfielen 53 SWS (57,6 %) auf Angebote der Fachhochschule Flensburg, wobei der Studienplan durch berufswissenschaftliche Vertreter der Universität entworfen wurde. Die Fachhochschule bot also für die Klientel der Berufsschullehrkräfte eigenständige Veranstaltungen an. Das Angebot war zu Beginn der Aufnahme des Studiums im WS 1997/1998 als vollständig eigenständig geplant, um den Besonderheiten eines Studiums der Beruflichen Fachrichtungen als Fachwissenschaft gerecht zu werden. Das Ausmaß der Eigenständigkeit reduzierte sich durch Kapazitätsprobleme an der Fachhochschule Flensburg mit der Zeit auf einen Anteil von 35 SWS im Jahr 2005. Die Attraktivität des Studiums und der sich damit einstellende Erfolg des Flensburger Studiengangsmodells hing in hohem Maße mit der Eigenständigkeit dieser Angebote zusammen, denn diese wirkte sich vorteilhaft auf die Verzahnung der Studienbereiche, die Ausrichtung auf die späteren Beschäftigungsfelder der Studierenden und damit auf die Studierbarkeit aus.

Die Zahl der grundständig Studierenden war bis zum Jahr 2006 in der Beruflichen Fachrichtung Metalltechnik stets etwa doppelt so hoch wie die der Quereinsteiger (Ingenieure ohne bildungswissenschaftliche Vorbildung). Dagegen überwog in der Beruflichen Fachrichtung Elektrotechnik stets der Anteil der Quereinsteiger.

Da die Anzahl der grundständig Studierenden in der Beruflichen Fachrichtung Elektrotechnik und Kapazitätsprobleme der Fachhochschule Flensburg die Aufrechterhaltung eines eigenständigen Studienangebotes der Fachhochschule nicht mehr zuließ, wurde die Möglichkeit der Einschreibung in den grundständigen Studiengang zum Wintersemester 2004/2005 aufgehoben (vgl. Senatsprotokoll Nr. 1039 vom 2. Februar 2004).

Eine Verschärfung der Kapazitätsprobleme der Fachhochschule Flensburg zur Absicherung eines eigenständigen Studienangebots führte dann auch zum Wintersemester 2007/2008 zur Einstellung des grundständigen Studienangebots für die Berufliche Fachrichtung Metalltechnik.

5 Realisierungsmöglichkeiten von Bachelor-/Master-Modellen am Beispiel des Flensburger Modells

Seit dem Wintersemester 2008/2009 wird an der Universität Flensburg der Master-Studiengang "Master of Vocational Education / Lehramt an beruflichen Schulen" (gewerblich-technische Wissenschaften) angeboten. Der Studiengang hat eine Dauer von 4 Semestern und schließt mit dem "Master of Education" ab. Er wurde im Juli 2009 von der Zentralen Evaluations- und Akkreditierungsagentur Hannover (ZEvA) akkreditiert.

Die Grundkonzeption des Studiengangs orientiert sich an den länderübergreifenden Vorgaben der Kultusministerkonferenz (KMK) für das Lehramt an beruflichen Schulen, insbesondere:

- Eckpunkte für die gegenseitige Anerkennung von Bachelor- und Masterabschlüssen in Studiengängen, mit denen die Bildungsvoraussetzungen für ein Lehramt vermittelt werden (Beschluss der KMK vom 2.6.2005) (sogenannter Quedlingburger Beschluss),

- Anrechnung von an Fachhochschulen erworbenen Studien- und Prüfungsleistungen auf Bachelor- und Masterstudiengänge, mit denen die Bildungsvoraussetzungen für ein Lehramt der Sekundarstufe II (berufliche Fächer) oder für die beruflichen Schulen vermittelt werden (Beschluss der KMK vom 27.4.2006),

- Rahmenvereinbarung über die Ausbildung und Prüfung für Lehrämter für die Sekundarstufe II (berufliche Fächer) oder für die beruflichen Schulen (Lehramtstyp 5). (Beschluss der Kultusministerkonferenz vom 12.05.1995 i.d.F vom 20.09.2007),

- Ländergemeinsame inhaltliche Anforderungen für die Fachwissenschaften und Fachdidaktiken in der Lehrerbildung (Beschluss der Kultusministerkonferenz vom 16.10.2008 i.d.F. vom 16.09.2010).

Der Masterstudiengang baut auf ein einschlägiges Bachelorstudium auf und vermittelt in vier Semestern berufspädagogische, berufs- und fachwissenschaftliche sowie didaktische Kompetenzen für die spätere Tätigkeit im beruflichen Schulwesen oder in der beruflichen Aus- und Weiterbildung. Der Masterabschluss wird als erstes Staatsexamen anerkannt.

Als Zugangsvoraussetzung zum Masterstudium wird jeder an einer Universität oder Fachhochschule erworbener und mit der beruflichen Fachrichtung Elektrotechnik, Fahrzeugtechnik, Informationstechnik oder Metalltechnik korrespondierender Diplom-, Bachelor- oder auch Master-Abschluss anerkannt. Zusätzlich ist vor Aufnahme des Studiums ein 12-monatiges Betriebspraktikum oder eine abgeschlossene Berufsausbildung vorzuweisen (vgl. Abb. 5).

Die „Einschlägigkeit" des Bachelorstudiums, welches selbst nicht von der Universität Flensburg angeboten werden kann, wird anhand der Kriterien der KMK geprüft (vgl. Abb. 6). Da sich zur Zeit überwiegend Bachelorabsolventen eines In-

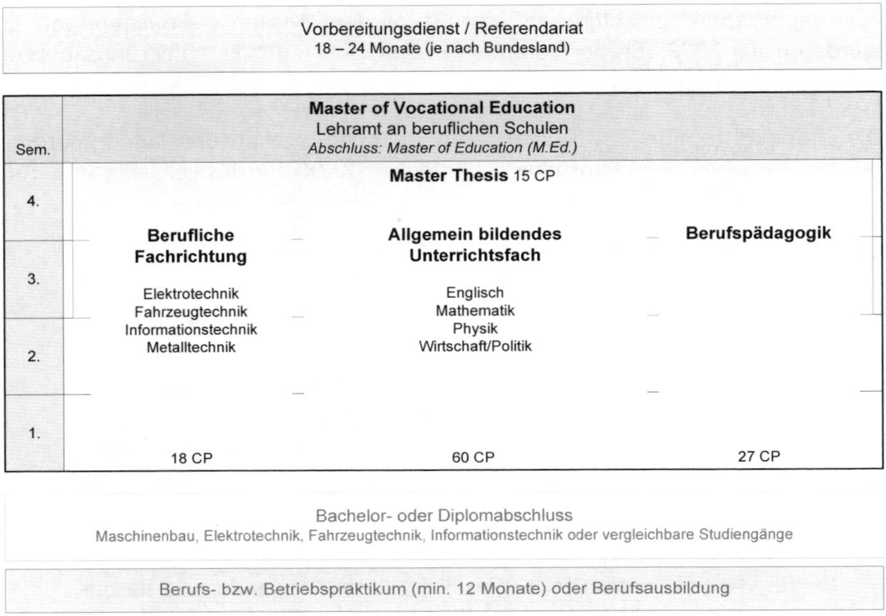

		Vorbereitungsdienst / Referendariat 18 – 24 Monate (je nach Bundesland)		

Sem.		**Master of Vocational Education** Lehramt an beruflichen Schulen *Abschluss: Master of Education (M.Ed.)*		
4.		**Master Thesis** 15 CP		
3.		**Berufliche Fachrichtung** Elektrotechnik Fahrzeugtechnik Informationstechnik Metalltechnik	**Allgemein bildendes Unterrichtsfach** Englisch Mathematik Physik Wirtschaft/Politik	**Berufspädagogik**
2.				
1.				
		18 CP	60 CP	27 CP

Bachelor- oder Diplomabschluss Maschinenbau, Elektrotechnik, Fahrzeugtechnik, Informationstechnik oder vergleichbare Studiengänge

Berufs- bzw. Betriebspraktikum (min. 12 Monate) oder Berufsausbildung

Abb. 5:   *Aufbau des Flensburger Master-Studiengangs*

genieurstudiums bzw. Ingenieure mit Berufserfahrung für das Masterstudium interessieren, erhalten diese Auflagen im Umfang von bis zu 17 Leistungspunkten (Credit Points – CP) (vgl. Abb. 6 unten), die studienbegleitend von der Universität Flensburg als Wahlpflichtangebote vorgehalten werden, wobei davon 11 Leistungspunkte von der Beruflichen Fachrichtung (vgl. die schattierten und mit „WP" gekennzeichneten Angebote in Abb. 7) und 7 Leistungspunkte von der Berufspädagogik abgedeckt werden. Die „WP"-Angebote gehören also selbst nicht zum 120 Leistungspunkte umfassenden Masterstudium, sondern zum vorausgesetzten einschlägigen Bachelorstudium des konsekutiven Modells.

Um vor allem am Studienstandort Flensburg den Absolventen eines Ingenieurstudiums den Einstieg in ein Lehramtsstudium beruflicher Fächer zu erleichtern, wurde in Kooperation mit der Fachhochschule das „WP"-Studienangebot der Universität im Umfang von von 17 LP in den Wahlpflichtbereich der Bachelor-Studiengänge „Elektrische Energiesystemtechnik" und „Maschinenbau" der Fachhochschule integriert. Die Koordinierung und Abstimmung des Studienangebots mit dem Angebot der Fachhochschule Flensburg (Integrationsmodell) ist mit einem Kooperationsvertrag abgesichert.

242

Jahre — Lehramt an beruflichen Schulen

2	2. Staatsexamen
1	Referendariat 2 Jahre (1½ Jahre)

Master of Vocational Education
Sem. Lehramt an beruflichen Schulen (M.Ed.) 120 CPs

4	Master Thesis 15 CP		
3	1. Fach ET/FT/IT/MT Didaktik (15) BBPS II (3)	2. Fach WiPo / Englisch / Mathe / Physik Fach (42) + Didaktik (15) + SPS (3)	Bildungswissensch. BePäd (24) BBPS I (3)
2			
1	18 CPs (12 SWS)	60 CPs (40 SWS)	27 CPs (18 SWS)

Bachelor of Science (B.Sc.) /
Bachelor of Engineering (B.Eng.) /
Sem. Bachelor of Education (B.Ed.) 180 CPs

6	Bachelor Thesis (15 CP)	
5	Fachwissenschaften	Bildungswissensch.
4	Berufliche Fachrichtung Elektrotechnik, Fahrzeugtechnik, Informationstechnik oder Metalltechnik (1. Fach) und Unterrichtsfach (2. Fach)	BePäd. / Fachdidaktik des 1. und 2. Faches / SPS
3		
2		
1	138 CP	27 CP

Jahre — Lehramt an beruflichen Schulen

2	2. Staatsexamen
1	Referendariat 2 Jahre (1½ Jahre)

Master of Vocational Education
Sem. Lehramt an beruflichen Schulen (M.Ed.) 120 CPs

4	Master Thesis 15 CPs		
3	1. Fach ET/FT/IT/MT Didaktik (15) BBPS II (3)	2. Fach WiPo / Englisch / Mathe / Physik Fach (42) + Didaktik (15) + SPS (3)	Bildungswissensch. BePäd (24) BBPS I (3)
2			
1	18 CPs (12 SWS)	60 CPs (40 SWS)	27 CPs (18 SWS)

Bachelor of Science (B.Sc.) /
Bachelor of Engineering (B.Eng.) 180 CPs
Sem.

6	Bachelor Thesis
5	
4	Fach-Studium Elektrotechnik / Fahrzeugtechnik / Informationstechnik / Metalltechnik
3	
2	
1	

KMK-Anforderungen: Rahmenvereinbarung über die Ausbildung und Prüfung für ein Lehramt der Sekundarstufe II (berufliche Fächer) oder für die beruflichen Schulen (Lehramtstyp 5) vom 20.09.2007

Berufspädagogik, Fachdidaktik 1. Fach Fachdidaktik 2. Fach Schulpraktische Studien	Fachwissenschaften 1. Fach + 2. Fach	BA-und MA-Arbeit
90 CP	180 CP	30 CP

Abweichungen von 10 CP nach oben oder unten sind zulässig.

Anrechnung von Fachwissenschaften für das 2. Fach aus dem Bachelorstudium im Masterstudium:
Mathematik: bis zu 15 CP
Physik: bis zu 22 CP
Wirtschaft/Politik: bis zu 8 CP
Englisch: bis zu 5 CP

Einlösen der KMK-Anforderung:

	BA	MA	
1. Fach / Fachwissenschaften: 2. Fach / Fachwissenschaften:	n138 CP	42 CP (MA) 42 CP	= 180 CP
Bildungswissenschaften: Berufspädagogik 1. Fach / BBPS: 1. Fach / Fachdidaktik: 2. Fach / Fachdidaktik: 2. Fach / SPS:	n 27 CP	24 CP (MA) 6 CP (MA) 15 CP (MA) 15 CP (MA) 3 CP (MA) 63 CP	= 90 CP
BA-Thesis: MA-Thesis:	n 180 CP	15 CP 15 CP 120 CP	= 30 CP = 300 CP

Legende: BePäd: Berufspädagogik; BBPS: Berufsbildungspraktische Studien; SPS: Schulpraktische Studien;
ET: Elektrotechnik; FT: Fahrzeugtechnik; IT: Informationstechnik; MT: Metalltechnik;

KMK-Anforderungen: Rahmenvereinbarung über die Ausbildung und Prüfung für ein Lehramt der Sekundarstufe II (berufliche Fächer) oder für die beruflichen Schulen (Lehramtstyp 5) vom 20.09.2007

Berufspädagogik, Fachdidaktik 1. Fach Fachdidaktik 2. Fach Schulpraktische Studien	Fachwissenschaften 1. Fach + 2. Fach	BA-und MA-Arbeit
90 CP	180 CP	30 CP

Abweichungen von 10 CP nach oben oder unten sind zulässig.

Anrechnung von Fachwissenschaften für das 2. Fach aus dem Bachelorstudium im Masterstudium:
Mathematik: bis zu 15 CP
Physik: bis zu 22 CP
Wirtschaft/Politik: bis zu 8 CP
Englisch: bis zu 5 CP

Einlösen der KMK-Anforderung: (Klammerwerte: Mögliche Abweichungen berücksichtigt)

	BA	MA	
1. Fach / Fachwissenschaften: 2. Fach / Fachwissenschaften:	168 CP (BA) 168 CP	42 CP (MA) 42 CP	= 210 CP +30 (+20)
Berufspädagogik: 1. Fach / BBPS: 1. Fach / Fachdidaktik: 2. Fach / Fachdidaktik: 2. Fach / SPS:		24 CP (MA) 6 CP (MA) 15 CP (MA) 15 CP (MA) 3 CP (MA) 63 CP	= 63 CP -27 (-17)
BA-Thesis: MA-Thesis:	n 180 CP	12 CP 15 CP 120 CP	= 27 CP = 300 CP

Legende: BePäd: Berufspädagogik; BBPS: Berufsbildungspraktische Studien; SPS: Schulpraktische Studien
ET: Elektrotechnik; MT: Metalltechnik; IT: Informationstechnik; FT: Fahrzeugtechnik

Abb. 6: Einlösung der KMK-Anforderungen für konsekutiv Studierende (oben) und Quereinsteiger (unten)

Empfohlener Studienplan - Master of Vocational Education (M.Ed.)							
Semester	1. Semester		2. Semester		3. Semester		4. Semester	
Berufliche Fachrichtung Fahrzeugtechnik							
Teilmodule (LV)	FT1-1: Entwicklung von Facharbeit, Technik und Berufsbildung im BF FT *gemeinsam mit BF MT*	3	FT2-1: Berufswissenschaftliche Studien *gemeinsam mit BF MT*	3	FT3-1: Didaktik der beruflichen Fachrichtung FT	3	FT3-2: Ausbildungs- und Unterrichtsgestaltung im BF FT	3
	FT1-2: Lernorte und Curriculumentwicklung im BF FT	3	WP-FT2-1: Fachrichtungsprojekt I	4	FT2-2: Berufsbildungspraktische Studien II	3		
	WP-FT1: Einführung in die Berufsbildungspraxis *gemeinsam mit BF MT*	3			WP-FT2-2: Fachrichtungsprojekt II	4		
					FT4: Masterarbeit in der Beruflichen Fachrichtung Fahrzeugtechnik einschließlich Kolloquium	15		

Abb. 7: *Studienplan für die Berufliche Fachrichtung Fahrzeugtechnik im Rahmen des Flensburger Masterstudiums*

Durch das Angebot aus dem universitären Wahlpflichtbereich in die von der Fachhochschule angebotenen Bachelor-Ingenieurstudiengänge entsteht zwar am Standort Flensburg kein wirklich konsequent konsekutives Studienmodell, aber immerhin eine Verzahnung, mit der die Aufnahme eines Berufsschullehrer-Masterstudiums erleichtert wird.

Die hier geschilderte Konstellation in Flensburg ist an vielen Studienstandorten Teil virulenter Diskussionen um die Ausgestaltungsmöglichkeiten von Bachelor-/Mastermodellen. Sie steht insbesondere in Verbindung mit dem nicht leicht zu klärenden Anspruch an den Bachelorabschluss als berufsbefähigender Abschluss. Eigenständige und damit durchgängig berufswissenschaftlich gestaltete Bachelorstudiengänge sind kaum realisierbar, Mischformen sind in der Regel nur als Mosaik-Studienmodelle mit den diskutierten Nachteilen zu realisieren, wobei sich die Frage stellt, für welche Arbeitsmärkte ein solches Studium befähigt. Für den Ingenieurarbeitsmarkt ist der technische Studienumfang zu stark reduziert, wenn Bildungswissenschaften und das zweite Unterrichtsfach mit größeren Anteilen im Bachelor berücksichtigt werden. In Flensburg wird daher eine minimale Integration von Studienelementen angestrebt, um einen Abschluss als „Bachelor of Engineering" nicht zu gefährden bzw. eher einen solchen um berufswissenschaftliche und berufspädagogische Elemente im Wahlpflichtbereich des Ingenieurstudiums zu bereichern. So können sogar neue Beschäftigungsmöglichkeiten für Ingenieure erschlossen werden.

Absolventen ingenieurwissenschaftlicher Studiengänge benötigen heute umfangreiche Kompetenzen für die Arbeit in Projekten, in interdisziplinär zusammengesetzten Teams und für die Anleitung und Führung von Personal. Vor allem, wenn diese in kundennahen Bereichen als Serviceingenieure eingesetzt werden und dort zusammen mit Kunden Produkte zur Serienreife bringen bzw. innovative, neue Produkte oder Ingenieurdienstleistungen einführen, in Betrieb nehmen und eine qualitativ hochwertige Produktbetreuung sicher stellen sollen, benötigen sie vernetzte fachliche, soziale, methodische und persönliche Kompetenzen.

Eine Orientierung an modernen Standards für eine ingenieurwissenschaftliche Ausbildung in Anlehnung an die Standards der CDIO (Conceive - Design – Implement - Operate; vgl. www.cdio.org) wird in Flensburg insbesondere durch die Fachrichtungsprojekte (vgl. Abb. 7) erreicht, in denen problemorientierte gewerblich-technische Aufgabenstellungen im Mittelpunkt stehen. Dort wird insbesondere auf ökonomisch, ökologisch und sozial vertretbare Lösungen, Teamarbeit und den beruflichen Kontext berücksichtigende Dokumentationen wie Präsentationen Wert gelegt. Das Wahlpflichtangebot fördert somit ingenieurwissenschaftliche Kompetenzen für Ingenieure, die in den Anwendungsfeldern Produktdatenmanagement, Produkteinführung und –betreuung, Personalführung und –qualifizierung, Produktschulung und Service arbeiten und unterstützen für Interessierte am Berufsschullehrerstudium den Perspektivwechsel hin zu Arbeitskontexten von Berufsbildungspersonal und Facharbeit.

6 Indizien für die Attraktivität gewerblich-technisch ausgerichteter Studiengänge

Denkbare Strukturen für ein Studienmodell loten aus, wie einerseits die KMK-Anforderungen und andererseits eine gewerblich-technische Studienausrichtung realisiert werden können. Dabei sind unterschiedliche Qualitäten in Hinblick auf folgende Kriterien erreichbar:

1. Einhaltung inhaltlicher Standards

2. Stringenz der Konsekutivität

3. Berufsqualifizierender Abschluss

4. Polyvalenz

5. Studierbarkeit

6. Realisierbarkeit / Ressourcen

Eine Überprüfung von Studiengangsmodellen nach diesen Kriterien spricht eindeutig für eine berufswissenschaftliche bzw. gewerblich-technische Ausrichtung, sieht man von dem Kriterium der Realisierbarkeit an einem Standort unter den oftmals gegebenen, defizitären Rahmenbedingungen und der Ressourcen ab. Letzteres Kriterium ist zur Zeit an den deutschen Hochschulstandorten so dominant, dass sich die Konzepte eher daran, anstatt an den ersten fünf Kriterien ausrichten.

Bei berufswissenschaftlicher Ausrichtung des Studiums lassen sich die KMK-Anforderungen und die gtw-Empfehlungen zur Ausgestaltung des Studiums einlösen, was – so die Hypothese – den Lehrkräftemangel durch die hohe Attraktivität am ehesten beseitigen helfen könnte. Insbesondere Absolventen der berufsbildenden Schulen der Bildungsgänge der Berufsoberschule, des beruflichen Gymnasiums und der Berufsschule mit Möglichkeiten des Hochschulzugangs ließen sich leichter für die Aufnahme eines Berufsschullehrerstudiums motivieren. Gleiches gilt für Berufspraktiker (Fachkräfte, vor allem Meister und Techniker), die seit der Novellierung des Hochschulzugangs durch die KMK (vgl. KMK 2009; Becker 2011) ebenfalls eine Hochschulzugangsberechtigung haben.

Die Attraktivität oder Unattraktivität eines berufswissenschaftlich (gewerblich-technisch) ausgerichteten Studienmodells drückt sich hinsichtlich der weiteren Kriterien aus durch:

- *Stringenz der Konsekutivität.* Das Modell ist nicht nur formal, sondern in seiner inhaltlichen Struktur konsekutiv. Das Masterstudium baut inhaltlich konsequent auf ein Bachelorstudium auf.

- *Berufsqualifizierender Abschluss.* Die Berufsqualifizierung des Bachelorabschlusses ist bezüglich rein berufspädagogischer oder ingenieurlastiger Betätigungsfelder unklar; der Abschluss qualifiziert nicht für eine Tätigkeit im beruflichen Schulwesen und ebenso nicht für eine Tätigkeit auf dem Ingenieurarbeitsmarkt. Denkbar sind aber „fachwissenschaftlich akzentuierte Beschäftigungsfelder mit berufspädagogischen, stark kommunikativ geprägten und/oder auf die Personalentwicklung bezogenen Anteilen" (gtw-Empfehlung Metall 2010, S. 8). Diese Profilierung wird beispielsweise durch das Flensburger Bachelor-Modell angestrebt.

- *Polyvalenz.* Über beide Studienphasen gerechnet können einerseits Qualifikationen erreicht werden, die einem Bachelor of Engineering entsprechen (ca. 180 Leistungspunkte für fachwissenschaftliche und berufswissenschaftliche Studien) und zugleich einem Master of Vocational Education mit allgemein bildendem Zweitfach.

- *Studierbarkeit.* Das Modell bietet für alle Studierende mit Hochschul-zugangsberechtigung einschließlich Studienbewerbern ohne Abitur und Meistern bzw. Technikern beste Voraussetzungen für eine konti-nuierliche Kompetenzentwicklung, bei der an den Erfahrungshori-zonten der Studieninteressierten angeknüpft werden kann.

- *Realisierbarkeit.* Zur Realisierung einer solchen Variante sind folgende Maßnahmen erforderlich, um u. a. die Studienvoraussetzungen aller Zielgruppen zu berücksichtigen:

  – Erstellung eines gemeinsamen Hochschulcurriculums, mit dem fachwissenschaftliche/berufswissenschaftliche, fachdidaktische, berufspädagogisch-bildungswissenschaftliche und schulprak-tische Anteile miteinander verzahnt, besser aber noch integrativ angeboten werden können.

  – Realisation von zwei verschiedenen Studienangeboten für das Masterstudium, um das KMK-konforme Studium für Querein-steiger weiter zu ermöglichen.

  – Sicherstellung personeller Ressourcen für die Realisierung eigen-ständiger Studienmodule für die Beruflichen Fachrichtungen.

Ausschlaggebend ist letztlich, ob die Attraktivität der Studienangebote den Mangel an Lehrkräften für berufliche Schulen zu beseitigen vermag, so dass auf die zahlreichen Sondermodelle zur Rekrutierung von Lehrpersonal verzichtet werden kann. Seit Jahren übersteigt die Zahl der Einstellungen in den beruf-lichen Schulen die Zahl der Absolventen des Vorbereitungsdienstes mehr oder weniger deutlich (vgl. KMK 2010a, S. 18; Abb. 9). Die Zahl der Hochschulabsol-venten liegt ebenfalls seit Jahren zwischen 20 und 80 % unterhalb des Bedarfs an Einstellungen in den Vorbereitungsdienst. Diese Unterversorgung ist für die gewerblich-technischen Fächer noch erheblich größer, da die Veröffentlichung der KMK auch die überproportional häufig ausgebildeten Diplom-Handelslehrer enthält. In den letzten 10 Jahren (und auch schon davor) war die Versorgungs-lücke also durch Sondermaßnahmen für Studiengänge, durch Sondermaß-nahmen für den Vorbereitungsdienst und durch Sondermaßnahmen für den Ein-stieg in die berufliche Schule (Seiteneinsteiger) zu schließen. Allein für die Metall-technik wurden im Jahr 2010 157 Seiteneinsteiger in den Schuldienst eingestellt (ebd. S. 23), also Lehrkräfte in Kollegien integriert, die kein Lehrerbildungs-studium absolviert haben. Die Metalltechnik, Elektrotechnik und die Fahrzeug-technik gelten in allen Bundesländern als sogenannte Mangelfächer (vgl. KMK 2010b, S. 21; Abb. 8), für die angesichts der bestehenden Studierendenzahlen davon ausgegangen werden muss, dass der Lehrkräftebedarf überwiegend durch Sondermaßnahmen gedeckt wird.

Jahr	Absolventen der Hochschulen mit 1. Lehramtsprüfung und Einstellungen in den Vorbereitungsdienst											
	Absolventen der Hochschulen mit 1. Lehramtsprüfung				Einstellungen in den Vorbereitungsdienst				in % der Absolventen der Hochschulen mit 1. Lehramtsprüfung			
	D	w FL	o FL	StSt	D	w FL	o FL	StSt	D	w FL	o FL	StSt
1998	1.787	1.503	28	256	2.346	2.092	96	158	131,3	139,2	342,9	61,7
1999	1.815	1.531	29	255	2.037	1.760	94	183	112,2	115,0	324,1	71,8
2000	1.744	1.442	53	249	1.951	1.602	124	225	111,9	111,1	234,0	90,4
2001	1.772	1.492	66	214	2.195	1.768	154	273	123,9	118,5	233,3	127,6
2002	1.617	1.327	77	213	2.462	2.045	127	290	152,3	154,1	164,9	136,2
2003	1.399	1.068	88	243	2.404	2.024	129	251	171,8	189,5	146,6	103,3
2004	2.265	1.823	209	233	2.850	2.431	206	213	125,8	133,4	98,6	91,4
2005	2.079	1.844	82	153	2.654	2.248	125	281	127,7	125,1	168,3	183,7
2006	1.745	1.454	80	211	2.665	2.274	122	269	156,9	157,3	153,2	127,5
2007	2.218	1.870	119	229	2.686	2.217	170	299	121,1	118,6	142,9	130,6
2008	1.859	1.542	127	190	2.583	2.164	157	262	138,9	140,3	123,6	137,9
2009	1.762	1.430	157	175	2.718	2.351	134	233	154,3	164,4	85,4	133,1
2010	2.051	1.767	144	140	2.726	2.336	145	245	132,9	132,2	100,7	175,0

Abb. 8: Absolventen und Einstellungen im Bereich beruflicher Fächer (KMK 2010a, S. 36); oFL/wFL: Flächenländer Ost/West; StSt: Stadtstaaten

Anhand der Flensburger Modelle lässt sich allerdings zeigen, dass der Lehrkräftebedarf in den gewerblich-technischen Fachrichtungen über ein gewerblich-technisches Studium in Anlehnung an das integrative Modell in Abbildung 4 gedeckt werden kann (vgl. Abb. 10). Obwohl der vergleichsweise kleine Studienstandort mit seiner Grenzlage mit eher schwierigen Rahmenbedingungen konfrontiert ist, gelingt es dort, eine überaus hohe Zahl an Berufsschullehrkräften in den gewerblich-technischen Fachrichtungen Elektro- und Metalltechnik auszubilden (vgl. Abb. 11 und Abb. 12).

Seit dem Bestehen des Studiengangs liegt Flensburg im Vergleich der Studienstandorte für die berufliche Fachrichtung Elektrotechnik und Metalltechnik ganz weit vorne. Anhand Abb. 10 lässt sich dabei auch erkennen, dass die Studiengangskonzepte und –bedingungen über längere Zeit stabil gehalten werden müssen, um die erwarteten Erfolge hinsichtlich der Absolventenzahlen erzielen zu können.
Der in Abschnitt 4 beschriebene „Ausstieg" aus dem grundständigen Staatsexamensmodell in Flensburg und die Einführung der Bachelor-/Masterstruktur zum Wintersemester 2008/2009 brachte auch Schwierigkeiten für die Rekrutierung von Studierenden mit sich. Die gesammelten Erfahrungen in Flensburg sprechen dabei dafür, auf Studiengänge mit klarer, berufswissenschaftlicher (gewerblich-technischer) Profilierung zu setzen, weil so insbesondere die berufliche Fachrichtung und die Berufspädagogik als ein integratives Studium erlebt wird. Insofern müsste zukünftig wieder stärker über grundständige, über die Bachelor- und die Masterphase hinweg gewerblich-technisch profilierte Studiengänge nachge-

dacht werden, anstatt formal konsekutive, aber de facto auf Quereinsteiger zugeschnittene Studienmodelle zu entwerfen.

	westdeutsche Länder			ostdeutsche Länder[1]			Deutschland		
	LEB	LEA	Saldo	LEB	LEA	Saldo	LEB	LEA	Saldo
2010	3.700	2.300	-1.400	150	210	60	3.900	2.500	-1.300
2011	3.100	2.300	-790	170	220	50	3.300	2.600	-740
2012	2.900	2.400	-510	180	260	80	3.100	2.600	-430
2013	4.200	2.600	-1.600	240	330	90	4.400	2.900	-1.500
2014	2.900	2.300	-610	380	350	-30	3.200	2.600	-640
2015	2.700	2.200	-520	480	340	-140	3.200	2.600	-660
2016	2.700	2.200	-530	600	400	-200	3.300	2.600	-730
2017	2.600	2.200	-430	760	470	-300	3.400	2.700	-730
2018	2.200	2.200	40	920	580	-350	3.100	2.800	-300
2019	2.400	2.200	-240	1.000	580	-460	3.500	2.800	-700
2020	1.900	2.200	300	1.000	620	-340	2.900	2.800	-30
Durchschnitt 2010 bis 2020	2.800	2.300	-570	530	400	-140	3.400	2.700	-710

Abb. 9: Lehrereinstellungsbedarf (LEB) und –angebot (LEA) im Bereich beruflicher Fächer (KMK 2010b, S. 19); 1) ostdeutsche Länder einschließlich Berlin

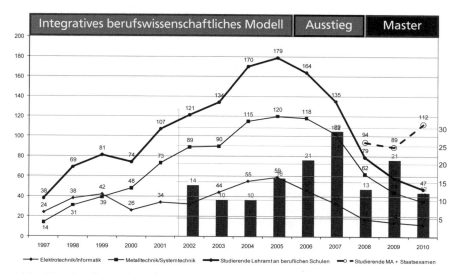

Abb. 10: Studierendenzahlen und Absolventen (Balken) in den beruflichen Fachrichtungen Elektrotechnik und Metalltechnik an der Universität Flensburg

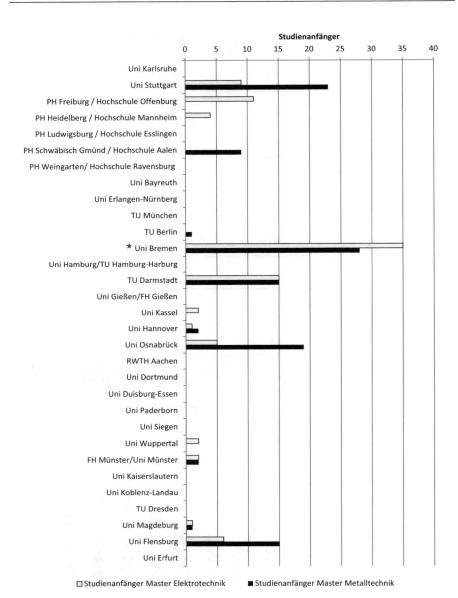

Abb. 11: *Studienanfänger in ausgewählten gewerblich-technischen Master-Studiengängen zum Wintersemester 2009/2010 (Quelle: Schröder/ Stadelmann 2010).*
* Übermittlungsfehler: Die Studienanfängerzahlen zum WS 2009/2010 in Bremen sind nach Angaben der Studienverantwortlichen: 8 (MT), 10 (ET).

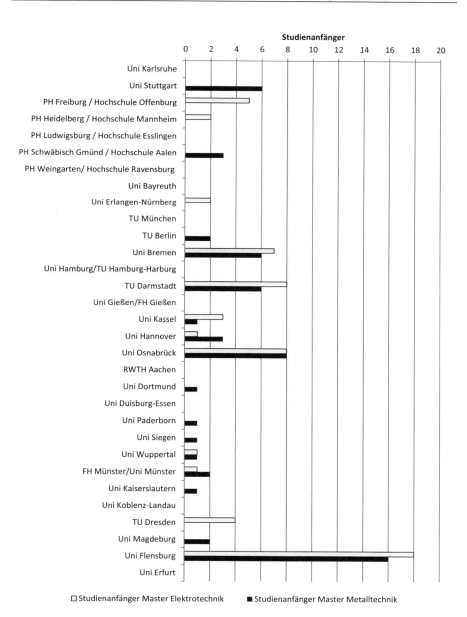

Abb. 12: Studienanfänger in ausgewählten gewerblich-technischen Master-Studiengängen zum Wintersemester 2010/2011 (Quelle: Seidel/ Wemme 2011)

7 Versuch einer Bedingungsanalyse für die Realisation gewerblich-technischer Lehramtsstudiengänge

Ein vorläufiges Resümee aus den beschriebenen Analysen und Argumentationen fällt zugunsten eines gewerblich-technischen Studiums aus, welches dann allerdings auch konsequent angelegt sein muss, um seine Vorteile zur Wirkung bringen zu können. Analysiert man die Bedingungen hierfür, ist feststellbar, dass

- immer mehr Studiengänge „in der Hand" von Lehrerbildungszentren liegen, die für alle Fächer zuständig sind und eher organisatorische Einheiten bilden, welche „Bausteine" verzahnen sollen, anstatt integrative Modelle zu entwickeln und mit einem für Studierende wahrnehmbaren Dach zu versorgen. Hier bietet es sich als Alternative an, Institute mit Zuständigkeiten für das Studium zur Berufsschullehrkraft zu bilden, zu erhalten oder auszubauen, die als forschungsfähige Einheiten Forschung und Lehre in den Berufswissenschaften betreiben.

- es eine zunehmende Dominanz der Ingenieurwissenschaften als berufliche Fachrichtung an den Studienstandorten gibt, die zu eher unattraktiven Mosaik-Studienmodellen führen. Als Alternative bieten sich Studiengangsmodelle entsprechend Abb. 4 an, bei denen die Berufliche Fachrichtung als Berufswissenschaft ausgestaltet ist. Ein in sich geschlossenes Curriculum ist eine der wichtigsten Voraussetzungen, um ein geeignetes Professionsverständnis einer gewerblich-technisch geprägten Berufsschullehrkraft zu erreichen und im Studium zu entwickeln (vgl. Schütte 2012, S. 9f.).

- es eine abnehmende Anzahl von Professuren mit klarem Bezug zu beruflichen Fachrichtungen gibt, so dass ein Niemandsland der Verantwortung für die Berufsschullehrerbildung entsteht. Weder erziehungswissenschaftlich geprägte Berufspädagogen noch fachwissenschaftlich geprägte Ingenieure kümmern sich aus ihrem eigenen Professionsverständnis heraus um gewerblich-technisch ausgerichtete Studiengangsmodelle. Als Alternative bieten sich Fachdidaktikprofessuren mit klarem Fachrichtungsprofil an, die zusammen mit Berufspädagogen attraktive Studiengangsmodelle entwerfen und auch in größeren Fakultäten und Entscheidungsgremien mit heterogener Besetzung und Interessenslage durchsetzen können. Hierzu gehört insbesondere auch, für eine ausreichende Stellenversorgung mit Professuren und akademischem Mittelbau zu sorgen.

- es in berufsbildenden Schulen ein schleichendes, verändertes Selbst-verständnis der Lehrerschaft durch Sonderprogramme ohne Verzah-nung mit einem gewerblich-technischen Lehrerbildungsstudium gibt, welches zu Problemen bei der Umsetzung lernfeldbezogenen Unter-richts und der Entwicklung innovativer Unterrichts- und Schulentwick-lungskonzepte führt. Als Alternative ist hier ein klares Bekenntnis al-ler Entscheidungsträger zu Standards für die Ausbildung von Lehr-kräften für berufsbildende Schulen zu fordern.

- schwammige KMK-Formulierungen für einen Wildwuchs der Studi-engänge sorgen, die auf eine eher formale denn inhaltliche Einlösung der Rahmenvereinbarungen und Beschlüsse ausgerichtet sind. Dies erschwert den Wechsel von Studienstandorten und die Anrechnung von Studienleistungen. Als Alternative ist auch hier die Einführung und Durchsetzung von Standards durch KMK, Länderministerien, Hochschulen und vor allem Akkreditierungsgremien anzuraten.

Literatur

Becker, M. (2010): Berufliche Fachrichtung Fahrzeugtechnik. In: Pahl, J.-P.; Herkner, V. (Hrsg.): Handbuch Berufliche Fachrichtungen. Bielefeld: W. Bertelsmann, S. 461–476.

Becker, M. (2011): Berufslaufbahnkonzepte im Handwerk und Karriereoptionen. In: bwp@ Spezial 5 – Hochschultage Berufliche Bildung 2011, Workshop 26, hrsg. v. Becker, M.; Krebs, R.; Spöttl, G., S. 1-15. Online: http://www.bwpat.de/ht2011/ws26/becker_ws26-ht2011.pdf (26-09-2011).

Becker, M.; Spöttl, G. (2008): Berufswissenschaftliche Forschung. Ein Arbeitsbuch für Studium und Praxis. Frankfurt a. M. u.a.: Peter Lang.

gtw (2010): Eckpunkte zur Einrichtung gestufter Studiengänge für das Lehramt an be-rufsbildenden Schulen in gewerblich-technischen Fachrichtungen (in der Fassung vom 29.01.2010). Arbeitsgemeinschaft Gewerblich-Technische Wissenschaften und ihre Didaktiken (gtw) in der Gesellschaft für Arbeitswissenschaft e. V.

gtw-Empfehlung Metall (2010): Empfehlungen zur Ausgestaltung von Studienordnungen für Bachelor- und Masterstudiengänge gewerblich-technischer Fachrichtungen. Berufliche Fachrichtung Metalltechnik. Arbeitsgemeinschaft Gewerblich-Technische Wissenschaften und ihre Didaktiken (gtw) in der Gesellschaft für Ar-beitswissenschaften e. V.

Hoppe, M. (1981): Berufsbildung im Berufsfeld Metalltechnik – Konturen einer Bestands-aufnahme. In: Hoppe, M.; Krüger, H.; Rauner, F. (Hrsg.): Berufsbildung: Zum Ver-hältnis von Beruf und Bildung. Frankfurt/Main; New York: Campus, S. 166-172.

Jenewein, K.; Pangalos, J.; Spöttl, G.; Vollmer, Th. (2006): Realität und Perspektiven für das Universitätsstudium von Lehrkräften gewerblich-technischer Fachrichtungen. In: Zeitschrift für Berufs- und Wirtschaftspädagogik, Band 102, Heft 1. Stuttgart: Steiner, S. 91-103.

KMK (2007): Rahmenvereinbarung über die Ausbildung und Prüfung für ein Lehramt der Sekundarstufe II (berufliche Fächer) oder für die beruflichen Schulen (Lehramtstyp 5). Beschluss der Kultusministerkonferenz vom 12.05.1995 i.d.F. vom 20.09.2007.

KMK (2009): Hochschulzugang für berufliche qualifizierte Bewerber ohne schulische Hochschulzugangsberechtigung. Beschluss der Kultusministerkonferenz vom 06.03.2009.

KMK (2010a): Einstellung von Lehrkräften 2010. Statistische Veröffentlichungen der Kultusministerkonferenz, Dokumentation Nr. 193. Berlin: KMK.

KMK (2010b): Lehrereinstellungsbedarf und –angebot in der Bundesrepublik Deutschland. Modellrechnung 2010 – 2020. Beschluss der Kultusministerkonferenz vom 09.06.2011. Statistische Veröffentlichungen der Kultusministerkonferenz, Dokumentation Nr. 194 – Juli 2011. Berlin: KMK.

Kuhlmeier, W.; Tenfelde, W. (2000): ‚Fachdidaktik' im Niemandsland der Wissenschaft? In: Pahl, J.-P.; Schütte, F. (Hrsg.): Berufliche Fachdidaktik im Wandel. Seelze-Velber: Kallmeyer, S. 29–50.

Petersen, W.; Spöttl, G. (1999): Der berufsfeldwissenschaftliche Ansatz für die Ausbildung von Lehrern für berufliche Schulen an der Universität Flensburg. In: Berufsbildung, 53. Jg., Heft 58, S. 8-11.

Rauner, F. (2002): Qualifikationsforschung und Curriculum – ein aufzuklärender Zusammenhang. In: Zeitschrift für Berufs- und Wirtschaftspädagogik, 98. Band, Heft 4, S. 530-554.

Schröder, B.; Stadelmann, J. (2010): Viele Wege führen nach Rom – aber der Weg zum(r) Berufsschullehrer(in) führt nur über den „Master of Education"? In: Die berufsbildende Schule, 62. Jg., Heft 7/8, S. 212-216.

Schütte, F. (2012): Professionalisierung von Berufsschullehrern/-innen (1896–2004) – vier Diskurse. In: Die berufsbildende Schule, 64. Jg., Heft 1, S. 6-11.

Seidel, A.; Wemme, T. (2011): Nachwuchssorgen im Lehramtsstudium für berufsbildende Schulen? In: Die berufsbildende Schule, 63. Jg., Heft 7/8, S. 220-226.

Spöttl, G. (2004): Berufs(feld)wissenschaft in der Lehrerbildung im Lichte der BA und MA-Modelle. In: Herkner, V.; Vermehr, V. (Hrsg.): Berufswissenschaft – Berufsfelddidaktik – Lehrerbildung. Beiträge zur Didaktik gewerblich-technischer Berufsbildung. Bremen: Donat, S. 211-222.

Studienflyer (o. J.): Bewerbungs- und Studieninformationen. Elektrische Energiesystem-technik. Bachelor of Engineering. Online: http://www.fh-flensburg.de/fhfl/fileadmin/dokumente/flyer_pdf/flyer_EES.pdf (Stand: 22.12.2011).

Tenberg, R. (2006): Reformansätze für das Universitätsstudium für LehrerInnen an berufsbildenden Schulen im gewerblich-technischen Bereich. In: Zeitschrift für Berufs- und Wirtschaftspädagogik, Band 102, Heft 1. Stuttgart: Franz Steiner Verlag, S. 84-91.

TU Darmstadt: Flyer des Zentrums für Lehrerbildung zum Bachelor-/Mastermodell der TU Darmstadt. Abruf unter http://www.zfl.tu-darmstadt.de (Stand: 30.12.2011).

Status der Beruflichen Fachrichtung Elektrotechnik und Informationstechnik

Ergebnisse einer bundesweiten Online-Befragung von Berufsschullehrkräften zur beruflichen Situation

Michael Reinhold, Falk Howe

1 Einleitung

In diesem Beitrag geht es um eine Untersuchung, an der Lehrkräfte aus den Berufsfeldern Elektrotechnik und Informationstechnik teilgenommen haben mit dem Ziel, Erkenntnisse über deren berufliche Situation sowie über besondere Herausforderungen, mit denen sie sich konfrontiert sahen, zu gewinnen. Anlass war u. a. der seit Jahren von den Verantwortlichen der Bundesarbeitsgemeinschaft (BAG) Elektrotechnik-Informatik registrierte Rückgang des Interesses an der Teilnahme an Tagungen und Workshops der BAG. Einerseits wurde im Rahmen dieser Veranstaltungen zwar über die berufliche Situation der Lehrkräfte und die damit verbundenen Probleme diskutiert, andererseits fehlte es jedoch an Erkenntnissen, inwieweit diese individueller Natur waren oder ob es generell besondere Belastungen oder Probleme im beruflichen Umfeld gab. Entsprechende Untersuchungen, die sich insbesondere auf konkrete Herausforderungen im beruflichen Umfeld der Lehrer[1] aus den beiden Berufsfeldern beziehen, hat es bislang nicht gegeben. Anlass genug, in einer bundesweit angelegten anonymen Online-Befragung Lehrkräfte zu bitten, Auskünfte zu drei Themenblöcken zu geben. Angesprochen wurden die Kollegen über ihre Schulleitungen, die vorbereitete Anschreiben an die Lehrkräfte weitergeleitet haben.

Mitarbeiter der Abteilung Arbeitsorientierte Bildungsprozesse des Instituts Technik und Bildung (ITB) der Universität Bremen haben – in Abstimmung mit Vertretern der BAG – einen Fragebogen zu folgenden Themenblöcken entwickelt:

---

[1] Gender-Hinweis: Die in diesem Beitrag verwendete maskuline Sprachform dient der leichteren Lesbarkeit und schließt immer auch das weibliche Geschlecht ein. Wenn wir also beispielsweise von Lehrern sprechen, meinen wir selbstverständlich auch Lehrerinnen.

Themenblock 1: Besondere Herausforderungen

Themenblock 2: Unterrichtspraxis

Themenblock 3: Medien- und internetgestütztes Lernen

Im Rahmen des ersten Themenblocks galt es herauszufinden, inwieweit Lehrkräfte neben ihren originären Aufgaben zusätzlich durch schulische Maßnahmen in Anspruch genommen werden; zwischen zeitlichen und inhaltlichen Belastungen erfolgte eine Differenzierung. Der zweite Themenblock bezog sich generell auf die Art und Weise, wie sich Lehrkräfte auf ihren Unterricht vorbereiten bzw. diesen durchführen. Der Spannungsbogen verlief hier von der Nutzung verschiedener Möglichkeiten, die eigene Fachkompetenz auf dem aktuellen Stand zu halten über die Arbeit in Teams bei der Unterrichtsvorbereitung bis zur Verwendung von fremden Unterrichtsentwürfen und Fragen nach der Lehrerzentriertheit von Unterricht. Beim dritten Themenblock schließlich ging es u. a. um die IT-Kompetenz von Auszubildenden und Lehrern, den Zugang zum Internet und die Schulausstattung im Zusammenhang mit neuen Medien sowie um die Nutzung von Lernsoftware. Ein letzter Abschnitt diente der Erfassung soziografischer Daten der Befragungsteilnehmer.

Im Folgenden werden weitere Einzelheiten zu den Fragen aus den drei Themenblöcken sowie deren Ergebnisse exemplarisch dargestellt und interpretiert. Die vollständige Auswertung ist als ITB-Forschungsbericht 47/2010 erschienen und steht über das Internet zum Download zur Verfügung (Schmitz-Justen/Howe 2010).

2 Eckdaten der Untersuchung

Insgesamt haben 567 Teilnehmer an der Online-Umfrage teilgenommen; 323 haben den Fragebogen vollständig ausgefüllt. Diese Gruppe bildet die Grundgesamtheit, auf der die Angaben in den folgenden Abschnitten beruhen. Acht Prozent der Befragten sind weiblich. Gut vier Fünftel (264) der Lehrkräfte, die den Fragebogen vollständig beantwortet haben, waren Theorielehrer, die übrigen Fachpraxislehrer. Unter den Teilnehmern befanden sich 48 Abteilungsleiter und 45 Koordinatoren sowie fünf Schulleiter und 65 Fachbereichsleiter.

Interessant ist in diesem Zusammenhang die Altersstruktur der teilnehmenden Lehrkräfte: Zum Zeitpunkt der Befragung befanden sich 50 % von ihnen in der Gruppe der 36- bis 45-jährigen, nur 5 % waren unter 35 Jahre alt und 17 % waren älter als 56 Jahre. Der Rest von 28 % war zwischen 46 und 55 Jahre alt. Vergleicht man diese Werte mit Zahlen über die Altersstruktur von Berufsschullehrern aus verschiedenen Bundesländern, fällt auf, dass sich beispielsweise überproportional viele Kollegen aus der Altersgruppe der 36- bis 45-jährigen bei der Befragung engagiert haben, während die über 56-jährigen sich eher zurückhielten. Bis auf 41 Befragte (12,7 %) haben alle anderen in Klassen des dualen Ausbildungssystems unterrichtet, allerdings mit unterschiedlichen Anteilen ihrer Gesamtstundenzahl: die Schwerpunkte liegen bei der Hälfte bis zu drei Viertel der Stundenzahl (26 % bzw. 24 % der Befragten); jeweils ca. 20 % unterrichteten etwa ein Viertel ihrer Gesamtstundenzahl in Klassen des dualen Systems bzw. ausschließlich in solchen Klassen.

3 Themenblock 1: Besondere Herausforderungen

3.1 Einbindung in schulische Maßnahmen

Die erste Frage in diesem Block zielte darauf ab zu erfahren, inwiefern die Lehrkräfte neben der Durchführung von Unterricht in schulische Maßnahmen eingebunden werden und in welchem Umfang dieses geschieht. Die Items beziehen sich zwar zum einen auf Aufgaben, die zum Standardrepertoire von Berufschullehrern zählen, wie Lernortkooperation, Lehrerfortbildung sowie Verwaltung und Schulorganisation, zum anderen zielen sie auf Entwicklungen ab, die mittlerweile die Berufsschulen in allen Bundesländern erfasst haben dürften: Schulentwicklung und Qualitätsentwicklung. Diese beiden Bereiche sowie die seit langem obligatorische Lernfeldumsetzung stellen für viele Lehrkräfte eine zusätzliche Belastung dar.

Zumindest zwei Ergebnisse sind in diesem Zusammenhang besonders beachtenswert: die Lernortkooperation wird von knapp der Hälfte der Befragten kaum wahrgenommen, 23 % gaben an, dass sie in diese Maßnahme überhaupt nicht eingebunden waren und 26 % waren wenig eingebunden, gefolgt von 28 %, die sich »mittel« in dieser Hinsicht beansprucht sahen. Ein Ergebnis, das die anhaltend defizitäre Lernortkooperation indiziert, zumal lediglich ein Achtel der Befragten nicht in Klassen des dualen Systems unterrichtet. Das zweite Ergebnis, das hervorsticht, betrifft die Umsetzung des Lernfeldkonzepts: Elf Jahre nach Einführung der ersten lernfeldbasierten KMK-Rahmenlehrpläne in den IT-Berufen im Jahr 1997 und fünf Jahre nach der für alle neuen KMK-Pläne verbindlichen Vorgaben dazu sind recht viele Lehrkräfte in die Umsetzung des Lernfeldkonzepts eingebunden: 15 % der Befragten gaben an, dass sie sehr stark in diese Maßnahme involviert sind, 39 % stark, und immerhin weitere 24 % fühlen sich

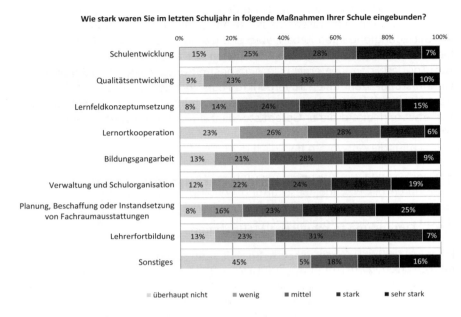

Abb. 1: Grad der Einbindung in schulische Maßnahmen

hier »mittel« beansprucht. Diese Ergebnisse verdeutlichen einmal mehr, dass die Umsetzung des Lernfeldkonzepts an den berufsbildenden Schulen offenbar nach wie vor erhebliche personelle Ressourcen bindet.

3.2 Belastungen durch die schulischen Maßnahmen

Die Angaben der Berufsschullehrkräfte hinsichtlich der Einbindung in schulische Maßnahmen sind durch zwei weitere Fragestellungen weiter ausdifferenziert worden. Zum einen ging es um die zeitlichen Belastungen infolge der Engagements (Frage: *Stellte die Einbindung in folgende Maßnahmen an Ihrer Schule im letzten Schuljahr für Sie ein zeitliches Problem dar?*), zum anderen um die inhaltlichen bzw. methodischen Herausforderungen, denen sich die Akteure durch die Einbindung in diese Aktivitäten ausgesetzt sahen (Frage: *Stellte die Einbindung in folgende Maßnahmen an Ihrer Schule im letzten Schuljahr für Sie inhaltlich oder methodisch ein Problem dar?*).

Aus Abb. 2 wird deutlich, dass ein großer Teil der Lehrkräfte das Gefühl hat, dass die schulischen Maßnahmen sie vor allem zeitlich belasten, während sie sich inhaltlich/methodisch dadurch weniger herausgefordert sehen. Was sich bereits bei der Eingangsfrage abzeichnete, spiegelt sich in den weiteren Ergebnissen zum Teil deutlich wider: Durch die Wahrnehmung von Aufgaben im Rahmen der Lernortkooperation fühlen sich fast 70 % der Lehrkräfte nicht oder kaum zusätzlich zeitlich belastet und auch inhaltlich/methodisch gibt es keine Probleme: 85 % haben hier auf die entsprechende Frage eine der drei folgenden Alternativen angekreuzt: überhaupt nicht, eher nicht, weder noch; ähnliche Werte ergeben sich für die Antworten bezüglich der Lehrerfortbildung.

Zeitlich besonders in Anspruch genommen fühlen sich die Lehrer hingegen sowohl durch die Planung, Beschaffung oder Instandsetzung von Fachraumausstattungen als auch durch Verwaltungsarbeit und Schulorganisation sowie durch die Umsetzung des Lernfeldkonzepts; die zusammengefassten Zahlen für die Kategorien »eher« bzw. »voll und ganz« liegen hier um die 60 %. Einen ähnlich hohen Stellenwert weist das zeitliche Engagement für Maßnahmen zur Qualitätsentwicklung auf: 45 % der Befragten sahen sich dadurch zeitlich eher (34 %) bzw. voll und ganz (11 %) belastet. Am meisten herausgefordert sahen sich die Lehrkräfte infolge der Anforderungen, die durch das Lernfeldkonzept an sie gestellt wurden. Jeder Zehnte von ihnen hat bei der diesbezüglichen Aussage das Häkchen bei »voll und ganz« gesetzt und weitere 30 % bei »eher«. Vergleichbar hohe Werte werden bei den anderen Items nicht erreicht. Die für die genannten Kategorien kumulierten Zahlen liegen bei 30 % für Qualitätsentwicklung und 28 % für Schulentwicklung.

Zusammenfassend kann konstatiert werden, dass sich die befragten Lehrer aus den Berufsfeldern Elektro- und Informationstechnik durch schulische Aufgaben, die über die originären Unterrichtsverpflichtungen hinausgingen, zeitlich zwar zum Teil erheblich zusätzlich belastet sahen, hinsichtlich inhaltlicher bzw. methodischer Herausforderungen jedoch wenig oder kaum Probleme hatten. Die mit dem Lernfeldkonzept verknüpften Anforderungen hatten indes zeitlich als auch inhaltlich/methodisch einen herausragenden Stellenwert. Die Auswertung der qualitativen Angaben ergab darüber hinaus, dass der Zeitfaktor insbesondere für die Kollegen eine Belastung darstellte, die in die Administration der schulischen Netzwerke und der PC eingebunden waren. Diese Bereiche spielten ebenso eine gewichtige Rolle hinsichtlich inhaltlicher/methodischer Probleme.

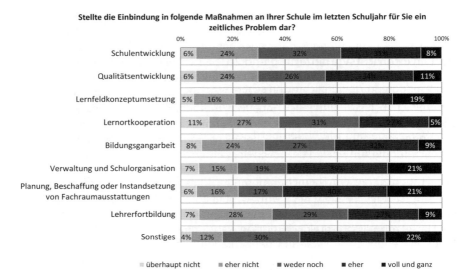

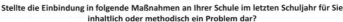

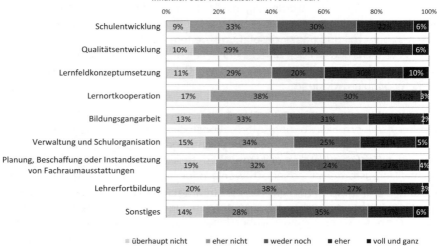

Abb. 2: Einbindung in schulische Maßnahmen. Oben: zeitliches Problem, Unten: inhaltliches/methodisches Problem

4 Themenblock 2: Unterrichtspraxis

4.1 Unterrichtsvorbereitung und Zusammenarbeit mit Kollegen

Insbesondere in gewerblich-technischen Ausbildungsberufen spielt die Einbeziehung des raschen technologischen Wandels in die Unterrichtspraxis eine herausragende Rolle. Dabei dürfte es in erster Linie um die Gegenstände, aber auch um die Werkzeuge und Methoden der Facharbeit gehen, und — zumindest bei der Implementierung neuer Technologien wie beispielsweise der Offshore-Windenergietechnik — auch um die vielfältigen Anforderungen an die Facharbeit. Bei den Fragen zu diesem Themenblock ging es daher u. a. darum zu erfahren, wie sich die Kollegen auf dem aktuellen Stand der Technik halten.

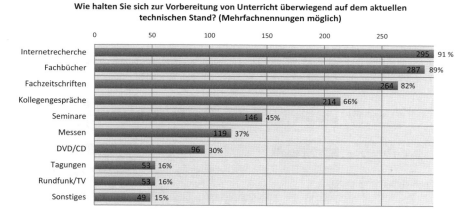

Abb. 3: Fortbildungsverhalten mit dem Fokus auf technische Entwicklungen

91 % der Befragten gaben an, dass sie Internetquellen für die Vorbereitung ihres Unterrichts in Anspruch nahmen, dicht gefolgt von der Nutzung von Fachbüchern (89 %) und Fachzeitschriften (82 %). Gespräche mit Kollegen waren immerhin für zwei Drittel der Befragten relevant und dann folgen mit deutlichem Abstand Messen (37 %), DVD/CD (30 %), Tagungen (16 %) und Rundfunk/TV (16 %). Insgesamt also keine überraschenden Zahlen, die jedoch den hohen Stellenwert des Internets für die Vorbereitung von Unterricht unterstreichen; zugleich ergibt sich durch die Angaben zu »Tagungen« ein deutlicher Hinweis auf den von der BAG wahrgenommenen Rückgang des Interesses an der Teilnahme an BAG-Veranstaltungen.

Obwohl Fachgespräche mit Kollegen einen bedeutenden Stellenwert hinsichtlich des Erkenntnisgewinns bei fachlichen Themen aufwiesen, wurde der eigentliche Unterricht von der überwiegenden Mehrheit der Kollegen individuell vorbereitet.

Neun Prozent der Befragten markierten bei dieser Frage das Item »ausschließlich als Einzelperson« und 67 % die Alternative »eher als Einzelperson«. Die Arbeit im Team schien nach den aus Abb. 4 ersichtlichen Ergebnissen eine eher untergeordnete Rolle bei der Vorbereitung von Unterricht zu spielen. Diese Ergebnisse bestätigen weitgehend eigene Erfahrungen: Unterrichtsgestaltung in ihren zahlreichen Facetten ist hochgradig personenbezogen, bei der Vorlieben für bestimmtes, erfahrungsgeleitetes Vorgehen ebenso von der Persönlichkeit des Lehrers abhängen wie die Anwendung bestimmter Methoden oder auch der Einsatz bevorzugter Sozialformen des Unterrichts. Eine weitere Erklärung liefern in diesem Kontext die Antworten auf die Frage nach den Erfahrungen, die die Kollegen bei der Zusammenarbeit im Team gemacht haben.

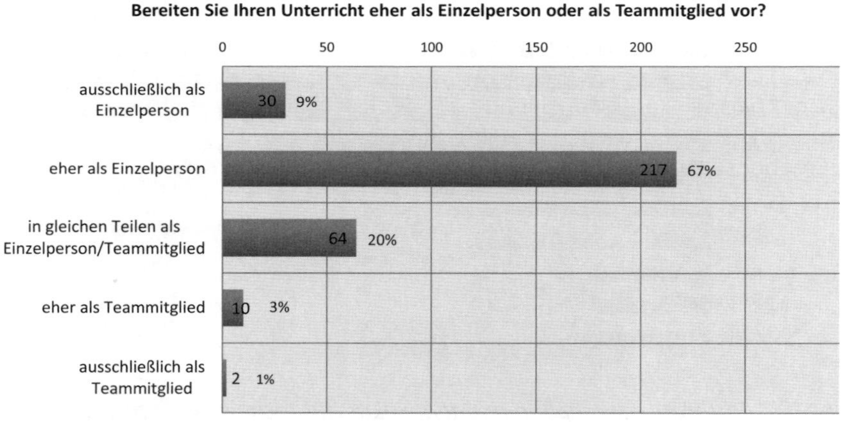

Bereiten Sie Ihren Unterricht eher als Einzelperson oder als Teammitglied vor?

Abb. 4:   Formen der Unterrichtsvorbereitung

Obgleich lediglich 8 % der Befragten von schlechten (6,5 %) bzw. sehr schlechten (1,2 %) Erfahrungen berichteten, scheint die Zahl der Skeptiker unter den Befragten verhältnismäßig groß zu sein; fast 45 % gaben an, dass sie »teils gute/teils schlechte« Erfahrungen gemacht haben und zeigten somit zumindest keine uneingeschränkte Bereitschaft, Unterricht auch im Team vorzubereiten. Solange damit keine generelle Ablehnung von Teamarbeit verbunden wurde, sind die Ergebnisse allerdings keinesfalls negativ zu werten. Konstruktive Weiterentwicklung und Abstimmung bei der Umsetzung des Lernfeldkonzepts kann durchaus einhergehen mit dem Anspruch, Unterricht im besten Sinn individuell vorzubereiten und umzusetzen.

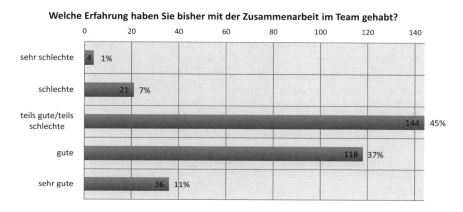

Abb. 5: Erfahrungen bei der Zusammenarbeit im Team

4.2 Weitergabe und Nutzung von Unterrichtsmaterialien

Dass die partiell skeptische Haltung zur Teamarbeit wenig mit der Bereitschaft zu tun hat, andere Kollegen mit Unterrichtsmaterialien zu unterstützen, zeigen die Ergebnisse zu einer Fragestellung, die aus Abb. 6 hervorgeht.

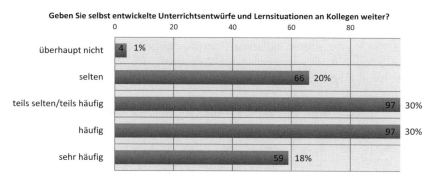

Abb. 6: Austausch von Unterrichtsentwürfen und Lernsituationen

Demnach gaben knapp die Hälfte der Befragten Unterrichtsentwürfe sowie Materialien zu Lernsituationen häufig bis sehr häufig an Kollegen weiter und immerhin weitere 30 % haben hier mit »teils selten/teils häufig« geantwortet. Ergebnisse also, die auf eine hohe Bereitschaft der Kollegen zur Unterstützung anderer Lehrer verweisen.

Verknüpft man diese Erkenntnisse mit den Aussagen, die auf die Neigung zielen, die Materialien auch in einem geschützten Bereich des Internets zur Verfügung zu stellen, ergibt sich folgendes Bild: Fast zwei Drittel der Befragten waren grundsätzlich dazu bereit; lediglich 17 % lehnten die Weitergabe ihrer Unterrichtsmaterialien über das Internet — auch in einem geschützten Bereich — ab. Das Vertrauen zu den persönlich bekannten Kollegen war dann sehr groß, wenn es um die individuelle Weitergabe der eigenen Arbeitsergebnisse ging; es schwand deutlich, wenn die Nutzer anonymisiert werden und die Materialien über das Internet bezogen werden können.

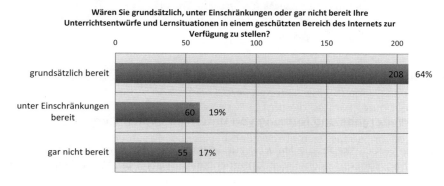

Abb. 7:   Bereitschaft zur Weitergabe von Lernmaterialien im Internet

Zwei weitere Fragen sollten Aufschluss darüber geben, inwieweit sich die Kollegen bei Vorliegen einer entsprechenden Datenbank mit Materialien zur eigenen Unterrichtsvorbereitung darüber versorgen.

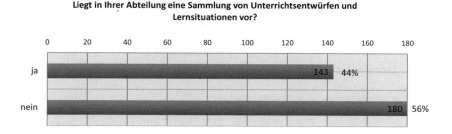

Abb. 8:   Vorliegen von Lernmaterialsammlungen an den Berufsschulen

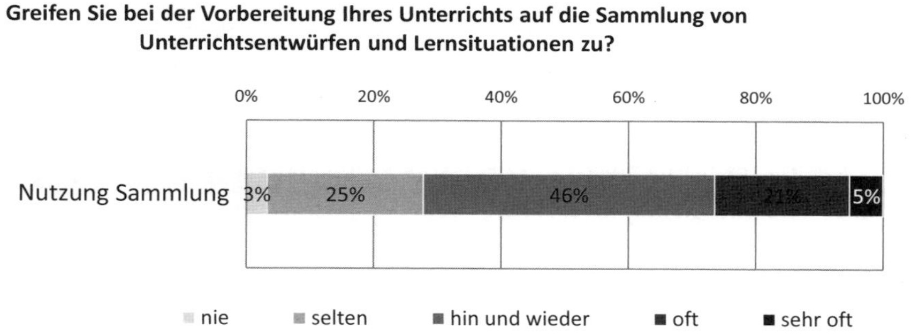

Greifen Sie bei der Vorbereitung Ihres Unterrichts auf die Sammlung von Unterrichtsentwürfen und Lernsituationen zu?

| | 0% | 20% | 40% | 60% | 80% | 100% |

Nutzung Sammlung: 3% | 25% | 46% | 21% | 5%

■ nie   ■ selten   ■ hin und wieder   ■ oft   ■ sehr oft

Abb. 9:   Rückgriff auf bestehende Lernmaterialien

Über die Hälfte der Befragten gab an, dass es eine derartige Sammlung an ihrer Schule nicht gäbe (56 %). Von den verbleibenden 44 % der Kollegen war es lediglich ein gutes Fünftel, die oft (21 %) »auf die Sammlung von Unterrichtsentwürfen und Lernsituationen (zugreifen)«. 46 % machten hin und wieder Gebrauch davon, sodass sich abschließend folgendes Resümee zu diesem Fragenkomplex ziehen lässt: Einerseits herrschte eine bemerkenswert hohe Bereitschaft der Berufsschullehrkräfte, selbsterstellte Unterrichtsentwürfe und Materialien anderen Kollegen zur Verfügung zu stellen, andererseits griffen im Verhältnis dazu nur relativ wenige auf solcherlei Sammlungen in ihren Abteilungen zurück. Ein Grund dafür kann darin gesehen werden, dass es nach allen Erfahrungen sehr selten gelingt, Unterrichtsentwürfe und Arbeitsmaterialien, die von anderen Kollegen erstellt worden sind, ohne Änderungen zu übernehmen. Es ist eher die Regel, dass es eines erheblichen Aufwands bedarf, die Materialien den eigenen Wünschen und Vorstellungen entsprechend anzupassen und umzugestalten. Das trifft vor allem dann zu, wenn es kein abgestimmtes Schema zur Unterrichtsgestaltung gibt; auch das dürfte eher die Regel an den meisten Schulen sein.

4.3   Unterrichtspraxis: Lehrerzentrierung/Einsatz von Lehrmitteln

Vor dem Hintergrund der Umsetzung des Lernfeldkonzepts sind den Lehrkräften zwei weitere Fragen gestellt worden, von denen eine auf den Grad des lehrerzentrierten Unterrichts zielte. 51 % der Befragten unterrichtete ca. die Hälfte der Unterrichtszeit in einer Form, bei der sie das Unterrichtsgeschehen selbst aktiv, d. h. lehrerzentriert gestalteten, ca. ein Fünftel der Kollegen hat angegeben, dass sie etwa dreiviertel ihres Unterrichts in dieser Form durchführten.

Abb. 10: Grad der lehrerzentrierten Unterrichtsgestaltung

Wenn man unterstellt, dass sich die Lehrkräfte bei diesen Zahlen eher wohlwollend bewertet haben, kann konstatiert werden, dass die mit dem Lernfeldansatz verfolgten Ziele eines arbeits- und geschäftsprozessbasierten Unterrichtsgeschehens, bei dem die Auszubildenden weitgehend selbstständig Lernprozesse gestalten und der Lehrer als Moderator und Coach dieser Lernprozesse in den Hintergrund tritt, noch nicht in dem intendierten Umfang erreicht werden konnten.

Die zweite Frage richtete sich auf die eingesetzten Lehrmittel. Wie aus Abb. 11 ersichtlich, setzten weit über die Hälfte der befragten Lehrkräfte aus den Berufsfeldern Elektrotechnik und Informationstechnik sowohl Anwendungsprogramme (73 %) als auch Softwaresimulationen (68 %) zur Unterstützung ihres Unterrichts ein.

Einen immer noch hohen Stellenwert hatten stationäre wie mobile Lehrsysteme mit 57 % bzw. 32 %. Mit deutlichem Abstand rangierten gerätetechnische Modelle wie beispielsweise Fischertechnik; 22 % der Befragten haben dieses Item markiert.

Der hohe Grad des Einsatzes von Programmierumgebungen und Software-Simulationen zeigt, dass die Ausbildung in den beiden Berufsfeldern zunehmend »informatisiert« wird. Die Anwendung von Software hat gegenüber den traditionellen Lehrsystemen einen festen Platz im Unterrichtsgeschehen eingenommen, was angesichts der mittlerweile fast 25 Jahre zurückliegenden Neuordnung der handwerklichen Elektroberufe mit den damit verbundenen hohen Anteilen an steuerungs- und regelungstechnischen sowie digitaltechnischen Inhalten und der Einführung der vier neuen informationstechnischen Berufe im Jahr 1997 nicht weiter verwunderlich ist.

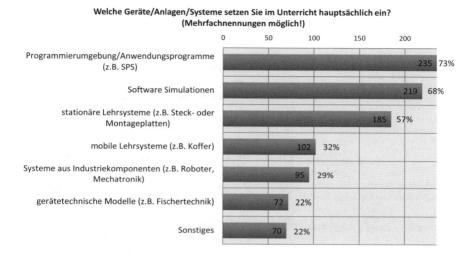

Abb. 11: Einsatz von Geräten/Anlagen/Systemen in der Unterrichtspraxis

Insgesamt gesehen weisen die Ergebnisse zum zweiten Themenblock mit Blick auf die Umsetzung des Lernfeldkonzepts darauf hin, dass der Berufsschulalltag immer noch zu wesentlichen Anteilen von fachsystematischem, auf die Person des Lehrers zentrierten Unterricht besteht. Die Potenziale des Lernfeldansatzes werden in der Praxis noch zu wenig ausgeschöpft.

5 Themenblock 3: Aspekte medien- und internetgestützten Lernens

5.1 IT-Kompetenz von Berufsschullehrkräften und Auszubildenden

Aufbauend auf den Fragen der Themenblöcke 1 und 2 wurde der Fokus beim verbleibenden Themenblock 3 auf die Potenziale medien- und internetgestützten Lernens gelegt mit dem Ziel herauszufinden, welche Erfahrungen und Einstellungen, aber auch, welche Erwartungen die befragten Lehrkräfte diesbezüglich haben. Dabei ging es zunächst um die Einschätzung der IT-Kompetenz der Auszubildenden durch die Berufsschullehrer sowie um eine Selbsteinschätzung im selben Kompetenzbereich. Die Fragen lauteten: »Wie schätzen Sie die IT-Kompetenz Ihrer Auszubildenden beim Einsatz folgender Software/Systeme ein?« und: »Wie schätzen Sie Ihre eigene IT-Kompetenz beim Einsatz folgender Software/Systeme ein?«

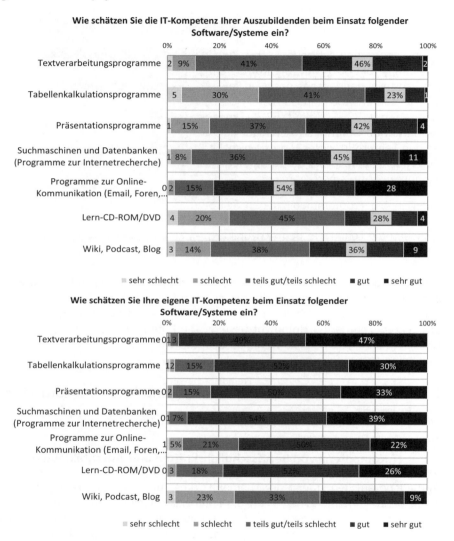

Abb. 12: Oben: Einschätzung der IT-Kompetenz der Auszubildenden durch die Lehrkräfte; unten: Selbsteinschätzung der Lehrkräfte

Aus Abb. 12 ist zu erkennen, dass die Lehrkräfte hinsichtlich der IT-Kompetenz von sich ein deutlich besseres Bild zeichneten als von den Auszubildenden. Die in den Ergebnissen zum Ausdruck kommende Überlegenheit bezog sich priorität auf Tabellenkalkulationsprogramme, bei denen die Lehrkräfte den Auszubildenden das schlechteste Zeugnis ausstellten: lediglich vernachlässigbare 1 % von ihnen beherrschen solcherlei Software ihrer Ansicht nach sehr gut und weitere 23 % immerhin noch gut, die Kompetenzen des größten Teils lagen aus Sicht der Beurteilenden jenseits positiver Bewertungskategorien. Ganz anders hingegen die Lehrer: Nach ihrer Selbsteinschätzung konnten sie mit diesen Programmen sehr gut (30 %) bis gut (52 %) umgehen und weitere 15 % aus der Gruppe der Befragten waren hier weder gut noch schlecht, »sehr schlechte« gab es unter den Lehrern in dieser Hinsicht nicht. Im Grundsatz ganz ähnlich zeigen sich die Ergebnisse auch bei der Kompetenz in Bezug auf die meisten anderen der genannten Softwareprogramme.

Lediglich bei Programmen zur Online-Kommunikation wie E-Mail, Foren und Chats sowie bei der Nutzung von Internetangeboten wie Wiki, Podcast und Blog schrieben die Lehrkräfte den Auszubildenden eine höhere IT-Kompetenz zu als sich selbst (vgl. Abb. 13). Diese Ergebnisse sind hinsichtlich der von den Lehrern bei den Auszubildenden konstatierten Kompetenzdefizite doch etwas überraschend, auch wenn berücksichtigt wird, dass sich die Lehrkräfte bei ihrer Selbsteinschätzung möglicherweise nicht ganz neutral bewertet haben.

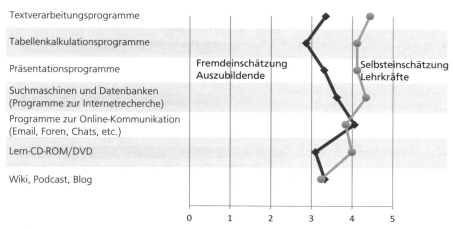

1 sehr schlecht, 2 schlecht, 3 teils gut, teils schlecht, 4 gut, 5 sehr gut

Abb. 13:   IT-Kompetenz von Auszubildenden und Lehrkräften aus Sicht der Lehrenden (vergleichende Darstellung der Ergebnisse aus Abb. 12)

Es bleibt jedoch festzuhalten, dass die Auszubildenden in der Wahrnehmung ihrer Lehrkräfte im Umgang mit der Nutzung des Internets überwiegend als kompetent eingeschätzt werden.

5.2 Einsatz medien-/internetbasierter Systeme im Unterricht

In allen Schulen konnten die Lehrer für ihre Unterrichtsvorbereitung Computer nutzen, zum Teil allerdings nur mit zeitlichen Einschränkungen. Die Schüler hingegen hatten in deutlich geringerem Umfang uneingeschränkten Zugang zu diesem Medium: lediglich 16 % von ihnen konnten nach Angaben der Lehrkräfte in diesem Sinne darauf zugreifen, im Vergleich zu 58 % der Befragten selbst.

Ein sehr ähnliches Bild ergibt sich hinsichtlich der Nutzung des Internets. Diese Ergebnisse verbesserten sich allerdings, wenn es um den Einsatz von Computern im Unterricht ging: 50 % der Lehrkräfte gaben an, dass sie dann vollen Zugang zum Internet hatten und bei weiteren 29 % war die Nutzung mit geringen zeitlichen Einschränkungen möglich. Diese Ergebnisse zeigen, dass die infrastrukturellen Voraussetzungen für den Einsatz medien- und internetbasierter Systeme an den Schulen, mit lediglich geringen Einschränkungen, vorhanden sind.

Basierend auf diesen Ergebnissen sollten die Antworten auf eine weitere Frage Aufschluss darüber geben, inwieweit diese Freiräume von den Lehrkräften auch genutzt werden. Die Ergebnisse überraschen: Trotz hoher Bereitschaft der Lehrkräfte, für den Austausch von Unterrichtsmaterialien das Internet zu nutzen und ihrer sich selbst bescheinigten IT-Kompetenz ergibt sich ein eher »IT-fernes« Bild (vgl. Abb. 14).

Virtuelle Klassenzimmer wurden selten bis nicht genutzt, klassische Lern-CDs/DVDs und WBT zwar etwas häufiger, jedoch insgesamt ebenfalls eher selten. Auch die Kombination von Präsenzlernen mit Online-Lernen lag mit 20 % der Nennungen für das Item »häufig« und 6 % für »sehr häufig« eher im unteren Anwendungsbereich. Am beliebtesten schien die Nutzung der Dateiverwaltung des Schulservers zu sein: 33 % der Lehrkräfte gaben an, dass sie dieses Angebot häufig in Anspruch nahmen und 23 % sogar sehr häufig (vgl. Abb. 14). Diese Ergebnisse könnten darauf schließen lassen, dass die Berufsschullehrer dem Einsatz von Software in ihrem Unterricht keine größere Bedeutung zuschrieben. Dass dem nicht so ist, zeigen die Ergebnisse zu weiteren Fragen, die im Folgenden kurz angerissen werden.

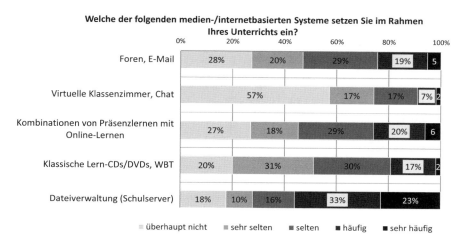

Abb. 14: Einsatz von medien-/internetbasierten Systemen im Unterricht

5.3   Relevanz bestimmter Elemente von Lernsoftware

Die Befragten sollten auf einer Skala von 1 (völlig unwichtig) bis 5 (sehr wichtig) aus ihrer Sicht ein Urteil darüber abgeben, inwieweit sie bestimmte Elemente einer Lernsoftware für wichtig erachten. Demnach war die Darstellung von technischen Funktionen bei einer Lernsoftware besonders bedeutsam: 49 % der Befragten gaben an, dass diese eher wichtig sei und 45 % waren der Meinung, dieses sei sehr wichtig. Es fällt auf, dass Online-Foren und Chatrooms den mit Abstand niedrigsten Mittelwert erreichen. Für lediglich 2 % der Befragten sollte dieses Tool Bestandteil einer Lernsoftware sein; sie hielten es für sehr wichtig, weitere 11 % immerhin noch für eher wichtig.

Interessant sind die Ergebnisse darüber hinaus im Hinblick auf den Stellenwert von Arbeitsprozessen: diese, naturgemäß fernab von der berufsschulischen Realität stattfindenden Prozesse, sollten nach Ansicht von insgesamt 89 % der Befragten in einer Lernsoftware visualisiert werden (sehr wichtig: 41 %, eher wichtig: 48 %) und weitere 71 % sind nachdrücklich der Meinung, dass diese auch beschrieben werden sollten (sehr wichtig: 15 %, eher wichtig: 56 %). Die Ergebnisse zu der hier dargestellten Fragestellung zeigen, dass die Lehrer Lernsoftware grundsätzlich ein großes Potenzial zusprachen. Tabelle 1 ermöglicht einen Überblick über alle abgefragten Elemente in Form des erreichten Mittelwerts in absteigender Rangfolge.

Tabelle 1: Beurteilung der Wichtigkeit von Elementen einer Lernsoftware

Element	Einstufung (Mittelwerte absteigend sortiert)
Darstellung von technischen Funktionen	4,4
Darstellung von Fachwissen	4,3
Visualisierung von Arbeitsprozessen (Videos und Fotos)	4,3
Beschreibung von Handlungswissen	3,9
Darstellung von Lernsituationen	3,8
Angebot von Downloads	3,8
Beschreibung von Arbeitsprozessen (Texte)	3,8
Angebot von Internet-Links	3,7
Portfolio (Elektronische Dokumentationen von Erfahrungswissen)	3,5
Literaturempfehlungen	3,4
Online-Forum oder Chatrooms	2,7

Skalierung: völlig unwichtig (1) bis sehr wichtig (5)

Vergleicht man diese Ergebnisse mit denen aus Kapitel 5.2, so zeigt sich ein deutlicher Widerspruch zwischen dem tatsächlichen Einsatz von Lernsoftware im berufsschulischen Unterricht und den Anforderungen, die an diese gestellt werden: Offenbar klafft eine nicht übersehbare Lücke zwischen dem Potenzial, das Lehrer einer Lernsoftware grundsätzlich zusprechen bzw. von ihr erwarten und der Nutzung vorhandener Software.

Aus den Ergebnissen zu einer weiteren Frage wird ersichtlich, dass der bisher eingesetzten Lernsoftware offenbar eine von vielen Lehrern für wichtig erachtete Eigenschaft fehlt: die eigenständige Anpassbarkeit durch die Nutzer. Auf die Frage: »Wie wichtig wäre es Ihnen, Inhalte einer Lernsoftware eigenständig anpassen zu können?«, antworteten 21 % der Teilnehmer, dass diese Eigenschaft für sie sehr wichtig sei, und weitere 56 % sind der Ansicht, dieses sei eher wichtig. Lediglich ein gutes Fünftel der Befragten hielt die Anpassbarkeit von Lernsoftware für nicht sonderlich bedeutend.

Fasst man die Ergebnisse dieses dritten Fragenblocks mit dem Fokus auf den Einsatz von Lernsoftware im Berufsschulunterricht zusammen, so lässt sich der scheinbare Widerspruch zwischen großem Potenzial und geringem Einsatz von Lernsoftware auflösen:

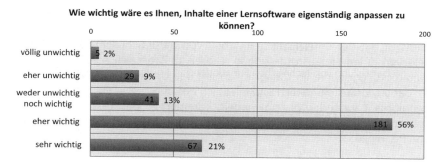

Abb. 15: Beurteilung der Wichtigkeit, Lernsoftwareinhalte anpassen zu können

Einerseits wurde diese in verhältnismäßig geringem Umfang im Unterricht eingesetzt, andererseits hob ein bedeutsamer Teil der befragten Berufsschullehrer hervor, dass Elemente wie die Darstellung von Fachwissen, die Beschreibung und Visualisierung von Arbeitsprozessen, aber auch die Beschreibung von Handlungswissen und das Angebot von Downloads für sie Bestandteil von Lernsoftware sein sollten; die Anteile der eindeutig zustimmenden Antworten liegen hier zwischen 70 % und 92 %. Diese Ergebnisse zeigen, dass es der gegenwärtig verfügbaren Lernsoftware scheinbar an einer wichtigen Eigenschaft mangelt: Anpassbarkeit an die spezifischen Bedingungen in den einzelnen Berufsschulen, aber vor allem an Möglichkeiten, die Lernsoftware auch an die unterschiedlichen Bedingungen bei den Ausbildungsberufen sowie an die in den Klassen adaptieren zu können. Das Konzept des Rapid E-Learning setzt an dieser Stelle an, indem es den Anwendern ermöglicht, die bereits vorhandenen Elemente durch die Einpflege eigener Dateien zu ergänzen und zu erweitern, um somit eine auf die individuellen Bedürfnisse ausgerichteten Lernsoftware zu gestalten (vgl. Howe/ Knutzen 2009).

6   Fazit

Für den Beruf des Berufsschullehrers zeichnen sich nach den Ergebnissen der Befragung in den letzten zwei bis drei Jahrzehnten zumindest zwei gravierende Veränderungen ab:

Zum einen haben sich die originären Aufgaben- und Tätigkeitsbereiche des Berufsschullehrers von der Vorbereitung, Durchführung und Nachbereitung von Unterricht einschließlich der Prüfungen zweifelsfrei nicht nur erweitert, sie sind auch anspruchsvoller geworden. Die Stichworte lauten hier: Schulentwicklung,

Qualitätsentwicklung und Bildungsgangarbeit — aber auch: Lernfeldkonzeptumsetzung. Insbesondere der zuletzt genannte Aufgabenbereich, der unmittelbar verknüpft ist mit der unterrichtlichen Arbeit von Berufsschullehrern, beinhaltet für viele von ihnen Herausforderungen. Diesen müssen sich sowohl junge als auch ältere Kollegen, die an tradierte Formen des Unterrichts gewöhnt waren, stellen; dabei werden sie zeitlich und inhaltlich gefordert. Wie die Ergebnisse des Themenblocks 1 weiterhin gezeigt haben, kommen zu den genannten Aufgaben weitere zeitliche Belastungen, u. a. durch die Administration von Netzwerken und PC, hinzu.

Zum anderen hat sich der Arbeitsalltag von Berufsschullehrern hinsichtlich der »Hardware« verändert, mit all den facettenreichen Auswirkungen, die in den Themenblöcken 2 und 3 beleuchtet werden. An die Stelle von Versuchsanordnungen in den Labors der Berufsschulen sind weitgehend EDV-Systeme getreten. Damit haben sich nicht nur die Gegenstände des Unterrichts, sondern vor allem die Lehr- und Lernmittel sehr stark gewandelt, aber auch die Kommunikationsmöglichkeiten zwischen den Akteuren. Textverarbeitungs- und Präsentationsprogramme haben den berufsschulischen Alltag ebenso verändert wie der freie Zugang zum Internet und der Einsatz von Lernsoftware. Dass die Potenziale bei Letzterer bei Weitem nicht ausgeschöpft zu sein scheinen, haben die Befragungsergebnisse des Themenblocks 3 gezeigt. Gefragt ist demzufolge Lernsoftware, die nicht allein interaktive Elemente aufweist, sondern vorzugsweise Features wie die deskriptive und visuelle Beschreibung von Arbeitsprozessen, die Darstellung technischer Funktionen wie auch von Lernsituationen sowie Angebote von Internet-Links und Downloads. Entscheidend für die Nutzung einer solchen Lernsoftware ist allerdings, dass sie sich im Sinne eines »Rapid E-Learning« schnell und problemlos an die jeweils spezifischen Bedingungen der Berufsschulen anpassen lässt.

Der Grad der Informatisierung des Berufsschulunterrichts in den Berufsfeldern Elektrotechnik und Informationstechnik hat bereits einen bemerkenswerten Stand erreicht. Potenziale bieten sich indes immer noch hinsichtlich des Zugangs zum Internet, bei der Ausgestaltung von Lernsoftware sowie dem Nutzerverhalten im Umgang mit Anwenderprogrammen. Verbesserungen in diesen Bereichen könnten die Umsetzung des Lernfeldkonzepts weiter befördern, ohne dass erfolgreiche und langjährig erprobte Elemente aus der unterrichtlichen Praxis verdrängt werden.

Literatur

Eimeren, B. van; Frees, B. (2008): Ergebnisse der ARD/ZDF-Onlinestudie 2008: Bewegtbildnutzung im Internet. In: Media Perspektiven 7/2008, S. 330–344.

Howe, F.; Knutzen, S. (2009): Rapid E-Learning - Gestaltbare Lernsoftware in der Berufsbildung. In: Fenzl, C.; Spöttl, G.; Howe, F.; Becker, M. (Hrsg.): Berufsarbeit von morgen in gewerblich-technischen Domänen. Bielefeld: W. Bertelsmann, S. 100–106.

Klaffke, H.; Howe, F.; Knutzen, S. (2008): Evaluation der ELKOnet-Lernplattform für die überbetriebliche Ausbildung im Elektrohandwerk. In: Howe, F.; Jarosch, J.; Zinke, G.: Innovative Ausbildungs- und Medienkonzepte in der überbetrieblichen Berufsbildung. Bielefeld: wbv, S. 228–240.

(N)Onliner Atlas (Hrsg.) (2007/2008): Eine Topographie des digitalen Grabens durch Deutschland. Nutzung und Nichtnutzung des Internets. http://www.nonliner-atlas.de.

Reinhold, M. (2008): E-Learning-Angebote für die elektrotechnische Berufsausbildung. In: Howe, F.; Jarosch, J.; Zinke, G. (Hrsg.): Ausbildungskonzepte und Neue Medien in der überbetrieblichen Ausbildung. Bielefeld: Bertelsmann (Schriftenreihe des Bundesinstituts für Berufsbildung), S. 157–172.

Schmitz-Justen, F.; Howe, F. (2009): Medien- und internetgestütztes Lernen in den Berufsfeldern Elektrotechnik und Informationstechnik: Ergebnisse einer bundesweiten Online-Befragung von Berufsschullehrkräften. In: Fenzl, C.; Spöttl, G.; Howe, F.; Becker, M. (Hrsg.): Berufsarbeit von Morgen in gewerblich-technischen Domänen – Forschungsansätze und Ausbildungskonzepte für die berufliche Bildung. Bielefeld: W. Bertelsmann, S. 107–112.

Schmitz-Justen, F.; Howe, F. (2010): Berufssituation und Herausforderungen von Berufsschullehrkräften in den Berufsfeldern Elektrotechnik und Informationstechnik, ITB-Forschungsbericht 47/2010, Bremen.

Rekrutierung von Lehrkräften

Zwischen Standardmodell und „Sondermaßnahmen" – Rekrutierungsstrategien in der Lehrerausbildung aus Sicht von Schulleitungen

Uwe Faßhauer

1 Einleitung

Der vorliegende Beitrag befasst sich mit den Quer-, Seiten- und Direkteinsteigern/ -innen in das Lehramt an beruflichen Schulen. Insbesondere der gewerblich-technische Bereich steht in einem besonderen Spannungsverhältnis zwischen einerseits dem Standardmodell universitärer Lehramtsausbildung, das aber zu wenige Absolventen liefert, und andererseits den „Sondermaßnahmen", die dieses Problem mit vermeintlich deprofessionalisierenden Nebenwirkungen lösen sollen. In Berufsfeldern der sozialen und personenbezogenen Dienstleistungen und im gewerblich-technischen Bereich sind die „grundständigen" Zugänge nicht zuletzt durch den Bolognaprozess und neue Studienmodelle deutlich ausdifferenziert. So wird einer der Hauptwege für Seiteneinstiege, der Wechsel nach einem FH-Diplomstudiengang in ein fachlich einschlägiges, verkürztes Lehramtsstudium mittlerweile in einem Regelangebot aufgefangen. Einschränkend ist anzumerken, dass sich der Beitrag nicht auf die Rekrutierung von Wirtschaftspädagogen bzw. Diplom-Handelslehrer/-innen bezieht. In diesem Bereich gibt es (noch?) keine Sondermaßnahmen zum direkten Einstieg in ein Lehramt.

Im ersten Abschnitt wird das Standardmodell der Lehramtsausbildung für berufliche Schulen (LAB) und seine aktuelle Ausdifferenzierung im Bolognaprozess beschrieben. Zweitens werden die beiden Strategien zur Bedarfsdeckung im gewerblich-technischen Bereich diskutiert. Zum einen die Öffnung der Lehramtsstudiengänge für neue Zielgruppen, zum anderen die Rekrutierung von Lehrerinnen und Lehrern über die Ermöglichung von Direkt-, Seiten- und Quereinstieg in das Lehramt, den „Sondermaßnahmen". Drittens erfolgt eine kritische Bewertung der Effekte dieser „Sondermaßnahmen" aus Sicht von Schulleitungen. Grundlage sind hier die Ergebnisse einer explorativen Interviewstudie in drei Bundesländern.

2 Basismodell, Standardmodelle und ihre Ausdifferenzierung im Bolognaprozess

Die Lehramtsausbildung für berufliche Schulen folgt nach wie vor dem *Basismodell* der Gymnasiallehrerausbildung. Dieses umfasst eine zeitliche Strukturierung in eine wissenschaftlich orientierte erste Phase (Studium) und eine an der Unterrichtspraxis orientierte zweite Phase (Vorbereitungsdienst). Dabei wird in zwei Fächern, resp. in einer beruflichen Fachrichtung und einem Unterrichtsfach ausgebildet. Dieses Basismodell, dessen weitere Ausdifferenzierungen in zusätzliche Phasen hier nicht diskutiert werden soll, setzt vor allem beamtenrechtliche Vorgaben um, nach denen der Eintritt in den Höheren Staatsdienst einen Vorbereitungsdienst (Referendariat) mit abschließender Zweiter Staatsprüfung voraussetzt. Inhaltlich setzt das Basismodell zur Grundlegung der Lehrkompetenzen Studien der Fachwissenschaften, der Erziehungswissenschaften und der Fachdidaktiken voraus. Für das Lehramt an beruflichen Schulen wurde dieses Basismodell von Anfang an in unterschiedlichen *Standardmodellen* umgesetzt, nicht zuletzt auch, um den sehr heterogenen Bedarfen an beruflichen Schulen gerecht werden zu können.

Nur am Rande erwähnt werden kann hier die Tatsache, dass sich zur Zeit auch im Bereich der Lehramtsausbildung für allgemein bildende Schulen, insbesondere der Gymnasien, ebenfalls eine erhebliche Ausdifferenzierung von Organisationsmodellen in der ersten Phase vollzieht. Solche reichen von der Implementierung von „Zentren für Lehrerbildung" an den Universitäten (die dann auch für die Lehramtsausbildung für berufliche Schulen zuständig sind) bis hin zu Gründungen eigenständiger Fakultäten für Lehrerbildung und Bildungsforschung innerhalb großer Universitäten („School of Education") (vgl. DGfE 2011).

Bei genauerer Betrachtung ist also zu konstatieren, dass bereits seit Beginn der Akademisierung der Lehramtsausbildung in den gewerblich-technischen Fachrichtungen in den 1960er Jahren und zuletzt in den KMK Rahmenvorgaben für die Studienanteile innerhalb der LAB („Korridore", KMK 1995) kontinuierlich eine Vielzahl an Modellen mit unterschiedlichen Gewichtungen der Bezugsdisziplinen und Kombinationen mit (hoch) affinen bzw. allgemein bildenden Zweitfächern bestanden hat. Im historischen Rückblick lassen sich regionale Traditionen kennzeichnen, die bis heute gewissermaßen eine pfadabhängige Entwicklung neuer Studiengänge bedingen:

Vor allem im Südwesten Deutschlands hat sich in den 1920er Jahren an den Technischen Universitäten Badens und Württembergs aber auch in Dresden ein an Technik- und Naturwissenschaften orientiertes Ingenieur-Modell in der Gewerbelehrerbildung etabliert (die Vorläufer dieser Modelle datieren aus der Mitte des 19. Jhd.). Übergeordnetes Ziel war eine Wirtschaftsförderung, die die Ausbildung hoch qualifizierter Arbeitskräfte im Blick hatte und dafür entsprechendes pädagogisches Personal zur Verfügung stellte. Ebenso waren erziehungswissenschaftliche Anteile integriert, wenn auch mit geringerer Priorität. Diese Grundstruktur ist im Wesentlichen identisch mit derjenigen der heutigen Modelle. In einer ausführlicheren Betrachtung wäre einerseits noch das preußische Seminarmodell zu nennen, das in der Kerschensteinerschen Tradition die politische Integration junger Arbeiter in das Staatsgebilde stärker gewichtete als die technische und berufliche Bildung. Die Lehramtsausbildung war an nichtakademischen „berufspädagogischen Instituten" verankert und nicht auf berufliche Fachrichtungen hin orientiert (vgl. Stratmann 1992). Andererseits bilden vor allem in Norddeutschland die gewerblich-technischen Berufswissenschaften eine starke Tradition, die weniger in der formalen Studienstruktur als in den Inhalten und Kompetenzzielen sich wiederfinden dürfte (vgl. Bannwitz/Rauner 1993).

Ausdifferenzierung im Kontext des Bolognaprozesses

Der Bolognaprozess ist im Hinblick auf Studienorganisation, Prüfungswesen, Abschlüsse, Curricula, Standardisierung und Qualitätssicherung die folgenreichste Entwicklung im deutschen Hochschulsystem seit Jahrzehnten. Sie beeinflusst die erste Phase der Lehramtsausbildung und somit den Regelzugang erheblich. Deren Ausdifferenzierung verdankt sie allerdings nicht allein den Bolognareformen, sondern durchaus auch pragmatischen Weiterentwicklungen länderspezifischer bzw. regionaler Traditionen im Spannungsfeld von veränderten staatlichen Steuerungsansätzen und wachsender hochschulischer Autonomie. Bereits im WS 2009/10 bieten bundesweit 55 wissenschaftliche Hochschulen, teilweise in Kooperation mit Fachhochschulen, Lehramtsstudiengänge im Bereich der beruflichen Bildung an, weit überwiegend in Bachelor-Master Struktur. In den Studiengängen, die auch zum Lehramt an beruflichen Schulen führen, haben sich somit gestufte Bildungsgänge in unterschiedlichen Formen und Modellen bundesweit etabliert, wenn auch in verschiedenen beruflichen Fachrichtungen zu unterschiedlichen Zeitpunkten und Anteilen. Die Implementierung der Bologna-Struktur begann im Bereich der LAB vergleichsweise früh und gestaltete sich sehr uneinheitlich. Je nach bildungspolitischen Entscheidungen der verantwortlichen Bundesländer, auf Grund unterschiedlicher Traditionen, Ressourcen und eigenen profilbildenden Strategien der selbstständiger werdenden Hochschulen, differenzierte sich ein nahezu standortspezifisches Angebot aus. Überspitzt formuliert kann man zur Zeit wohl sagen, dass es bundesweit, sogar selbst innerhalb eines Bundeslandes kaum zwei identische LAB-Studiengänge gibt. So beteiligen sich durchaus auch einzelne Universitäten gleichzeitig an zwei unterschiedlichen Modellen (ausführlich Faßhauer 2010). Dabei sind für einen ersten Überblick (a) zwei Studiengangmodelle sowie (b) zwei Organisationsmodelle unterscheidbar, die sich nicht gegenseitig bedingen.

(a) Bereits in den ersten fünf Jahren nach Bologna hat sich das integrativ-grundständige Modell auf Basis des KMK Beschlusses von 2005 (KMK 2005, „Quedlinburger Beschluss") als das klar dominierende weitgehend durchgesetzt. Im Kern sieht dieses Studiengangmodell vor, dass sowohl eine berufliche Fachrichtung als auch das Zweitfach sowie bildungswissenschaftliche, fachdidaktische und schulpraktische Anteile durchgängig im Bachelor und im Master zu studieren sind. Beide zusammen umfassen zehn Semester und nur der Masterabschluss ermöglicht den Zugang zum Vorbereitungsdienst. Es ist somit dem traditionellen grundständigen Staatsexamens-Modell sehr ähnlich, bis hin zum Verhältnis der drei genannten bezugswissenschaftlichen Bereiche bei den Studienanteilen von ca. 8:5:3 (dass es sich um Leistungspunkte handelt und nicht mehr um Semesterwochenstunden, soll an dieser Stelle nicht weiter diskutiert werden). Ein solches grundständig-integriertes Modell benötigt in der Konsequenz eigentlich keinen gestuften Studiengang. „Qualifizierte Bachelorabschlüsse" für den Zugang zum Lehramtsmaster, wie von einigen Universitäten verlangt, verschärfen diese Widersprüchlichkeit, in dem sie den ersten Abschluss zur Zwischenprüfung degradieren, ohne dessen „Berufsqualifizierung" nachweisen zu können, da für die Vorbereitungsdienste der beruflichen Lehrämter ausdrücklich nur Masterabsolventinnen und –absolventen zugelassen werden.

Dem grundständigen Modell steht in einigen Fällen ein mehr oder weniger reines *Aufbaumodell* gegenüber: Auf Basis eines Fachbachelors werden die lehramtsspezifischen Inhalte erst im Masterstudium vermittelt, die Studierenden wählen zuvor zwischen einem Fach- oder einem Lehramtsmaster. Auch hierzu gibt es Varianten. So wird an einigen Standorten nur das zweite Fach (inkl. Fachdidaktik) erst im Lehramtsmaster angeboten, während alle anderen Anteile bereits im korrespondierenden Bachelor vorhanden sind. Teilweise wird dafür die berufliche Fachrichtung im Master nicht mehr oder in erheblich geringeren Anteilen fortgeführt.

(b) Zurzeit sind in mind. sechs Bundesländern auch Fachhochschulen an der Lehramtsausbildung für berufliche Schulen – und damit für die Sekundarstufe II – beteiligt. Bereits seit den frühen 1990er Jahren gab es immer wieder starke Impulse, die institutionelle Verortung der

Lehrerbildung zu Gunsten der Fachhochschulen zu öffnen (z. B. Wissenschaftsrat 1993; HRK 1998). Aber erst die lang anhaltende und in den 2000er Jahren sich verschärfende Unterversorgung beruflicher Schulen insbesondere mit Nachwuchskräften im gewerblich-technischen Bereich führte zu entsprechenden Beschlüssen zunächst in NRW (FH und Uni Münster) im Jahre 2001 sowie in Baden-Württemberg zur Implementierung des PH-FH-Modells ab 2003. Neben das traditionelle universitäre Modell ist somit ein weiteres Organisationsmodell gestellt, das eine Kooperation mit Fachhochschulen verankert und über spezielle Akkreditierungsverfahren den Zugang zum Höheren Dienst sichert.

Während es für gewerblich-technische Fachrichtungen in sechs Bundesländern etwa zehn Standorte mit kooperativen Organisationsmodellen gibt, werden die wirtschaftspädagogischen Studiengänge der Diplom-Handelslehrer bisher – und vergleichsweise spät – in rein universitären Modellen in die Bologna-Struktur umgesetzt. Nicht zuletzt wirkt hier die durchgängige gut einhundertjährige Tradition der universitären Handelslehrerbildung mit dem von Anfang an polyvalenten Abschluss. Stark ausdifferenziert ist die Lehrerbildung für Gesundheits- und Pflegeberufe, die seit einigen Jahren mit ca. 500 Studienanfängern/-innen pro Jahr mittlerweile eine beachtliche Größe darstellen. Neben kooperativen und rein universitären Modellen gibt es hier allerdings auch rein fachhochschulische Programme, die auf eine Lehrtätigkeit an Schulen des Gesundheitswesens zielen, und somit eine Sonderform darstellen (Bischoff-Wanner/Reiber 2008).

Zusammenfassend kann gesagt werden, dass sich das ursprüngliche Standardmodell der Lehramtsausbildung für berufliche Schulen, das in Anlehnung an die Struktur der Gymnasiallehrerbildung entwickelt wurde, auf Ebene der beteiligten Hochschularten in der ersten Phase in vier Varianten ausdifferenziert hat:

- Universität oder Technische Hochschule in alleiniger Zuständigkeit (Gymnasiales Basismodell)

- Universität in Kooperation mit Fachhochschule (seit 2001)

- Pädagogische Hochschule in Kooperation mit Fachhochschule (seit 2003)

- Fachhochschule in alleiniger Verantwortung (BF Gesundheit- und Pflege)

Die vergleichsweise früh begonnene Umstellung der Lehramtsstudiengänge für berufliche Schulen vor allem gewerblich-technischer Fachrichtungen wurde durch den lang anhaltenden und erheblichen Mangel an Absolventinnen und Absolventen in den technischen Fachrichtungen forciert. Vor allem die Integration einiger Fachhochschulen in die Lehrerbildung (berufliche Schulen) wurde offensiv begründet mit der Möglichkeit, zusätzliche Zielgruppen rekrutieren zu können. Dies scheint zumindest für die kooperativen Modelle unter Beteiligung von Fachhochschulen auch zu gelingen, wie im folgenden Abschnitt an einem Beispiel gezeigt werden kann. Ob sich aus dem neuen Rekrutierungsweg unter Beteiligung von (ehem.) Fachhochschulen stabile Absolventenzahlen entwickeln, die wiederum den Bedarf an Sondermaßnahmen senken würden, bleibt abzuwarten.

3 Rekrutierungsstrategien zur Bedarfsdeckung in der Lehramtsausbildung

3.1 Öffnung für neue Zielgruppen

Für das Lehramt an beruflichen Schulen, für welches seit jeher unterschiedliche Berufsgruppen vorhanden sind (z.B. Fachlehrer/-innen und wissenschaftliche Lehrkräfte), kommt mit den sogenannten FH-Modellen eine weitere Säule der grundständigen Lehramtsausbildung hinzu. Die Gleichstellung der Hochschulabschlüsse von Fachhochschule und Universität nimmt neue Gruppen in den Blick, die bisher nicht als Zielgruppe für das Lehramt an beruflichen Schulen galten, da sie zunächst über keine allgemeine Hochschulzugangsberechtigung verfügen. Unabhängig von einem möglicherweise modellabhängig erreichbaren Grad der Entwicklung professioneller Kompetenzen, der in der gesamten Lehrerausbildung nur im Bereich der Mathematik ansatzweise und für die beruflichen Lehrämter noch überhaupt nicht empirisch valide untersucht ist, verspricht dieser Rekrutierungsweg zumindest quantitativ erfolgreich zu sein. Dies kann hier erneut an einem Beispiel aus Baden-Württemberg verdeutlicht werden:

Seit dem WS 2003/04 wird an der Pädagogischen Hochschule Schwäbisch Gmünd in Kooperation mit der Hochschule für Technik und Wirtschaft in Aalen in einer Bachelor-Masterstruktur der Studiengang „Ingenieurpädagogik" angeboten, der auch als Regelzugang zum Vorbereitungsdienst für das Lehramt an beruflichen Schulen akkreditiert ist (berufliche Fachrichtung Fertigungstechnik, seit SoSe 2011 auch Energie- und Automatisierungstechnik). Aus den Daten der umfangreichen Evaluation dieses Studiengangs ergibt sich im SoSe 2008 fol-

gende sozialstatistische Beschreibung der Studierenden (79 der 100 Studierenden der Beruflichen Fachrichtung Fertigungstechnik wurden erreicht): Die Studierenden sind relativ jung, ihr Alter bei Studienbeginn liegt bei 22,9 Jahren. Erwartungsgemäß sind sie weit überwiegend männlich (87 %), haben ihren
Hochschulzugang zu 94 % in Baden-Württemberg erworben und verfügen
mehrheitlich über eine anerkannte nicht-akademische Berufsausbildung vor dem
Studium (66 %), aber zunächst nicht über eine allgemeine Hochschulzugangsberechtigung. Der Zugang zur PH erfolgt formal auf Basis des Bachelorabschlusses,
der in diesem Modell nach 7 Semestern erworben wird. De facto finden bereits
ab dem ersten Semester Lehrveranstaltungen im berufspädagogischen und
technikdidaktischen Bereich an der PH statt. Für 78 % der Befragten ist der
B.Eng./M.Sc. Ingenieurpädagogik das Erststudium (alle ohne Abschluss). Befragt
nach den Berufen der Eltern und den nahen Verwandten gibt ein Drittel an, dass
ihre Eltern Akademiker/innen sind. Lediglich 10 % der Studierenden haben Eltern und/oder nahe Verwandte, die selbst Lehrer/-innen sind (nicht ausdifferenziert nach Lehramtstypen).

Von professionspolitischem Interesse sind nun insbesondere die beiden letztgenannten Angaben zu den Studienabschlüssen und Berufen der Eltern. Die Studierenden im hier beispielhaft erwähnten PH-FH Standort können nur zu einem
vergleichsweise geringen Teil auf lehrerberufsspezifische Erfahrungen und Vor-
bilder zurückgreifen. Für die Gruppe der Gymnasiallehrenden geben in einschlägigen Studien mehr als 20 % der Befragten an, dass der Vater oder ein Elternteil
ebenfalls ein Lehramt ausübt (Kühne 2006). Die hier untersuchte Gruppe an Befragten unterliegt nicht den Prozessen einer sozialen Vererbung des Lehrerberufs, sondern verfolgt ein eigenes akademisches Aufstiegsprojekt. Somit ermöglichen zumindest die neuen Modelle der Lehramtsausbildung neue
Rekrutierungswege, die von Jugendlichen ohne allgemeine Hochschulzugangsberechtigung in einer relevanten Anzahl wahrgenommen werden.

3.2 „Sondermaßnahmen" zur Bedarfsdeckung im gewerblich-technischen Bereich

Die Absolventenzahlen in den bisherigen grundständigen universitären beruflichen Lehramtsstudiengängen v. a. in den gewerblich-technischen Fachrichtungen sind und bleiben in fast allen Bundesländern nicht bedarfsdeckend. Die
Bundesländer suchen seit Jahrzehnten nach Alternativen, um diesem Mangel
entgegenzutreten. Aus der Problemlage heraus wurden Seiten-, Direkt- und
Quereinsteigerprogramme entwickelt, durch die Lehrkräfte mit fachlich einschlägigem Hochschulstudium rekrutiert werden. Als „Sondermaßnahmen" entwickelt, stellt sich immer wieder die Frage nach der tatsächlichen Eignung nicht

grundständig ausgebildeter Personen für die anspruchsvollen Aufgabenbereiche beruflicher Schulen. So wurden alleine in Baden-Württemberg seit 2001 rund 1.500 Direkteinsteiger/-innen in den beruflichen Schuldienst eingestellt (vgl. KM BW 2010). Quereinstiege sind statistisch nur sehr ungenügend erfasst, Lebenslaufdaten zu den Herkunftswegen der Lehrkräfte an beruflichen Schulen liegen nicht vor. Die Statistiken der KMK und des statistischen Bundesamtes weisen lediglich die Eintrittsquoten aus (vgl. KMK 2010, S. 1), über deren Verbleib lässt sich nur spekulieren. Berufsverläufe sind in den Statistiken nicht sichtbar, da durch das erfolgreiche Durchlaufen der Sonderprogramme bzw. durch das erfolgreiche Ablegen der zweiten Staatsprüfung Quereinsteiger/-innen bzw. Seiteneinsteiger/-innen nicht mehr als solche statistisch erfasst werden. Laut KMK sind in den letzten 10 Jahren rund 8.000 Lehrerinnen und Lehrer über Direkt-, Seiten- und Quereinsteiger/-innenprogramme in den Schuldienst gelangt (ebd. S. 1). Bezogen auf die Gesamtneueinstellungen liegen die Quoten in den letzten 10 Jahren mit 3-6 % vermeintlich relativ niedrig. Ein differenzierter Blick auf die Mangelfächer in den beruflichen Schulen, das sind v.a. Physik, Mathematik, Fremdsprachen sowie Metall- und Elektrotechnik (vgl. Autorengruppe 2008, S. 202), zeigt eine deutliche Problematik. Für einzelne Fachrichtungen gehören die sogenannten Sondermaßnahmen zur Deckung des quantitativen Bedarfs an Lehrerinnen und Lehrern für berufliche Schulen seit vielen Jahren bereits zum Standardrepertoire in den Rekrutierungsstrategien der meisten Bundesländer.

Exemplarisch können dies Zahlen für Baden-Württemberg belegen: Im Jahr 2009 stehen bei der Einstellung von wissenschaftlichen Lehrern im Berufsfeld Metall / Maschinentechnik den 34 Laufbahnbewerbungen 96 Direkteinstellungen gegenüber. Im Berufsfeld Elektro- / Informationstechnik ist dieses Verhältnis mit 17 Laufbahnbewerbungen zu 46 Direkteinstiegen vergleichbar. Im Bereich Gesundheit und Pflege sind beide Rekrutierungswege in etwa gleich stark, in den beruflichen Fachrichtungen Druck- und Medientechnik sowie im Bereich der Labor- und Prozesstechnik (Chemie, Physik, Biologie) wurden nur Direkteinsteiger als wissenschaftliche Lehrer/innen eingestellt und keine Personen aus Laufbahnbewerbungen (KM BW 2010).

Im Gegensatz zu den hochschulischen Zugangswegen und Veränderungen bezüglich der Durchlässigkeit beziehen sich die Sondermaßnahmen zum Direkt-, Quer- und Seiteneinstieg in den Schuldienst auf Programme, die durch zuständige Ministerien der unterschiedlichen Landesregierung je nach Bedarf ein- und ausgesetzt werden. Systematisch sind Sondermaßnahmen nie, da sie sich in aller Regel nur am Bedarf orientieren und dann befristet erlassen werden, wenn die Situation es nötig erscheinen lässt. Da Bildungsangelegenheiten Länderhoheit sind, werden nicht nur die spezifischen Bedarfe sondern z. B. auch die notwendigen Vorleistungen unterschiedlich gewichtet. Besonders herausfordernd sind die verwendeten Begrifflichkeiten, die sich in den Bundesländern zum Teil sehr stark unterscheiden.

So wird von drei Gruppen gesprochen: Direkteinsteiger/-innen, Quereinsteiger/-innen und Seiteneinsteiger/-innen. In der Verwendung der Begriffe lässt sich bundesweit keine Systematik erkennen. Allen gemeinsam ist als Grundbedingung für die Zulassung in den Schuldienst das universitäre Studium eines Mangelfaches, für das aktuell eine Sondermaßnahme des jeweiligen Bundeslandes läuft. In den meisten Bundesländern gibt es konkrete Maßnahmen zur Gewinnung von Lehrkräften ohne Lehramtsstudium an beruflichen Schulen (bis auf Mecklenburg-Vorpommern, Sachsen-Anhalt, Sachsen und Bayern, Stand: Schuljahr 2010/11).

Grundsätzlich sind zwei Arten der Zulassung von universitär qualifizierten Personen in den Schuldienst zu unterscheiden, die allerdings teilweise mit der gleichen Begrifflichkeit belegt sind:

- *Zulassung zum regulären Vorbereitungsdienst.* Es wird das reguläre Referendariat durchlaufen und bei Bestehen des 2. Staatsexamens folgt bei Erfüllung der Voraussetzung die Verbeamtung. In den Bundesländern Baden-Württemberg, Brandenburg und Thüringen wird diese Möglichkeit als „Seiteneinstieg" bezeichnet. In den Ländern Rheinland-Pfalz, Hamburg, Niedersachsen, Schleswig-Holstein wird diese Möglichkeit als „Quereinstieg" bzw. „klassischer Quereinstieg" (Hessen) bezeichnet. Diese Regelungen gelten auch für berufliche Fachrichtungen, in denen es bundesweit kein grundständiges universitäres Lehramtsstudium gibt.

- *Direkte Zulassung zum Schuldienst.* Es wird nach eingehender Prüfung direkt in den Schuldienst zugelassen. Die „Direkteinsteiger/-innen" durchlaufen in der Regel ein spezifisches Qualifizierungsprogramm zur Erlangung einer Gleichstellung. Diese sind berufsbegleitend und umfassen unterschiedliche Stundenumfänge in Seminar und Schule. Hierbei unterscheiden sich die Bundesländer noch einmal darin, ob die zweite Staatsprüfung oder eine äquivalente Prüfung abgelegt wird. In Baden-Württemberg firmiert diese Möglichkeit unter dem Begriff „Direkteinstieg". In Niedersachsen, Berlin und Bayern werden berufsbegleitende Qualifizierungsmaßnahmen als „Quereinstieg" bezeichnet. Niedersachsen spezifiziert dieses Angebot mit dem Begriff „direkter Quereinstieg". In Hessen wird diese Möglichkeit in Abgrenzung zum klassischen Quereinstieg als „berufsbegleitender

Quereinstieg (QuiS)", in NRW, Rheinland-Pfalz und Schleswig-Holstein als „Seiteneinstieg" oder „direkter Seiteneinstieg" bezeichnet.

Als alternative Modelle zur grundständigen universitären Lehrerbildung haben sich an einzelnen Standorten in einer ganzen Reihe von Bundesländern sogenannte Kooperative-Modelle unter Einbindung von ehemaligen Fachhochschulen etabliert. Diese neuen Modelle ermöglichen eine zunehmende Polyvalenz am Anfang des Studiums und erhöhen die Zugangs- und Entscheidungsmöglichkeiten potenzieller Lehramtskandidaten/-innen. Die BA/MA Struktur trägt dazu bei, dass am Beginn der Masterphase zwischen einem Abschluss, der für das Lehramt an beruflichen Schulen qualifiziert oder einem fachwissenschaftlichen Abschluss gewählt werden kann. Weiterhin können Studierende mit fachlichen Bachelorabschlüssen, die grosso modo die bisherigen FH-Diplome ablösen, in einen Lehramtsmaster wechseln. Somit wird einer der bisher in den gewerblichtechnischen Fachrichtungen am weitesten verbreiteten „Quereinstiege" zu einer konventionellen Möglichkeit: FH-Absolventen, die in Staatsexamensstudiengängen eingemündet sind (i.d.R. in hohe Semester eingestuft).

4   Bewertung von „Sondermaßnahmen" aus Sicht von Schulleitungen

Nimmt man die Meldungen in den Medien sowie die Positionspapiere und Beschlusslagen von Gewerkschaften und Verbänden zum Thema Quereinstieg in den Schuldienst aus den letzten Jahren, so ist bundesweit der einhellige Tenor: Quereinstiege müssen die Ausnahme bleiben! Bisher haben sich aber keine größeren und/oder repräsentative empirischen Studien mit dem Phänomen des Quereinstiegs befasst, sodass zur Situation der Direkt- und Quereinsteiger/-innen bisher kaum fundierte Erkenntnisse oder gar vergleichende Studien z. B. zur Qualität von Unterricht oder Schulentwicklung in Abhängigkeit von Lehrerbildungsmodellen oder Rekrutierungswegen vorliegen.

Das Feld ist sehr unübersichtlich, denn die Notwendigkeit des Quereinstiegs in den beruflichen Schuldienst hängt nicht nur von den Absolventenzahlen der Lehramtsstudiengänge ab, sondern auch von der konjunkturellen Entwicklung der unterschiedlichen Regionen, der regionalen Wirtschaftsstruktur und dem einsetzenden demografischen Wandel. Nicht ohne Folgen oder sogar folgenreich sind auch immer wiederkehrende Gesetzesänderungen und „Reforminitiativen" des beruflichen Bildungssystems, deren Umsetzung mit Herausforderungen für die beruflichen Schulen verbunden ist. Die Entwicklung des dualen Systems, aber auch die Entwicklung vollzeitschulischer (Aus-)Bildungsangebote, beeinflussen den Lehrer/-innenbedarf an beruflichen Schulen. Während vollzeit-schulische Angebote personalintensiv sind, gilt dies im umgekehrten Verhältnis für Ausbildungsgänge im dualen System nicht. Die Entwicklungstendenzen be-ruflicher Schulen in allen Bundesländern zeigen, dass in den letzten Jahren eine zunehmende einzelschulische Autonomie zu sehen ist (vgl. Projekte wie OES, SV-Plus, AQUA usw.). Konzepte zur Stärkung der Eigenständigkeit und Verantwort-lichkeit der einzelnen beruflichen Schulen sind auch Ausdruck von Qualitätsde-batten und neuen, zusätzlichen Aufgabenbereichen. Für den Personalbereich wurden in den meisten Bundesländern zunehmend Kompetenzen an die einzel-nen Schulen übertragen. Gerade Personalangelegenheiten stehen im Span-nungsverhältnis von Quantität (Personalbedarf) und Qualität (Eignung, Kompe-tenzen, Einstellungen). Treffen Personalengpässe und geringe Absolvierenden-zahlen aufeinander, wie es in einigen beruflichen Fachrichtungen der Fall ist, so verstärkt sich das skizzierte Spannungsfeld.

In einer explorativen Studie zu Erfahrungen mit Quer-, Seiten- und Direkteinstei-gern/-innen wurden n=13 Schulleiter/-innen in Baden-Württemberg, Berlin und Hessen befragt (Faßhauer/Jersak 2011, unveröffentlicht). Das Sample setzt sich aus vornehmlich gewerblich-technischen Schulen zusammen. Wichtig dabei war, eine maximale Spannweite an Schultypen, Größen und Regionen in die Stich-probe aufzunehmen: Regionalspezifische Besonderheiten in den Ausprägungen ländlich, städtisch und suburban in mindestens drei unterschiedlichen Bundes-ländern sowie die Differenzierung nach mono- und multistrukturiertem Schultyp.

Hinter den Kriterien verbergen sich unterschiedliche Annahmen. Zum einen ist davon auszugehen, dass die Personalsituation an beruflichen Schulen von der Wirtschafts- und Infrastruktur der jeweiligen Region abhängig ist. Zum anderen liegt die Vermutung nahe, dass Rekrutierungsstrategien der Schulen und Nach-frage durch Quer-, Seiten- und Direkteinsteiger/-innen auch standortspezifischen Faktoren unterliegen. Die vornehmliche Einschränkung auf den gewerblich-technischen Bereich liegt nicht zuletzt in der Tatsache begründet, dass in diesem Bereich Quereinsteiger/-innen besonders gesucht werden und dass der Quereinstieg in gewissem Sinne in Konkurrenz zur „klassischen" Gewerbelehrerausbildung steht. Drei Bundesländer erschienen forschungspragmatisch als realistische Größe, die sowohl einen Überblick über das Bundesland als auch ansatzweise einen Vergleich ermöglicht, obwohl die rechtlichen Rahmenbedingungen in den untersuchten Regionen deutlich verschieden sind.

Die Befragungen wurden in Baden-Württemberg, Berlin und Hessen durchge-führt. Dabei handelt es sich um Leiterinnen und Leiter vornehmlich mittlerer bis größere Schulen mit einem Kollegium von 64–114 Vollzeitstellen. Alle sind staat-liche Schulen und verfügen über eine Bandbreite verschiedener Bildungsgänge.

Mit einer Ausnahme haben alle Schulen sowohl einen Zweig des Dualen Systems als auch einen vollzeitschulischen Bereich. Es können dabei alle Abschlüsse, vom Hauptschulabschluss über die mittlere Reife bis hin zur fachgebundenen bzw. allgemeinen Hochschulzugangsberechtigung, erreicht werden. Alle Interviews wurden im vierten Quartal 2010 geführt.

4.1 Bewerbermarkt und Stellenbesetzungsverfahren

Grundsätzlich wird der Bewerbermarkt für Direkt- und Quereinstiege in den beruflichen Schuldienst von konjunkturellen Schwankungen in der Wirtschaft, insbesondere durch den Arbeitsmarkt für Ingenieure, beeinflusst. In Krisenphasen und Zeiten relativer Arbeitsplatzunsicherheit steigt das Interesse am beruflichen Schuldienst. So kann für die letzten Jahre ein relativ hoher Stand an Initiativbewerbungen konstatiert werden. Schon im Untersuchungszeitraum scheint das Interesse aber wieder zu sinken. Je nach Fachrichtung unterscheiden sich die Berufsgruppen relativ stark voneinander, die sich für den Schuldienst interessieren. Relativ hoch ist in an vielen Schulen der Anteil von Meistern und Technikern, die jedoch nicht die Zielgruppe von Quer- und Direkteinstiegen sind. In urbanen Regionen mit einem ausgeprägten Dienstleistungssektor, insbesondere Bildungsdienstleistungen, ist der Bewerbermarkt für die Gewinnung von Direkt- und Quereinsteigern/-innen „relativ" entspannt. Hier finden sich unter anderem viele Bewerber/-innen mit Lehr- und Dozentenerfahrung sowie Erfahrungen mit pädagogischen Situationen.

Schwieriger ist die Situation in ländlichen Regionen. Standortnachteile gegenüber urbanen Regionen kommen hier deutlicher zum Tragen. Nicht nur der Bewerberpool ist kleiner, sondern auch die Planbarkeit von Personalbedarf ist anhand der Beschreibung der Schulleiter/-innen deutlich schwieriger. Der demografische Wandel und die Schwankungen im Bereich des dualen Systems sind hier stärker ausgeprägt. „Landflucht der Jugend" und „Deindustrialisierungstendenzen" im ländlichen Raum sind die wesentlichen Faktoren der Unsicherheit im Personalplanungsprozess. Die Unsicherheit bei der Entwicklung der Schülerzahlen macht es schwierig abzuschätzen, wie hoch der Bedarf in den aktuellen Mangelfächern zukünftig sein wird.

Die Möglichkeiten und Rekrutierungsstrategien von beruflichen Schulen unterliegen verschiedenen arbeitsrechtlichen und landesspezifischen Rahmenbedingungen der untersuchten Bundesländer. Auch wenn sich die Befugnisse und Zuständigkeiten in ihrer Tragweite teilweise unterscheiden ist festzustellen, dass die schulbezogene Ausschreibung von Stellen und deren Besetzung weitgehende Praxis darstellt. Unterschiede liegen vor allem darin, inwieweit Schulleitungen selbst einstellen oder die zuständige Behörde formal die letzte Instanz darstellt (dort aber de facto vom Votum der Schule nicht mehr abgewichen wird). Hier gelten unterschiedliche Regularien, die sich bzgl. der Funktion der Stelle unterscheiden. Grundsätzlich gibt es für Personen ohne Lehramtsstudium in den Bundesländern des Untersuchungsdesigns im Wesentlichen drei Wege in den Schuldienst:

- Einstieg in den Vorbereitungsdienst ohne grundständiges Lehramtsstudium;

- Programme der Bundesländer für den direkten Einstieg in die Lehrtätigkeit;

- Befristete Einstellung als Vertretungskräfte / Lehraufträge (v. a. Hessen und Berlin).

Für alle drei Untersuchungsregionen gilt, dass Laufbahnbewerber/-innen grundsätzlich den Vorzug erhalten (vgl. Bildungsserver 2010). In der Praxis zeigt sich, dass unter Vertretungskräften mittlerweile in vielen Schulen ein hoher Anteil an Lehrkräften zu finden ist, die keine volle Lehrbefähigung haben. In allen drei Bundesländern obliegt die formale Prüfung der Voraussetzungen der Direkt- und Quereinsteiger/-innen für die jeweiligen Sondermaßnahmen den zuständigen Behörden. Auch wenn die formalen Aspekte sich in den Bundesländern unterscheiden gibt es in der Praxis der Personalauswahl im Rahmen der rechtlichen Möglichkeiten viele Ähnlichkeiten:

- *Schulische Rekrutierungsmaßnahmen:* In den drei Bundesländern werden die Schulen nach wie vor durch zentral geführte Listen von Bewerber/-innen für die ausgeschriebenen Stellen unterstützt. In der Praxis der Rekrutierung von Personal wird aber sichtbar, dass die Schulleitungen Maßnahmen ergreifen, um sich einen eigenen Pool von Kandidat/-innen zu sichern. Generell beginnt das Werben um Nachwuchs während der Studienzeit. Gerade in den besagten Mangelfächern wird frühzeitig versucht, Studierende in den Schulpraktika an die Schulen zusätzlich zu binden (z. B. Vergabe von befristeten Lehraufträgen ohne Staatsexamen). Der Effekt solcher Maßnahmen verringert sich, je weiter berufliche Schulen von Studienstandorten entfernt sind. Um Lehrkräfte für berufliche Schulen im ländlichen Raum zu gewinnen, sind besondere Anstrengungen notwendig. Zum Teil werden informell Methoden angewandt, die einem Dual-Career Service ähneln. Unterstützung bei Umzügen, Wohnungssuche und die Integration in das ländliche Leben werden mit in den Blick genommen und soweit wie möglich unterstützt.

Zweitens ist die Pflege der persönlichen Kontakte des Kollegiums in die Wirtschaft, zu regionalen Netzwerken oder überregionale Kontakte zu Hochschulen in anderen Bundesländern von Bedeutung. Diese Quellen werden in der Regel weniger systematisch und kontinuierlich in Anspruch genommen.

Systematischer ist – drittens – die Werbung in eigener Sache unter den eigenen Schüler/-innen. Hinter diesen Initiativen steckt die Erkenntnis, dass potenzielle Lehramtsstudierende für das Lehramt an beruflichen Schulen sich häufig in den eigenen Reihen finden lassen. Deren Zugang zu den einschlägigen Studiengängen ist i.d.R. gewährleistet (s. o.). Die Strategie, unter den eigenen Schülern/-innen für das Lehramt zu werben, ist aus Sicht der Schulleitungen eine folgerichtige Entscheidung und erhält eine größer werdende Bedeutung für eine langfristige Personalgewinnung. Weitgehend einig sind sich die Befragten darin, dass für die Gewinnung von Personal die Attraktivität und Außendarstellung der Schule, v. a. Arbeitsatmosphäre, Formen der Zusammenarbeit und Schulprofil immer wichtiger werdende Komponenten sind. Ohne eine kontinuierliche Entwicklung der Schule und des Schulumfeldes ist die Wahrscheinlichkeit eher gering, dass hochqualifizierte Kräfte den Beruf wechseln.

- *Auswahlprozess:* Die Auswahl von Direkt- und Quereinsteigern/-innen ist mit einem deutlichen Mehraufwand verbunden. Die Schulleitungen geben an, dass die Wege bis zum Einstieg in besagte Sonderprogramme mit vielen Gesprächen und Beratung verbunden sind und Tätigkeiten umfassen, die häufig in keiner Verordnung oder in formal-juristischen Abläufen sichtbar werden. Alle befragten Schulleiter/-innen legen besonderen Wert auf Beratung, Hospitation und die persönliche Eignung der potenziellen Direkt- und Quereinsteiger/-innen. Gerade durch die geringe prognostische Validität schriftlicher Bewerbungsformen über die tatsächlichen und zukünftigen Fähigkeiten sowie die Ungewissheit über Motivation und persönliche Eignung wollen die Schulleiter/-innen durch verschiedene Elemente vorab die Eignung und die Passung zur Schule intensiv prüfen. Die meisten Schulleitungen geben an, dass sie mindestens zwei Stunden für das Erstgespräch mit Kandidatinnen und Kandidaten verwenden. Es folgen dann i.d.R. auch Hospitationen und Probeunterrichte.

4.2 Stärken der Direkt- und Quereinsteigenden

Neben den Herausforderungen, mit denen Direkt- und Quereinsteiger/-innen beim Einstieg in den Schuldienst konfrontiert sind, zeigen sich auch vielerlei Stärken, die diese Personengruppe mit individuellen Berufsbiografien mitbringt. Sie werden in vielfältiger Weise auch als Bereicherung für die beruflichen Schulen angesehen:

- Die originäre berufliche Orientierung verstärkt die Berufspraxis in beruflichen Schulen um die eher informelle Komponente des Erfahrungswissens. Im Gegensatz zu Lehramtsstudierenden wird hier die Nähe zum Berufsfeld als eine große Stärke angesehen, die bei Schülerinnen und Schülern auf großes Interesse stößt sowie Autorität vermittelt.

- In einigen Schulen spielen Direkt- und Quereinsteiger/-innen bezüglich Lernortkooperationen eine zentrale Rolle. Die Kontakte zu Unternehmen und der berufsweltliche Habitus sind für die Schulen von großem Vorteil. Auch das Wissen um neue Technologien und deren Anwendung ist im Kollegium und in den Fachgruppen gern gesehen. So sind aus Sicht der Schulleitungen generell keine größeren Spannungen im Kollegium zwischen Direkt- und Quereinsteiger/-innen und grundständig studierten Lehrkräften erkennbar. Nicht selten fungieren sie als Multiplikatoren für bestimmte Technologien und Neuerungen in betrieblichen Abläufen. Auch im Bereich fachlicher Fortbildungen fungieren sie teilweise als Ansprechpartner/-in für Kooperationen mit Unternehmen.

- Die betriebliche Sozialisation bringt aus Sicht einzelner Schulleitungen noch einen weiteren Vorteil für die Schulen mit sich. Ein „entspanntes" Verhältnis zu Strukturen und Hierarchien sowie zu den Themen Evaluation, Controlling und Qualitätsmanagement führen dazu, dass in einzelnen Schulen Direkt- und Quereinsteiger/-innen positive Auswirkungen auf Schulentwicklung und Qualitätsmanagement haben. Weitere Stärken von Direkt- und Quereinsteiger/-innen, die genannt wurden, sind eine hohe Ergebnisorientierung und Verbindlichkeit, die ebenfalls auf die berufliche Sozialisation zurückzuführen seien. Auch die Weiterbildungsbereitschaft wird als sehr hoch eingeschätzt.

Die positiven Impulse durch Direkt- und Quereinsteiger/-innen sind jedoch nicht automatisch gegeben. Ob die genannten positiven Faktoren tatsächlich zum Tragen kommen, hängt wiederum von verschiedenen Ausgangsbedingungen ab. So gibt es einen Einfluss der Unternehmensgrößen; je größer ein Herkunftsunternehmen, desto mehr werden positive Impulse für die Schule realisiert. Auch die Dauer der Berufstätigkeit sowie die Gründe für den Berufswechsel in das Lehramt spielen eine Rolle. Eine weitere Rahmenbedingung für die positiven Effekte ist allerdings, dass sie schnellen Entwertungsprozessen unterliegen, die abhängig vom technologischen Fortschritt der jeweiligen Branche sind. Enge Kontakte zu Unternehmen und ehemaligen Kollegen verlieren sich mit der Zeit ebenfalls.

Aus Sicht der befragten Schulleiter/-innen lässt sich feststellen, dass in den allermeisten Fällen nach Durchlaufen der Sondermaßnahmen und einer gewissen Anlaufzeit nach einigen Jahren kein wesentlicher Unterschied zwischen den Lehrkräften aus unterschiedlichen Rekrutierungswegen zu sehen ist. Durch die wachsende Autonomie der Schulleitungen bei Personaleinstellungen spielen die Entwicklungspotenziale einer Person eine größer werdende Rolle, und die Personalauswahl wird verstärkt durch die Kategorien der voraussichtlichen individuellen Eignung und Passung in die bestehende Personal- und Teamstruktur beeinflusst. Die individuellen beamtenrechtlichen Voraussetzungen spielen erwartungsgemäß für Schulleitungen eine eher untergeordnete, für die Bewerber/-innen eine wichtige Rolle.

4.3 Generelle Einschätzungen zu den „Sondermaßnahmen"

Die in den Sondermaßnahmen verankerte Begleitung der Direkt- und Quereinsteiger/-innen durch Mentoren, wie es das Referendariat auch vorsieht, schaffen eine gute Anbindung in die schulischen Teamstrukturen und Fachgruppen. Allerdings wird von einigen Schulleiterinnen und Schuleitern angemerkt, dass die Programme der Länder teilweise sehr belastend und aufwändig sind. Es fehlt teilweise eine adressatengerechte Lerngestaltung für Direkt- und Quereinsteiger/-innen.

Die formale Generierung eines zweiten Unterrichtsfachs ist häufig nur sehr unzureichend abgesichert. Grundsätzlich wäre eine Flexibilisierung und individuelle Anpassung an die Situation der Direkt- und Quereinsteiger/-innen und an die Bedürfnisse der Einzelschule aus Sicht der befragten Schulleiterinnen und Schuleiter von Vorteil.

Die Stärke der Direkt- und Quereinstiegsprogramme liegt vor allem in der eingeräumten Beobachtungszeit der Bewerber/-innen, Potenziale und Eignung können besser abgeschätzt werden. Durch eine weitere Stärkung der Personalautonomie an beruflichen Schulen und die Bewährungszeit können fundierte Einschätzungen besser getroffen werden, als es über Zuweisung möglich ist.

Einig sind sich die befragten Schulleiterinnen und Schulleiter in dem Punkt, dass Direkt- und Quereinstiege nicht alleine die Lösung aller Personalprobleme an beruflichen Schulen darstellen. Es wird gemutmaßt, dass die Schulkultur durch einen zu hohen Anteil an Direkt- oder Quereinsteiger/-innen ins Wanken geraten könnte. Hier werden v. a. die Orientierung an kurzfristigen Erfolgen und die „Jobkultur" genannt, die im Widerspruch zum Schulengagement stehen. Ein gutes Maß an unterschiedlichen Biografien und Qualifizierungswegen wird dem vielfältigen Funktionsspektrum der beruflichen Schulen aber gerechter werden, als monostrukturierte Laufbahnen und Karrierewege für Lehrkräfte aus dem Standardmodell.

5 Fazit

Vor dem Hintergrund des lang anhaltenden Mangels an Lehrenden in bestimmten beruflichen Fachrichtungen aber auch des sich weiter ausdifferenzierenden Aufgabenspektrums beruflicher Schulen wäre es sinnvoll, die unterschiedlichen Rekrutierungswege als gleich wertige Regelzugänge zu gestalten. Auf der einen Seite werden die beamtenrechtlichen Hürden durch den Ausschluss von Fachhochschulabsolventen aus dem Höheren Dienst beibehalten. Auf der anderen Seite besteht aber über einige Sondermaßnahmen eine Möglichkeit, Lehrkräfte ohne volle Lehrbefähigung in den Schuldienst aufzunehmen. Die Verbesserung der vertikalen Durchlässigkeit des Laufbahnrechts ist aus dieser Perspektive eine mögliche Maßnahme.

Sicherung der berufsbegleitenden Professionalisierung von Direkt- und Seiteneinsteigern an beruflichen Schulen in allen Bundesländern

Hierfür sind landesweite Möglichkeiten für berufsbegleitende Studiengänge zu eröffnen, um die pädagogische und (fach-)didaktische Kompetenzentwicklung und Professionalisierung im Kontext hochschulischer Bildung zu gestalten. Die Gruppe der Direkteinsteiger/innen ist berufsbiografisch in erster Linie über Fachlichkeit und fachwissenschaftliches Wissen definiert, die auch ihren Expertenstatus begründen. Darüber hinaus manifestiert sich aber pädagogische Professionalität in der Arbeit mit Anwesenden in Situationen, die von Unsicherheit, Nichtwissen und Unvorhersagbarkeit geprägt sind. Mit gezielten Interventionen stoßen Lehrende Reflexionsprozesse bei den Lernenden an, um ihnen so zu einer differenzierten und distanzierten (Selbst-)Betrachtung ihrer jeweiligen Situation zu verhelfen. Im Zentrum der berufspädagogischen Tätigkeit steht nicht allein das inhaltlich zu definierende Fachwissen, sondern eine spezifische Prozesskompetenz. Einen zentralen Stellenwert im Erwerb dieser Kompetenzen nimmt die Kategorie der Reflexion ein, d. h. das theoriegeleitete Nachdenken und Begründen des eigenen Handelns in pädagogischen Situationen unter der Bedingung der Entlastung von unmittelbarem Handlungs- und Entscheidungsdruck. Vor allem hierin liegt die Notwendigkeit der Beteiligung von Hochschulen in der berufsbegleitenden Professionalisierung von direkt in den Schuldienst einsteigenden Personengruppen.

Weitergehende Gestaltung von Autonomie und Eigenständigkeit der beruflichen Schulen hinsichtlich der Personalgewinnung und -entwicklung

Hier sind ebenfalls dezentral auf schulischer Ebene Modelle und Standards für den systematischen Einsatz von Auswahl- und Einstellungskriterien sowie Personalentwicklungsinstrumenten zu entwickeln. Hier könnten aktuelle, zusätzliche Aufgaben, die an berufliche Schulen gestellt sind, abgebildet werden (Inklusion, Diversity Management, Lebensbegleitendes Lernen ermöglichen uvm.). Insbesondere sind für die Auswahlprozesse Modelle und Standards zu entwickeln, die mit angemessenem Aufwand eine hinreichende prognostische Validität sichern.

Die Erhöhung der Durchlässigkeit und die Öffnung der Hochschulen sind in Deutschland voll im Gange. Bisher zeigt sich jedoch, dass der Anteil derjenigen, die nun die Möglichkeiten haben, an akademischer Bildung und Weiterbildung teilzuhaben, dies nur in sehr geringem Maße auch realisieren. Strukturen und institutionelle Rahmenbedingungen sind für die Nachfrage meist nicht alleine verantwortliche Kriterien, sondern auch individuelle Motivation und Interessen sowie Lebenslagen tragen zur Nachfrage bei. Die Öffnung der Hochschulen für neue Zielgruppen kann auch für die Lehrerbildung positive Effekte mit sich bringen.

Literatur

Autorengruppe Bildungsberichterstattung (2008): Bildung in Deutschland 2008. Bielefeld: W. Bertelsmann.

Bader, R. (2008) Konzepte und Modelle der Lehrerbildung. In: Faßhauer, U.; Münk, D.; Paul-Kohlhoff, A. (Hrsg.): Berufspädagogische Forschung in sozialer Verantwortung. München: Steiner Verlag, S. 97–114.

Bannwitz, A.; Rauner, F.(Hrsg.) (1993): Wissenschaft und Beruf. Berufliche Fachrichtungen im Studium von Berufspädagogen des gewerblich-technischen Bereiches. Bremen: Donat 1993.

Bischoff-Wanner, C.; Reiber, K. (Hrsg.) (2008): Lehrerbildung in der Pflege – Standortbestimmung, Perspektiven und Empfehlungen vor dem Hintergrund der Studienreformen. Weinheim/München: Juventa.

DGfE – Deutsche Gesellschaft für Erziehungswissenschaft (Hg.) (2011): Organisationsstrukturen und Kulturen der Lehrerbildung. Erziehungswissenschaft, 22. Jg., Heft 43. Opladen & Farmington Hill: Verlag Barbara Budrich.

Deutscher Bildungsserver (2011): Lehrerbedarf und Lehrpersonalentwicklung in den Bundesländern. http://www.bildungsserver.de/zeigen.html?seite=5530 (Zugriff am 09.10.2011).

Faßhauer, U. (2010): Berufliche Fachrichtung und Studienorganisation. In: Pahl, J.-P.; Herkner, V. (Hg.): Handbuch Berufliche Fachrichtungen. Bielefeld: W. Bertelsmann Verlag, S. 235–245.

Faßhauer, U. (2011): Bologna und die Ausbildung für Lehrkräfte an den beruflichen Schulen – Zum aktuellen Entwicklungsstand. In: Grollmann, Ph.; Bahl, A. (Hg.): Professionalisierung des Berufsbildungspersonals in Europa – Was kann Deutschland lernen? Bielefeld: W.Bertelsmann Verlag, S. 95–106.

HRK – Hochschulrektorenkonferenz (1998): Empfehlungen zur Lehrerbildung. Entschließung des 186. Plenums vom 2. November 1998 (hier v.a. Punkt 10.).

KM BW – Baden-Württemberg, Ministerium für Kultus, Jugend und Sport (2010): Tagung "Berufliche Lehrerausbildung - Herausforderungen aus Sicht der 1. und 2. Phase", 28.4.2010 Esslingen.

KMK – Sekretariat der ständigen Konferenz der Kultusminister der Länder der Bundesrepublik Deutschland (1995): Rahmenvereinbarung über die Ausbildung und Prüfung für ein Lehramt der Sek. II (berufliche Fächer) oder für die beruflichen Schulen. Beschluss der KMK vom 12.05.1995.

KMK – Sekretariat der ständigen Konferenz der Kultusminister der Länder der Bundesrepublik Deutschland (2004): Standards für die Lehrerbildung: Bildungswissenschaften. Beschluss der KMK vom 16.12.2004.

KMK – Sekretariat der ständigen Konferenz der Kultusminister der Länder der Bundesrepublik Deutschland (2005): Eckpunkte für die gegenseitige Anerkennung von Bachelor- und Masterabschlüssen in Studiengängen, mit denen die Bildungsvoraussetzungen für ein Lehramt vermittelt werden. Beschluss der KMK vom 2.6.2005 („Quedlinburger Beschluss").

KMK – Sekretariat der ständigen Konferenz der Kultusminister der Länder der Bundesrepublik Deutschland (2006): Anrechnung von an Fachhochschulen erworbenen Studien- und Prüfungsleistungen auf Bachelor- und Masterstudiengänge, mit denen die Bildungsvoraussetzungen für ein Lehramt der Sekundarstufe II (Berufliche

Fächer) oder für die beruflichen Schulen vermittelt werden. (Beschluss der KMK vom 27.4.2006).

KMK – Sekretariat der ständigen Konferenz der Kultusminister der Länder der Bundesrepublik Deutschland (2008): Ländergemeinsame Strukturvorgaben gemäß § 9 Abs. 2 HRG für die Akkreditierung von Bachelor- und Masterstudiengängen (Beschluss der Kultusministerkonferenz vom 10.10.2003 i.d.F. vom 18.09.2008).

Kühne, S. (2006): Das soziale Rekrutierungsfeld der Lehrer. In: Zeitschrift für Erziehungswissenschaft, 9. Jg., Heft 4, S. 617–631.

NRW – Ministerium für Innovation, Wissenschaft, Forschung und Technologie des Landes Nordrhein-Westfalen (2007): Ausbildung von Lehrerinnen und Lehrern in NRW. Empfehlungen der Expertenkommission zur Ersten Phase. Düsseldorf.

Stratmann, K. (Hg.) (1992): Historische Berufsbildungsforschung. Zeitschrift für Berufs- und Wirtschaftspädagogik. Beiheft 9.

Wissenschaftsrat (1993): Zehn Thesen zur Hochschulpolitik. Berlin.

Rekrutierungszwänge in der Praxis – Zwänge, Notwendigkeiten, Qualitäten, Konsequenzen

Panel Diskussion mit Schulleitern berufsbildender Schulen; Moderation: Claudia Koring

Abb. 16: *Diskussionsrunde (von links nach rechts):*
Rolf Meyer, stellvertretender Schulleiter des Technischen Bildungszentrums (TBZ) Mitte in Bremen
Dr. Hans-Jürgen Strauch, Schulleiter der Wilhelm-Wagenfeld Schule in Bremen
Dr. Sven Mohr, Schulleiter der Eckener Schule Flensburg (regionales Berufsbildungszentrum - RBZ)
Horst Linke, Schulleiter der Staatlichen Gewerbeschule Stahl- und Maschinenbau (G1) in Hamburg
Dr. Ulrich Getsch, Schulleiter der berufsbildenden Schulen Cuxhaven (BBS Cuxhaven)
Claudia Koring (Wissenschaftliche Mitarbeiterin im ITB der Universität Bremen / Moderation)

Der folgende Diskussionsverlauf aus der Diskussion am 20. Mai 2011 auf der gtw-Tagung „Lehrerbildung in den gewerblich-technischen Fachrichtungen" in Bremen schildert die Problematik der Zwänge und Qualität, die bei der Versorgung mit Lehrkräften für den gewerblich-technischen Bereich aus Sicht von Schulleitern bestehen.

Moderatorin: Wie decken Sie momentan den Bedarf an Berufsschullehrkräften im gewerblich-technischen Bereich an ihrer Schule?

Getsch: „Reguläre Absolventen bekommen wir so gut wie keine. Von der Hochschule Bremerhaven bekommen wir Leute, die praktisch dabei sind, sich für diesen Lehrerberuf zu öffnen; da haben wir jetzt den Ersten, der zunächst Versorgungstechnik studiert hat, seinen Bachelor gemacht hat und dann eben weitere Creditpoints im Rahmen eines Masterstudiums hier in Bremen sammelt. Den darf ich einstellen in der Besoldungsgruppe A10. Der unterrichtet 20 statt 26,5 Stunden und hat 6 Jahre Zeit, den Master-Abschluss zu machen und wir haben ihm unsererseits sämtliche Unterstützung zugesagt. Warum sind wir an solchen Leuten interessiert? Die klassischen Berufsschullehrer im gewerblich-technischen Bereich haben fast alle den Weg „Berufsausbildung – Fachhochschulstudium – Universitätsstudium – Referendariat" absolviert. Das sind die richtigen Ansprechpartner für meine Handwerksmeister und Obermeister und so Jemand ist das auch. Er hat seine Ausbildung gemacht, hat dort gearbeitet, hat seinen Meister gemacht, dann seinen Bachelor und wir hoffen jetzt, dass wir ihn soweit kriegen, dass er uns an dieser Stelle unterstützen kann. Wir haben einen Gesamtkonferenzbeschluss, den wir auch im Schulvorstand erhärtet haben, der da lautet: Wir werden keine Gymnasiallehrer einstellen. Keinen! Das ist der Beschluss. Wir sorgen in den allgemeinbildenden Fächern dafür, dass wir die Überangebote von den Kaufleuten mit den entsprechenden Fächern wie Deutsch, Englisch, Mathematik abdecken lassen und wir mit diesen reden und ihnen sagen: Ihr könnt Informationsverarbeitung unterrichten, ein bisschen Wirtschaft, aber Schwerpunkt wird in ihrem Zweitfach sein, sodass wir für diesen Bereich keinen solch hohen Bedarf mehr haben."

Moderatorin: Herr Strauch, vielleicht wollen Sie etwas dazu sagen?

Strauch: „Also, ich würde das Dreiteilen das Problem. Das erste Problem sind – dadurch, dass wir vermehrt Vollzeit-Bildungspläne haben – allgemeinbildende Fächer, die mittlerweile auch Mangelfächer sind. Dazu zählen Mathematik und Englisch. Unsere Schüler können nach KMK kein Abitur ableisten, wenn wir diese Fächer nicht anbieten und selbst da stehen wir in Konkurrenz zum Gymnasium, was das Rekrutieren von Lehrern angeht.
Bei uns ist es dann zweitens bei der Ausrichtung unserer Schule mehr der Bereich Kunst, da haben wir ein kleines Problem: Die Abgänger der Hochschule bieten den technischen, aber nicht den künstlerischen Bereich an. Das lösen wir über Quer- oder Seiteneinsteiger, die ihr Diplom dann als erstes Staatsexamen anerkannt bekommen und den Referendardienst machen. Das hat Vorteile, weil diese Kolleginnen und Kollegen nachher sehr gut projektorientiert arbeiten kön-

nen. Das hat aber auch Nachteile, weil diese nicht all das mitbringen, was ein Lehrer braucht.

Der dritte Bereich, den habe ich eben angesprochen. Das ist die Spezialisierung in bestimmten Berufsbereichen, wie dem Mediengestalter Bild und Ton. Das sind Berufsbereiche, da suche ich seit 8 Jahren nach Jemanden, der eine Kollegin, die in 3 Jahren geht, ersetzt. Also die langfristige Planung ist prinzipiell da: Die Vorstellung, dass die Kollegin ersetzt werden soll – eine konkrete Wiederbesetzung. Es gibt mittlerweile in Hamburg den Studiengang Medientechnik. Da haben wir Kontakte zu. Da kommen auch schon einmal Studenten, die kriegen Lehraufträge, die finden das auch ganz schön bei uns. Der Weg ist aber zu weit. Ansonsten haben wir Probleme, Jemanden zu finden. Aus Nordrhein-Westfalen, aus Köln, ist ein Regisseur und Kameramann zu uns gekommen. Der hat aber leider nicht die laufbahnrechtlichen Voraussetzungen. Da versuchen wir jetzt mit der Behörde über die Möglichkeiten zu sprechen, diese zu erfüllen. Er muss das hier selbst machen, nämlich über eine Promotion die laufbahnrechtlichen Voraussetzungen hinkriegen. Also, es ist ein ganz schwieriger Fall. Der ist so dramatisch, dass wir überlegen müssen, wenn wir Niemanden bekommen in 3 Jahren, ob wir überhaupt diesen Bildungsgang noch anbieten können. Also unser Problem ist nicht, dass uns ganz allgemein eine Fachrichtung fehlt. Innerhalb der Fachrichtung fehlt uns die Spezialisierung! Das ist ein stückweit problematisch."

Linke: „Also ich wäre schon froh, wenn ich die entsprechende Fachrichtung kriege. Dann würde ich das schon hinbekommen und so Jemanden übernehmen. Nein, ich wollte nochmal auf den Aspekt eingehen, der hier angedeutet wurde; dass man für den Bereich Metall – Metaller sind ja momentan sowas wie ein scheues Reh, das gejagt wird – keine Leute bekommen kann. Ich denke, man muss da ein bisschen aufpassen. Hamburg hat natürlich immer einen gewissen Standortvorteil."

Publikum: Wieso?

Linke: „Also es gibt doch hin und wieder Referendare aus anderen Bundesländern die gerne nach Hamburg kommen würden. Aus welchen Gründen auch immer, das will ich jetzt nicht vertiefen. Die nehmen wir natürlich in unserer Situation in den Schulen auf. Aber es gibt auch einen im Lande stattfindenden innerstädtischen Konkurrenzkampf. Da finde ich, haben wir in Hamburg eine ganz vernünftige Lösung gefunden. Wenn man uns die Frage stellt: Was macht die einzelne Schule? Die Antwort ist, dass man versucht, das Problem nicht als einzelne Schule zu lösen, sondern dass wir über eine lose Zusammenkunft aller E- und M-Schulen die Verteilung als Gemeinschaftsaufgabe begreifen und so versuchen, eine gewisse Gerechtigkeit hinzubekommen. Das Zweite ist die Frage nach den „Quellen" für den Lehrkräftenachwuchs – was Herr Faßhauer auch in seinem Beitrag gesagt hat: Es hat ja nie nur den einen Zugang zu einer Schullaufbahn gegeben, sondern er war ja immer vielfältig. Zunehmend ist natürlich der Quereinstieg auch bei uns die erste Rekrutierungsquelle. Also, was kann man als einzelne Schule tun? Wir werden versuchen über eine bundesweite Annonce aller Hamburger E- und M-Schulen Interessenten zu bekommen. Zweitens: Es ist immer noch auch die ‚persönliche' Propaganda, also der Zugang über Menschen, die man kennt, über Quereinsteiger, die bei einem selbst sind, die dieses weitertragen und dann kommen vielleicht zukünftige Kolleginnen und Kollegen an unsere Schulen. Wir bieten jedem an, auch einfach 'rein zu schnuppern, auch wenn er sich noch nicht richtig entschieden hat. dieses Kennenlernen so eines Betriebes Schule, das ist ja für einen Diplomingenieur in unserem Fall doch manchmal ein Schockerlebnis. Wir machen es aber nicht so, dass wir ihn gleich in die Techniker-Schule schicken. Dann würde er sagen, ja toll, gefällt mir. Sondern er muss auch – in Anführungsstrichen – in die Niederung der Berufsvorbereitung, um zu sehen: Wie breit ist das Spektrum? Worauf lasse ich mich eigentlich ein? Der eine oder andere kommt dann auch zu der Aussage: Nein, das habe ich mir eigentlich ein bisschen anders vorgestellt. Das ist aber ein notwendiges, ehrliches Vorgehen. Es macht keinen Sinn, Jemanden zu haben, der nachher feststellt, dass das Lehrerdasein nichts für ihn ist und dann die großen Schwierigkeiten damit hat. Also insofern versuchen wir schon geeignete Initiativen zu starten, auch als Schule, aber man muss auch fragen: Was macht das einzelne Bundesland? wir sind ja nicht die einzige Einstellungsbehörde. Da kann man z. B. auf Baden-Württemberg blicken, die das mit finanziellen Anreizen versuchen. Diese Möglichkeit gibt es. Da ist ja auch noch die Politik, die auf eine Art Durchtunnelung dieser schwierigen Zeiten setzt. Die Schülerzahlen sinken. Da stellt sich die Frage: Wozu brauche ich eigentlich noch ganz bestimmte Ausbildungsgänge? Das müsste genau analysiert werden. Zumindest ist dieses schon im Bewusstsein der Politik, dass man da evtl. mit weniger Lehrerstellen auskommen kann. Aber das andere ist: Ohne diese Quereinsteiger – so glaube ich – werden wir nicht auskommen. Ich brauche sie auch insbesondere für die Technikerschule. Es ist auch nicht so, dass man mit einem einzigen Profil hinkommt, das nur bodenständig ausgebildet worden ist, sondern wir brauchen eben auch die ganze Palette. Aber grundständig Studierende eben auch und deswegen glaube ich, müssen wir die Qualitätsdiskussion führen. Ich führe sie ja nicht von der Universität aus, sondern ich führe sie sozusagen jetzt von meiner Schule aus. Da stellen sich Fragen wie: Was für Profile brauche ich? Was verändert sich an Pädagogik? Was verändert sich an Anforderungen? Welche Rolle von Lehrerverständnis habe ich überhaupt? Das ist schon ein ziemlich weites Feld. Wobei wir da natürlich mit der Uni diskutieren müssten, was da kommt. Und andererseits müssen wir die Frage klären, wie qualifiziere ich dann zusätzlich Diplomingenieure in diese neue Rolle rein?"

Moderatorin: Schönes Thema, das wollten wir heute auch noch aufgreifen. Wollen Sie, Herr Mohr oder Herr Meyer, auch etwas dazu sagen?

Mohr: „Ich kann etwas dazu sagen. Wir haben einen breiten Blumenstrauß von Maßnahmen; wir haben Studenten, wir haben Seiteneinsteiger in der Schule, wir haben Quereinsteiger in der Schule, wir haben Leute, die das Bundesland gerne wechseln und nach Flensburg wollen. Flensburg hat auch einen Standortvorteil für Schleswig-Holstein. Da wollen viele gerne hin. Das heißt, die Not ist speziell bei uns in der Schule nicht ganz so groß. Man bekommt eigentlich auch gute Leute und deswegen setzen wir bei der Einstellung auch sehr viel Engagement daran, die Lehrkräfte auszuwählen, bei denen wir glauben, dass sie gut ins Team passen. Wir sind also auch sehr stark teamstrukturiert – das muss passen und wir setzen drauf, dass sie alle flexibel sind, dass sie als Lehrkraft wirken können und auch die Herausforderungen der nächsten Jahre eben gemeinsam mit uns meistern wollen und nicht sagen, ich mache Kfz und das will ich und dann bleibe ich auch dabei. Das ist nicht sozusagen der Lehrertyp, den wir gerne sehen. Darüber hinaus hat Schleswig-Holstein sich entschieden, eine Sondermaßnahme durchzuführen. Die Sondermaßnahme hat den großen Vorteil, dass in dreieinhalb Jahren Ingenieure das Angebot bekommen, bei Bezahlung einer dreiviertel Stelle TVL-11 zu studieren, in der Schule zu arbeiten und auch verschachtelt das Referendariat damit zu machen. Dabei bildet zu Beginn das Studium den Schwerpunkt und dann zum Schluss eher die schulische Tätigkeit. Das ist sehr ambitioniert. Die müssen Mathematik als Unterrichtsfach studieren. Wir haben an der Schule auch drei Kandidaten, bekommen im Sommer noch einen dazu. Also auch das ist eine Maßnahme, um Leute an uns zu binden. Wir stellen aber auch fest, dass es nicht von allen Schulleitern in Schleswig-Holstein auch als Chance gesehen wird, weil die eben auch bestimmten Maßnahmen gegenüber skeptisch sind: Die Sondermaßnahme dauert dreieinhalb Jahre. Schafft er das dann auch wirklich? Schafft er Mathematik? Und auch die Perspektive, ob die Leute dann auch wirklich nachher geeignet sind? Also man ist da auch manchmal ein bisschen vorsichtig. Es gibt also durchaus Schulleiter, die sehr optimistisch nach vorne gehen und auch Lösungen suchen. Es gibt auch einige, die sehr zurückhaltend sind, wenn es darum geht, ihre Personalprobleme zu lösen. Es sind eigentlich fast an allen Schulen Stellen frei, so dass man auch einstellen könnte. Ob das dann nachher die Passgenauen sind, das ist immer die Frage. Denn die Fachrichtungen, die sind ja sehr vielfältig. Wir haben etwa an der Fachschule Windenergie-Leute, für die haben wir landesweit so gut wie keine Lehrkräfte verfügbar. Das ist bei Mechatronik eigentlich ähnlich. Da findet man so auf dem Markt keine Spezialisten. Da muss man schon gucken, ob sich die Kollegen darauf einlassen, ob die sich in diese Richtung entwickeln wollen, oder ob sie das Potenzial mitbringen, sich in diese Richtung entwickeln zu können.“

Meyer: „Ja, von Vorteil ist es sicherlich, wenn die Schule in einer Stadt ist, in der es eine Universität gibt, die in der Fachrichtung ausbildet oder in den Fachrichtungen ausbildet und wenn dann auch noch in der Stadt das Ausbildungsseminar ist, dann ist das natürlich ein guter Zustand und das haben wir hier in Bremen. Aber ich glaube bei uns ist die Situation auch deshalb nicht schlecht, weil sich unser Schulleiter dann auch sehr schnell und sehr frühzeitig mit den entsprechenden Einrichtungen und Institutionen, vor allem mit der Universität in Verbindung setzt und da eben die Schule vorstellt. Und – wenn eben auch die schulischen Praktika, die die Studenten ableisten müssen, dann bei uns stattfinden – dadurch findet auch schon eine gewisse Bindung statt und es entsteht ein Interesse. Ja, und wenn man mal guckt, warum rufen bei uns auch Leute von außerhalb an und erkundigen sich, ob sie bei uns arbeiten können, dann liegt es auch manchmal an der Außendarstellung auf einer Internetseite, dass man sich darauf bezieht. Also da gibt es durchaus eben verschiedene Wege. Aber ich glaube, das erste ist eben doch das, was ich sagte, das Entscheidende ist eben der Standortvorteil mit der Universität und dem Ausbildungsseminar."

Moderatorin: Sie hatten alle schon erwähnt, dass diese Frage der Lehrerrekrutierung natürlich nicht loszulösen ist von der Frage der Qualität. Also wen will ich denn überhaupt an meine Schule bekommen? Deswegen die nächste Frage an Sie. Auf welche Attribute, Qualifikationen, Berufsbiographie legen sie wert, oder was ist denn für Sie eigentlich so ein Bewerberprofil? Wie sollte es aussehen?

Getsch: „Also ich habe ja deutlich gemacht, dass es für uns sehr schwierig ist, Jemanden zu bekommen. Aber wenn sie sich idealtypische Fragen stellen, kann das natürlich von den Anforderungen in der Schule ausgehend beantwortet werden. Erstmal: Wir haben komplette Teamstrukturen, das heißt die Einstellung läuft so, wenn ich jemanden suche für den Bereich Sanitär, Heizung, Klima, da kommt das Team zusammen, mit Gleichstellungsbeauftragtem, Personalrat, und schaut sich den Bewerber eben mit an, ob der mit ins Team hineinpasst. Das Team verwaltet die Mittel selbst. Das Team plant selbst die gesamten Fortbildungsveranstaltungen, und, und, und ... Teambildung spielt da also praktisch eine riesige Rolle. Und dann natürlich die Fachkenntnisse: Denn wenn sie SHK zum Beispiel ausbilden, dann muss das ganz handwerksnah passieren und im Grunde genommen zur Zufriedenheit der Auszubildenden, aber auch der Betriebe, und natürlich nicht zuletzt auch der Schulleitung führen. Es spielen die Fachkenntnisse eine große Rolle und wahrscheinlich in Handwerksberufen auch eine gewisse Erfahrung in der Praxis. Das ist eine ganz zentrale Geschichte. Die Noten – wenn ich das noch zum Schluss sagen darf – da gucken wir auch drauf. (Gelächter im Publikum). Aber als Kriterium für Einstellungen in dieser Reihenfolge."

Linke: „Ja, die Rekrutierung umfasst ja zwei Phasen. Das eine ist die Einstellungsphase, das andere ist die Phase der Ausbildung. Und wenn ich einstelle, dann meine ich natürlich auch, der muss ins Team, muss in die Struktur 'passen. Aber für die Ausbildung habe ich nicht solche hohen Ansprüche, sondern da würde ich sagen, jeder anständig ausgebildete Referendar, den würde ich im Fall Maschinenbau, also Metalltechnik, immer nehmen. Ich glaube heute ist es nicht mehr so wie etwa vor zehn Jahren, dass man da großartig wählen kann."

Publikum: „Ist die Not so groß?" (Gelächter)

Linke: „Es geht darum, den dann im Referendariat so zu qualifizieren, dass er diesen Ansprüchen auch nach Möglichkeit genügt. Das zweite sind Quereinsteiger. Da machen wir das so – jetzt läuft zum Beispiel gerade bei mir in der Schule wieder eine Kontaktlehrprobe –, dass diese sich Schule anschauen, sich ein bisschen orientieren, sich klar machen, was ist eigentlich der Lehrerberuf? Dann eine Woche hospitieren, sich noch mal klar werden, ob es das ist. Eine Kontaktlehrprobe machen und dann gehen sie auch anderthalb Jahre ins Referendariat. Ich möchte keinen übernehmen, der – jetzt für Hamburg gesprochen – ohne Referendariat in die Schule kommt. Weil dieses Rollenverständnis als Lehrer wichtig ist. Ich will nicht nur einen „Fachmann" haben. Ich kann sicherlich einen Ingenieur auch so einstellen und dann darauf hoffen, ihm ist es gegeben zu unterrichten. Dann frage ich mich immer, was ist mit der Erziehungswissenschaft? Also, sonst läuft mir das zu stark auf das Handwerkliche raus. Das ist eine große Gefahr mit den Quereinsteigern. Deswegen – ich würde immer darauf bestehen – wenn du Lehrer werden willst, mach dein Referendariat. Das ist schwierig, denn es sind ja häufig ältere Kolleginnen und Kollegen, die auch schon in Familienzusammenhängen leben. Da muss man vielleicht über andere Finanzen nachdenken als bei den Grundständigen. Und dann schauen wir, was du in diesen anderthalb Jahren gemacht hast. Erst dann kannst du auch – mit dem erworbenen Verständnis – Lehrer werden. Aber nicht einfach mit dem Verständnis: ‚Ich bin der Fachmann und ich bin Diplom-Ingenieur und ich kann halt CNC-Technik unterrichten.' Das ist nur ein Teil von dem, was wir an der Schule brauchen. Aber an der Persönlichkeitsentwicklung mitzuwirken, dieses auch zu reflektieren, das ist mir wichtig und nur das technische Fachwissen wäre mir sonst zu wenig."

Mohr: „Wir gucken sehr stark darauf, dass sie teamfähig sind, dass sie eine Lehrerpersönlichkeit haben. Wir nennen das so eine Art ‚pädagogischen Optimismus', der da sein muss. Dass sie authentisch sind, in ihrer Person. Wenn das alles nicht gegeben ist, können sie die Top-Fachleute sein, aber dann haben die keine Chance bei uns. Wir haben auch in der Vergangenheit immer wieder Leute mit einer guten Qualifikation abgelehnt, weil wir gesagt haben, da holen wir uns sonst eine Baustelle ins Haus, weil die pädagogische Arbeit steht neben der

Fachlichkeit nun mal im Mittelpunkt. Bei der Fachlichkeit gucken wir dann darauf, dass ein ausgewogenes Verhältnis zwischen Breite und Tiefe da ist. Und die Tiefe muss gar nicht mal da sein, wo wir sie brauchen. Die Tiefe können wir immer nachsteuern. Aber es muss einer sein, der mal Tiefe erlangt hat irgendwo, damit er sich das dann auch in anderen Feldern erarbeiten kann. Das sind so die wesentlichen Aspekte."

Meyer: „Ja also ich denke auch – aus meiner Sicht ist es ganz wichtig, dass die Lehrer in dem Bereich, wo sie tätig sind, auch grundständige Berufserfahrung haben. Es bringt nichts, wenn jemand, sage ich mal, über den Wissenschaftsweg Elektrotechnik erfahren hat und möchte da jetzt einem Elektroinstallateur (nach alter Bezeichnung), einem Elektroniker in der Fachrichtung Energie- und Gebäudetechnik in der Richtung etwas beibringen. Dass klappt *manchmal*. Das funktioniert auch vielleicht, aber nicht immer. Von daher halte ich es für sehr wichtig, dass eben diese Erfahrung aus dem Beruf heraus da ist. Und die kann er dann umsetzen und dann kommt es auch zu diesem authentischen Verhalten von Lehrern, jedenfalls eher nach meiner Erfahrung. Eine andere Sache möchte ich auch noch ins Spiel bringen, die hier eine Rolle spielt. Das ist das zweite Fach. Wenn jetzt nämlich über diesen Seiteneinsteiger-Weg die Lehrer rekrutiert werden, dann passiert es ja in der Regel so, dass das zweite Fach dann entweder Englisch ist, oder es ist Mathe oder Physik. Englisch ist höchst selten. In der Regel ist es Mathe oder Physik. Und das macht uns die Organisation des zweiten Faches in dem allgemeinbildenden Bereich der Stundentafel schwierig. Denn wir haben ja auch noch das Fach Politik, so heißt es in Bremen. Wir haben das Fach Deutsch und wir haben auch noch Sport. Von daher ist eben das Potenzial für Seiteneinsteiger in dieser Kombination eigentlich begrenzt."

Strauch: „Ja, für uns ist natürlich die Fachkompetenz erstmal die Grundlage, aber gekoppelt mit einer praktischen Kompetenz im Fachrichtungsbereich. Für die anderen Kompetenzen ist es uns am liebsten, wenn wir schon Praktikanten kriegen. Denn die können dann bei uns unterrichten und sich angucken wie es bei uns läuft. Die gehen mit den Kollegen in den Teams mit und werden im Grunde genommen enkulturiert. Das heißt, wir gehen davon aus, dass die, die ausgebildet werden, auch ausbildungsfähig sind. Deswegen brauchen wir auch, wenn wir die Studenten bekommen, keinen fertigen Studenten, sondern nur entwicklungsfähige und bringen sie dann auf den Weg, den wir brauchen. Und das sind mir eigentlich die Liebsten. Denn da beeinflussen wir die pädagogische Entwicklung unserer Schule ganz gravierend. Bei Kollegen, die von außerhalb kommen, haben wir das Risiko, dass die pädagogisch oft nicht passen und dann haben wir genau das Problem, das hier angesprochen wird. Wollen wir die dann trotzdem nehmen, weil wir ein Fach-Problem haben? Oder halten wir ein bisschen aus, kriegen das irgendwie anders hin, auf einen Kollegen zu warten, der von der Teamfähigkeit, von der didaktischen und pädagogischen Kompetenz besser in unser System passt? Also, es ist eine Gratwanderung. Ohne die Fachkompetenzen können wir natürlich auch nicht den Schülern vernünftigen Unterricht anbieten. Aber nur auf der Basis der Fachkompetenzen kommen keine guten Auszubildenden oder keine guten Abiturienten dabei raus. Also es ist letztendlich in Zeiten, wo es einen Mangel an Lehrkräften gibt, eine Gratwanderung. Denn alles, was wünschenswert ist, kriegen wir leider nicht hin."

Getsch: „Ich wollte noch etwas ergänzen zu dem, was Herr Linke angemerkt hat: zu den Quer- und Seiteneinsteigern. Also ich bin der festen Meinung: Das kann endgültig keine Lösung sein. Denn in den ganzen Gesprächen, die ich geführt habe, und das sind mindestens fünfundzwanzig bis dreißig mit Bewerbern aus diesem Bereich, da hatte ich den Eindruck, die Vorstellungswelt von Pädagogik bezieht sich auf das, was die als Schüler selbst erlebt haben. Man stellt sich da vorne hin und dann erzählt einer was. Und wenn man da Vorkehrungen treffen will, ich meine, was ist das dann für ein Weg, bis die sich dann in einem Lernfeld orientieren können und dann komplexere Lernarrangements entwickeln, im Team aufteilen, Portfolios anlegen können? Ich hatte ein einschneidendes Erlebnis in einem Gespräch. Da war jemand, der bei Fraunhofer arbeitet. Da frage ich den, warum wollen Sie denn Lehrer werden? Sie haben doch einen Traumjob im Bereich Windenergie, das wird doch gesucht? Ja, sagt er, aber ich kriege das mit meiner Familie, mit dem Arbeiten und Promovieren nicht hin. Da habe ich ihn gefragt: Wie stellen sie sich das vor? Wenn ich sie einstelle im Sanitär-Heizungs-Klima-Bereich, wie stellen sie sich denn ihren Arbeitstag eigentlich vor? Wie stellen sie sich das vor, was also ein Lehrer zu leisten hat, in Bereichen, in Domänen, wo er sich nicht so auskennt? Haben Sie eine Vorstellung davon, was das für eine zeitliche Belastung mit dem Einarbeiten in die gesamte Pädagogik ist? Und insofern kann ich das nur unterstützen, sich das genau anzugucken und die Quer- und Seiteneinsteiger eben auch mal auf Herz und Niere zu prüfen, darauf hin, ob die dazu überhaupt fähig sind. Zum Schluss will ich noch sagen: Wir machen eine ganze Menge; nur, der Standortnachteil da oben direkt an der See, der ist und bleibt. Wir nehmen jeden Referendar, der sich bewirbt. Den nehmen wir, egal aus welchen Bereichen. Den betreuen unsere Kolleginnen auch. Aber wenn keiner bei uns an der Schule ankommt ist das schwierig mit dem Eingehen auf Qualitätskriterien."

Moderatorin: Danke. Wir haben jetzt gehört, es gibt einen gravierenden Mangel, in einigen Bereichen zumindest, an Lehrernachwuchs auf der einen Seite und auf der anderen Seite ist es so, dass Sie natürlich auch einen bestimmten Anspruch haben an die Qualität derjenigen, die sie einstellen wollen oder müssen. Dann stellt sich natürlich die Frage, was unternehmen Sie denn, um die Entwicklung im Beruf voranzutreiben? Weil man ja unter Umständen dann auch nicht immer an den optimalen Bewerber herankommt. Also, welche Qualifizierungsmaßnahmen, Weiterbildung, Fortbildung gibt es da? Außerdem gibt es ja auch noch so etwas, habe ich läuten hören, wie eine dritte Phase der Lehrerbildung, also die Entwicklung professioneller Kompetenz, die ja im Beruf weitergeführt werden soll. Deswegen die Frage an Sie, was für Maßnahmen gibt es, die sie als Schule umsetzen können? Vielleicht fangen wir diesmal bei Herrn Meyer an?

Meyer: „Ja, klar, das ist ein Problem insbesondere in den technischen Bereichen, wo sich ja Entwicklungen immer sehr schnell fortsetzen und verändern. Das Stichwort heißt da Fortbildung. Dafür ist natürlich zu wenig Geld da. Aber man versucht dann eben in enger Zusammenarbeit – auch mit Kooperation und auch mit Lernortkooperation – an Kurse der Betriebe heranzukommen. Also beispielsweise im Kfz-Bereich machen wir das so. Da gibt es Kurse für Service-Fachkräfte bundesweit verteilt und da sitzen dann Kollegen unseres Hauses mit am Tisch und so können also Lehrer auch an diesen Kursen teilnehmen. Das wäre jetzt so der Punkt für die ausgebildeten Lehrer. Und da gibt es sicherlich an vielen Schulen die verschiedensten Strategien. Wir haben auch viele Strategien, nur ... unser Problem ist Geldmangel. Aber bei den Referendaren gibt es eben auch neue Wege, die wir versuchen zu gehen, z. B. über Mentorensysteme, das eben Lehrer mit einem Referendar enger verkoppelt werden, damit er (meistens sind es ja männliche Referendare bei uns) näher und dichter beobachtet wird und eher und schneller auf Mängel und Punkte hingewiesen werden kann, um dadurch seine Arbeit bei uns erfolgreich zu machen. Es kommt dann sicherlich auch mal vor, dass wir bei fehlender Lehrerprofessionalität am Ende unserer Referendarzeit sagen: Naja gut, Elektrotechnik brauchen wir im Moment nicht so dringend. Warten wir mal mit der Einstellung auf den nächsten Referendar. Das kann dann also auch passieren, dass wir dann sagen, der passt bei uns nicht so 'rein, auch aus Gesichtspunkten des Menschlichen oder aus Gesichtspunkten der Leistung, die im Referendariat feststellbar war."

Moderatorin: „Danke, wollen Sie sich gleich anschließen Herr Strauch?

Strauch: „Ja, gerne. Also das ist natürlich das weite Feld der Personalentwicklung, zu der bei uns Mitarbeitergespräche gehören, in denen wir versuchen (mit ‚wir' ist immer die ganze Schulleitung, das heißt die Abteilungsleiter, der Stellvertreter, der Schulleiter, gemeint) in den Gesprächen die Stärken der Kollegen herauszufinden und dann auf der Basis Weiterbildung und Fortbildung auf den Weg zu bringen. Wenn es gut läuft, klappt es auch. Es klappt aber nicht immer und da kann ich nur noch mal wiederholen: wenn es nicht klappt, müssen Konsequenzen gezogen werden. Und das gilt auch für Referendare. Wir machen das teilweise bei Referendaren schon, weil wir die Problematik haben, dass die nicht passgenau die Fachrichtung für den Bereich haben, den wir brauchen. Und deswegen bieten wir teilweise schon vor dem Vorbereitungsdienst Fortbildungsmaßnahmen an, die wir finanzieren, die wir über Mentoren, über ,Mentis' auf den Weg bringen. Und trotzdem scheitern wir manchmal, weil das zu viel ist für manche Kandidaten. Und dann können wir mit dem Kandidaten nicht weitermachen. Das ist einerseits eine vernünftige Lösung, aber es ist für die Schule keine Lösung, weil das Problem damit nicht aus der Welt ist. Das heißt, es sind zwei Aspekte ganz wichtig. Wenn eine Lösung für eine notwendige Personalentwicklung nicht da ist, sollte man den Weg auch nicht weitergehen, weil man dadurch sonst eventuell ein Problem vierzig Jahre lang an der Schule hat. Das Problem muss dennoch gelöst werden. Das heißt, es muss eine weitere Suche geben. Das erforderte eine Offenheit in Richtung aller Seiten. Da ist die Homepage angesprochen. Die Schule muss sich nach außen interessant machen. Da ist es wichtig, Kontakte in andere Bundesländer zu haben. Da ist es für mich etwas einfacher nach Nordrhein-Westfalen und Rheinland-Pfalz zu gucken. Und trotzdem merke ich, dass der Lehrerarbeitsmarkt ein sehr enger ist im Moment. Wenn ich von Bewerbern spreche, ist der Begriff nicht mehr ganz richtig, denn eigentlich bewerbe ich mich oft genug bei den Kandidaten, dass sie zu mir kommen. Also eigentlich müsste man die Bedeutung des Begriffs umdrehen."

Mohr: „Wir haben in der Regel so um die zehn Referendare im Haus. Wir haben ein Ausbildungskonzept, das auch gut funktioniert und auch entsprechend Maßnahmen vorgibt, um eben bei vielleicht auftretenden Problemen rechtzeitig gegensteuern zu können. Wir haben ein Mentoring für Kollegen, die eben mit beendetem Referendariat kommen, Mitarbeitergespräche für Führungskräfte usw, also die ganz normalen Standardelemente, die eigentlich alle Schulen haben. Und was letztendlich einen besonderen Erfolg bringt ist das Teamkonzept. Weil in einem Team entsteht letztendlich auch die Entdeckung von Fortbildungsbedarf, durch Absprachen untereinander, beim Diskutieren darüber, wer wo Stärken und Schwächen hat. Und das wirkt sich dann auch auf das Fortbildungskonzept aus, welches jetzt seit einem Jahr ungefähr steht. Wir können auch finanzielle Probleme jetzt lösen, weil wir gut eine halbe Planstelle freilassen und diese über ,Geld-statt-Stellen' als RBZ-Schule in Geld wandeln und damit Fortbildungen bezahlen können. Wir haben unseren Schulträger überzeugt, dass er ganz viel in die Schule investiert. Aber wenn das Land seiner Fortbildungspflicht nicht nachkommt, macht das keinen Sinn. Damit durften wir einen Haushaltstitel ,Fortbildung' in den normalen schulischen Haushalt, der eigentlich für Sachmittel zuständig ist, einstellen und daraus Fortbildung finanzieren. Und dann machten wir in der Vergangenheit viel ,In-Haus-Fortbildung'. Also wenn wir merken, dass irgendwo ein Bedarf ist für drei, vier, fünf Kollegen, dann organisieren wir die Fortbildung bei uns. Das ist wirtschaftlicher, als die Leute ins Land zu schicken. Das sind so die Strategien, die wir dann verfolgen."

Linke: „Also zu der Problematik: Das Genannte machen wir genauso. Nur die Frage ist: Das Berufsfeld-Metall ist vielschichtig. Da ist auf der einen Seite die Goldschmiedin und auf der anderen Seite der CNC-Techniker. Also alles ist Metalltechnik. Wir können es uns momentan nicht leisten zu sagen, du hast zwar bodenständig Goldschmiedin gelernt, hast dann Metalltechnik studiert und das reicht, sondern dann ist für den speziellen Bereich eine fachliche Weiterbildung angesagt. Das machen wir häufig in Zusammenarbeit mit Betrieben. ich sehe mittlerweile das größere Problem nicht in der fachlichen Bildung. In der pädagogischen Fortbildung, sage ich mal jetzt für uns, sind wir im Prinzip auch im gewerblichen Bereich „unterbelichtet". Wir haben immer den Fokus jahrzehntelang – auf gute fachliche Fortbildung gelegt, was völlig richtig ist. Ich will dem nicht widersprechen. Nur Hamburg hat eine riesige Reform angefangen, oder ist dabei, mit einem völlig neuen Rollenverständnis von Lehrer. Und dann ist es fast egal, ob der jetzt als Seiteneinsteiger kommt, ob der schon zehn Jahre im Dienst ist, oder als normaler Referendar. Also an dieser Baustelle sind sie eigentlich alle gleich. das ist auch eine Chance, dass man hier sozusagen jetzt auch mehr investieren sollte. Das machen wir als Schule. Da geben wir sehr viel Geld aus und schaufeln es aus anderen Bereichen um. Wo früher der tausendste Computer gekauft worden ist, ist vielleicht eine Investition in solche Geschichten sinnvoller."

Getsch: „Ja, für die dritte Phase kann ich bei uns nur sagen, dass man die Wirtschaft da loben muss im Handwerksbereich oder auch im Industriebereich, weil sie unsere Kolleginnen und Kollegen an den Veranstaltungen von Bosch oder von Volkswagen, Fahrzeug-Technik, aber auch Sanitär-Heizung-Klima teilnehmen lassen. Das ist auch überhaupt kein Problem. Geld ist für uns, so komisch wie sich das anhört, ehrlich gesagt auch kein Problem für die Fortbildung. Für uns ist dann eher ein Problem, wenn wir sagen, wir wollen an grundlegenden pädagogischen Gesamtkonzepten arbeiten, so was wie Unterrichtsentwicklung, oder wir wollen, dass wir doch noch verstärkt mit Blogs arbeiten beim Umgang mit den Schülern. Da gehen die Meinungen auseinander. Und wie kriegt man das also auf eine Zielgröße von Sechzig-Siebzig Prozent hoch, so dass von Akzeptanz ausgegangen werden kann? Das heißt, dann muss man also hausinterne Lehrerfortbildungen anbieten. Da darf das allerdings nicht so sein, wie das früher in Bremen war, nämlich gleich nach dem Unterricht. Der Kollege kommt sonst abgehetzt dahin, kann sich am Feierabend ein bisschen um Fortbildung bemühen. Das ist zu wenig. Wenn man mit neuen Konzepten arbeitet, dann muss es möglich sein, dass sich Lehrkräfte zwei Tage zurückziehen können und gemeinsam mit den Kollegen und Kolleginnen an neuen Themen arbeiten. Aber auch dann haben sie das Problem in der Reichweite, was sie da hinbekommen. Das ist eben nicht wie bei Waschmittelwerbung. Also sie wissen mit wie viel Geld sie rangehen, aber sie wissen nicht, wie viele Leute sie letztendlich mitnehmen. Dafür braucht man sehr gute, teure Referenten, die nicht nur reden, sondern mit den Kollegen produktiv arbeiten und das kostet einfach Zeit. Aber da sind wir ganz gut auf dem Wege. Da haben wir jetzt also vier Großveranstaltungen in den letzten zwei Jahren gemacht. Das muss in dieser Richtung einfach weitergehen. Je mehr junge Leute wir bekommen, um so besser. Für diese ist vieles selbstverständlich und die funktionieren dann ja auch als Multiplikator."

Moderatorin: Okay, danke. Dann würden wir jetzt auch gerne Fragen aus dem Publikum entgegennehmen.

Aus dem Publikum: „Also ich hab jetzt eben den letzten Punkt zur Fortbildung so wahrgenommen, dass das einerseits ein finanzielles Problem ist. Aber aus Lehrersicht, aus der ich das jetzt betrachte, ist es ein Zeitproblem, dass ich entsprechend die betrieblichen Möglichkeiten habe, auf industrieller und auch auf handwerklicher Seite. Fortbildung wird uns angeboten. Aber aus dem Unterricht herauszukommen, nämlich einen Ersatz für meinen Unterricht in der Fachoberschule zu finden, das ist ein Problem. Da nehme ich mich dann doch so wichtig, dass ich da nur schwer raus kann. Und dadurch, dass wir keine Vertretungskräfte mehr haben, müsste dann der Unterricht ausfallen, und als Schule, sage ich mal, kann man sich das so nicht leisten. Dann ist es das Geldproblem der Behörde letztendlich, die wiederum mehr Stunden zur Verfügung stellen müsste. Da ist die Frage, ob sich das damit auffangen lässt, oder wie auch immer das dann gestaltet werden kann?"

Mohr: „Da würde ich gerne etwas zu sagen, weil das trifft so einen wunden Punkt. Also es ist eigentlich so, dass wir sogar im Teamkonzept die Vertretung organisieren. Das heißt, wenn ein Kollege auf Fortbildung fährt, dann tragen die anderen das mit. Dann müssen die auch vertreten. Das heißt, es würde überhaupt keinen Sinn machen, wenn ich irgendwie aus dem Pool Stunden kriege, weil ich den da gar nicht reinsetzen will, weil die Qualität der Vertretung dann nicht gegeben ist. Und von daher müsste man dann, wenn man jetzt sagt, ich möchte da auch noch die zeitliche Entlastung hinbekommen, die durchaus sinnvoll wäre, die ich auch gerne geben würde. Dann müsste man die Stunden obendrauf ins Team geben und sagen, hier habt ihr jetzt variable Verfügungsstunden. Da ist aber unser Land kilometerweit von entfernt, wenn wir eine Unterrichtsversorgung haben, die bei fünfundachtzig Prozent liegt. Und da würde jeder normale Politiker sagen, mach mal lieber erstmal hundert Prozent Unterrichtsversorgung, bevor du darüber nachdenkst. Es gibt ja auch Bundesländer, die liegen bei 105 Prozent ..."

Linke: „Ja, aber nur theoretisch." (Gelächter im Publikum)

Strauch: „Ja also bei uns ist das auch kein Problem, muss ich ganz deutlich sagen. Einmal aus dem Teamkonzept gibt es natürlich Vertretungsmöglichkeiten. Wir machen es aber noch etwas anders. Der Kollege, der etwas machen will, macht Vorschläge. Ein Vorschlag ist Vertretung durch einen Kollegen. Die Lösung wird über das Team rekrutiert. Eine andere Lösung ist Aufgabenstellung. Wir haben erwachsene Schüler. Es kann auch Fernaufsicht bei uns auf den Weg gebracht werden. Da habe ich noch keine Probleme mit gehabt. Das ist ein Grenzbereich. Aber vielleicht kann man ja auch mal in den Grenzbereich gehen. Ich halte Fortbildung für so entscheidend, gerade an einer Schule für Gestaltung und Multimedia – man mag sich mal über die Halbwertszeit des Wissens Gedanken machen, die im engen Bereich ein Jahr, im angewandten Bereich bei zwei Jahren liegt. Also: Fortbildungen müssen sein. Dann fällt halt auch mal Unterricht aus. Das ist meine Einschätzung dazu."

Meyer: „Ja, aber ich sehe das schon so wie der Kollege aus dem Publikum das gesagt hat. Das ist schon real. Also wenn wir massiv Fortbildungen machen, führt das auch zu massivem Unterrichtsausfall bzw. -vertretung. Und dass Vertretungsunterricht nicht die gleiche Qualität hat wie der Unterricht desjenigen, der ihn eigentlich konzeptioniert hat, das, denke ich mal, ist auch klar. Das ist schon ein Problem."

Linke: „Gut, das Problem sehe ich auch, das können die Schulen aber nicht allein lösen. Ich glaube, dass Außenstehende Lehrerarbeitszeit noch immer als Unterrichtsarbeitszeit definieren. Das ist unser großes Problem. Wir müssen zu einer neuen Bewertung von Arbeitszeit für Lehrer kommen. Das geht die Unterrichtsentwicklung und die Fortbildung an. Es gibt immer ein Obendrauf. Dieses, glaube ich, hat so langsam ein Ausmaß erreicht, dass viele Kollegen das nicht mehr wollen und können. Das hat auch was mit dem anderen Thema zu tun: Attraktivität! Wenn das junge Menschen erfahren, wie teilweise der Arbeitsplatz Schule real ist, sind sie nicht gerade geneigt, dieses dann auch als attraktiven Arbeitsplatz zu sehen und den Weg der Lehrerausbildung zu gehen. Insofern, glaube ich, braucht man da eine Doppelstrategie. Man muss auch diese Arbeitszeit neu bewerten und kann nicht sagen, ich bin bei sechsundzwanzig Unterrichtswochenstunden und jetzt mache ich noch Schulentwicklung, jetzt mache ich noch das und das. Das funktioniert irgendwann nicht mehr."

Getsch: „Ergänzend dazu: Wir sind eine selbstständige Schule. Für uns ist das nicht ein finanzielles Problem, wenn der Kollege zur Fortbildung geht, ihn vertreten zu lassen. Sondern was angesprochen wurde, wie man das sinnvoll vertreten kann. Wenn der Kollege sagt, also das und das kann unmöglich ausfallen in der

Schulform und wir einen Kollegen nicht sinnvoll vertreten können, lassen wir die Schüler im Betrieb, sprechen das mit den Betrieben ab und holen sie dann lieber zweimal nachmittags oder so etwas. Es bleibt aber dabei, wie Herr Linke das gesagt hat: Das sind alles zusätzliche Belastungen, die eben aus dem normalen Stundenplan heraus nicht zu ersehen sind. Insofern bin ich dankbar, dass sich die Kollegen in der Summe eigentlich ganz toll engagieren und ihren Job auch sehr ernst nehmen. Nochmal zur Fortbildung: Beispielsweise gibt es manchmal ein Angebot eines Heizgeräteherstellers für eine Spezialschulung umsonst. Dann muss eine Güterabwägung getroffen werden, zwischen dem Wert einer solchen Fortbildung und dem Verlust, wenn jetzt meine zwei Stunden in der FOS ausfallen!"

Moderatorin: Es gibt jetzt drei bzw. vier Wortmeldungen, die würde ich einmal nacheinander zu Wort kommen lassen. Dann gucken wir, was wir in der verbleibenden Zeit noch beantwortet bekommen.

Publikum: „Eine kurze Frage: Herr Mohr hat von einem sehr flexiblen Rekrutierungsmodell mit zehn Referendaren gesprochen. Mich würde interessieren, ob die Referendarstellen für das Deputat kalkuliert werden. Oder ob das sozusagen ein ‚Obendrauf' ist? Also sprich, machen z. B. drei Referendare eine Lehrerstelle aus?

Mohr: „Ja das ist unterschiedlich. Also die Seiteneinsteiger gehen voll auf unser Deputat. Die nehmen eigentlich eine Planstelle in Anspruch. Bei der Sondermaßnahme wird das vorab abgezogen und im Planstellenbemessungsverfahren den eigenen Schulen nicht zugeordnet. Das heißt also, das was die an Unterricht machen, gewinne ich. Und bei den Referendaren ist das ausgeglichen."

Publikum: „Eine Anmerkung zur Fortbildung: Warum muss eigentlich Unterricht ausfallen? Auch Lehrer haben unterrichtsfreie Zeit. Warum können da nicht Fortbildungen stattfinden. Ich weiß, dass ich mich jetzt sehr unbeliebt mache bei meinen Kollegen. Aber: Warum Unterrichtsausfall? Eigentlich gibt es ja auch Zeiten, wo man sagt, da findet kein Unterricht statt. Da könnte die Fortbildung schwerpunktmäßig stattfinden."

Mohr: „Da kann ich Ihnen zur Verdeutlichung des Problems ein Beispiel nennen, mit ‚CISCO-Schule im Netzwerk'. Dann fahren die Kollegen mit dem kompletten Equipment der Schule dort hin, bauen das alles auf, machen die Fortbildung, bauen es wieder ab und fahren nach Hause. Wenn das am Nachmittag stattfinden soll, haben die eine Viertelstunde, wo sie inhaltlich arbeiten. Das geht nur über zwei Tage."

Publikum: „Das geht auch in den Ferien."

Mohr: „Das geht auch in den Ferien, findet auch in den Ferien statt, findet auch am Sonnabend statt. Also es ist durchaus so, dass die Kollegen das auch machen. Man muss aber auch sehen, dass die Arbeitszeit für Lehrer auch in vielen Fällen sehr ungleichmäßig ist. Also wir haben jetzt zum Beispiel Prüfungszeit und im Haus machen ungefähr neunhundert Schülerinnen und Schüler eine Prüfung: Abiturprüfung, Fachschulprüfung, Fachgespräche, in der Kammer, wo die Lehrer eine hohe Verantwortung übernehmen. Wenn wir jetzt sagen, jetzt mach mal am Sonnabend dann noch eine Fortbildung, wo der Lehrer sich eigentlich vorgenommen hat, die BOS-Prüfungen in Deutsch nachzugucken. Dann sagt der: Das wird nichts. Ist nicht leistbar. Dann muss man eben Wege finden, dass das gut funktioniert und das können am ehesten auch die Kollegen untereinander abschätzen, dass die sagen, fahr du mal zur Fortbildung, bringe die Sachen mal mit und gib das mal weiter, dass die sich im Team abstimmen. So pauschal kann man das nicht befürworten und sagen, wir benutzen immer nur die unterrichtsfreie Zeit. Ich habe Kollegen, die nutzen die kompletten Osterferien, um die Abiturarbeiten nachzugucken."

Getsch: „Das möchte ich bestärken: Also im Bereich Gastronomie prüfen wir zum Beispiel jetzt in einer dualen Abschlussprüfung bis Mitte der niedersächsischen Sommerferien. Das heißt, die fünfzehn Kollegen, die das machen, die haben also praktisch nur diese restliche Zeit und die reicht noch nicht einmal zum gesetzlichen Urlaubsanspruch. Dann haben wir bei ganz, ganz vielen Kollegen die Konfrontation mit hundertsiebenundvierzig Prüfungen der Abiturientinnen und Abiturienten und der damit verbundenen Korrekturzeit. Eins ist aber selbstverständlich. Wenn wir zweitägige Veranstaltungen machen, und die machen wir meistens, dann fangen wir Freitag an und Sonnabend am frühen Nachmittag hören wir auf. Das heißt, dann fällt unterrichtsmäßig der Freitagvormittag aus. Dafür investieren die Kollegen aber Freitagnachmittag und den Samstag. Anders geht das nicht.

Meyer: „Eine kurze Bemerkung bitte dazu noch. Es ist schwierig die Firmen wie Vaillant oder VW zu überreden, die Fortbildungen nach den Unterrichtsplänen der Lehrer auszurichten. Denn die setzen das also an von Montag bis Mittwoch und dann, ja wenn man dann möchte, dass man an diesen technologischen Fortschritten teilnimmt, dann muss man die an *diesen Tagen* dahin schicken. Dann betrifft es Unterricht und dann wird Unterricht vertreten werden müssen oder ausfallen."

Linke: „Also nur noch eine Bemerkung dazu: Das machen wir auch so, mit dem Sonnabend und wenn wir z. B. Fortbildung in Steuerungstechnik brauchen, müssen die Kollegen eben an den Bodensee, wenn dort die Spezialisten sitzen Und diese Fortbildungen liegen eben in einem Zeitfenster von Montag bis Freitag. Hamburg hat ja eine neue Arbeitszeitberechnung. Wir arbeiten 46,5 Wochenstunden. Wir rechnen nicht mehr nach Schulstunden, sondern nach wirklichen Zeitstunden mit eingerechnetem Jahresurlaub, mit unterschiedlich faktorisierten Fächern. In der Arbeitszeit ist auch ein Kontingent für Fortbildung enthalten. Wie viel davon ist dann Zeitschriftenlesen? Wie viel ist Dieses und wie viel Jenes? Es wird alles genau kalkuliert. Aber eigentlich sind wir nicht klüger geworden. Im Prinzip war das kontraproduktiv. Weil man die, die man durch eine Verpflichtung kriegen wollte, trotzdem nicht gekriegt hat. Die, die immer über den Durst etwas gemacht haben, teilweise so wütend sind, weil so spitz bei einigen zumindest abgerechnet wird, dass sie überhaupt keine Lust mehr haben. Also ich finde, man muss da aufpassen, dass man das Kind nicht mit dem Bade ausschüttet."

Publikum: „Ja mir ist aufgefallen, dass Sie bei der Rekrutierung der Leute geschildert haben, dass die fachlich ausgebildet sein müssen. Okay, das ist ja klar. Das brauchen wir nicht diskutieren. Die müssen Lehrerpersönlichkeit haben, was immer das ist und wie immer man das feststellt. Die müssen teamfähig sein und so weiter. Wir sind ja hier in einer Veranstaltung zur Lehrerbildung oder Lehrerausbildung, -erstausbildung. Gibt es da auch Erwartungen an die Kompetenz, die jemand haben muss, und die Einstellung? Denn, wenn Sie jetzt sagen, naja da sind welche, die kommen als Referendare. Dann kommen da Quereinsteiger und Seiteneinsteiger und so. Mit all denen können Schulen scheinbar leben, so stellt sich mir das dar. Aber gibt es da auch Erwartungen an die erstausgebildeten Lehrer, wo Sie sagen, naja, wenn die das können und wenn die das vermittelt gekriegt haben, dann kann ich sie gebrauchen? Oder anders: Wie kommt es, jedenfalls wird das überall gesagt, dass die Schulen sich sehr schwer tun mit dem lernfeldorientierten Lernen und allem was dahinter steht? Ich kann mir nicht vorstellen, dass sich mit einem Seiteneinsteiger diese Situation langfristig verbessert. Also ich kann mir vorstellen, dass sie jetzt sagen: Natürlich berücksichtigen wird das. Nur, das ist nicht deutlich geworden.."

Getsch: „Das mit der Fachkompetenz, das schließt eigentlich für mich die fachdidaktischen Kenntnisse für einen Berufsschullehrer mit ein. Das heißt also, wenn Sie das Beispiel Lernfeldkonzept ansprechen, erwarte ich von der Universität, dass sie denen beigebracht haben, nicht nur was das ist und wie das gehen soll, sondern warum das eigentlich so ist und warum das nicht mehr so ist, wie es vorher war. Sonst haben wir ja nachher in der Schule die Arbeit oder im Referendariat entsteht dann die Arbeit, sich erstmal auf Lernfeldkonzepte einzulassen. Das heißt also, es ist einVerständnis von Lerntheorien und von Lernen und wie so etwas stattfindet aufzubauen. Die Erwartung ist selbstverständlich da. Indirekt habe ich das kritisiert, weil ich sage, das ist alles, was Seiteneinsteiger überhaupt nicht haben oder nicht mitbringen, wo es dann also bei denen mangelt. Also, das erwarte ich zumindest von Universitätsabsolventen. Dann erwarte ich auch Überblicke über die gesamten Schulsysteme, weil die zweite Phase oder auch die berufsbildende Schule selber nicht alle Sachen auffangen kann."

Mohr: „Ja ich kann das auch durchaus differenziert beantworten und auch mit Zahlen ein bisschen belegen, damit dass deutlich wird. Wenn sich jemand grundständig für das Lehramt entscheidet und in sich merkt, ich habe Spaß daran, mit jungen Menschen zu arbeiten, vielleicht im Sportverein schon etwas gemacht hat oder in der freiwilligen Feuerwehr, dann das grundständige Studium macht, Praktika macht und einen kleinen Lehrauftrag hat mit ein paar Stunden und dann ins Referendariat kommt, die laufen in der Regel erfolgreich durch; in der Regel – die meisten. Von den Seiteneinsteigern nehme ich von zehn Bewerbern einen. Von den Sondermaßnahmen, die sich jetzt beworben haben, haben sich siebzig Leute interessiert und es sind zwanzig ausgewählt worden. Von den anderen würde ich sagen, dass die als Persönlichkeit größtenteils nicht geeignet sind. Das haben wir im entscheidungsorientierten Personalauswahlgespräch gemacht und wir legen da viel Wert drauf. Wir sitzen da mit ganz vielen Leuten und wir reden mit denen zwei Stunden. Da gehen Vierzehn-Mann-Stunden sozusagen 'rein für das Erstgespräch, um festzustellen: Ist die Eignung da. Dann fallen eben auch ganz viele heraus."

Publikum: „Also jetzt reden wir immer mehr über Qualität, über Fortbilden. Wir reden aber schon darüber wie und wo Fortbildung stattfinden sollte, in unterrichtsfreier oder in Unterrichtszeit. Das sieht für mich, wenn ich bildlich sprechen darf, so aus, als wenn wir auf einem schweren Weg über die Kieselsteine sprechen, aber nicht über die Hinkelsteine, die uns im Weg liegen. Hier geht es doch um Rekrutierungszwänge. Das heißt, wie komme ich überhaupt erstmal an eine Person heran, die ich natürlich, um meine Qualität zu sichern, lebenslang fortbilden muss, pädagogisch und fachlich. Flensburg, habe ich gesehen, hat nicht so das Problem, hat einen Standortvorteil und daher eine beachtliche Ausbildung von Referendaren. Es gibt aber sicherlich ganz viele Regionen, die ausbluten so langsam. Hamburg geht es gut, habe ich gehört, oder sieht so aus. Flensburg geht es gut. Cuxhaven, denke ich, geht es eher so wie uns: Wir kommen aus Stade."

„In Schleswig-Holstein kann man Meldorf nennen. (Gelächter) Das ist doch die Aufgabe, denke ich mal, also sowohl von Berufsschule als auch von Hochschule: Junge Leute für das Lehramt zu begeistern. Wenn ich erstmal jemanden habe, kann ich ihn auch qualifizieren für die Aufgaben, die er übernehmen soll."

Moderatorin: „Ja, angesichts der fortgeschrittenen Zeit würden wir jetzt zu einer kurzen Abschlussrunde kommen, bei der ich Sie noch mal bitten möchte, vielleicht ein kurzes Fazit zu ziehen und eine Perspektive für die Zukunft, die Sie entwickeln. Aber das sollte wirklich kurz und knapp sein, wenn möglich. Vielleicht fangen wir dieses Mal bei Herrn Meyer an."

Meyer: „Fazit in Bezug darauf, wie sieht es mit der Nachwuchsgewinnung aus: Ich hatte ja vorhin schon geschildert, da sind wir ja durchaus nicht unerfolgreich, um das mal so auszudrücken. Die Schwierigkeit ist natürlich: Wir wissen heute nicht, welche Qualifikation in welchem Ausmaß brauchen wir in zwei Jahren insbesondere weil wir demnächst hier in Bremen Wahlen haben und wer weiß, was sich danach alles ändert in Bezug auf ... ja, Lehrerarbeitszeit und Ausstattung von Schulen und so weiter. Das Geschäft wird immer ein schwieriges bleiben."

Strauch: „Ja, also wir haben ja dargestellt, was wir als Schulleiter in den Schulen machen. Das ist vielfältig, das ist umfangreich. Wir brauchen aber stabile Rahmenbedingungen, die von Seiten der Politik gegeben werden und die können sehr unterschiedlich sein. Über einen Punkt haben wir noch gar nicht gesprochen. Gerade im Bereich der berufsbildenden Schulen konkurrieren ja die Schulen mit der Wirtschaft (in Bezug auf qualifiziertes Personal). Wenn der Lehrerberuf unattraktiver würde, wäre das ein Problem. Das heißt, der Lehrerberuf muss ein attraktiver bleiben und da haben die Politiker etwas mit zu tun, da haben die Universitäten etwas mit zu tun, aber auch die Schulen, die letztendlich vor Ort den Beruf attraktiv machen oder weniger attraktiv. Das hat wieder mit Image zu tun. Also diese Frage, denke ich, muss im Blick sein, dass das Image dieses Berufes durchaus positiv sein muss in der Öffentlichkeit."

Mohr: „Da kann ich mich nur anschließen. Als Beispiel: Wenn jemand bei uns einsteigt, dann bekommt er als Einstiegsgehalt TVL-13, Erfahrungsstufe 1. Das ist so wenig, wie ein guter Facharbeiter verdient. Das ist überhaupt nicht attraktiv. Insofern macht es auch nur Sinn, wenn man eine Planstelle anbieten kann. Dafür muss er aber wissen, dass er in zwei Jahren noch gesund ist, wenn er mit dem Referendariat beginnt. Das sind also Rahmenbedingungen, die so nicht gut sind. Das Bild in der Öffentlichkeit des Lehrers ist einfach zu schlecht. Da gehören die Berufsschullehrer ganz automatisch dazu. Wenn dann Leute bei uns ins Praktikum kommen und gucken wie Schule wirklich funktioniert mit den offenen Unterrichtssituationen, mit dem Team arbeiten, mit dem Lernfeldunterricht. Dann sind sie sehr, sehr verwundert wie leistungsfähig unsere Jugendlichen sind und wie viel Spaß das macht. Dieses Image kriegen wir auch nicht nach außen transportiert."

Linke: „Also ich denke zu dem, was man als Schule machen kann, haben wir alles gesagt. Ich glaube, was man braucht, sind – auch im Hinblick auf den Wirtschaftsstandort Deutschland – Facharbeiter. Es wird überall über Ingenieurmangel und sonst etwas geredet, was richtig ist. Aber es gibt auch einen Facharbeitermangel und Facharbeiter in der Zukunft kriegt man nur über starke berufliche Schulen. Ich glaube, es bedarf einer Imagekampagne, die auch als konzertierte Aktion zwischen Schulen, Ländern und Universitäten mal laufen müsste. Weil in der Öffentlichkeit, wenn über Schule oder Bildung geredet wird, im Prinzip nicht die berufliche Bildung wahrgenommen wird. Da haben wir seit Jahren ein Defizit. Ich würde mir wünschen, wenn man so eine Aktion mal hinkriegt, und zumindest mal anfängt, dann meinetwegen in einem Bundesland, hier Werbung für einen attraktiven Beruf zu machen; auch im Hinblick auf das, was sich gesellschaftlich momentan tut."

Getsch: „Ja das scheint auch dringend notwendig zu sein. Wir haben einen riesigen ansiedlungswilligen Betrieb in Cuxhaven. Wenn das Ansiedlungsgespräch positiv ausgeht, werde ich rund 120 Leute im Elektrobereich zusätzlich ausbilden müssen innerhalb von kürzester Zeit und das ohne ein entsprechendes Potenzial an Lehrerinnen und Lehrern im Bereich Elektrotechnik. Denn zur Zeit reicht der Nachwuchs nur knapp aus. Deshalb kann ich mich nur anschließen und sagen: Das muss imagemäßig aufgepeppt werden. Es ist nicht meine Aufgabe, mich darum zu kümmern, aber es einzufordern, dass dieser Beruf eben insgesamt attraktiver wird. Denn wenn wir keine Lehrer ausbilden, gibt es später auch keine Ingenieure. Davon bin ich überzeugt."

Mohr: „Ich hätte noch eine Anmerkung zur Runde hier. Wir sitzen ja hier alle aus den westdeutschen Ländern. Wenn jetzt ein Schulleiterkollege aus Mecklenburg-Vorpommern hier sitzen würde, dem müssten wir alle das Taschentuch reichen, denn dort hat das Rekrutierungsproblem noch ganz andere Ausmaße."

Moderatorin: „Ich denke, wir haben eine gute Diskussion geführt und einige Fragen und Herausforderungen zumindest kurz skizziert. Es ist klar, dass man darauf nicht auch in aller Ausführlichkeit eingehen kann und auch nicht für abschließende Antworten sorgen kann. Aber eigentlich ist ja auch der Sinn gewesen, Transparenz und Austausch zu schaffen. Ich denke, das haben wir in einem gewissen Maß leisten können und vielleicht auch ein paar Perspektiven aufzeigen können, wo etwa der Bedarf ganz besonders stark ist. Ich möchte mich bedanken beim Publikum für die Beteiligung, für Ihre Fragen, die Sie gestellt haben, und Ihre Anmerkungen und natürlich möchten wir uns ganz besonders bedanken bei den Schulleitern, die sich bereit erklärt haben, hier Rede und Antwort zu stehen.

Studiengangsmodelle an ausgewählten Standorten und ihre Potenziale für die Nachwuchssicherung

Tamara Riehle

1 Einführung

Die Nachwuchssituation bei den Lehrkräften für berufsbildende Schulen im gewerblich-technischen Bereich ist trotz intensiver Werbemaßnahmen und Sonderprogrammen prekär und dies wird sich voraussichtlich auch nicht grundlegend ändern; im Gegenteil, sie wird sich, sollte die prognostizierte Pensionierungswelle so eintreffen, noch verschärfen.

Vor allem im gewerblich-technischen Bereich sind die geringen Studierenden- und Absolventenzahlen der Lehramtsstudiengänge seit Langem besorgniserregend. Die Absolventen[1] reichen in der Regel nicht zur Sicherung der quantitativen Unterrichtsversorgung aus und die Kultusministerien reagieren mit Sonderprogrammen, welche zwar kurzzeitig Abhilfe schaffen, jedoch keine zielführenden Maßnahmen sind, um die Situation grundsätzlich zu verbessern (vgl. Dokumentation Lehrerbildungskongress 2002).

Mit der Einführung von zweistufigen Studiengängen haben einige Universitäten über neue Studiengangskonzepte nachgedacht, um damit den Kreis potentieller Studienkandidaten zu erweitern. Mit attraktiven, auf Zielgruppen zugeschnittenen Konzepten sollen systematisch neue Interessengruppen angesprochen werden. Einige dieser Konzepte werden im Folgenden kurz vorgestellt und ihr mögliches Potenzial für die Behebung der Nachwuchssorgen dargelegt. Um diese Konzepte in das bestehende Studiensystem einordnen zu können, soll in einem ersten Schritt ein Überblick über die Studienlandschaft im Bereich der Lehrerausbildung für den gewerblich-technischen Zweig mit der beruflichen Fachrichtung Metalltechnik gegeben werden.

---

[1] Aus Gründen der Lesefreundlichkeit wird im Text lediglich die männliche Schreibweise verwendet. Dort, wo die männliche Form verwendet wird, ist prinzipiell die weibliche Form impliziert.

2 Überblick über die Studienlandschaft

Es gibt in Deutschland 39 Studienorte in 14 Bundesländern (Brandenburg und Mecklenburg Vorpommern ausgenommen), an denen ein Studium zum Lehramt für die beruflichen Schulen mit der Fachrichtung Metalltechnik angeboten wird. Um einen ersten Überblick über die Studienlandschaft zu erhalten und die verschiedenen Studiengangsmodelle zu identifizieren, wurde in einem ersten Schritt eine Dokumentenanalyse durchgeführt. Berücksichtig wurden dabei nur Studiengangsmodelle mit bundesweit gültigen Abschlüssen. Sondermaßnahmen der Kultusministerien einzelner Bundesländer wurden nicht berücksichtigt. Es wurden Internetseiten, Studien- und Prüfungsordnungen, Informationsmaterial sowie Flyer und Zeitschriftenartikel von 17 Hochschulen in 13 Bundesländern[2] analysiert. Um Profilierungen sichtbar machen zu können, erfolgte zunächst eine Beschränkung auf den gewerblich-technischen Bereich mit der beruflichen Fachrichtung Metalltechnik. Zum Vergleich der Studiengangsmodelle wurden Beschreibungskriterien festgelegt und die Studiengänge entsprechend zugeordnet. Es wurden u. a. die beteiligten Institutionen bestimmt, sowie Aufbau und Struktur der Studiengänge, die Form der Organisation und die speziellen, adressatenangepassten Konzepte analysiert.

Am Rande hat die Außendarstellung der Studiengänge interessiert. Die Komplexität der Studiengänge kommt in den Darstellungsformen zum Ausdruck. Es wurde davon ausgegangen, dass die verwirrende Vielzahl der Konstrukte und ihre Intransparenz auf Studieninteressierte abschreckend wirken könnten. Geprüft wurde, inwieweit sich diese Komplexität der Studiengänge in Dokumenten niederschlägt, welche Informationsmaterialien grundsätzlich zur Verfügung stehen, wie zugänglich diese sind und wie transparent die Studiengänge, die Studienorganisation und -inhalte für Studieninteressierte sind.

3 Bestandsaufnahme

Die Studiengangsmodelle, ihre Organisationsformen und Fächerkombinationsmöglichkeiten sind bedingt durch den Föderalismus außergewöhnlich vielfältig. Die betrachteten Studiengänge sind durch eine hohe Variabilität gekennzeichnet. Die Analyse zeigt, dass es bei den berücksichtigten Hochschulen faktisch

---

2   Außer Thüringen und Saarland wurden alle Bundesländer berücksichtigt; Betrachtete Studienstandorte sind: Aachen, Berlin, Bremen, Darmstadt, Dortmund, Dresden, Duisburg-Essen, Flensburg, Giessen, Hamburg, Hannover, Karlsruhe, Magdeburg, München, Münster, Schwäbisch Gmünd.

keine identischen Studiengänge gibt. Selbst innerhalb eines Bundeslandes können sich die Struktur- und Organisationsformen an den verschiedenen Hochschulen erheblich unterscheiden. Der folgende Abriss bietet einen zusammenfassenden Überblick unterschiedlicher Studiengangsmodelle ohne Vollständigkeitsanspruch.

3.1 Beteiligte Institutionen, Studiensystem, Bezeichnungen und Abschlüsse

Beteiligte Institutionen

In der Regel werden die meisten Lehramtsstudiengänge an Universitäten angeboten. Es gibt jedoch auch andere Formen von Kooperationen. Universitäten und Fachhochschulen wirken zusammen wie z. B. in Münster, wo es an der Universität keine ingenieurwissenschaftliche Fakultät gibt; hier sind die Erziehungswissenschaften und die Zweitfächer an der Universität verankert, die berufliche Fachrichtung indes wird an der Fachhochschule Münster in Steinfurt studiert (vgl. Bosbach 2007). In Baden-Württemberg hat sich neben den etablierten Studienstandorten der Universitäten Stuttgart und Karlsruhe ein spezielles Modell etabliert. Hier kooperieren pädagogische Hochschulen mit Fachhochschulen (vgl. ebenda). Dieses landesspezifische Modell erweitert den Kreis möglicher Studieninteressenten insofern, da es als einziges Modell Bewerber mit Fachhochschulreife einen Zugang zu einem Lehramtsstudium für den Sek. II Bereich ermöglicht.

Studiensystem

Bei den gewerblich-technischen Lehramtstudiengängen ist die Umstellung auf das zweistufige Studiensystem in den meisten Bundesländern bereits erfolgt. Die akkreditieren Studiengänge schließen mit Bachelor bzw. Master ab, nicht akkreditierte zweistufige Studiengänge enden mit dem Staatsexamen. Nordrhein-Westfalen ist im Umbruch, hier werden noch verschiedene Modelle verfolgt. Während Aachen noch bis zum Jahr 2011 eine traditionelle Lehramtsausbildung mit 9 Semestern und Staatsexamen anbietet, erproben andere Universitäten schon zweistufige Studiengänge, die jedoch noch mit dem Staatsexamen abschließen. Die Umstellung zum Masterabschluss soll zum WS 2011/12 erfolgen. In Sachsen wird dieser Schritt gerade revidiert. Hier wurde in zweistufigen Studiengängen bereits Masterabschlüsse vergeben; mit dem Kabinettsbeschluss vom

19.10.2010 wird wieder ein Staatsexamen eingeführt, ohne jedoch etwas an der Zweistufigkeit zu ändern.

Bezeichnungen der Studiengänge

Die Bezeichnungen der Studiengänge für das Lehramt für die beruflichen Schulen waren schon immer vielfältig und länderspezifisch. Mit der Einführung des zweistufigen Systems kamen Weitere hinzu, da die unabhängigen Bachelor- und Masterstudiengänge nun stellenweise eigene Bezeichnungen erhielten. Eine unsortierte Auswahl der Benennungen3 findet sich in Tabelle 1.

Tabelle 1:   Studiengangsbezeichnungen für Bachelor- und Masterstudiengänge

Berufliche und betriebliche Bildung	Lehramt an beruflichen Schulen
Berufsbildende Schulen	Lehramt an berufsbildenden Schulen
Berufsbildung	Lehramt an Berufskollegs
(Berufsschullehramt)	Höheres Lehramt an Berufsbildenden Schulen
Lehramt an berufliche Schulen – Ingenieurpädagogik	Lehramtsbezogen Studiengänge berufliche Fachrichtungen
Gewerblich-Technische Wissenschaften	Gewerblich-Technische Bildung
Technical Education	Vocational Education
Bachelor of Education (Gewerblich-technische Bildung)	Master of Education (Lehramt an beruflichen Schulen)

Abschlüsse

Genauso vielfältig wie die Studiengangsbezeichnungen sind deren Abschlüsse. An den 17 verschiedenen Standorten wird siebenmal der Abschluss Bachelor of Science und viermal ein Bachelor of Education vergeben. An einer Universität kann man den Bachelor of Art erlangen und in Baden-Württemberg wird der Bachelor of Engineering verliehen. Der Umfang der Bachelorarbeit variiert dabei zwischen 8 und 15 Leistungspunkten (credit points/cp). Aufbauend auf den Bachelor werden die entsprechenden Masterabschlüsse vergeben. Vorherrschend

---

3   Im Weiteren wird der Terminus der KMK (1995 i. d. F. 2007) „Lehramt für die beruflichen Schulen" verwendet.

ist der Master of Education, aber es ist auch möglich, mit dem Master of Art oder den Master of Science abzuschließen. Letztere Abschlüsse sichern keinen Zugang zum beruflichen Schulwesen ab, denn die Kultusministerkonferenz (KMK) schreibt für Lehramtsabschlüsse den Master of Education vor (KMK 2010, S. 12). Der Umfang der Masterarbeit variiert von 15cp bis 30cp. Daneben werden, wie bereits erwähnt, auch noch Staatsexamensprüfungen durchgeführt.

Tabelle 2: *Studiengangskomponenten der 17 untersuchten Studiengänge „Lehramt für die beruflichen Schulen mit der Fachrichtung Metalltechnik"*

Parameter	Varianten	Verteilung
Verortung	Universität	15
	Universität und Fachhochschule	1
	Pädagogische Hochschule und Fachhochschule	1
Studiensystem	Zweistufiger Studiengang mit BA/MA-Abschluss	13
	Zweistufiger Studiengang mit Staatsexamen	3
	Studiengang mit Staatsexamen	1
Abschlüsse	B.Sc.; B.Ed.; B.A.; B.Eng.;	7,4,1,1
	M.Ed.; M.Sc.; M.A.; Staatsexamen	10,2,1,4

Aufbau

Die Regelstudienzeit der zweistufigen Studiengänge sind entsprechend der Vorgaben der KMK (KMK 2003 i. d. F. 2010) zwischen 6 und 8 Semester für Bachelorstudiengänge und 2-4 Semester für Masterstudiengänge. In der Regel beträgt die Semesterverteilung 6 zu 4. In Baden-Württemberg, wo Pädagogische Hochschulen mit Fachhochschulen kooperieren, kann die Aufteilung auch 7 zu 3 betragen (siehe Schwäbisch Gmünd und Aalen).

Struktur

Die Lehramtsstudiengänge sind entsprechend der KMK-Anforderungen (vgl. KMK 1995 i. d. F. 2007) in der Regel integrativ aufgebaut. Das bedeutet, beide Fächer werden sowohl im Bachelor- als auch im Masterstudiengang studiert. Dahingegen sind die Studiengänge in Darmstadt, Flensburg und Bremen (ab WS

2012) sequenziell aufgebaut. Hier entspricht das Bachelorstudium einem Vollfach-Studium und das zweite Fach wird ausschließlich im Masterstudiengang angeboten. Die sequenzielle Struktur erlaubt einen polyvalenten Ansatz im professionsorientiertem Sinne (Thierack 2007, S. 52) – dem Bachelor-Absolventen stehen damit sowohl außerschulische Berufsfelder als auch einschlägige Masterstudiengänge offen. Des Weiteren erleichtert diese Struktur, wie später noch ausgeführt wird, den sogenannten Quereinstieg in einen Lehramtsstudiengang. Der sequenzielle Studiengang in Dortmund ist der Einzige, innerhalb des Samples, in dem das Zweitfach ausschließlich im Bachelorstudium studiert wird.

Studiengangsmodelle

Innerhalb der Struktur sind zwei Studiengangsmodelle möglich. Unterschieden werden das Major-Minor-Modell und das Equal-Modell. Beim Major-Minor-Modell hat das Erstfach ein größeres Studienvolumen als das Zweitfach, wohingegen die Studienvolumina der Fächer beim Equal-Modell gleich sind. Bedingt durch die KMK-Vorgaben ist eine sequenzielle Struktur nur mit einem Major-Minor-Modell zu realisieren. Bei den analysierten Studiengängen mit der Fachrichtung Metalltechnik war das Major-Minor-Modell die Regel. Im Rahmen der Studie wurde nur zwei Standorte (Gießen und Dresden) ausgemacht, an denen ein Equal-Modell praktiziert wird.

Studienvolumen

Entsprechend der Modelle variieren auch die Studienvolumina. So liegt das Studienvolumen für das berufliche Erstfach zwischen 90 und 134cp. In Sonderfällen, z. B. wenn nur ein Masterstudiengang für das Lehramt angeboten wird, kann sich der Studienumfang auf 165cp erhöhen. Für das Zweitfach liegt die Spanne entsprechend zwischen 50 und 107cp. Die Studienumfänge einzelner Studienbereiche (Fachwissenschaften, Berufspädagogik, Fachdidaktik etc.) konnten nur bedingt verglichen werden, da sie nach unterschiedlichen inhaltlichen Kriterien ausgewiesen werden und Studienordnungen bzw. Modulhandbücher für eine exakte Überprüfung stellenweise nicht öffentlich zugänglich sind.

3.2 Studiengangsmodelle

Alle analysierten Studiengänge sind als Vollzeit-Studium konzipiert. Sie sind auf 10 Semester mit einem Umfang von 300cp ausgelegt. Wie gezeigt, herrscht die integrative Studiengangstruktur vor. Das bedeutet, dass ein konsekutiver Studiengang, bei dem sich Studierenden zu Studienbeginn auf ein Lehramt festlegen, die Regel ist.

Tabelle 3: *Studiengangskomponenten der 17 untersuchten Studiengänge*
„Lehramt für die beruflichen Schulen mit der Fachrichtung Metall-
technik".

Parameter	Varianten	Anzahl
Aufbau	6/4	16
	7/3	1
Struktur	Integrativ (II-Struktur)	13
	Sequenziell (Y-Struktur)	4
Modell	Major-Minor-Modell	14
	Equal-Modell	3
Studienvolumen	Berufliche Fachrichtung:	90–134/165
	Zweitfach:	50–107
Studienform	Vollzeit	17
	berufsbegleitend	0

Die Besonderheiten der deutschen Lehramtsstudiengänge (vgl. KMK 1995/ 2007), vor allem das Zwei-Fächer-Studium, erschweren den Wechsel von bzw. in andere Studiengänge. Selbst ein Wechseln nach dem Bachelorabschluss ist auf Grund der differenten Studiengangsstrukturen, -inhalte und -modelle nicht immer problemlos möglich (vgl. Riehle noch unveröffentlicht). In Abhängigkeit von Studiensystem und -modell variieren die beruflichen Optionen und gestalten sich die Wechselmöglichkeiten zu korrespondierenden Studiengängen mehr oder weniger schwierig. Dies könnten Gründe sein, warum diese Studiengänge von Studienanfänger als unattraktiv eingeschätzt werden. Die Studiengangsverantwortlichen haben dies erkannt und versuchen die Studiengänge zu öffnen bzw. flexibler zu gestalten.

Sechs der siebzehn Hochschulen entwickeln Regelungen, die es Studierenden mit einschlägigem Hochschulabschluss erlauben, in den Lehramt-Bachelorstudiengang zu wechseln. Gewöhnlich werden die Studienleistungen in der beruflichen Fachrichtung angerechnet und es werden Studienauflagen bezüglich Bildungswissenschaften und dem Zweitfach gemacht. Die Auflagen sind von

Hochschule zu Hochschule verschieden. Allen gemeinsam ist, dass der Wechsel des Studienfaches mit einer Überschreitung der Regelstudienzeit einhergeht und sich letztendlich das Studienvolumen (≥ 300cp) vergrößert.

Die Analyse ergab, dass nur zwei Universitäten (Bremen und Flensburg) ein Direkteinstieg in den Lehramt-Masterstudiengang ermöglichen. Zugelassen werden Hochschulabsolventen mit einschlägigem Studium (vgl. z. B. Zugangsordnung Bremen 2009). Beide Studiengänge sind so konzipiert, dass die Fachwissenschaften des Erstfachs vollständig angerechnet werden und im Master die Bildungswissenschaften (u. a. Fachdidaktik der beruflichen Fachrichtung) und das Zweitfach zu studieren sind. Um dies zu realisieren, wurde in Bremen die Prüfungsordnung nach konsekutiv und nicht-konsekutiv Studierenden differenziert. In Flensburg müssen Hochschulabsolventen, die keine bildungswissenschaftlichen Studienanteile nachweisen können, mit entsprechenden Studienauflagen rechnen.

Unabhängig von den Bemühungen der Hochschule gibt es immer wieder länderspezifische Maßnahmen, um einen Lehrermangel kurzfristig zu reduzieren. Da diese Maßnahmen weder geeignet sind, den Bedarf langfristig qualitätssichernd zu decken, noch eine Verstetigung beabsichtigt ist, werden diese hier nicht weiter erläutert. Der Fokus soll im Folgenden auf neuen Studiengangsmodellen liegen, die dem Nachwuchsmangel nachhaltig entgegenwirken sollen.

4 Neue Studiengangsmodelle

Wie bereits erwähnt fehlt es an „regulär" ausgebildeten Lehrern vor allem im gewerblich-technischen Bereich. Die Gründe sind vielfältig und trotz intensiver Bemühungen konnte diese Misere seit Jahrzehnten nicht wirklich behoben werden.

Mit der Umstrukturierung der Studiengänge kamen neue Ideen zur Steigerung der Studierendenzahlen auf. Neue Interessensgruppen wurden angesprochen bzw. Studiengänge für neue Gruppen geöffnet. Mit dem 2009 erlassenen Hochschulöffnungsgesetz für beruflich Qualifizierte erfuhr dieser Trend einen zusätzlichen Impuls. Die Studiengangsverantwortlichen der Universitäten entwickelten dabei unterschiedlichste Lösungen. Erste neukonzipierte und innovative Studiengänge haben die Planungsphase bereits abgeschlossen bzw. befinden sich zum Wintersemester 2012/13 in der Erprobungsphase. Drei neue Modelle, die nicht auf länderspezifischen Vereinbarungen basieren und somit von bundesweitem Interesse sein könnten, sollen im Folgenden vorgestellt werden.

4.1 Duale Studiengänge bzw. Kooperative Ausbildung

Das Angebot an dualen Studiengängen, eine Kombination von Ausbildung und Studium, an dessen Ende im Allgemeinen zwei Abschlüsse (Berufsabschluss und Bachelor) vergeben werden, steigt gegenwärtig. Viele Fachhochschulen haben ihre Studienangebote dadurch erweitert und sich damit einer neuen Gruppe von Studieninteressierten geöffnet. An Universitäten und im Zusammenhang mit der Lehramtsausbildung sind solche Kooperationen eher noch selten. Zwei neue Studiengangsmodelle werden gerade in Dresden (Kooperative Ausbildung im technischen Lehramt, vgl. KAtLa 2011) und Magdeburg (vgl. Duales Studium 2011) etabliert. Beide Modelle haben die Gruppe der Abiturienten mit allgemeiner Hochschulreife im Fokus.

Studienmodelle

Die genannten Universitäten bieten eine Kombination von beruflicher Ausbildung mit einem Bachelorstudium an. Das Bachelorstudium ist dabei ein Teil des Lehramtsstudiengangs für berufliche Schulen mit technischen Fachrichtungen. Ausbildung und Bachelorstudium sind parallel innerhalb von 8 Semestern zu absolvieren. Die Studierenden sind dabei phasenweise an der Universität und in Betrieben.

In Magdeburg (vgl. Duales Studium 2011, vgl. Abb. 1) ist dies so organisiert, dass die Studierenden zu Beginn des Studiums regulär studieren und in der vorlesungsfreien Zeit in den kooperierenden Betrieben ausgebildet werden. Im dritten Studienjahr (während des 5. und 6. Semesters) sind die Studierenden dann ausschließlich im Betrieb. In diesem Zeitraum findet dann auch die Abschlussprüfung an der IHK statt. Zurzeit wird der duale Studiengang im Bereich Metalltechnik mit einer Ausbildung zum Industriemechaniker/-in, Konstruktionsmechaniker/-in oder Zerspanungsmechaniker/-in angeboten.

Jahr	1. Jahr												2. Jahr												3. Jahr												4. Jahr											
Monat	8	9	10	11	12	1	2	3	4	5	6	7	8	9	10	11	12	1	2		4	5	6	7	8	9	10	11	12	1	2	3	4	5		7	8	9	10	11	12	1	2	3	4	5	6	7
betriebliche Ausbildungsphase																																																
Studiensemester im Bachelor Studiengang an der OvG-Uni MD	1. Sem.						2. Sem.						3. Sem.						4. Sem.						5. Sem.						6. Sem.						7. Sem.						8. Sem.					

■ IHK Prüfungen   ▨ keine Lehrveranstaltungen an der OvGU

Abb. 1:   Studienverlaufsplan Duales Studium in Magdeburg (OVGU)

Dresden (vgl. KAtLa 2011; vgl. Abb. 2) fordert ein Vorpraktikum von 13 Wochen; danach laufen die ersten zwei Semester des Studiums und der Ausbildung parallel. Bis auf das vierte Semester, wo die Ausbildung wiederum ausschließlich im Betrieb stattfindet, studieren die Studierenden an der Universität. Die Abschlussprüfung der IHK findet im sechsten Semester statt. Im Moment wird die berufliche Fachrichtung Metall- und Maschinentechnik mit dem Berufsabschluss Industriemechaniker/in angeboten.

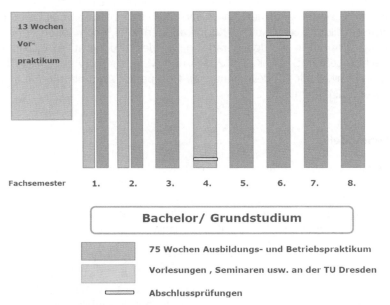

Abb. 2: Kooperative Ausbildung im technischen Lehramt in Dresden (Matthes/Mayer/Wohlrabe)

Potenzial

Die Zukunft wird zeigen, wie diese Angebote angenommen werden und ob sie einen Beitrag zur Behebung des Lehrermangels im gewerblich-technischen Bereich leisten können. Diese Studienform kann eine Option für unentschlossene Abiturienten sein. Eine Entscheidung nach dem Abitur zwischen beruflicher und hochschulischer Ausbildung muss nicht getroffen werden. Mit geringerem zeitlichen Mehraufwand (eine sequenzielle Absolvierung der beiden Ausbildungen würde 2 Jahre länger dauern) können parallel zwei Ausbildungswege beschritten werden. Der polyvalente Doppelabschluss erhöht die beruflichen Optionen nach dem Bachelor- bzw. Ausbildungsabschluss erheblich. Mit diesem Modell wird ein hoher Grad an Flexibilität in Hinsicht auf zukünftige Berufs- bzw. Tätigkeitsfelder erreicht und könnte dadurch für eine größere Zahl von Unentschlossenen attraktiv sein. Vorstellbar ist, dass es mit diesem Modell auch gelingen könnte, mehr Personen aus dem Bereich der allgemeinbildenden Schulen für das Lehramt für berufliche Schulen zu interessieren. Denn ein Blick auf die Bildungsbiographien von Studierenden macht deutlich, dass selten Studieninteressenten aus dieser Gruppe gewonnen werden. Eine Ursache kann darin liegen, dass sie berufliche Schulen aus eigener Anschauung nicht kennen und somit keine Vorstellung von der beruflichen Tätigkeit und den Karrieremöglichkeiten in diesem Bereich entwickeln können. Ein weiterer Anreiz für ein duales Studium könnte die Anrechnung der beruflichen Ausbildung auf das von der KMK geforderte12-monatige Praktikum (KMK 1995/2007) sein. Die Studenten können auch von der Vernetzung mit den Betrieben profitieren. Sie lernen schon im Studium die domänspezifischen Arbeitsprozesse kennen und erhalten Einblicke in die betriebliche Aus- und Weiterbildung. Dieses Wissen und die Erfahrung ist sowohl bei der Gestaltung adäquater Lernsequenzen unverzichtbar, die ja mit der Einführung der Lernfelder die Lerninhalte viel stärker an den beruflichen Arbeits- und Geschäftsprozessen ausgerichtet sein sollen, als auch bei der späteren institutionsübergreifenden Kooperation mit Lehrbetrieben.

Die Schulen profitieren ebenso von den zweifach qualifizierten Referendaren. Mit diesem Modell erübrigt sich die Debatte, ob für eine Lehrkraft der beruflichen Bildung eine berufliche Erstausbildung unbedingt erforderlich ist.

Aber auch die Unternehmen profitieren von einem dualen Studium. Die Studierenden durchlaufen während des Studiums bereits das gesamte Unternehmen und sind damit besser als jede/r andere Bewerber/-in auf die Praxis im Unternehmen vorbereitet. „Vor allem besteht die Möglichkeit, im Rahmen einer langfristig angelegten Personalentwicklungsstrategie angehende Fach- und Führungskräfte während der gesamten Ausbildungszeit an das Unternehmen zu binden und sie im Anschluss an die Ausbildung passgenau in betriebliche Karrierewege einmünden zu lassen" (Studieninformation Duales Studium 2011).

4.2 Berufsbegleitende Studiengänge

Mit der Öffnung der Hochschulen für beruflich Qualifizierte (KMK 2010) rückt die Personengruppe der Techniker, Meister bzw. beruflich Qualifizierten stärker in den Fokus der Studiengangsverantwortlichen. Es besteht die Erwartung, dass es in dieser Gruppe eine größere Anzahl von potentiell Interessierten für die beruflichen Lehramtsstudiengänge gibt.

Zwar konnten an einzelnen Hochschulen (z. B. in Niedersachsen und Bremen) bereits zuvor beruflich Qualifizierte ohne Abitur studieren, aber bisher nahmen nur wenige dieses Angebot wahr. Da dieser Personenkreis jedoch nicht explizit statistisch erfasst wird, können keine Aussagen zu Studienmotivation, -erfolg oder Verbleib der Studenten gemacht werden. Mit der Öffnung der Hochschulen werden sich die Studiengangsverantwortlichen mit den verschiedenen Studienvoraussetzungen, individuellen Ausbildungsbiographien und ihre Auswirkungen auf die Hochschuldidaktik intensiver auseinandersetzen müssen. Bereits jetzt wird diskutiert, wo die Schwierigkeiten beruflich Qualifizierter bei Aufnahme eines Studiums liegen könnten, welche Hürden beseitig werden müssen und wie ein reibungsloser Studienbeginn ermöglicht werden kann. Brückenkurse und adressatenadäquate Studienangebote sind dabei ebenso angedacht wie spezielle Betreuungsangebote (vgl. Machbarkeitstudie BP@KOM 2011). In Beratungsgesprächen werden jedoch in erster Linie organisatorische und finanzielle Gründe als die größeren Hindernisse für die Aufnahme eines Studiums angeführt, Die Gruppe ist überwiegend beruflich etabliert, in solide soziale Gefüge eingebunden und auf ein regelmäßiges Einkommen angewiesen. Vereinfacht ausgedrückt müssen sie Beruf, Familie und Studium unter einen Hut bringen, was in einem regulären Vollzeit-Studiengang, bei fehlender, staatlich geförderter finanzieller Unterstützung fast nicht möglich ist. An verschiedenen Standorten wird bzw. wurde deshalb über berufsbegleitende[4] Studiengänge nachgedacht. Die Universität Flensburg z. B. bietet einen berufsbegleitenden Masterstudiengang für das Lehramt an berufliche Schulen an. Dies kann realisiert werden, weil der fachliche Anteil im Masterstudiengang ausschließlich von den beruflichen Wissenschaften abgedeckt wird und auf Veranstaltungen aus den vollzeitlich organisierten Ingenieurwissenschaften verzichtet werden kann. Im Allgemeinen ist ein berufsbegleitendes Lehramtsstudium für Berufliche Schulen aufgrund der unterschiedlich beteiligten Fachbereichsvertreter (z. B. Fachwissenschaften der Erst- und Zweitfächer) nur schwer zu realisieren. Die Koordination der Veranstaltungen, der unterschiedlichen Studiengänge erweist sich als äußerst schwierig. Allein die Verlagerung von Veranstaltungen in den späten Nachmittag und auf Wochenenden wird, aus welchen Gründen auch immer, nicht von allen Beteiligten mitgetragen.

Dennoch wird an verschiedene Universitäten über berufsbegleitende Studiengänge nachgedacht; in Bremen z. B. läuft das Akkreditierungsverfahren für ei-

---

4   Berufsbegleitend wird hier im Sinn eines Studiums neben einer beruflichen Tätigkeit verstanden. Sondermaßnahmen der Länder, bei denen angehende Lehrer parallel zu einer reduzierten Unterrichtsverpflichtung sich an der Universität weiterqualifizieren (z. B. in Niedersachsen, Schleswig-Holstein und Berlin) fallen nicht unter diese Definition.

nen ersten, berufsbegleitenden Vollfach-Bachelorstudiengang der Gewerblich-Technischen Wissenschaften, der die Option auf ein Lehramts-Masterstudiengang offen hält. Dieses Modell soll im Folgenden eingehender dargestellt werden.

Studienmodell

Das Modell sieht einen Ein-Fach-Bachelorstudiengang Gewerblich-Technische Wissenschaften vor, der mit dem Bachelor of Science abschließt. Studieninhalte und -volumen sind so abgestimmt, dass ein polyvalenter Abschluss erreicht wird. Die Absolventen können damit sowohl in der betrieblichen Aus- und Weiterbildung tätig werden als auch ein weiterführendes Studium z. B. Ingenieurswissenschaften oder Lehramtsstudium für berufliche Schulen aufnehmen. Mit dem Masterabschluss des Lehramtsstudiums steht ihnen die Schullaufbahn offen.

Der Studiengang ist modular aufgebaut und so konzipiert, dass die fachlichen Inhalte zum einen von den Ingenieurwissenschaften abgedeckt werden, zum anderen von den gewerblich-technische Wissenschaften. Letztere sind so organisiert, dass sie berufsbegleitend studiert werden können – also mit Abend- und Blockveranstaltungen auch außerhalb des Vorlesungszeitraums.

Auf die zeitliche und inhaltliche Planung der ingenieurwissenschaftlichen Veranstaltungen kann kein Einfluss genommen werden. Damit trotzdem ein berufsbegleitendes Studium gewährleistet werden kann, mussten neue Studien- und Organisationsformen gefunden werden. So wurde bei der Planung darauf geachtet, den Studienverlaufsplan so zu konzipieren, dass Studierende nur an ein bis zwei Tagen in der Woche an der Universität präsent sein müssen. Die Präsenzphasen werden durch entsprechende Seminarkonzepte verkürzt bzw. in arbeitnehmerfreundliche Zeitfenster gelegt. Des Weiteren wird ein standardisiertes Anrechnungsverfahren in Kooperationen mit Technikerschulen entwickelt, das es ermöglich, basierend auf den Ergebnissen des ANCOM-Projektes (vgl. AN-KOM 2011), den Technikern Teile der ingenieurwissenschaftlichen Grundlagen anzuerkennen und damit die Durchlässigkeit zwischen den Bildungssystemen zu erhöhen. Durch die Reduktion der Studienvolumina wird de facto ein berufsbegleitendes Studium möglich. Ungeklärt ist bisher, ob bzw. in welcher Form Bewertungen in das Abschlusszeugnis mit aufgenommen werden können. Bei Meistern müssen die bereits erbrachten studienadäquaten Leistungen im Einzelfall geprüft werden. Für konsekutiv Studierende ohne berufliche Qualifizierung bleibt es ein Vollzeitstudium.

Potenzial

Eine Studie (BP@KOM 2011) zeigt, dass sowohl Techniker wie Meister an einer akademischen Aus-/Weiterbildung interessiert sind, sofern der zeitliche Rahmen überschaubar ist und Finanzierungsoptionen gegeben sind. Es wird davon ausgegangen, dass deutschlandweit bis zu 5000 Techniker und Meister ein Interesse an einer akademischen Aus- bzw. Weiterbildung im Bereich der beruflichen Bildung haben könnten (vgl. BP@KOM 2011, S. 67).

Nach Einschätzungen von Experten aus dem Hochschulbereich werden die Studierendenzahlen aufgrund des demografischen Wandels zurückgehen und die Hochschulen, wollen diese ihren Status Quo in Bezug auf Studierendenzahlen halten, werden nicht umhin kommen, über neue Studiengangskonzepte für unterschiedlichste Zielgruppen nachzudenken. Soll „Lebenslanges Lernen" keine hohle Phrase bleiben, so müssen die Hochschulen neue Studienformen finden, die eine stetige Weiterqualifizierung (auch neben der Berufstätigkeit) ermöglichen. Die Zahl derer, die sich neben dem Beruf bzw. in „Teilzeit" weiterbilden wollen oder müssen, sollte nicht unterschätzt werden. Dazu sind jedoch adressatengerechte, berufsbegleitende Angebote nötig. Das berufsbegleitende Studium ist ein erster Versuch, diesen Anforderungen zu entsprechen.

4.3   (Weiter)-Qualifizierung von Aus- und Weiterbildern

In Deutschland gibt es ca. 500.000 Mitarbeiter im Aus- und Weiterbildungssektor (vgl. Rebmann et. Al. 2002, S. 215; Arnold 1997, S. 194), von denen immer mehr Interesse an akademischer Aus-/Weiterbildung bzw. Professionalisierung bekunden (vgl. BP@KOM 2011; Biber 2010, S. 130). In Interviews mit Ausbildern wird immer wieder die bedingte Ausbildungsfähigkeit vieler Jugendlichen thematisiert und dass die damit einhergehenden Herausforderungen (Umgang mit Heterogenität, Motivation, Vermittlung allgemeinbildender Lerninhalte etc.) neue Dimensionen in Bezug auf die Aus- und Weiterbildung erreicht haben. Nach Einschätzungen von Aus- und Weiterbildern sowie Personalverantwortlichen sind und werden diese im Rahmen der AEVO nicht adäquat auf diese neue Situation vorbereitet. Defizite werden unter anderem im Bereich der Pädagogik, Personalführung und Psychologie diagnostiziert. Es liegt nahe, dieser Entwicklung mit entsprechenden Kursen und Weiterbildungsmaßnahmen entgegenzusteuern bzw. grundsätzlich über neue Qualifizierungsmaßnahmen, darunter auch entsprechende Studiengänge nachzudenken. Die Idee, die Professionalisierung von Ausbildern in etablierten Studiengängen voranzutreiben und ihnen somit eine akademische Ausbildung zu ermöglichen, wurde durch die Öffnung der Hochschulen für beruflich Qualifizierte noch begünstigt, da sich damit die Gruppe der potenziellen Zugangsberechtigten vergrößert hat.

An mehreren Hochschulen bzw. Institutionen, zu nennen wäre hier Dresden, Schwäbisch Gmünd, Rostock, München oder auch Bremen, werden derzeit Konzepte entwickelt, die die akademische Professionalisierung von Aus- und Weiterbildern forcieren sollen. Dabei haben die Standorte verschiedene Zielgruppen im Blick. In Dresden denkt man an ein grundständiges Studium – Arbeitstitel Bildungsmanager/in (vgl. Biber u. a. 2010, S. 129), dass sich in erster Linie an Abiturienten von allgemeinbildenden und beruflichen Schulen sowie an beruflich Qualifizierte mit entsprechender Hochschulzugangsberechtigung (die nicht unbedingt aus dem Bereich der Aus- und Weiterbilder kommen müssen) wendet. Bremen und Schwäbisch Gmünd setzen auf berufliche Qualifizierte, die an einer berufsbegleitenden, akademischen Ausbildung interessiert sind.

Studienmodelle

Die Inhalte der neuen sechssemestrigen Bachelorstudiengänge sollen auf diese spezielle Zielgruppe zugeschnitten sein. Das Studium soll berufsbegleitenden organisiert sein und die inhaltlichen Scherpunkte werden u. a. auf berufliche Bildung, Analyse, Gestaltung und Evaluation von Bildungsprozessen sowie Lernprozessbegleitung, aber auch Management, Führung und Organisation gelegt. Eine Besonderheit des Studiengangs in Bremen und Schwäbisch Gmünd ist, dass 50% der Studienleistung bei externen Bildungszentren (z. B. Weiterbildungseinrichtungen der Kammern) und im Rahmen der Berufstätigkeit in Betrieben erbracht werden können. Dazu werden entsprechende Module von den Bildungszentren angeboten, die in enger Zusammenarbeit mit der Universität erarbeitet wurden. Projektmodule, in denen betriebsspezifische Projektaufgaben unter universitärer Begleitung realisiert werden, sind ebenfalls Bestandteil des berufsbegleitenden Studiums. Damit die wissenschaftliche Ausbildung und das akademische Niveau gewährleistet werden kann, werden Kooperationen zwischen Universität und lokalen sowie regionalen Bildungsträgern eingegangen; gemeinsam sollen die Inhalte und Prüfungsanforderungen entwickelt werden. Die Weiterbildung zum „Geprüften Berufspädagogen" (IHK) wird in das Studium integriert und kann mit bis zu 30cp auf das Studium angerechnet werden. Synergien zu den konsekutiven Lehramtstudiengängen werden genutzt und sind gewollt, um damit auch einen Übergang zu den Master-Lehramtsstudiengängen zu erleichtern. Der Studiengang schließt mit einem Bachelor ab.

In Dresden ist unter dem Arbeitstitel Bildungsmanager/in (vgl. Biber u. a. 2010, S.129) ein neuer Bachelorstudiengang in Planung, der eine grundständige akademische Ausbildung für Aus- und Weiterbilder vorsieht. Auch hier ist ein sechssemestriges, modular aufgebautes Studienangebot vorgesehen. „Das Studium setzt sich aus Modulen der Bereiche Grundlagen, Berufspädagogik/Psychologie, Berufsfeldlehre/Berufsfelddidaktik, MMT, ET sowie vier aus zehn einsatzbezogenen Spezialisierungen zusammen [...]" (Biber 2010, S. 136). Damit eine an der Praxis und dem späteren Berufsfeld orientierte Ausbildung gewährleistet werden kann, greift auch die Universität Dresden auf ihre vorhandenen Kooperationsnetzwerke zurück und setzt auf eine enge Kooperation mit Unternehmen und Institutionen der beruflichen Aus- und Weiterbildung. Auch sie erwarten einen deutlichen Zuspruch: „In der Einführung eines BA-Studiums Bildungsmanager/in sehen wir gute Chancen, betriebliche, arbeitsprozessbezogene Aspekte auch im anderen BA-Studiengang zu stärken, [...] sowie einstellenden Unternehmen und Institutionen fachlich-organisatorisch und pädagogisch-didaktisch gut ausgebildete Fachkräfte zur Verfügung stellen zu können" (Biber 2010, S. 138).

Potenzial

Eine Umfrage unter der Zielgruppe ergab, dass ein erheblicher Teil der in der Aus- und Weiterbildung Tätigen an einer akademischen Aus-/Weiterbildung interessiert ist (vgl. BP@KOM). Wobei die Vorstellung in Bezug auf organisatorische Form, favorisierte Abschlüsse und dem zeitlichen wie finanziellen Aufwand divergieren. So fanden sowohl Modelle mit Zertifikatsabschluss als auch grundständige Studiengänge Zustimmung. Positiv bewertet wurde das Konzept, zertifizierte Module von Bildungsträgern auf ein Studium anzurechnen. Zu Inhalten und Themen haben sich bestimmte Schwerpunkte herauskristallisiert, die von den jeweiligen Studiengangsplanern berücksichtig werden. In Bremen geht man davon aus, Studiengangskohorten von ca. 12 Studierenden pro Semester zu erreichen, wenn es gelingt, die Studienorganisation flexibel zu gestalten und Ein- und Ausstiegsmöglichkeiten für Berufstätige zu schaffen. Bei einem grundständigen Studiengang, der auch die Option auf das Lehramtsstudium offen lässt, könnte die Zahl durchaus noch größer sein. Grundsätzlich kann davon ausgegangen werden, dass zukünftig die Nachfrage nach wissenschaftlich fundierter Ausbildung für diesen Bereich größer werden wird.

5 Zusammenfassung

Es wird in Deutschland eine Vielzahl von unterschiedlich organisierten Studiengängen mit mannigfaltigen Studienschwerpunkten für das Lehramt für berufliche Schulen angeboten. Die Angebotsvielfalt mit ihren unterschiedlichen Bezeichnungen, Studienschwerpunkten und Abschlüssen ist kaum überschaubar. Trotz dieser Vielfalt an Studiengängen, die auf unterschiedliche Zielgruppen abgestimmt sind, kann der Bedarf an Lehrkräften im gewerblich-technischen Bereich nicht gedeckt werden. Seit langem wird, ohne nennenswerten Erfolg, darüber nachgedacht, wie neue Interessenten für die Lehramtsstudiengänge gewonnen werden können. Mit der Öffnung der Hochschulen für beruflich Qualifizierte kommt gegenwärtig Bewegung in die Hochschullandschaft. Neue Studienformen werden diskutiert oder entwickelt. Die Hochschulen stehen in einem europaweiten Wettbewerb, und nicht nur wegen des demographischen Wandels und dem damit zusammenhängenden Rückgang der Studierendenzahlen sind die Hochschulverantwortlichen neuen Studienmodellen gegenüber aufgeschlossen. Initiativen wie z. B. die „Offene Hochschule" des Landes Niedersachsen unterstützen die Entwicklung und Etablierung neuer Studiengangsmodelle, die auf spezifische Gruppen zugeschnitten sind.

An etlichen Universitäten wird gegenwärtig über neue Studiengänge bzw. neue Studienformen nachgedacht, die u. a. zum Ziel haben, dem Nachwuchsmangel für das Lehramt für berufliche Schulen im gewerblich-technischen Bereich entgegenzuwirken. Nach der Studienreform versuchen einige die Vorteile, die sich aus der Zweistufigkeit und der Modularisierung ergeben, zu nutzen. Wie mit einem Baukastensystem werden adressatenorientierte, modularisierte Studiengänge zusammengestellt. Auffallend dabei ist, dass viele den Gedanken der Durchlässigkeit aufgreifen und enge Kooperationen mit anderen, außerhochschulischen Bildungsträgern vorsehen bzw. standardisierte Anrechnungsverfahren für beruflich Qualifizierte etablieren wollen.

Bei der Analyse der 17 Standorte kristallisierten sich drei Studienmodelle heraus, die an unterschiedlichen Hochschulen favorisiert werden und die sich als zukunftsweisend herausstellen könnten. Zum einen das duale Studium: Hier wird auf die Parallelität von Ausbildung und Studium gesetzt. Mit den zwei Abschlüssen innerhalb eines akzeptablen zeitlichen Rahmens erhofft man sich, neue Interessensgruppen zu erschließen. Im Fokus sind Absolventen allgemeinbildender Schulen, denen zum einen die Entscheidung – Beruf oder Studium – in einem ersten Schritt abgenommen wird, und die zum anderen auf das berufliche (Schul-)System als mögliches, interessantes berufliches Tätigkeitsfeld aufmerksam gemacht werden.

Berufsbegleitende Studiengänge werden für die Gruppe der Berufstätigen konzipiert, die eine akademische Ausbildung anstreben, jedoch nicht gänzlich auf eine berufliche Tätigkeit verzichten können oder wollen. Bei diesem Modell wird darüber hinaus versucht, die Durchlässigkeit zwischen beruflichem und akademischem System zu fördern, indem z. B. erworbene berufliche Kompetenzen auf ein Hochschulstudium angerechnet werden. Damit einhergehend müssen entsprechende standardisierte Anrechnungsverfahren entwickelt werden, die wiederum für andere Studiengänge zukunftsweisend sein können.

Neben der Durchlässigkeit auch die akademische Professionalisierung von Aus- und Weiterbildern voranzutreiben, ist das Ziel von weiteren Modellversuchen. Umfragen bei Aus- und Weiterbildern bestätigen, dass die Ausbildung nach der AEVO u. a. zu wenige Inhalte aus den Bereichen Pädagogik, Didaktik und Psychologie aufweist. Die Verantwortlichen versuchen daher, diese Themen in neue zielgruppenspezifische Studiengänge zu integrieren. Diese neuen Studiengänge bieten einen ersten qualifizierenden Abschluss, mit der Option in ein Lehramtsmasterstudiengang zu wechseln. Dadurch, so die Hoffnung der Studiengangsverantwortlichen, könnte sich die Zahl der Studieninteressenten wesentlich erhöhen.

Ob sich die Studiengänge etablieren und ob sowie in welchem Umfang die Studierendenzahlen für das Lehramt an beruflichen Schulen mit diesen Modellen erhöht werden können, muss die Zukunft zeigen. Noch gibt es keine zuverlässigen Zahlen darüber, wie viele beruflich Qualifizierte zukünftig ein Studium aufnehmen werden oder ob es gelingt, mit dualen Studiengängen über das herkömmliche Maß hinaus Interessenten für ein gewerblich-technisches Studium zu gewinnen.

Sicher ist, dass auch die neuen Modelle genau wie das jetzige Lehramtsstudium offensiver beworben werden müssen und adressatengerechte, ansprechende Präsentationen nötig sind. Dazu gehören transparente Anrechnungsverfahren für beruflich Qualifizierte ebenso wie einheitliche Außendarstellungen und übersichtliches Informationsmaterial, damit sich die wenigen Interessierten nicht schon im Vorhinein im Dschungel der vielfältigen Studienoptionen, -modelle und den mannigfaltigen Begrifflichkeiten verlieren.

Literatur

ANKOM (2011): ANKOM Anrechnung beruflicher Kompetenzen auf Hochschulstudiengänge. Online: http://ankom.his.de/modellprojekte/oldenburg.php (Stand: 22.11.2011).

Arnold, R. (1997): Betriebspädagogik. Berlin.

Biber, J. (2010): Lehrerbildung für berufsbildende Schulen an der TU Dresden. Berufliche Handlungskompetenz durch Kooperation ; Konzepte und erste Ergebnisse des Umgestaltungsprozesses in der Lehramtsausbildung für berufliche Schulen; konkrete Maßnahmen und Visionen für die weitere Ausgestaltung. Zentrum für Lehrerbildung, Schul- und Berufsbildungsforschung. Dresden: ZLSB (Dresden concept).

Bosbach, E. (Hg.) (2007): Von Bologna nach Quedlinburg - die Reform des Lehramtsstudiums in Deutschland. [Diese Publikation dokumentiert die Tagung „Von Bologna nach Quedlinburg - Die Reform des Lehramtsstudiums in Deutschland"]. Bonn: HRK (Beiträge zur Hochschulpolitik, 2007,1).

BP@KOM (2011): Verbundprojekt „Berufspädagoge@Kompetenzerweiterung" (BP@KOM) Phase I. Synthesebericht. BMBF. Unveröffentlicht.

Dokumentation Lehrerbildungskongress (2002): Lehrerbildung für berufliche Schulen zwischen Qualität und Quantität. Bonn.

Duales Studium (pdf) (2011): Online: http://www.wiwa.ovgu.de/duales_studium/inhalt/infos_und_links-p-130.html (Stand: 8.8.2011).

KAtLA (2011): Kooperative Ausbildung im technischen Lehramt. Online: http://tu-dresden.de/die_tu_dresden/fakultaeten/erzw/erzwibf/projekte/katla (Stand: 22.12.2011).

KMK (1995/2007): Rahmenvereinbarung über die Ausbildung und Prüfung für ein Lehramt der Sekundarstufe II (berufliche Fächer) oder für die beruflichen Schulen (Lehramtstyp 5); Beschluss der Kultusministerkonferenz vom 12.05.1995 i. d. F. vom 20.09.2007.

KMK (2010): Ländergemeinsame Strukturvorgaben für die Akkreditierung von Bachelor und Masterstudiengängen. Beschluss der Kultusministerkonferenz vom 10.10.2003 i.d.F. vom 04.02.2010.

Matthes, N.; Mayer, S.; Wohlrabe, D. (o. J.): "2 in 1: Kooperative Ausbildung im technischen Lehramt. Studium und Praktikum". Online: http://tu-dresden.de/die_tu_dresden/fakultaeten/erzw/erzwibf/projekte/katla/infomaterial/katla_info (Stand: 8.8.2011).

OVGU o. J.: Studienverlaufsplan Duales Studium (pdf). Online: http://www.wiwa.ovgu.de/duales_studium/inhalt/infos_und_links-p-130.html (Stand: 8.8.2011).

Rebmann, K.; Tenfelde, W.; Uhe, E. (2002): Berufs- und Wirtschaftspädagogik. Wiesbaden.

Studieninformation Duales Studium (2011): Studieninformation Duales Studium. Online: www.wiwa.ovgu.de/wiwa2_media/downloads_2/Duales+Studium.pdf (Stand: 14.09.2011).

Thierack, A. (2007): Bachelor- und Masterkonzepte im deutschen Lehramtsstudium. In: Hochschulrektorenkonferenz (HRK) (Hrsg.): Von Bologna nach Quedlinburg. Die Reform des Lehramtsstudiums in Deutschland. Bonn, S. 52.

Zugangsordnung Bremen (2009): Amtsblatt der Freien Hansestadt Bremen. Zugangsordnung für den Master of Education „Lehramt an beruflichen Schulen (Gewerblich-Technische Wissenschaften)" der Universität Bremen. Online: www.itb.uni-bremen.de/master.html?L=0 (Stand: 14.09.2011).

Internetadressen zu Studiengängen für das Lehramt in gewerblich-technischen Fachrichtungen

Standort	Zuständiges Institut (falls vorhanden) relevante Webadressen
Aachen	http://www.rwth-aachen.de/go/id/igp/ http://www.lbw.rwth-aachen.de/
Bayreuth	http://www.fan.uni-bayreuth.de/de/studieninteressierte/studiengaenge/master/index.html
Berlin	Institut für berufliche Bildung und Arbeitslehre http://www.ibba.tu-berlin.de/ http://www.studienberatung.tu-berlin.de/menue/studium/studiengaenge/faecher/berufsschullehramt
Bremen	Institut Technik und Bildung (ITB) http://www.itb.uni-bremen.de/studium1.html?L=0
Darmstadt	Institut für Allgemeine Pädagogik und Berufspädagogik http://www.abpaed.tu-darmstadt.de/institut_1/studiengnge/studienangebote_1.de.jsp http://www.idd.tu-darmstadt.de/studium_lehre/lehramt_an_beruflichen_schulen/lab_metalltechnik_1/lab_metalltechnik.de.jsp
Dortmund	Lehrstuhl Technik und ihre Didaktik http://www.ltd.mb.tu-dortmund.de/ http://www.dokoll.tu-dortmund.de/cms/de/Lehramtsstudium/Studium_ab_Wintersemester_2011_12/index.html
Dresden	Institut für berufliche Fachrichtungen http://tu-dresden.de/die_tu_dresden/fakultaeten/erzw/erzwibf Institut für Berufspädagogik http://tu-dresden.de/die_tu_dresden/fakultaeten/erzw/erzwibp/ http://tu-dresden.de/die_tu_dresden/fakultaeten/erzw/studium/master/mabbs/informationen
Duisburg-Essen	http://www.uni-due.de/technische-bildung/ http://www.uni-due.de/studienangebote/studienangebote_06579.shtml

Standort	Zuständiges Institut (falls vorhanden) relevante Webadressen
Erfurt	http://www.uni-erfurt.de/studium/studienangebot/master/mal-berufsschule-quereinstieg/ http://www.uni-erfurt.de/ese/studium/mal/malb/
Flensburg	Berufsbildungsinstitut Arbeit und Technik (biat) http://www.biat.uni-flensburg.de/biat/index_studium.htm http://www.uni-flensburg.de/index.php?id=1145
Gießen	http://www.uni-giessen.de/cms/studium/studienangebot/lehramt/l4
Hamburg	Institut für Berufs- und Wirtschaftspädagogik http://www.ibw.uni-hamburg.de/ Institut für Technik, Arbeitsprozesse und Berufliche Bildung (ITAB) http://www.itab.tu-harburg.de/ http://www.lehramt-metalltechnik.de/ http://www.lehramt-elektrotechnik-informationstechnik.de/ http://www.lehramt-medientechnik.de/
Hannover	Institut für Berufspädagogik und Erwachsenenbildung (IFBE) http://www.ifbe.uni-hannover.de/ http://www.uni-hannover.de/de/studium/studiengaenge/metalltechnik/ http://www.uni-hannover.de/de/studium/studiengaenge/elektro-lbs/
Heidelberg/ Mannheim	http://www.ph-heidelberg.de/org/technik/index.htm http://www.hs-mannheim.de/studium-lehre/studienangebot/lehramtstudiengaenge.html
Kaiserslautern	http://www.uni-kl.de/Lehramt/LehramtBBS.htm (Angebot nur für Rheinland-Pfalz)
Karlsruhe	Institut für Berufspädagogik und Allgemeine Pädagogik http://www.ibp.kit.edu/
Kassel	Institut für Berufsbildung (IBB) http://cms.uni-kassel.de/unicms/index.php?id=ibb
Koblenz	http://www.uni-koblenz-landau.de/studium/studienangebot/lehramt/lehramt-berufsbildende-schulen http://www.fh-koblenz.de/Lehramt-an-Berufsbildenden-Sch.3211.0.html

Standort	Zuständiges Institut (falls vorhanden) relevante Webadressen
Ludwigsburg/ Esslingen	http://www.ph-ludwigsburg.de/8601.html
Magdeburg	Institut für Berufs- und Betriebspädagogik (IBBP) http://www.ibbp.ovgu.de/ http://www.ovgu.de/studium/inhalt/studienangebot/ lehramt_an_berufsbildenden_schulen_%28master%29.html
München	Lehrstuhl für Pädagogik http://www.paed.edu.tum.de/
Münster	Institut für berufliche Lehrerbildung (IBL) http://www.fh-muenster.de/ibl/ http://www.uni-muenster.de/Lehrerbildung/Studienreform/BAMA/ Berufskolleg.html
Osnabrück	http://www.uni-osnabrueck.de/2823.html
Paderborn	http://www.uni-paderborn.de/institute-einrichtungen/plaz/berufs-studienwahl/studienwahl-lehramtsstudium-in-paderborn/studiengaenge-und-struktur/
Rostock	Arbeitsbereich Technische Bildung http://www.tb.uni-rostock.de/
Schwäbisch Gmünd/ Aalen	Institut für Bildung, Beruf und Technik http://www.ph-gmuend.de/deutsch/fakultaeten-institute/bildung_beruf_technik.php?navanchor=1010142 http://www.ph-gmuend.de/deutsch/studium/studiengaenge/ lehramt_ingenieurpaedagogik.php?navanchor=1010165
Stuttgart	Abteilung Berufs-, Wirtschafts- und Technikpädagogik http://www.uni-stuttgart.de/bwt/
Weingarten/ Ravensburg	http://www.ph-weingarten.de/de/studium-lehre-weiterbildung/ studienangebote/lehramtsstudiengaenge/ Lehramtberuflicheschulen.php?navanchor=1010262
Wuppertal	Lehrstuhl für gewerblich-technische Wissenschaften http://www.mbau.uni-wuppertal.de/index.php?id=507 http://www.isl.uni-wuppertal.de/lehrerbildung07/ master_education07/med-bk.html

Die Autoren

Becker, Matthias, Prof. Dr., Professor für die Berufliche Fachrichtung Fahrzeugtechnik, Berufsbildungsinstitut Arbeit und Technik (biat), Universität Flensburg
Auf dem Campus 1, 24943 Flensburg, becker@biat.uni-flensburg.de

Faßhauer, Uwe, Prof. Dr., Professor für Berufspädagogik am Institut für Bildung, Beruf und Technik, Pädagogische Hochschule Schwäbisch Gmünd.
Oberbettringerstr. 200, 73525 Schwäbisch Gmünd, fasshauer@ph-gmuend.de

Hägele, Thomas, Dr. phil., Akademischer Oberrat und Studienkoordinator für die berufliche Fachrichtung Elektrotechnik-Informationstechnik, Institut für Technik, Arbeitsprozesse und Berufliche Bildung (ITAB), Technische Universität Hamburg-Harburg
Eißendorfer Straße 40, 21073 Hamburg, haegele@tu-harburg.de

Hartmann, Martin D., Prof. Dr., Professor für Metall- und Maschinentechnik / Berufliche Didaktik, Institut für Berufliche Fachrichtungen, Technische Universität Dresden
Weberplatz 5, 01062 Dresden, martin.hartmann@tu-dresden.de

Herkner, Volkmar, Prof. Dr., Professor für Berufspädagogik, Berufsbildungsinstitut Arbeit und Technik (biat), Universität Flensburg
Auf dem Campus 1, 24943 Flensburg, volkmar.herkner@biat.uni-flensburg.de

Howe, Falk, Prof. Dr., Professor für die Berufliche Fachrichtung Elektrotechnik-Informatik und ihre Didaktik, Institut Technik und Bildung (ITB), Abteilung „Arbeitsorientierte Bildungsprozesse", Universität Bremen
Am Fallturm 1, 28359 Bremen, howe@uni-bremen.de

Jenewein, Klaus, Prof. Dr., Professor für die Fachdidaktik technischer Fachrichtungen, Institut für Berufs-und Betriebspädagogik, Otto-von-Guericke-Universität Magdeburg
Zschokkestraße 32, D-39104 Magdeburg, jenewein@ovgu.de

Pangalos, Joseph, Prof. em. Dr.-Ing., emeritierter Professor für die berufliche Fachrichtung Elektrotechnik-Informationstechnik, Institut für Technik, Arbeitsprozesse und Berufliche Bildung (ITAB), Technische Universität Hamburg-Harburg
Eißendorfer Straße 40, 21073 Hamburg, pangalos@tu-harburg.de

Pätzold, Günter, Prof. Dr., Lehrstuhl für Berufspädagogik, Technische Universität Dortmund
Emil-Figge-Straße 50, 44221 Dortmund, guenter.paetzold@fk12.tu-dortmund.de

Pfützner, Maria, M.Sc., Wissenschaftliche Mitarbeiterin am Lehrstuhl für Fachdidaktik technischer Fachrichtungen, Institut für Berufs-und Betriebspädagogik, Otto-von-Guericke-Universität Magdeburg
Zschokkestraße 32, D-39104 Magdeburg, maria.pfuetzner@ovgu.de

Reinhold, Michael, Dipl. Berufspäd., Institut Technik und Bildung (ITB), Abteilung „Arbeitsorientierte Bildungsprozesse", Universität Bremen
Am Fallturm 1, 28359 Bremen, mrein@uni-bremen.de

Dr. Riehle, Tamara, Dipl. Berufspäd., Wissenschaftliche Mitarbeiterin, Berufliche Fachrichtung Metalltechnik und deren Didaktik, Institut Technik und Bildung (ITB), Abteilung „Arbeitsprozesse und berufliche Bildung" an der Universität Bremen
Am Fallturm 1, 28359 Bremen, riehle@uni-bremen.de

Spöttl, Georg, Prof. Dr. M. A., Professor für die Berufliche Fachrichtung Metalltechnik und ihre Didaktik, Institut Technik und Bildung (ITB), Abteilung „Arbeitsprozesse und berufliche Bildung" an der Universität Bremen
Am Fallturm 1, 28359 Bremen, spoettl@uni-bremen.de

Tramm, Tade, Prof. Dr., Professor für Erziehungswissenschaft mit dem Schwerpunkt Wirtschaftspädagogik am Institut für Berufs- und Wirtschaftspädagogik der Universität Hamburg.
Sedanstraße 19, 20146 Hamburg, tramm@ibw.uni-hamburg.de

Vollmer, Thomas, Prof. Dr. Professor für Erziehungswissenschaft unter besonderer Berücksichtigung der Berufspädagogik, Schwerpunkt: Didaktik der beruflichen Fachrichtungen Metalltechnik und Elektrotechnik am Institut für Berufs- und Wirtschaftspädagogik der Universität Hamburg.
Sedanstraße 19, 20146 Hamburg, vollmer@ibw.uni-hamburg.de

Der vorliegende Band dokumentiert die von der **gtw** veranstaltete Tagung zur „Lehrerbildung in den gewerblich-technischen Fachrichtungen" am 19. und 20. Mai 2011 in Bremen.

Die **gtw** ist ein Zusammenschluss von Mitgliedern aus Hochschulen und hochschulpolitisch Aktiven, die im Bereich der Lehre, Forschung und Entwicklung gewerblich-technischer Wissenschaften und ihrer Didaktiken tätig sind.

Die Zielsetzung der gtw ist die Erforschung und Absicherung des Wissens über gewerblich-technische Arbeitsprozesse im Hinblick auf eine zukunftsorientierte Entwicklung beruflicher Aus- und Weiterbildungskonzepte und darauf bezogener Theoriebildung. Dazu analysiert, gestaltet und evaluiert die gtw die Arbeits- und Bildungsprozesse in gewerblich-technischen Berufsfeldern und befasst sich mit der Qualität und Ausrichtung der Ausbildung von Berufsbildungspersonal in den zugehörigen beruflichen Fachrichtungen. Die wissenschaftliche Ausbildung und Professionalisierung des Berufsbildungspersonals in den betreffenden gewerblich-technischen Fachrichtungen steht dabei im Mittelpunkt.

Aufgaben der gtw sind daher die Förderung eines wissenschaftlichen Diskurses und die Verbreitung wissenschaftlicher Erkenntnisse aus der Berufsbildungsforschung, die Förderung von Forschung und Lehre in den gewerblich-technischen Wissenschaften und ihren Didaktiken sowie die Zusammenarbeit bei der Förderung des wissenschaftlichen Nachwuchses.

Nähere Informationen über die Arbeit der gtw und die Möglichkeit des Beitritts findet der Leser / die Leserin über die gtw-Koordinierungsstelle oder auf der gtw-Website unter www.ag-gtw.uni-bremen.de.

Die gtw-Koordinierungsstelle ist erreichbar über

Frau Julia Tonn-Rau
Universität Bremen
Institut Technik und Bildung (ITB)
gtw-Koordinierungsstelle
Am Fallturm 1
28359 Bremen
Tel.: +49 (0)421 218 66271
Fax: +49 (0)421 218 98 66271
Email: jtonn@uni-bremen.de

Moderne Beruflichkeit

Untersuchungen in der Energieberatung

Wie bewältigen Menschen mit einer Ausbildung im gewerblich-technischen Bereich den Schritt in die Dienstleistungsbranche, z. B. der Energieberatung? Welche Fähigkeiten und Kompetenzen müssen sie mitbringen, um hier erfolgreich zu sein?

Am Beispiel der Erwerbsbiografie eines Energieberaters betrachtet der Band den Weg in eine moderne Beruflichkeit aus verschiedenen Blickwinkeln. Mit der Darstellung dieses konkreten Professionalisierungsablaufes erhält die Dienstleistungs- und Professionsforschung neue Einsichten in das Zusammenspiel von biografischen Lern- und Entwicklungsprozessen, Arbeitsprozessen und den sozialen Welten in der Energieberatung.

Martin Frenz, Tim Unger,
Christopher M. Schlick (Hg.)

Moderne Beruflichkeit

Untersuchungen in der
Energieberatung

**Berufsbildung, Arbeit und
Innovation, 36**

2011, 158 S., 34,– € (D)
ISBN 978-3-7639-4912-0
ISBN E-Book 978-3-7639-4913-7
Best.-Nr. 6004201

wbv.de

W. Bertelsmann Verlag

Bestellung per Telefon **0521 91101-11** per E-Mail **service@wbv.de**